ROWOHLT
BERLIN

DEUTSCHE BRÜDER

Zwölf Doppelporträts

ROWOHLT · BERLIN

Lektorat: Thomas Karlauf

1. Auflage August 1994
Copyright © 1994 by
Rowohlt · Berlin Verlag GmbH, Berlin
Alle Rechte vorbehalten
Umschlaggestaltung Walter Hellmann
(Foto der Brüder Carl Friedrich und
Richard von Weizsäcker 1989:
dpa / Försterling
Zeichnung der Brüder Jacob und Wilhelm Grimm
von Ludwig Emil Grimm 1843)
Satz aus der Bembo PostScript Linotype Library,
QuarkXPress 3.2
Gesamtherstellung Clausen & Bosse, Leck
Printed in Germany
ISBN 3 87134 203 3

INHALT

KARL UND FERDINAND
von Ferdinand Seibt
7

DIE VIER BRÜDER BACH
von Martin Geck
29

FRIEDRICH DER GROSSE UND
PRINZ HEINRICH VON PREUSSEN
von Thomas Stamm-Kuhlmann
59

AUGUST WILHELM UND FRIEDRICH SCHLEGEL
von Werner Ross
97

WILHELM UND ALEXANDER VON HUMBOLDT
von Ralph Rainer Wuthenow
129

DIE BRÜDER GRIMM
von Hartmut Schmidt
164

HEINRICH UND THOMAS MANN
von Willi Jasper
197

MAX UND ALFRED WEBER
von Christa Dericum
229

ABY WARBURG UND SEINE BRÜDER
von Horst Günther
254

PAUL UND LUDWIG WITTGENSTEIN
von Matthias Kroß
287

WERNER UND ADAM VON TROTT ZU SOLZ
von Wolfgang Matthias Schwiedrzik
330

CARL FRIEDRICH UND RICHARD VON WEIZSÄCKER
von Martin Wein
366

DIE AUTOREN UND IHRE BEITRÄGE
394

KARL UND FERDINAND

von Ferdinand Seibt

Von Karl und Ferdinand soll die Rede sein, von einem Brüderpaar, das *miteinander* regierte, ganz ungewöhnlich, mehr noch: ohne Beispiel in der römisch-deutschen Kaiser- und Königsgeschichte in tausend Jahren. Das war in der ersten Hälfte des 16. Jahrhunderts, zur Zeit Luthers, zu Anfang der Türkenkriege, am Ende des Mittelalters, als Kolumbus und seine Nachfahren Amerika entdeckten und sich die neue Deutung des Kopernikus über das Planetensystem zu verbreiten begann.

Karl trug den alten, den ersten Kaisernamen im lateinischen Westen und war in dieser Namenreihe der fünfte. Ferdinand hatte einen in Deutschland bis dahin fremden, einen spanischen Namen. Das Brüderpaar verband zum ersten und einzigen Mal die deutsche, die mitteleuropäische Geschichte mit der spanischen.

Sie sahen einander ähnlich, so wie die Porträts ihrer Zeit sie zeigen. Beide lassen, auch in schmeichelhafteren Darstellungen, die Herkunft aus dem Hause Habsburg nicht verkennen, das scharfe Profil, die große Nase, das vorgeschobene Kinn mit dem deutlichen Unterbiß. Nur die Augen, meinte eine moderne Betrachterin, zeigten zwei einigermaßen verschiedene Charaktere: Karl blickte viel lebhafter, Ferdinand bedächtig. Beide wirken schmal, eher schmächtig und waren, nach den Ausmaßen der Prunkrüstung Ferdinands, die erhalten ist, kaum mittelgroß. Karls Kinderzeit war bedroht von Schwächeanfällen. Sie waren früh verwaist. Karl war sechs Jahre, Ferdinand drei, als 1506 ihr Vater starb, Philipp «der Schöne». Das bedeutete zugleich auch das Ende ihrer Beziehungen zur Mutter. Johanna, die als «die Wahnsinnige» in die Geschichte einging, hatte ihren Mann auf einer Reise nach Spa-

7

nien begleitet, als er starb; sie überwand seinen Tod nicht und kehrte nie mehr zu ihren Kindern zurück.

Diese lebten zu der Zeit in Brüssel, damals Bestandteil des Herzogtums Burgund, das die Habsburger eine Generation zuvor erheiratet hatten und in dem der älteste Sohn zum Herrscher bestimmt war. Aber unvorhergesehene Todesfälle hoben beide Prinzen höher hinaus: Karl wurde König von Spanien und Kaiser im Heiligen Römischen Reich; Ferdinand, in Alcalá geboren und in seinen Jugendjahren mit Spanien verbunden, wurde sein Vertreter als römisch-deutscher König und unmittelbarer Herr der Habsburgerlande in Österreich und in Süddeutschland, dazu König von Böhmen und Ungarn.

Im Juli 1519 begann Karl seine Regierung als römisch-deutscher König und erwählter, also künftig zu krönender Kaiser des damals schon altehrwürdigen und auch veralteten Heiligen Römischen Reiches. Sein jüngerer Bruder erwarb 1526 die ungarische und die böhmische Krone und folgte ihm 1531 auf dem römisch-deutschen Königsthron. Er folgte ihm dann auch als Kaiser von 1558 bis 1564.

Von 1531 bis 1558 also regierten Karl V. und Ferdinand I. *miteinander*, der ältere als Kaiser, der jüngere als König, in jener außergewöhnlichen Konstellation, die es bis dahin nur ausnahmsweise für Vater und Sohn gegeben hatte, niemals für Brüder. Und länger noch als diese formal gemeinsamen Regierungsjahre, nämlich insgesamt von 1519 bis 1558, bestimmten die beiden, alles in allem, die europäische Politik, herrschten über Deutschland von der Nordsee bis an die Adria, von der Maas bis weit jenseits der Oder; über Böhmen, Mähren, Schlesien; über Ungarn, soweit es zu dieser Zeit noch gegen die Türken zu behaupten war; über Italien mit einigen umkämpften Ausnahmen und ohne Venedig und den Kirchenstaat; über Sardinien und Sizilien und eine ganze Weile auch über Tunis; über das ganze, erst jüngst vereinigte Spanien von den Pyrenäen bis nach Gibraltar. Und natürlich auch über das nach seiner Entdeckung und Eroberung in Europa noch weithin unbekannte Amerika.

Viel einfacher ist eigentlich, man sagt, was sie miteinander nicht beherrschten in der lateinischen und noch nicht konfessionell getrennten Christenheit jener Zeit: Sie herrschten nicht über Polen, Skandinavien, England und Frankreich.

Zwei Brüder also, 1500 der ältere, 1503 der jüngere geboren, die miteinander lebten und wirkten? Das Wort ist falsch: die Familiendisziplin übten. Aber gerade das war im dynastischen Zeitalter Europas, vom 9. bis zum 19. Jahrhundert also, beinahe so selten wie eben diese Konstellation von König und Kaiser.

Freilich kennzeichnet dynastische Disziplin auch sonst die Habsburger, eine Dynastie, von der Jacob Burckhardt einmal sagte, sie habe wenig geniale Herrscher hervorgebracht, aber viele pflichtgetreue, und keine Lumpen. Allerdings zählt gewiß der ältere dieses Brüderpaares, Karl der Fünfte, zu den genialen Ausnahmen. Ferdinand dagegen verkörpert die vielen anderen aus diesem Haus, die mit Augenmaß und Pflichtbewußtsein jene Rolle spielten, die ihnen das Schicksal zugedacht hatte, als Prinzen, auch Prinzessinnen, als Regenten, als Erzherzöge.

Prinzenschicksal also, vornehmlich aber Prinzessinnenschicksal, denn das Ehebett wie das Kindbett wurden nach der politischen Räson ausgewählt – ohne Rücksicht auf Bräutigam oder Braut. Das geschah nach demselben Kalkül, nach dem auch die Bauern und die Bürger ihre Söhne und Töchter vergaben, vor allem ihre Töchter, und manche stille Tragödie erwuchs daraus. Nur selten wurde eine solche Tragödie laut, wie in dem Bericht von Romeo und Julia. Freilich gab es auch unter diesen Auswahlbedingungen glückliche Konstellationen, wie 1477 die Ehe von Maximilian und Maria, den väterlichen Großeltern. Sie brachte die Habsburger nach dem mühsamen und jahrhundertelangen Kampf um die Alpenpässe auf einmal zur Herrschaft über das reiche Burgund, also in das westliche Mitteleuropa zwischen Rhein und Maas, zwischen Nordsee und Alpen, ein Gebiet, das schon immer eigene Wege in der Geschichte gesucht hatte und wo die dynamischen Herzöge von Burgund als erfolgreichste Parvenüs ihrer Zeit gerade eine Großherrschaft aufgebaut hatten. Die burgundische Heirat 1477 war der Schritt ins Große für die Habsburger, die damit nach dem Westen ausgriffen, in die Zentralzone der europäischen Politik, wo ihre Position schwerer wog als im Osten Mitteleuropas. Die Ehe von Maximilian und Maria hat den europäischen Rang der Dynastie begründet. Und diese Ehe zählte offensichtlich zu den glücklichen in der Dynastengeschichte – sie währte allerdings nur fünf Jahre.

Eine Vernunftehe war da schon eher die Verbindung der Großeltern Karls und Ferdinands von der Mutterseite. Mehrfach erstrebt, gelang 1469 eine Heiratsverbindung zwischen Kastilien und Aragon, etwa zur selben Zeit also wie zwischen den Häusern Burgund und Habsburg. Isabella und Ferdinand hieß das Paar, aus dessen Verbindung letztlich Spanien entstand. Die beiden hatten freilich Unglück mit ihren drei Kindern: der Thronfolger starb früh, ebenso seine ältere Schwester. Die Erbschaft blieb schließlich bei der jüngeren, bei Johanna. Diese geriet nun wieder in eine Habsburgerehe, aber eine voller Schwierigkeiten. Johanna wurde vermählt mit einem schönen Mann, wie schon gesagt, und durch dessen wirkliche oder vermeintliche Abenteuer wurde die wohl auch zuvor schon psychopathisch disponierte Frau eifersüchtig bis zum Wahnsinn. Johanna «die Wahnsinnige» brachte neben Karl und Ferdinand noch vier Töchter zur Welt. Nach dem frühen Tod ihres Mannes verdämmerte sie ihr Dasein in Spanien, lange begleitet von der jüngsten, postum geborenen Tochter, von der sie sich sowenig trennen wollte wie vom Leichnam ihres Mannes. Sie lebte auf dem kleinen Schloß Tordesillas mit allen Anzeichen einer Bewußtseinsspaltung, und niemand vermochte ihr zu helfen.

Ihrer Kinder in Brüssel nahm sich eine Tante an. Diese Tante Margarete war allerdings eine besondere, eine der herausragenden Frauen ihrer Zeit. Eine Habsburgerin, Schwester des Kaisers Maximilian, als junge Frau schon zweimal verwitwet und darüber wohl früh gereift. Eigentlich – dabei begegnen wir wieder dem dichten Geflecht der habsburgischen Eheplanungen – war sie zur Königin von Spanien bestimmt. Denn ihr erster Mann war just jener gegen alle Erwartungen früh verstorbene Sohn von Ferdinand und Isabella. Ihr zweiter Mann, Herzog Philibert von Savoyen, war einer der vornehmen und für die habsburgische Strategie zweifellos nicht unwichtigen Reichsfürsten. Beide Ehen zusammen währten keine vier Jahre, und so fand sich 1506 die junge

Familiäre Eintracht: Maximilian I. mit seiner Gemahlin Maria von Burgund,
dem Sohn Philipp sowie den beiden Enkeln Karl und Ferdinand (vorn links);
rechts im Vordergrund Ludwig II., König von Böhmen und Ungarn, der die
Schwester von Karl und Ferdinand, Maria, heiratete, nachdem zwei Monate
zuvor, Pfingsten 1521 in Linz, Ferdinand Ludwigs achtzehnjährige Schwester
Anna vor den Traualtar geführt hatte: ein politisches Bündnis im kreuzweisen
Ehebund, das zum spektakulären Erbfall wurde, als Ludwig fünf Jahre später
im Kampf gegen die Türken ums Leben kam. Gemälde von Bernhard Strigel,
1515.

Witwe zwar bereit, die Kinder ihres verstorbenen Bruders zu betreuen und zugleich die verwaiste Regentschaft über die burgundischen Niederlande; aber eine neue, eine dritte Ehe, die man ihr antrug, schlug sie aus.

Margarete war eine selbstbewußte, gütige und kluge Dame mit allen Vorzügen ihres Standes. Das flamboyante Brüssel oder die düstere Wasserburg der Grafen von Flandern in Gent lehnte sie als Wohn- und Residenzort ab. Nahe von Brüssel, das im zentralisierenden Staatswesen der Herzöge von Burgund einige hauptstädtische Züge gewonnen hatte, in Mecheln, ließ sie ein kleines Schloß im schlichteren Stil der neuen Kunst der Renaissance erbauen und möblierte es leicht und frei nach ihrem Geschmack. Das paßte gut zum vernunftbetonten Humanismus ihrer Zeit, zu Thomas Morus oder zu Erasmus von Rotterdam, der 1516 ehrenhalber zum fürstlichen Rat des jungen Karl ernannt wurde und der dem künftigen Herrn der Welt auch etwas ins Stammbuch schrieb. Eine Anleitung zum rechten Regieren natürlich, auf den Frieden gerichtet. Sie wurde viel zitiert und trug bei zum Autorenruhm des Erasmus. Dagegen gewann sie wohl kaum Bedeutung für den Herrscherruhm Karls; denn der führte lebenslang Krieg.

Zunächst wuchs dieser Karl unter Frauen auf. Da war die Tante, und da waren die drei Schwestern. Da waren freilich auch sein Kammerherr, Wilhelm de Croy, der mit ihm lebte, und Adrian von Utrecht, später Papst, der ihn eine Zeit unterrichtete – aber beide waren alte Männer. Ein junger fehlte, und auch ein Altersgenosse. Denn Ferdinand, der Bruder, war mit vier Jahren vom spanischen Großvater in das ferne Land jenseits der Pyrenäen geholt worden. Dort erzogen, sollte er vielleicht gegen die Regeln der Erbfolge von seinem Großvater die Krone von Aragon übernehmen und von seiner schon länger verstorbenen Großmutter die Krone von Kastilien. Jedenfalls galt Ferdinand auch als Faustpfand in der Hand seines gleichnamigen Großvaters, und Beziehungen zu seinem älteren Bruder in Burgund hieß ihn wohl niemand pflegen.

Karl wuchs also mit drei Schwestern auf, wiewohl er sie, kaum selber großjährig, als Bräute in die Fremde schickte: mit 14 Jahren Isabella, mit 17 Jahren Maria, sie allein in eine schon seit langem vorbestimmte Ehe, mit 23 Eleonore. Er vergaß sie nicht. Die mittlere, Maria, machte er später zur Regentin in den Niederlanden. Und ihre und Eleonores Nähe – Isabella war gestorben – suchte er wieder, als er sich am Ende seines Lebens aus der Öffentlichkeit zurückzog. Karl, der Unnahbare, hatte ein tiefes Verhältnis zu seinen Geschwistern. Maria und Eleonore besuchten ihn auch in seinen letzten Lebensmonaten auf seinem Landhaus in Yuste, und alle drei, die einst gemeinsam in Mecheln aufgewachsen waren, starben im selben Jahr, 1558.

Kein Zweifel: in Mecheln, in seiner achtjährigen Erziehungsphase unter der Aufsicht seiner Tante, war Karl, wenn die Formulierung nicht allzu weit wegführt vom burgundischen Hofzeremoniell, der Hahn im Korb. Er war es auch durch die Ritter vom Goldenen Vlies, den burgundischen Hoforden, der dreißig Auserlesene aus der ganzen Christenheit um den burgundischen Herrscher scharte und der den Prinzen Karl bereits mit neun Jahren zu seinem Ordensmeister und Souverän erhob – natürlich nicht ohne die Absicht, den Jungen möglichst bald möglichst eng an seine Interessen zu binden. Offenbar ein gelungener Plan. Denn im Anliegen dieses Männerbundes begann der Vierzehnjährige eine vehemente Auseinandersetzung mit seiner Tante, der Regentin, bei der sich das männliche Element ganz und gar seiner zeitgenössischen Überlegenheit bediente. «Wenn sie ein Mann wäre, anstatt ein Weib», ließ die Regentin vernehmen, «so würde sie die Herren ihre Satzung singen lassen!» Sie war ein Weib. Karl setzte sich nicht nur als werdender Mann in einer Streitsache zugunsten seiner Männerfreunde durch, sondern auch als Enkel und Nachfolger bei seinem Großvater, Kaiser Maximilian. Der erklärte ihn nach dem glücklich gewonnenen Streitfall für großjährig und regierungsfähig, und damit mußte Margarete auch als Regentin retirieren.

Kaum ein Jahr danach starb der spanische Großvater. Nun war Karl vertragsgemäß als der ältere unter den Enkeln sein Nachfolger auf dem Thron von Aragon und, als Sachwalter seiner regierungsunfähigen Mutter, auch Regent in Kastilien. Man kann die feinen Rechtsfragen auch außer acht lassen und vereinfacht sagen: er war der Erbe von Spanien.

Dagegen stand der tatsächliche Aufenthalt des jüngeren Bruders Ferdinand in Spanien. Der galt dort nicht als Fremder, während Karl nicht einmal die Landessprache verstand. Auch hatte Ferdinand unter dem Adel Freunde. Karls Höflinge dagegen erhofften Einträgliches von der Erhöhung ihres eigenen Herrn. Also war das Wiedersehen der Brüder nach zehn Jahren nicht ohne Spannungen und eine erste Probe auf die Familiendisziplin. Dabei spätestens widerfuhr dem Jüngeren die Offenbarung seines Lebens: fortan immer der Zweite zu sein.

Im November 1517 traten sich die beiden nach einer riskanten Seereise Karls im Nordwesten Spaniens gegenüber. Vielleicht war die Situation geglättet worden durch den greisen Kardinal Ximenes, den Protagonisten der spanischen Einheit, der freilich die Begegnung mit Karl nicht mehr erlebte; vielleicht war sie entschärft durch die Unsicherheit des Vierzehnjährigen gegenüber dem um drei Jahre Älteren. Jedenfalls zeigte sich Karl sofort als der Überlegene. Ferdinand hielt ihm das Tuch, als er seine Hände wusch: ein Hofdienst und zugleich sichtbares Zeichen der Unterwerfung. Karl überreichte dem Jüngeren den Orden vom Goldenen Vlies. Auch das war symbolträchtig: Damit war auch Ferdinand aufgenommen in den Männerbund, in die Schar der Erwählten, er hatte seinen Platz gefunden, und dieser Platz wurde wechselweise anerkannt.

Den Winter verbrachten die beiden nach ihrer langen Trennung gemeinsam. Nie wieder hatten sie soviel Zeit füreinander. Im Frühjahr, so empfahlen es auch Karls Räte, begab sich Ferdinand in die Niederlande, als Statthalter seines Bruders. Und Karl suchte sich in seiner neuen spanischen Herrschaft einzurichten.

Keine zwei Jahre vergingen, ehe sie die nächste Probe ihrer brüderlichen Übereinkunft erwartete. Diesmal betraf es den östlichen Teil der weitgespannten Habsburgerherrschaft, das Reich des Kaisers Maximilian. Dieser, der deutsche Großvater, starb Anfang 1519, und damit war der Kaiserthron verwaist und der süddeutsch-österreichische Stammsitz dazu. Was nun? Sollte man teilen? Lag es nicht nahe für Karl, jetzt seinen Bruder zu bedenken und ihm zur Herrschaft in Deutschland zu verhelfen? So riet jedenfalls die Tante Margarete. Und die war nach dem Tod Maximilians, ihres Bruders, die Seniorin im Hause. Aber sie war ein Weib mit den Beschränkungen ihres Geschlechts, wovon schon die Rede war, und Karl dachte anders. Nur in starken Händen, schrieb er an seine Tante, sei das Kaisertum zu halten. In seinen Händen nämlich, als König von Spanien. Davon mußte Karl allerdings nicht nur seine Familie überzeugen, sondern die Spanier obendrein, die eigentlich keinen König haben wollten, der mit einer Regierung in Deutschland und in Italien belastet war. Aber Karl überzeugte und ließ überzeugen. Besonders auch seinen Bruder.

Danach hieß es dann freilich doch noch teilen. Der Bruder mußte, um seine Rolle zu übernehmen, selber klare Kompetenzen haben. Er sollte sozusagen die Herrschaft in Deutschland halten, als kaiserlicher Statthalter, während Karl selber durchaus einen weiteren politischen Horizont vor Augen hatte als die meisten seiner kaiserlichen Vorgänger und – nebenbei – auch als die meisten seiner späteren Biographen.

Ferdinand sollte also in Mitteleuropa Karls Position wahren und dazu die Erblande der Habsburger übernehmen, Österreich, Tirol, die Vorlande im Breisgau, die Herrschaft in Istrien bis nach Triest und Fiume, in der Nachbarschaft der mächtigen Seerepublik Venedig. Insgesamt war es die Hinterlassenschaft einer dreihundertjährigen, ruhelosen Territorialpolitik, auf die die Habsburger bis dahin ihre Macht zu gründen versucht hatten – solange es um deutsche Geschichte ging und noch nicht um die Macht in Europa.

Im übrigen waren das sehr wohlverwaltete Lande. Die Administration der Habsburger in ihrem eigentlichen «Hausbesitz» zu jener Zeit war mustergültig. Also war auch genug Stoff vorhanden für die Räte Karls und die Räte Ferdinands, im Anliegen ihrer Herren nun auch gehörig zu feilschen, und mancher tat sich dabei zu seinem eigenen Vorteil hervor, wie der besondere Vertraute Ferdinands, Gabriel de Salamanca. Aber das wiederum fand Widerspruch. Also benötigte man zwei Jahre, die Dinge auszuhandeln, und dabei gelang es der Seite Ferdinands, ihren Einfluß zu vermehren: In einem Geheimvertrag trat Karl 1522 dem Bruder schließlich buchstäblich alle Rechte auf sein Erbe im südlichen

15

Deutschland ab. Geheim sollte dieser Vertrag bleiben, damit nicht offenbar würde, daß Karl, nun wirklich seit Juli 1519 gewählter und gekrönter römisch-deutscher König, in Deutschland gar keine Hausmacht besaß. Und die beiden Brüder hielten dann auch diesen Vertrag so lange als eine Sache unter sich, bis Karl 1530 die nächste und höchste Würde erreicht hatte, die kaiserliche.

Durch die Wahl Karls zum römisch-deutschen König und künftigen Kaiser – ein Gewohnheitsrecht in Europa, seit 962 König Otto I. in Rom zum Kaiser gekrönt worden war, und damit eigentlich ein Stück ungeschriebener europäischer Verfassung bis zur Kaiserkrönung Napoleons 1804 –, durch diese Wahl waren die beiden Brüder einander nähergerückt. Nicht räumlich: Karl blieb nach einigem Aufenthalt in Deutschland und nach seiner denkwürdigen, sehr persönlichen Auseinandersetzung mit Luther in Worms 1521 fast ein Jahrzehnt in Spanien und überließ die Niederlande wieder der Regentschaft seiner Tante Margarete, dem Bruder Ferdinand aber die Erblande der Habsburger, wie vereinbart, und dazu überdies das wegen der Reichsacht seines Fürsten «heimgefallene» Württemberg, also einen großen, wenn auch nicht ganz geschlossenen Territorialblock in Süddeutschland.

Tatsächlich war Ferdinand Karls deutscher Regent. Das war ein schwieriges Geschäft in der politischen Landschaft jener Zeit, bei den trotzigen und auf ihre Selbständigkeit bedachten Fürsten und nach einer auf halbem Wege steckengebliebenen Reichsreform. Dazu kam der wachsende Einfluß Luthers gegen den dezidiert katholischen Standpunkt der Habsburger. Zwar hatte Karl solcherart mit Ferdinand die Macht geteilt, aber es war eine recht einseitige Teilung. Ferdinand hatte den unruhigeren, besser noch, den problematischeren Teil bekommen – denn Aufstände gab es in Spanien auch – und war deshalb stets auf den legalen Träger der deutschen Königsmacht angewiesen, auf den Bruder also.

Diese Deutung muß man noch durch einen Blick auf die übrigen Familienverhältnisse ergänzen. Anders als seine Standesgenossen auf den europäischen Thronen regierte Karl wirklich als Familienoberhaupt mit seinen Geschwistern, wie es nie zuvor und

Nach dem Wormser Abkommen war die Einheit der hausösterreichischen Länder gefährdet; bei der Neuordnung seiner Hausmacht, die zu einer dynastischen Teilung in eine spanische und eine österreichische Linie führte, setzte Karl ganz auf den jüngeren Bruder, mit dem er bald ein kaiserlich-königliches Gespann bildete. Im Geheimvertrag vom 7. Februar 1522 entledigte sich Karl aller seiner deutschen Herrschaftsansprüche zugunsten des Bruders, womit zugleich auch die Grenzen seines Engagements in Deutschland bezeichnet wurden.

niemals nachher ein anderer Herrscher sich einfallen ließ: Er hielt den Westen in der Hand, von den Pyrenäen bis ins ferne Amerika, sein Bruder Ferdinand den Osten, die deutschen Lande zunächst, seit 1526 aber auch Böhmen, Mähren, Schlesien und Ungarn. In der Mitte, in den Niederlanden, in Luxemburg und in Burgund, regierte Tante Margarete, danach Schwester Maria und schließlich Tochter Margarete. Karl regierte sein Imperium also mit drei Frauen, die sich nacheinander als recht geschickte Statthalterinnen erwiesen. Er regierte freilich auch mit seinem Bruder, als dem zweiten in diesem Fünfgespann, und der war sein wichtigster Kompagnon. Die ganze Familienverflechtung in aktiver politischer Gemeinschaft ist bis heute nicht so recht in unserem Geschichtsbild verankert. Für dieses Miteinander war natürlich die ständige Verbindung unerläßlich. Die folgte nicht unbedingt dem Rang: Die Kontakte Ferdinands mit Margarete und mit seiner Schwester Maria waren über Jahre hin erheblich dichter als die mit Karl.

Vieles war eine Frage der Organisation. Denn zwischen Deutschland und Spanien lagen drei oder vier Wochen für einen eiligen Kurier, noch länger brauchte man über See; von Innsbruck etwa, wo Maximilian sein Österreich verwaltet hatte und wo sich auch Ferdinand immer wieder aufhielt, nach Brüssel ritt man bei besten Bedingungen zehn Tage. Der Landweg nach Spanien war wegen der Feindseligkeiten mit Frankreich meist verschlossen. Dennoch funktionierte die neue Verbindung zwischen den Geschwistern die meiste Zeit: Ihre Korrespondenz wurde zu einem wichtigen Instrument der europäischen Politik, so wie Karl der erste Herrscher gewesen ist, der wirklich und intensiv mit Akten umzugehen wußte. Ganz nebenbei beförderte das die Entwicklung der Post. Die ganze Konstellation ist merkwürdig, nicht nur die politische Arbeitsteilung unter den beiden Brüdern. Alles hing ab von ihrer Fähigkeit, in steter Verbindung zu bleiben, von ihren Briefen. Die Korrespondenzen sind insgesamt noch wenig erschlossen, und untersucht hat man sie, wenn schon, dann vornehmlich auf ihren politischen Gehalt. Als Familienwerk hat sie noch niemand gewürdigt.

Man schrieb zumeist französisch. Nur Ferdinand schrieb eine

Zeitlang um 1530 auch spanisch, und er korrespondierte mit Schwester Maria auch deutsch. Das heißt freilich, man ließ schreiben. Aber schon das nicht ohne Sinn für den besonderen Wert der eigenen Handschrift: «Ich hätte gern diesen Brief mit eigener Hand geschrieben», liest man 1552 in einem Brief Karls, an einem Tiefpunkt seines Lebens wohlgemerkt, bei völliger körperlicher Erschöpfung, «aber er war so lang, und ich habe es deshalb nicht gewagt.» Am meisten geht ein Brief zu Herzen, den Margarete im November 1530 an den Kaiser schrieb: «Monseigneur, die Stunde ist gekommen, da ich nicht mehr mit eigener Hand schreiben kann (…) denn dies ist mein letzter Brief.» Das war an ihrem Todestag.

Die hohen Herrschaften achten also den Wert der eigenen Hand, und das ist beinahe avantgardistisch in einer Welt, die das Schreiben eben doch weithin für Handarbeit und deshalb nicht für standeswürdig hielt. Es ist ein intellektuelles Verhältnis zum Schreiben, zum inneren Dialog, das die Übung der Hand vermittelt: der eigene Duktus als ein persönliches Zeichen, erworben durch intensiven Schreibunterricht.

Bei alldem sind die Geschwister freilich auch der Unzulänglichkeiten ihres Briefwerkes gewahr. Denn es unterscheidet sich ja doch erheblich von der üblichen Schreibarbeit in den Kanzleien der Könige und Kaiser, wie sie seit Jahrhunderten von Klerikern und geschulten Kalligraphen ausging, von den Diplomen, die Kanzler und Notare nach festen Formeln ausgeklügelt hatten. Demgegenüber handelt es sich in den Briefen von Königskindern beinahe um so etwas wie freie Schriftstellerei, um Mitteilungen, die so weit als möglich intim waren, wenn nicht als geheim gelten sollten. So entschuldigt sich Karl in seinem längsten Brief, zehn Druckseiten lang, bei seinem Bruder für die Länge und für Fehler im Aufbau. Andererseits darf man aber auch nicht persönliche Offenbarungen von diesen Briefen erwarten, wiewohl sie Bände füllen; schließlich ging es um Schriftstücke, die man in die Hände von Domestiken legte, in die Hände von Schreibern und Boten: «Und da gibt es noch geheime Dinge, die ich Euch anvertrauen will, wenn wir miteinander reden können (…) Ich empfehle mich Euch von Herzen!» So endet einer der aufge-

19

schlossensten Briefe Karls an den Bruder, Anfang 1530, als beider Dinge gut standen.

Auch muß man beachten, daß hier Könige miteinander korrespondieren, dazu erzogen, selbst noch in ihren persönlichen Regungen Könige zu sein, immer eine unsichtbare Öffentlichkeit vor Augen. So reden sie einander auch an: Mon bon frère, schreibt Karl. Mit Monsieur antwortet der Bruder, auch mit vostre maieste. Karl läßt grüßen, und gelegentlich bittet er Gott, er möge dem Bruder gewähren, was der sich wünscht – eine gängige Floskel. Ferdinand unterschreibt dagegen wie ein guter Untertan treshumblement, tresobeissant, und spanisch sogar mit Handkuß.

Aus diesen wenigen Beobachtungen wird schon deutlich, daß die Briefe – trotz jahrzehntelanger Editionsarbeit noch immer nicht ganz vollständig gedruckt – wohl manches bisher Unbeachtete enthalten über die Beziehungen der beiden Brüder. An persönlichen Geheimnissen und was die Rolle betrifft, die sie vor sich selber und vor der Welt zu spielen hatten, ist dagegen weniger zu erwarten – außer denn, man versucht sich in der feineren Kunst subtiler Textdeutungen. Prüft man die Fachliteratur, muß man freilich erstaunt feststellen, daß diese oft aus dem vollen sprudelnden Quellen bislang noch kaum mit menschlicher Anteilnahme gelesen worden sind. Auskünfte für diese oder jene politische Entwicklung erhält man oft auch anderswo; die Gedankenwelt zweier im Zeremoniell der höchsten Würdenträger Erzogenen ist aber nur hier so eindrücklich nachzuvollziehen, und so führt dieser Briefwechsel doch auch zu erstaunlichen Einblicken in persönliche Bereiche.

«Mon frère», erfährt Ferdinand 1524 aus Spanien, «ich werde Sie stets von allem Stand meiner Affären benachrichtigen, so daß Sie sehen, ich möchte nicht, daß Sie etwa abgeschlossen wären von der Welt, und ganz zweifellos werden Sie mir die Freude machen, mir Ihre Neuigkeiten zu schreiben, sooft Sie können.» Das plaisir wurde ihm zuteil. Andererseits schrieb Karl aber mehr als nur Briefe. Wiederholt gab er sich und vielleicht auch der Nachwelt schriftlich Rechenschaft über seine Gedanken. Karl V. zählt zu den wenigen gekrönten Häuptern, die zu solchen intellektuellen Selbstzeugnissen neigten, nach Karl IV. in Deutschland, nach Alfons dem Weisen in Spanien.

Ferdinand ist ein pragmatischer Briefschreiber. Auch sein Lebensstil weicht ab von der Art seines Bruders: Er ist ein Hausvater als Regent, seit 1521 ein glücklicher Ehemann mit fünfzehn Kindern. Er pflegt die Hofmusik, er baut wenig, aber mit höchstem Geschmack, wie das Belvedere in Prag und Teile der Wiener Hofburg. Karl dagegen zeigt keinen Sinn für Mäzenatentum. Er heiratet 1526 relativ spät, findet zwar auch ein zehnjähriges Eheglück, aber er hält sich währenddem immer wieder lange von seiner Frau fern, und das empfiehlt er später auch ausdrücklich seinem Sohn Philipp, dem einzigen übrigens, der ihm aus dieser Ehe nach fünf Geburten und neben zwei Töchtern übrigblieb. Karl sucht nicht gerade die Einsamkeit, aber er bevorzugt das Alleinsein, und das macht ihn wohl auch zu einem besonderen Briefschreiber.

«Wo wüßte ich die beiden Reiche besser gehalten als bei Euch», schreibt er im November 1526 an Ferdinand, nachdem der durch den unerwarteten Tod seines Schwagers Böhmen und Ungarn geerbt hat und damit zur Königswürde aufstieg, was leicht eine Quelle der Mißgunst zwischen den beiden hätte werden können, besonders da Karl selber noch nicht zum Kaiser gekrönt worden war, «als bei Euch, den ich liebe und schätze wie ein anderes Selbst» – comme ung autre moyesmes. Und 1553, als der Kaiser im Unglück sitzt, eine Fürstenrebellion seinen Sieg über die Protestanten zunichte macht, die vergebliche Belagerung von Metz seine Erfolge gegenüber Frankreich auslöscht und Geld und Truppen fehlen, während Ferdinand zu vermitteln sucht und sich vor dem Vorwurf rechtfertigt, ein doppeltes Spiel zu treiben, erfährt er vom Bruder: eine Rechtfertigung fordere er gar nicht, er wolle ihn nur erinnern, «mit mehr als brüderlicher Liebe», daß es vor allem erforderlich sei, «unsere gemeinsamen Affären mit soviel wechselweiser Intelligenz und Übereinstimmung zu halten, wie ich vertraue, daß ihr tut, und auch in meinem Interesse wünsche ich, Ihr möget darin mit mir übereinstimmen».

Es sind wechselweise Interessen, aber Karl sieht sich dabei doch als der entscheidende Partner. Er gewährt die Möglichkeiten, den

Bis zu seinem dreißigsten Lebensjahr ließ sich Karl von verschiedenen Künstlern malen und modellieren; von da an beauftragte er ausschließlich Tizian. Auf dessen Bildern ist Karl immer allein: keine Familie, keine Räte, keine Könige oder Fürsten. Es fehlen jegliche Hinweise sowohl auf Karls Kaisertum als auch auf die Existenz anderer Menschen, gelegentlich sieht man einen Hund. Das Gemälde in der Alten Pinakothek München ist auf 1548 datiert.

Aufstieg, die Lebensbasis für den Bruder, aber nicht nur aus Kalkül, sondern auch nach seinen Neigungen, und dieser Haltung bleibt er selbst bei Widrigkeiten treu. Da wird kein Schritt zurückgewichen: die gemeinsamen Interessen verdankt der jüngere Bruder allein der Gunst des älteren. Eine gleichberechtigte Partnerschaft ist das nicht.

Das zeigt sich auch in den gemeinsamen Unternehmungen der beiden. Seinen Anfang muß dies in ihren Gesprächen bei der ersten Begegnung im November 1517 genommen haben. Karls Devise lautete schon damals: «Plus ultra!», «Über alles hinaus!», und Ferdinand hat sich dieser Losung des Bruders gefügt. Erst als Karl gescheitert resignierte, übernahm der Jüngere mit Respekt, aber auch mit eigenem Kurs die politische Initiative.

Vier Schwerpunkte der Korrespondenz sind auszumachen: zunächst um 1529 / 30, als Karl monatelang in Bologna die Kaiserkrönung erwartet und zugleich die Königswahl und Krönung seines Bruders in Deutschland betreibt; danach sind die beiden vom Mai bis zum Jahresende in Deutschland beisammen und haben reichlich Gelegenheit zum Gespräch; um 1546 / 47, als die beiden gemeinsam ihre Schachzüge planen, um die Fürstenopposition, den Schmalkaldischen Bund, in Deutschland zu bekämpfen und gleichzeitig die Opposition der böhmischen Protestanten auszuspielen; im Sommer 1552, als Karl Hals über Kopf aus Innsbruck fliehen muß, weil der sächsische Kurfürst Moritz gegen Eid und Pflichten die Partei gewechselt hat und dem Kaiser die Gefangennahme droht. Und schließlich um 1555, als Ferdinand zur Beruhigung der deutschen Dinge den Augsburger Religionsfrieden ausgehandelt hat, immer im Kontakt mit Karl, der sich dann dennoch weigert, den Reichsabschied zu unterschreiben. Die endgültige Duldung, de facto die reichsrechtliche Anerkennung der Protestanten geht gegen seine Ehre. Schlimmer noch: sie gilt ihm als Eingeständnis seines politischen Scheiterns, nach vielen Winkelzügen und Kämpfen und manchem Ärger über die unverrückbare Position der päpstlichen Kurie.

Ferdinand fällt eine solche Zustimmung leichter. Er hat, bis 1531 als Karls Statthalter und dann als sein Stellvertreter durch die

Krönung zum römisch-deutschen König, seit je mit den deutschen Fürsten verhandelt, auch mit denen, die sich zur Lehre Luthers bekannten, und er weiß ihre politischen Intentionen einzuschätzen. Also bewegt er sich in ihrem Kreis sicherer. Während Karl, der Sieger von Mühlberg, im April 1547 den Führer der Protestanten, den sächsischen Kurfürsten Johann Friedrich, mit unwirschen Worten in ein Gefängnis weist, übt Ferdinand Milde. Er gilt als der weichere, biegsamere der beiden Brüder in der deutschen Politik, und er erreicht, was der spröde und hochfahrende Kaiser mit einem Schlag gewann und dann doch ebenso rasch auch wieder verspielte, durch seine Biederkeit: den Augsburger Religionsfrieden. Er ist Ferdinands Werk, und die konfessionelle Toleranz, die danach sechzig Jahre in Deutschland wirkte – anstelle eines dreißigjährigen Glaubenskrieges wie in Frankreich, in England, in Spanien –, nützt allen Parteien. Erst die ungelösten staatsrechtlichen Fragen mit den Böhmen werden 1618 Ferdinands gleichnamigen Nachfahren vor neue Probleme stellen und, bei einer gewaltsamen Lösung, dann auch Deutschland in einen langen Konfessionskrieg stürzen.

Kaiser Karl V. zählt, um keine Mißverständnisse zu nähren, zu den erfolgreichsten Herrschern in der Geschichte des alten Heiligen Reiches. Seine Feldherren besiegten und verhafteten 1525 den zähesten Gegner des römisch-deutschen Herrschers, den König von Frankreich, der sich durch Einkreisung herausgefordert fühlte; buchstäblich an allen französischen Grenzen saßen die Habsburger. Seine Landsknechte erstürmten 1527 Rom und nahmen dort den Papst gefangen. Seine Flotte eroberte, unter seinem Kommando, Tunis und brachte damit für lange einen wichtigen Mittelmeerstützpunkt in die Hände der Spanier. 1547 schlug er, nach langem Taktieren, die deutschen Protestanten, setzte ihre Führer fest und vereinte die deutsche Christenheit dadurch mit Gewalt wieder unter der alten Kirche. Aber wo sich mancher Sieg hätte durch politische Mäßigung behaupten lassen, zerrannen ihm seine Erfolge auch wieder vor seinen unbedingten Zielen: Plus ultra!

So waren seine letzten fünf Regierungsjahre durch Niederlagen gekennzeichnet und auch durch die wachsende Macht seiner

Gichtanfälle. Die letzte, die bitterste Entsagung bedeutete für ihn eben jener Religionsfriede von Augsburg, in dem das Reich die konfessionelle Spaltung anerkannte. Daraufhin entschloß sich der Kaiser, seiner Würde zu entsagen, stolz und unbeirrt, aber auch unwillig zu jedem Kompromiß. Karl war und blieb der einzige, der einen solchen Schritt auf sich nahm in der römisch-deutschen Kaisergeschichte, bis hin zum letzten in der Reihe, bis zu seinem fernen Urenkel Franz 1806.

Hier nun, bei diesem Schritt, trennten sich die Wege der Brüder. Vielleicht, weil Karl möglicherweise den gleichen Schritt von Ferdinand erwartete, den er selber in unerhörter Weise plante: gemeinsam regiert, gemeinsam abgetreten. Dieser Deutung fehlt der klare Beweis, aber eine gewisse Wahrscheinlichkeit spricht dafür. Für die brüderliche Gemeinsamkeit in Karls Augen und für das unterschiedliche Echo bei Ferdinand wäre das ein neuerlicher Beleg. Die Wirklichkeit erbrachte dann das Gegenteil: Jetzt war Gelegenheit für Ferdinand, als der Zweite dem Bruder in der höchsten Würde nachzufolgen. Ihre Doppelherrschaft, ungleich wie sie war, hatte ein Ende.

Nun ging es ums Erben und letztlich nicht mehr nur um Karl und Ferdinand, sondern auch um ihre Söhne. 1547 bis 1549 ratschlagten die Geschwister ein erstes Mal, nicht nur die beiden Brüder, über Karls Nachfolgepläne. Und eben da scheint die unerwartete Idee vom gemeinsamen Rücktritt in Karls Kopf aufgetaucht zu sein: nicht Ferdinand, sondern Philipp sollte ihm auf dem Kaiserthron folgen. Karl stützte sich offenbar auf die gleichen Argumente, die er am Anfang seines Weges verteidigt hatte: nur das Königreich Spanien gäbe dem Kaiser die gehörige Machtgrundlage. Ein Brief Ferdinands aus dieser Zeit nährt die Vermutung, er selber solle den Weg freimachen für Karls Sohn. Das will Ferdinand wissen, aber nicht geradewegs vom großen Bruder, sondern vorsichtiger von seiner Schwester, seit 1530 Statthalterin in den Niederlanden und seine besondere Vertraute. Ferdinand beklagt sich bei Maria über ein entsprechendes Gerücht. Einen so unerhört kühnen Plan bestreitet Maria in ihrer Antwort, aber sie hat wohl Karl entsprechend informiert. Der mochte sich zu dieser delikaten Mutmaßung nicht schriftlich erklären. Er trägt es einem Gesandten auf, Ferdinand von der Haltlosigkeit dieses Gerüchts zu überzeugen.

Aber der Erbstreit bestand fort. Und Ferdinand entwickelte eine an ihm sonst unbekannte Hartnäckigkeit – vielleicht, weil es nicht für ihn selber, sondern für seinen Sohn zu streiten galt. Philipp, Karls Sohn, sollte nach dieser Version nun nicht mehr *statt* des Vaters, sondern *nach* Ferdinand die Nachfolge antreten, und erst nach Philipp wäre die Reihe an Ferdinands eigenem Sohn gewesen, an Maximilian. Durch diese merkwürdige Verschränkung wollte Karl doch noch auf seine Weise die Einheit der Dynastie bewahren und beweisen. Vergleichbares gab es auf keinem anderen Königsthron.

Auch dieses Problem war zu schwierig für die Korrespondenz. So traf sich die Familie neuerlich in Augsburg im zweiten Halbjahr 1550/51. Die Familie, wohlgemerkt, nicht nur die beiden Brüder. Und als man sich nicht einigen konnte, zog Karl auch die beiden – übrigens gleichaltrigen – Nachfolgekandidaten hinzu, Philipp und Maximilian. Der Streit blieb unentschieden. Nach Karls und nach Ferdinands Tod trat Maximilian die deutsche Nachfolge an; Philipp regierte in Spanien und erhielt immerhin und erstaunlicherweise die Niederlande, Mittelstück und Relais des habsburgischen Europa. Daran hat sich ein gutes Stück europäischer Geschichte entschieden.

Als Karl schließlich der Welt, seinen Niederländern zuerst, im Oktober 1555 seine Abdankung bekanntgab, als er sich in den folgenden elf Monaten in Brüssel von der Welt verabschiedete, hätte er gern auch noch einmal seinen Bruder gesehen. Jetzt freilich ist die Beziehung anscheinend doch aus dem Gleichgewicht geraten, oder besser wohl: die Übermacht, mit der sie Karl vierzig Jahre bestimmt hatte, hinterließ ein Vakuum. Fünfmal schreibt er dem Bruder. Fünfmal bittet er ihn um einen Besuch in Brüssel, denn ein Besuch in Spanien wird, das ist jedermann klar, wohl nicht mehr möglich sein. Ferdinand lehnt ab. Er sendet seinen Sohn, Maximilian, der verheiratet ist mit seiner Cousine, Karls Tochter Maria, «unserer gemeinsamen Tochter», wie in den Briefen der Brüder zu lesen ist. Karl hat beide ins Herz geschlossen, in

Ferdinand, nach einem Kupferstich von Hans Sebald Lautensack, 1556. Mit der österreichischen Erbschaft versorgt, ging Ferdinand im großen und ganzen seine eigenen Wege. Nachdem er dreißig Jahre lang mit großem Ernst die Stellvertreterpflichten für den kaiserlichen Bruder im Reich wahrgenommen hatte, suchte er nach dessen freiwilligem Verzicht mehr oder minder seine eigene Politik zu entfalten; allerdings überlebte er den Bruder nur um acht Jahre.

sein strenges und unnahbares Herz, trotz der unglücklichen Nachfolgedebatte. Das soll nichts beeinträchtigen. Es gibt Dynastenpflichten. Die beiden Jungen kommen also, um Abschied zu nehmen von dem alten Mann, der die Welt regierte und seine Familie dazu. Ferdinand kommt nicht. Die unruhigen deutschen Fürsten und die feindlichen Türken hinderten ihn daran, seinen Platz zu verlassen, schreibt er dem Bruder.

Im September 1556 verläßt Karl die Niederlande, zu denen er sich in seinen letzten Manifestationen als zu seiner Heimat bekannt hat. In Yuste, im fernen Kastilien, wird er aus der Welt sein. Er nimmt wenig mit, ein paar Bücher und ein merkwürdiges Gemälde, das sein Hofmaler Tizian nach seinen unmittelbaren Anweisungen in den Jahren zuvor geschaffen hatte. Es zeigt den Kaiser im Totenhemd kniend im Himmel, unter Patriarchen vor

Gottes Thron. Es gibt keine vergleichbare Darstellung in der rö-misch-deutschen Herrschergeschichte. Kein Kaiser hat sich je als Büßer vor Gottes Thron malen lassen, die abgelegte Krone neben sich. In zwei Gestalten unter den Seligen im Kreis um Karl hat man die beiden Frauen aus seiner nächsten Umgebung erkennen wollen, die vor ihm gestorben sind, Margarete und Isabella, seine portugiesische Gattin. Für Ferdinand, der nach ihm das Heilige Römische Reich regierte, war kein Platz mehr.

DIE VIER BRÜDER BACH

von Martin Geck

Der majestätische Strom theilt seine höchste Fülle in vier Arme, schickt diese allen Weltgegenden zu und sie alle treffen auf Sümpfe in denen sich die schöne Flut unwiederbringlich verliert.» – In diesem Bild beschreibt der Aufklärer und Goethe-Freund Johann Friedrich Reichardt die künstlerische Situation der Bach-Familie im Jahre 1791. Zwar hat Johann Sebastian, «der größte Künstler von allen», bedeutende Söhne gezeugt: «Wer kennt nicht den hallischen, den berlinischen, den englischen und den bückeburger Bach?» Doch bis auf den letztgenannten sind sie nicht mehr am Leben; und ihre Hinterlassenschaft ist kein *monumentum aere perennium*, geht vielmehr im großen Strom der Musikgeschichte auf. Das ist für zwei der vier Brüder eine durchaus ehrenvolle Charakterisierung: Carl Philipp Emanuel, der zweitälteste, wirkt prägend auf die Klaviermusik Haydns und Beethovens; Johann Christian, der jüngste, gibt dem Schaffen Mozarts eine entscheidende Wendung. Die beiden anderen Brüder müssen sich mit undankbareren Rollen begnügen: Der älteste, Wilhelm Friedemann, überdauert in der populären Musikgeschichtsschreibung als das unausgeglichene und realitätsferne Genie, das teils die Knorrigkeit des Vaters übernimmt, teils erstaunliche Proben eines musikalischen Sturm und Drang ablegt; der zweitjüngste, Johann Christoph Friedrich, gelangt über das *image* eines Provinzkapellmeisters nicht hinaus.

Was Reichardt im Bild des gewaltigen Stromes und seiner vier Arme beschreibt, beginnt Anfang des 18. Jahrhunderts – die beachtliche Vorgeschichte dieser einzigartigen Musikerfamilie bleibt hier außer acht – als munterer Quell. Im Juni 1707 hat Johann Sebastian als Zweiundzwanzigjähriger eine angesehene Organistenstelle in Mühlhausen angetreten, ein Vierteljahr später heiratet er Maria Barbara Bach, eine Base zweiten Grades; 1708 wird Catharina Dorothea, am 22. November 1710 Wilhelm Friedemann geboren. Bach ist inzwischen Organist und Kammermusiker der Herzöge Wilhelm Ernst und Ernst August von Sachsen-Weimar geworden; er hat bereits virtuose Orgelwerke wie die d–Moll-Toccata und eine so bedeutende Kantate wie den «actus tragicus» BWV 106 geschrieben und arbeitet sich systematisch an die Komposition von höfischer Repräsentationsmusik heran. Der Lohn dafür mag die Ernennung zum Konzertmeister Anfang März 1714 gewesen sein; wenige Tage darauf wird Carl Philipp Emanuel geboren. Als Bach 1717 als Kapellmeister nach Köthen übersiedelt, kommen die beiden Ältesten allmählich in das Alter, wo man mit einer musikalischen Unterweisung beginnen kann. Am 21. Januar 1720 fängt der Vater ein Klavierbüchlein für den neunjährigen Wilhelm Friedemann an, dessen Kern ein knappes Dutzend Präludien und Fugen aus dem Umkreis des gerade entstehenden «Wohltemperierten Klaviers» und die wohl eigens für den Sohn komponierten zweistimmigen «Inventionen» sowie dreistimmigen Sinfonien bilden. Carl Philipp Emanuel, gut drei Jahre jünger, wird über das Zuhören in die Rolle des Schülers hineingewachsen sein.

Als Lehrerin bietet sich auch Anna Magdalena an, eine weißenfelsische Hofmusikerin, die im Jahre 1721, gerade zwanzigjährig, Bachs zweite Frau wird. Zu ihren Stiefsöhnen könnte sie ein schwesterliches Verhältnis entwickelt haben; doch das bleibt Spekulation, denn wir kennen keine Einzelheiten über das Bachische Familienleben, wie es sich ab 1723 in der Dienstwohnung des Leipziger Thomaskantors abspielt. Daß man vor allem im Zeichen der Musik zusammenfindet, bedarf kaum der Erwähnung. Johann Sebastian, der in den Anfangsjahren seines Kantorats Woche für Woche eine Kirchenkantate zu komponieren hat, etabliert in seinem Hause geradezu eine Kopistenwerkstatt, in der neben ausgewählten Thomasschülern und Anna Magdalena wie selbstverständlich die heranwachsenden Söhne aus erster Ehe tätig sind. (Ihre zunächst noch ungelenken Handschriften werden der modernen Bachforschung gute Dienste bei der Datierung des Bachschen Œuvres tun.)

Nach und nach gehen die älteren Söhne aus dem Hause. Wilhelm Friedemann, der 1729 von der Thomasschule zum Studium der Mathematik, Philosophie und Rechtswissenschaft an die Leipziger Universität überwechselt, wird 1733 Organist an der Dresdner Sophienkirche; Carl Philipp Emanuel, ab 1731 in Leipzig als Jurastudent eingeschrieben, setzt sein Studium ab 1734 in Frankfurt an der Oder fort. Der 1715 geborene Johann Gottfried Bernhard, vom Vater später als «leider mißrathen» bezeichnet, erhält 1735 immerhin eine Organistenstelle in Mühlhausen, stirbt jedoch wenige Jahre später unter unbekannten Umständen.

In dem Klavierbüchlein, das Johann Sebastian Bach seit 1725 für seine Frau anlegt, hinterlassen die Söhne wie selbstverständlich ihre Spuren. Carl Philipp Emanuel schreibt seine vermutlich ersten Suitensätze in Gestalt von Märschen und Polonaisen auf. Später finden sich auch Eintragungen von Anna Magdalenas leiblichen Söhnen: Der 1732 geborene Johann Christoph Friedrich repetiert «Einige höchst nötige Regeln vom General-Basso», der drei Jahre jüngere Johann Christian steuert einen kleinen Tanzsatz bei.

Als im Sommer 1750 der Vater stirbt, löst sich die Familiengemeinschaft, soweit sie bis dahin noch bestanden hat, rasch auf. Bis auf den fünfzehnjährigen Johann Christian, der zunächst mit dem Berliner Bruder zieht, geht jeder seine eigenen Wege; sie werden sich künftig nur noch selten kreuzen.

WILHELM FRIEDEMANN, welcher der Liebling des Vaters gewesen zu sein scheint, ist inzwischen nicht mehr Organist an der Dresdner Sophienkirche: Nachdem 1742 eine Bewerbung um das angesehenere Amt des Organisten an der Frauenkirche gescheitert ist, gelingt vier Jahre später der Sprung an die St.-Marien-Kirche in Halle. Dorthin war 32 Jahre zuvor Johann Sebastian von Weimar aus berufen worden, hatte zum Ärger der Kirchenältesten sein Amt aber nicht angetreten und sich statt dessen lieber zum Konzertmeister befördern lassen. Ohnehin hat der Vater, der zumindest als Orgelspieler und -sachverständiger unübertroffenes Ansehen genießt, überall seine Hände im Spiel. Auf das Dresdner Amt hat er, so berichtet sein erster Biograph Johann Nikolaus Forkel, den Sohn u. a. mit Hilfe seiner Triosonaten für Orgel BWV 525–530 vorbereitet, und auch für Halle verheißt der Name Bach einen großen Vertrauensvorschuß. (Der Göttinger Universitätsmusikdirektor und Musikgelehrte Forkel wird im folgenden noch mehrfach als Gewährsmann genannt werden, da er an den Bach-Söhnen sehr interessiert war und in persönlichem Kontakt mit ihnen stand.)

Ob Wilhelm Friedemann väterlicher Empfehlung überhaupt bedarf, ist freilich nicht ausgemacht: Er selbst gilt längst als exzellenter Orgelspieler, den ohne Probespiel anzustellen kein Risiko bedeutet. In Halle erwarten ihn mehr als die typischen Aufgaben eines mitteldeutschen Organisten: Er hat an Sonn- und Festtagen, aber auch in Nebengottesdiensten und Trauungen, die große Orgel zu schlagen, ist aber zugleich als eine Art *Director musices* zu wesentlichen Anteilen für die großbesetzte vokal-instrumentale Kirchenmusik verantwortlich, da die Stellung des Organisten gegenüber der des Kantors in Halle traditionsgemäß sehr stark ist.

Wie sein Vater in Leipzig muß Bach seine Texte der kirchlichen Obrigkeit vorlegen, die in Halle im Zeichen des Franckeschen Pietismus steht. Im Arbeitskontrakt wird außerdem ausdrücklich festgehalten, daß er die Gesänge der Gemeinde «langsam ohne sonderbahres coloriren» zu begleiten und sich im Blick auf eigenwillige Registrierungen und rhythmische Besonderheiten zurückzuhalten habe. Ob sich der Vater, welcher den Vertrag gewiß durchgesehen hat, schmunzelnd erinnert hat, daß er selbst als junger Organist in Arnstadt im Jahre 1706 beschuldigt wurde, die Gemeinde durch «wunderliche variationes» und «viele frembde Thone» beträchtlich «confundiret» zu haben?

Für Wilhelm Friedemann beginnt eine anstrengende Zeit. Während er den Organistendienst aus dem Ärmel geschüttelt haben wird, ist die Aufführung der Vokalmusik mit viel Aufwand verbunden: Es gilt nicht nur, die Stücke einzustudieren, sondern auch für das Repertoire zu sorgen, da das Musizieren nach gedruckten Noten noch kaum üblich ist. Bach beginnt am 1. Pfingsttag 1746 mit seiner Kantate «Wer mich liebt» und führt in der Folgezeit nicht nur eigene Werke auf, sondern auch solche seines

Vaters und anderer Komponisten. Wenn es mit der Kirchenbehörde dann und wann zum Streit kommt, geht es allerdings weniger um die Qualität der Musik als um das unerlaubte Verleihen von Pauken, um Urlaubsüberschreitung anläßlich der Beerdigung des Vaters et cetera et cetera. Die vom Geniezeitalter geprägte Folgegeneration, geradezu süchtig auf – wie es im Titel einer Veröffentlichung von Friedrich Wilhelm Marpurg heißt – «Legenden einiger Musikheiliger», hat solche Vorkommnisse gewaltig aufgebauscht, Bach zu einem genialischen Trunkenbold und Sonderling machen wollen. Dabei dürfte er mindestens zu diesem Zeitpunkt noch einem recht bürgerlichen Lebenswandel nachgekommen sein. 1751 heiratet er die Tochter eines nicht unvermögenden Steuereinnehmers und zeugt drei Kinder, von denen nur die jüngste Tochter ein höheres Alter erreicht. Auffällig ist die größere Zahl adeliger und hochgestellter Paten: Man hat den Eindruck, daß Wilhelm Friedemann nicht ungern zur großen Welt zählen würde.

Jedenfalls zieht es ihn von Halle fort. 1753 bewirbt er sich, ebenso vergeblich wie sein Bruder Carl Philipp Emanuel, in Zittau, 1762 ist er Favorit bei der Neubesetzung der Hofkapellmeisterstelle am Darmstädter Hof, läßt jedoch der nominellen Ernennung aus fadenscheinig oder vorgeschoben klingenden Gründen keinen Umzug nach Darmstadt folgen. Statt dessen bittet er, von seinem Kirchenvorstand wiederholt hart gerügt, im Mai 1764 in Halle ohne berufliche Alternative um seine Entlassung und stellt augenblicklich seine Tätigkeit ein.

Daß bei der nunmehr anberaumten Inventur ein Fiedelbogen, eine Flöte, ein Zink, eine Posaune und einige Saiten fehlen, während sich die Zahl der Trompeten um eine vermehrt hat, führt zu neuerlichem Hader. Es könnte das unglückliche Zusammentreffen einer besonders kleinlichen Behörde mit einem vielleicht überdurchschnittlich dünnhäutigen Künstler gewesen sein, welches zu diesem für die Zeit zwar spektakulären, jedoch sicher auch nicht einmaligen Abbruch des Dienstverhältnisses geführt hat. Aus heutiger Sicht muß der Künstler, wenn er seine Verpflichtungen auch nur halbwegs ernst genommen hat, unter ständiger Arbeitsüberlastung gelitten haben. Von einer solchen hat er sich nun befreit, doch wird er sich von den ansonsten nachteiligen Folgen seines aus Wut, Resignation oder Überdruß gespeisten Schrittes nicht wieder erholen.

Er ist nun ohne Amt, bleibt mit Bewerbungen in Dresden erfolglos, verkauft 1770 ein seiner Frau gehörendes Grundstück, um mit ihr in der Hoffnung auf eine Organistenstelle nach Braunschweig zu ziehen. Doch trotz glänzend abgelegter Organistenprobe will man den inzwischen Sechzigjährigen nicht anstellen. So bleiben ihm nur die Wertschätzung der Kenner und die dürftigen Einnahmen durch Privatstunden und gelegentliche Konzerte. 1773 taucht er in Göttingen auf, 1774 wendet er sich nach Berlin und gibt alsbald einige wenige, jedoch viel beachtete und hoch gelobte Orgelkonzerte. In den «Berlinischen Nachrichten» heißt es: «Alles was die Empfindung berauscht, Neuheit der Gedanken, frappante Ausweichungen, dissonirende Sätze, die endlich in einer Graunischen Harmonie starben – Force, Delicatesse, kurz dieses alles vereinigte sich unter den Fingern dieses Meisters: Freuden und Schmerzen in die Seelen seiner feinern Versammlung überzutragen.»

Der «würdige Sohn eines Sebastians», wie ihn die Kritik nennt, hätte in Berlin vermutlich mehr Schülerinnen und Schüler finden können als einzelne auserwählte wie Sara Itzig-Levy, eine Großtante von Felix Mendelssohn Bartholdy. Doch kommt er mit dem Alltag nicht mehr zurecht. Berichte, denen zufolge er zu einer geregelten Unterrichtstätigkeit nicht bereit ist, scheinen nicht aus der Luft gegriffen zu sein, ebensowenig Äußerungen Johann Philipp Kirnbergers, Bach habe sich die Gunst der Prinzessin Anna Amalia, Schwester von Friedrich dem Großen, verscherzt, weil er darauf aus gewesen sei, ihren Kapellmeister und Kompositionslehrer Kirnberger anzuschwärzen und sich selbst an seine Stelle zu setzen. Dennoch fehlt es ihm nicht gänzlich an Freunden und Gönnern. Dem auf Schleck in Kurland lebenden Baron Ulrich G. von Behr darf er in seinen letzten Lebensjahren für einhundert Dukaten zwei Klavierphantasien aufsetzen, wobei er Teile älterer Werke geschickt integriert.

So wird Wilhelm Friedemann in seinen letzten Lebensjahren ersichtlich zu einer zwar nicht absonderlichen, aber doch un-

Wilhelm Friedemann Bach (1710–1784), offenbar der Liebling des Vaters, ein weithin berühmter, exzellenter Orgelspieler, wurde am Ende seines Lebens immer mehr zur unglücklichen Figur; das Bild eines genialischen Trunkenbolds und Sonderlings freilich, das die Nachwelt von ihm zeichnete, ist mehr der Trivialliteratur geschuldet als der Wirklichkeit.

glücklichen Figur. Aus materieller Not verkauft er die ererbten Noten-Unikate seines Vaters, nachdem er zuvor bereits fortlaufend Einzelstücke verschenkt hat. Zwar wäre es ungerecht zu sagen, er habe seine unersetzlichen Bestände unehrerbietig verschleudert; jedoch lassen die Geldsorgen in der Tat keine umsichtigen Verkaufsstrategien zu. (Demzufolge hat die moderne Bachforschung viel Mühe und Scharfsinn auf die Rekonstruktion der verschlungenen Wege des Wilhelm-Friedemann-Erbteils verwenden müssen, der nichtsdestoweniger zu erheblichen Anteilen verschollen ist.)

Daß Wilhelm Friedemann ein Werk seines Vaters, das Orgelkonzert nach Vivaldi BVW 596, auf dem autographen Titelblatt als sein eigenes deklariert, andererseits einzelne seiner eigenen Vokalkompositionen nachträglich als Werke des Vaters ausgegeben hat, ist ihm als notgeborene Unredlichkeit sehr verübelt worden. Indessen muß man wissen, daß es zwischen dem Vater und seinen Söhnen und zwischen den beiden ältesten Brüdern allerlei Gemeinschaftsarbeiten, absichtsvoll anmutende Fehlzuweisungen usw. gegeben hat. Da nicht einmal feststeht, ob und auf welche Weise Wilhelm Friedemann aus seinen «Fälschungen», die als solche recht naiv anmuten würden, Vorteile ziehen wollte, läßt man die ganze Angelegenheit besser in jenem Halbdunkel, in dem die letzten Lebensjahre des Künstlers insgesamt liegen. Augenscheinlich verarmt, ist er am 1. Juli 1784 in Berlin an einer Lungenkrankheit gestorben. Als man im Jahr darauf in Berlin Händels «Messias» aufführt, läßt man den Erlös seiner Familie zukommen, aus der allein die Tochter Friederica Sophia das neue Jahrhundert erlebt.

Es hat viele Komponisten gegeben, deren Leben nicht glatt und allzeit untadelig verlaufen ist. In gewissem Sinne könnte man schon Vater Bach zu ihnen zählen, jedenfalls Händel, Mozart, Beethoven, Schumann, Wagner – fast alle «Großen». Doch während sie das Glück haben, daß ihr Werk alles andere überstrahlt, bleibt Wilhelm Friedemann der Nachgeborene, der vor allem durch seine Person in ihrer Mischung von *decadence* und genialischer Unschuld zu fesseln hat – wie in dem gekonnt-unsäglichen Roman «Friedemann Bach» von Albert Emil Brachvogel, der übrigens auch gemeinsam mit Emil Bach der Urheber des seinem Helden zugeschriebenen Liedes «Kein Hälmlein wächst auf Erden» ist.

Der Ruf Wilhelm Friedemanns als unübertroffener Klavier- und Orgel-Improvisator wird nachvollziehbar, wenn man die handschriftlich erhaltenen Klavierphantasien hört: Keine gleicht der anderen, alle sind voll überraschender Wendungen und «Betrügereyen», wie man damals sagte. Es scheint dem Komponisten eine diebische Freude gemacht zu haben, auf knappstem Raum den Charakter der Musik vollkommen umschlagen, einen solchen Umschlag jedoch zugleich plausibel erscheinen zu lassen. «Nur Schade», so meint Forkel, «daß er mehr fantasirte, und bloß in der Fantasie nach musikalischen Delicatessen grübelte, als schrieb.»

Die Klaviermusik, zu der Sonaten, Suiten, Tanzsätze, Charakterstücke sowie Kammer- und Konzertmusik unter Beteiligung eines Tasteninstruments gehören, macht den Hauptteil seiner Werke aus, deren Anzahl die neuere Forschung mit einem guten Hundert angibt, was jedoch wenig über den einstigen Bestand aussagt: Im Druck kam zu Lebzeiten fast nichts heraus; und die handschriftliche Überlieferung des Œuvres wirkt so beliebig, wie der Lebensgang seines Urhebers zeitweilig sprunghaft gewesen ist. Auch die Orgelwerke und die für Halle komponierten Kantaten sind in vielen Details originell; doch zugleich spürt man die Zerrissenheit zwischen dem Anspruch, dem väterlichen Erbe gerecht zu werden, und dem Wunsch, dem Sturm und Drang der Zeit sein musikalisches Siegel aufzudrücken. So gesehen, war Wilhelm Friedemann ein zu früh Geborener: In der Ära eines Franz Liszt hätte er sich vielleicht stimmiger als der genialisch-freie Künstler entfalten können, als der er sich vermutlich hat sehen wollen.

CARL PHILIPP EMANUEL, der Zweitgeborene, muß es – in der Rückschau läßt sich dergleichen gefahrlos rekonstruieren – leichter gehabt haben: Auf ihm lastet weniger Erwartungsdruck als auf dem Ältesten, er kann sich vielmehr in dessen Windschatten entwickeln und hat außerdem, als er am 10. März 1714 aus der Taufe gehoben wird, den sonnigsten Paten, den man sich im Reich der Musik nur denken kann – Georg Philipp Telemann. Wie dieser, und zugleich ganz anders als sein älterer Bruder, wird er einen langen und erfolgreichen Lebensweg gehen, sein Haus trefflich bestellen, für zwei Jahrzehnte die Kultur der Hansestadt Hamburg mitbestimmen und in demselben Zeitraum für ganz Europa «der große Bach» sein, für die modernen Historiographen außerdem derjenige, welcher das Schifflein der Musikgeschichte mit sicherer Hand von der alten Welt Bachs und Händels an die Ufer der neuen Welt Haydns, Mozarts und Beethovens gesteuert hat.

Schon als Student der Rechte in Frankfurt an der Oder ist Carl Philipp Emanuel als Klavierlehrer und Leiter kleiner «öffentlicher Musiken» tätig. Seit 1738 hat er Kontakt zur Kapelle des preußischen Kronprinzen; drei Jahre später steht er – mit einem recht kleinen und im Laufe der Jahre sich kaum vergrößernden Gehalt – in offiziellem Dienst des nunmehr zum König gekrönten Friedrich II. und hat, wie er sich stolz erinnert, die Gnade, das erste Flötensolo begleiten zu dürfen, das der neue König in Charlottenburg spielt. Fast drei Jahrzehnte lang wird Carl Philipp Emanuel als Mitglied der Hofkapelle in Berlin und Potsdam tätig sein. In welchem Maß Friedrich der Große seinen Cembalisten beachtet und wertgeschätzt hat, ist unbekannt. Es wäre reizvoll sich vorzustellen, daß er in all den Jahren nur einmal das Wort an ihn gerichtet hat: im Mai 1747, als Vater Bach am Potsdamer Hof auftaucht. Die musikalische Vertrauensperson des Königs ist jedenfalls sein Flötenlehrer Johann Joachim Quantz; nach ihm rangieren die Gebrüder Graun als Kapell- und Konzertmeister.

Es sieht es so aus, als habe Carl Philipp Emanuel seine Erfolge auch außerhalb der Kapelle suchen müssen. So veröffentlicht er 1753 seinen nachmals berühmten «Versuch über die wahre Art das Clavier zu spielen» – kaum zufällig ein Jahr nach dem Erscheinen der gewiß ebenso bedeutenden Flötenschule von Quantz, mit dem er insgesamt konkurriert haben mag. Vor allem aber wird er als derjenige Komponist in die Musikgeschichte eingehen, der mit geradezu nachtwandlerischer Sicherheit den neuen Markt für bürgerliche Hausmusik erschließt und mit unermüdlichem Fleiß bestellt. Systematisch wendet er sich den Werkgattungen zu, welche den meisten Umsatz versprechen: der Klaviermusik und dem Lied.

*Carl Philipp Emanuel Bach (1714–1788), der Patensohn Telemanns, der am
Hof Friedrichs des Großen und dann zwanzig Jahre in Hamburg wirkte, galt
seinen Zeitgenossen als «der große Bach», und in der Tat stellt er musikge-
schichtlich den Übergang von der alten Welt seines Vaters in die neue Haydns
und Beethovens dar.*

Bereits in seiner Berliner Zeit läßt er mehr als ein Dutzend zum Teil umfänglicher Klavier- und Liedsammlungen erscheinen, nach seiner Übersiedelung nach Hamburg werden es kaum weniger. Mit Vorliebe legt er Pränumeranden-Verzeichnisse auf und läßt dann auf eigenes Risiko drucken. Ein Angebot des Leipziger Verlegers Schwickert lehnt er im Jahr 1780 mit den Worten ab: «Bedenken Sie, was ich verdienen kann, wenn ich selbst Verleger davon bin.» Zwar liegt die Auflagenhöhe selten über 500; doch da nach 200 bis 250 verkauften Exemplaren die Unkosten gedeckt sind, kann Bach – zum Beispiel – einige Jahre später gegenüber einem anderen Verleger bemerken, er habe an seinen Sonaten «ansehnlich gewonnen».

Titel wie «Kurze und leichte Clavierstücke» oder «Six Sonates pour le Clavecin à l'usage des Dames» könnten den Eindruck erwecken, Bach setze allein auf die leichte Mode; doch damit täte man ihm gänzlich unrecht: Er baut, um mit dem Titel anderer seiner Klavierwerke zu sprechen, auf «Kenner und Liebhaber» und bricht damit der Musikauffassung der Wiener Klassik Bahn. Hatte 1731 Louise Adelgunde Victorie Kulmus, spätere Gottschedin, ihrem Verlobten über die als op. 1 erschienenen Klaviersuiten von Vater Bach noch schreiben müssen: «Wenn ich sie zehnmal gespielet habe, scheine ich mir immer noch wie eine Anfängerin darinnen», so setzt der Sohn alle Phantasie darein, Würde und Anmut, Ernsthaftigkeit und Gefälligkeit zu verbinden – getreu dem späteren Bonmot Mozarts, er schreibe für alle Ohren, nur nicht für die langen. Die zeitgeschichtliche Situation gut erfassend, urteilt Forkel: «C. Ph. Emanuel… kam frühe genug in die große Welt, um noch zu rechter Zeit zu bemerken, wie man für ein ausgebreitetes Publicum componiren müsse. Er nähert sich daher an Deutlichkeit und leichter Faßlichkeit seiner Melodien schon etwas dem Populären, bleibt aber noch vollkommen edel.»

Unterschiede macht Bach zwischen gedruckten Werken und solchen, die er nur handschriftlich weitergibt. Ein junger Kollege erhält den Rat: «Bey Sachen, die zum Druck, also für jedermann, bestimmt sind, seien Sie weniger künstlich und geben mehr Zucker.» Solchen Zucker hat er auch für die Kenner und Eingeweihten bereit: vor allem in Gestalt seiner freien Phantasien für

Cembalo oder Clavichord, welche denjenigen Wilhelm Friedemanns an Bedeutung nicht nachstehen, an zeitgenössischer Wirkung freilich hoch überlegen sind.

Daß Friedrich der Große geradezu einseitig dem italienischen
Geschmack anhing, mag dazu beigetragen haben, daß Carl Philipp
Emanuel kaum Gelegenheit findet, eigene Orchesterwerke mit
der Hofkapelle aufzuführen. Das hat ihn freilich nicht abgehalten,
bereits in seiner Berliner Zeit Sinfonien zu komponieren und mit
Liebhaberorchestern aufzuführen. Den Berliner Dichterkreisen
nähert sich Bach ganz pragmatisch, indem er sich an Lied-
almanachen beteiligt und zum Beispiel für die «Neuen Berlinischen Oden und Lieder» komponiert. Seine erste eigene Sammlung, die 1758 unter dem Titel «Herrn Professor Gellerts
Geistliche Oden und Lieder mit Melodien» erscheint, wird alsbald
zu einem großen Erfolg

Doch so sinnvoll auch Bach seine Berliner Jahre nutzt – sie ziehen sich hin, und die unerquicklichen Kämpfe um höhere Besol-
dung sind alles andere als eine willkommene Abwechslung: «bac
ligt [Bach lügt] agricola hat nur 500 Thaler, er hat *einmahl* im con-
cert hier gespielt, nuhn krigt er Spiritus», schreibt der sich augenscheinlich um alles selbst kümmernde König erbost an den Rand
einer Eingabe. Es ist höchste Zeit und bedeutet für den inzwischen über Fünfzigjährigen gewiß auch die letzte Chance, daß
1767 der Pate Georg Philipp Telemann im gesegneten Alter von
sechsundachtzig Jahren stirbt und das Amt eines Musikdirektors
der Hamburger Hauptkirchen frei macht. Carl Philipp Emanuel
erhält es – in Konkurrenz übrigens zu seinem Halbbruder Johann
Christoph Friedrich und anderen angesehenen Musikern –, führt
sich traditionsgemäß mit einer lateinischen Antrittsrede «De no-
bilissimo fine artis musicae» ein und geht alsbald mit Feuereifer
ans Werk.

Endlich ist er, wie zuvor sein Vater in Leipzig, Haupt eines
großen städtischen Musikbetriebs und kann demgemäß schalten
und walten. Pro forma ist er Kantor und damit in erster Linie für
die im engeren Sinne gottesdienstliche, das heißt liturgische
Musik verantwortlich. Doch die ist, wie in anderen Städten, soweit herabgesunken, daß er sich diesbezüglich gegenüber dem

berühmten englischen Gelehrten und Musikreisenden Charles Burney geradezu schämt, als dieser ihm seinen Besuch macht. Doch selbst wenn er Kraft und Lust hätte, diesen Zustand durch beharrliche Tagesarbeit zu verändern – die Zeiten sind nicht mehr danach; sie befördern vielmehr das öffentliche Musikleben, den von wohlhabenden Bürgern unterhaltenen Konzertbetrieb.

Demgemäß wirft sich Bach im geistlichen Bereich auf Komposition und Aufführung von Oratorien. Spätestens nachdem 1772 Michael Arne Händels «Messias» für Hamburg und damit für ganz Deutschland neu entdeckt und bei *insidern* geradezu einen Händel-Taumel ausgelöst hatte, war der Weg frei für Carl Philipp Emanuels eigene oratorische Werke: «Die Israeliten in der Wüste», «Klopstocks Morgengesang am Schöpfungsfeste» und «Auferstehung und Himmelfahrt Jesu» – nicht gezählt knapp zwei Dutzend Passionsmusiken, gleichfalls überwiegend für außerliturgische Veranstaltungen geschrieben und mit Ausschnitten aus Kompositionen des Vaters und des Paten reichlich versetzt. In seinen Oratorien, aber auch in dem berühmten doppelchörigen «Heilig», rechnet Bach nach englischem Vorbild zunehmend mit mächtigen Laienchören, welche den kleinen, von den Lateinschülern und gegebenenfalls einigen Studenten gestellten *chorus symphoniacus* ablösen, mit dem ein lutherischer Kantor jahrhundertelang bei seiner sonntäglichen Kirchenmusik hatte auskommen müssen.

Raum schafft Bach alsbald auch für weltliche Konzerte mit gemischten Programmen, die Vorläufer unserer heutigen Sinfoniekonzerte. Bereits 1786 erhält er die behördliche Genehmigung, Konzerte im neuen Konzertsaal auf dem Kamp zu veranstalten und sich dabei selbst auf dem Cembalo hören zu lassen. Für die meist montags von fünf bis acht stattfindenden Veranstaltungen legt er Subskriptionslisten auf, jedoch ist unklar, wie erfolgreich er damit gewesen ist. Seine weit bekannten, die strenge und galante Schreibart verbindenden «Orchester-Sinfonien mit zwölf obligaten Stimmen» hat er gewiß zunächst mit seinem eigenen Orchester aufgeführt, dessen Stärke im Jahr 1776 mit gut vierzig Berufsmusikern und einigen Laien angegeben wird – eine stattliche Zahl, die zu Vaters Zeiten noch undenkbar gewesen war.

In Hamburg wohnt Bach lange Zeit im Manardischen Haus in der Neuesten Fuhlentwiete. Der junge Johann Heinrich Voß beschreibt ihn als «einen kurzen dicken Mann, lebhaft feurigen Auges, besonders gefällig im Umgang» und berichtet unter dem 4. April 1774 über die Familie, welcher neben den genannten Personen auch der schon mit knapp dreißig Jahren in Rom verstorbene Johann Sebastian, ein nicht unbedeutender Landschaftsmaler des frühen Klassizismus, angehört: «Bach hat eine gesprächige Frau, eine zwar unschöne doch wohl conditionirte Tochter, einen Sohn, der ein Licentiat ist, guten Wein und gut Bier. Er tractirte recht stattlich.»

Voß, damals schon Mitglied des Göttinger Hainbundes, ist freilich nicht nur an der allgemein bekannten Geselligkeit Bachs interessiert, sondern auch an seiner Gesellschaft: Carl Philipp Emanuel ist einer der ersten Musiker, wenn nicht der erste überhaupt, der nicht nur als Komponist im engeren Sinne Anerkennung findet, sondern zugleich eine bedeutende Rolle in größerem Künstler-, Literaten- und Theologenkreise spielt. Dafür dürfte einerseits der hohe Rang verantwortlich gewesen sein, den die Musik bereits im Zeitalter der Empfindsamkeit – und nicht erst in der Romantik – unter den Künsten einnahm. Zum anderen hat sich Bach durch Bildung, gewinnendes Wesen – und selbstverständlich durch seine Musik die Tore selbst geöffnet.

Matthias Claudius berichtet dem Dichter Heinrich Wilhelm von Gerstenberg in seiner lakonischen Art:

«Heute Dienstags Morgens ging ich nun in das Haus, darin er Sonntags ging, und traf ihn im negligé, darin er sprach, aber nicht spielte.

BACH: Verzeihen Sie, daß Sie mich so im negligé treffen.

CLAUDIUS: Man findet Virtuosen ordinoir darin.

BACH: Bei Leibe nicht, das sind nicht Virtuosen, das sind liederliche Leute.

CLAUDIUS: Ich komme aus Kopenhagen und habe einen Gruß für Sie von H. Past. Resewitz, wenn Sie sich seiner noch erinnern.

BACH: O ja – wie steht es um die Musik in Kopenhagen?

CLAUDIUS: Sehr mäßig, Schobert und Ihr Bruder sind die Lieblingsautors, Sie gefallen nicht sonderlich.

BACH: Darin muß ich mich finden. Schobert ist auch hier bekannt, er ist ein Mann, der Kopfs hat, aber hinter seiner und meines Bruders [Johann Christian] itziger Komposition ist nichts.

CLAUDIUS: Sie fällt gleichwohl gut ins Ohr.

BACH: Sie fällt hinein und füllt es, läßt aber das Herz leer, das ist mein Urteil von der neuen Musik, der neuen komischen Musik.»

Gerstenberg, als Dichter dem Sturm und Drang und der Empfindsamkeit verpflichtet, hatte zu Carl Philipp Emanuel schon in dessen Berliner Zeit Kontakt aufgenommen, weil er sich diesem in künstlerischer Hinsicht seelenverwandt fühlte. Bereits 1767 unterlegt er im Sinne «musikalischer Experimente» Carl Philipp Emanuels c-Moll-Klavierphantasie «Hamlets Monolog, wie er über Leben und Tod phantasirt, alles in kurzen Sätzen». Überhaupt denken sich Gerstenberg und seine dichtenden Gesinnungsfreunde Poesie und Musik so stark verschwistert, daß sie Bach immer wieder um Kompositionen bitten, in denen Charaktere plastisch vorgeführt oder die jähen Wechsel der Empfindungen, wie sie für die freie Phantasie typisch sind, möglichst deutlich wiedergegeben werden.

Der Komponist läßt sich zwar augenscheinlich auf ästhetische Grundsatzdiskussionen ein, vertritt aber beharrlich die Position des auf Spielraum – später wird man sagen: auf die Autonomie seiner Kunst – bedachten Musikers: Ein 1749 komponiertes «Gespräch zwischen einem Sanguineo und Melancholico», auf das ihn Claudius anspricht, hat er «lediglich gemacht und wieder vergessen». Bach will, darin unmittelbar auf die Wiener Klassik vorausweisend, in seinen freien Phantasien allein in Tönen reden. Daß er seine letzte Phantasie «Carl Philipp Emanuel Bachs Empfindungen» nennt und mit «sehr traurig und ganz langsam» überschreibt, ist Hinweis genug: Wer Ohren hat zu hören, der höre.

«Monsieur, Ich bin Franzose. Ich heiße Diderot. Ich genieße in meinem Land einige Anerkennung als Schriftsteller. Ich bin der

44

Autor einiger Theaterstücke, von denen der Hausvater Ihnen vielleicht nicht unbekannt ist. Ich bin außerdem der Herausgeber der Enzyklopädie. Ich bin Verehrer Johann [Christian] Bachs, und seit langem hat meine Tochter, die Ihre Kompositionen spielt, mich gelehrt, Sie zu bewundern...» Dies schreibt am 30. März 1774 der berühmte Aufklärer, welcher mit der Extrapost aus Petersburg in Hamburg eingetroffen ist und unveröffentlichte Sonaten für seine Tochter erbittet. Was er in «Le Neveu de Rameau», erst 1805 durch Goethe ins Deutsche übersetzt, von Musik erwartet, könnte unmittelbar auf den am Klavier phantasierenden Carl Philipp Emanuel gemünzt sein: «Die Leidenschaften müssen stark sein. Die Zärtlichkeit des lyrischen Poeten und des Musicus muß extrem sein... Wir brauchen Ausrufungen, Interjektionen, Suspensionen, Unterbrechungen, Bejahungen, Verneinungen, wir rufen, wir flehen, wir schreien, wir seufzen, wir weinen, wir lachen von Herzen.»

Es gibt freilich nicht nur den Carl Philipp Emanuel der freien Phantasie und der eigenwilligen Klavieristik, sondern auch den Liederkomponisten, welcher der mit seiner eigenen Kunst verschwisterten Dichtkunst durch schlichte und sinnfällige Vertonungen zu dienen bereit ist. Kein Komponist vor oder nach ihm hat in gleich enger Verbrüderung mit den Dichtern seiner Zeit Lieder geschaffen. Während Franz Schubert, der künstlerisch unvergleichlich Größere, seine Texte im wesentlichen dem Stöbern in gedruckten Ausgaben verdankt, schreibt Bach seine Lieder im Zusammenhang von Freundschaften oder zumindest atmosphärischen Kontakten mit seinen Zeitgenossen. Der Literaturhistoriker denkt dabei vor allem an Vertonungen der Poesie Klopstocks, Höltys, Hagedorns, Stollbergs, Gleims, Voss' und Lessings; wirkungsgeschichtlich bedeutsamer und noch auf Beethoven ausstrahlend sind die Liedkompositionen über geistliche, speziell rationalistische und naturreligiöse Texte u. a. von Christian Fürchtegott Gellert und dem mit Bach befreundeten Hamburger Theologen Christoph Christian Sturm.

Schließlich existiert der klassische Bach, dessen 1788 in Hamburg erschienene Quartette für Klavier, Flöte, Bratsche und Baß am Maß der berühmten «Russischen Quartette» op. 33 von

Haydn gemessen werden können: Auch sie weisen jene elastische Stabilität auf, die darauf hindeutet, daß der Komponist nicht mehr nur in seinen Empfindungen aufgeht, sondern die ihm verfügbare kompositorische Freiheit nutzt, um seine Welt formend zu objektivieren.

Carl Philipp Emanuel stirbt 1788, drei Jahre vor Mozart, als gefeiertes «Originalgenie». Klopstock und Gleim widmen ihm dichterische Nachrufe. Sein über 800 Einzeltitel umfassendes, auf nahezu alle üblichen Gattungen verteiltes Werk wird gleichwohl schnell der Vergessenheit anheimfallen – zu machtvoll treten die Wiener Klassiker auf den Plan; am Klavierkomponisten Bach kommen freilich auch sie nicht vorbei.

Am 6. August 1750 erscheint JOHANN CHRISTOPH FRIEDRICH BACH vor dem Rat der Stadt Leipzig, um Anspruch auf ein Musikinstrument anzumelden, das sein Vater einige Monate vor seinem Tod von einem befreundeten Instrumentenmacher geerbt und noch zu Lebzeiten an ihn weitergeschenkt habe. Im Protokoll wird er als Kammermusiker des Grafen Wilhelm von Schaumburg-Lippe bezeichnet. An dessen Bückeburger Hof hatte den damals Siebzehnjährigen Vater Bach schon im Jahr davor empfohlen; Carl Philipp Emanuel mag die Verbindung zu dem um diese Zeit am Potsdamer Hof weilenden Grafen Wilhelm hergestellt haben. Vielleicht hat Johann Christoph Friedrich das Elternhaus Ende 1749 verlassen; jedenfalls schenkt ihm Mutter Anna Magdalena zum Weihnachtsfest dieses Jahres eine Lutherbibel mit einer Widmung, deren Wärme durchaus an Abschied und Trennung von ihrem zweitjüngsten Sohn denken läßt, der zuvor – gleichsam in den Spuren seiner älteren Halbbrüder – für kurze Zeit in seiner Vaterstadt als Student der Rechte eingeschrieben gewesen zu sein scheint.

Der Achtzehnjährige, der im Todesjahr seines Vaters den Dienst in der Bückeburger Kapelle mit nicht genauer bekannten Funktionen antritt, wird ein Berufsleben von außerordentlicher Beständigkeit führen, zum Kapellmeister aufsteigen, seinen Fürsten aber niemals verlassen. Frühzeitig sei «der solide Charakter des braven Tonkünstlers» sichtbar geworden, wird es später im

46

Johann Christoph Friedrich Bach (1732–1795), der Bückeburger Bach, war sein Leben lang für die Grafen von Schaumburg-Lippe tätig. Es spricht für sich selbst, daß sein Bildnis gelegentlich auch für die Brüder Carl Philipp Emanuel und Johann Christian in Anspruch genommen wird.

Nekrolog des Bückeburger Konsistorialrats und Musikkenners Karl Gottlob Horstig heißen – und weiter: «Bachs Charakter verdient eine Ehrensäule. Rechtschaffenheit und Seelengüte machten seine Hauptbestandteile aus. Hiermit verband sich eine Dienstfertigkeit und Gefälligkeit, die ihresgleichen unter den Künstlern seiner Art selten findet.»

Das weist schon fast auf Pedanterie hin; und in der Tat sind die von der Hand Johann Christoph Friedrichs stammenden Eingaben, Gutachten usw. in einem auffällig geschrobenen und altmodischen Stil gehalten, wie denn der Künstler zur großen Welt überhaupt Abstand zu halten scheint. Sein Wirkungskreis ist und bleibt Bückeburg, wo er sich mit einem nur langsam und unregelmäßig steigenden Gehalt begnügen, gelegentlich geradezu darben muß. Dazu der Auszug aus einer Eingabe an den Grafen Wilhelm vom 20. November 1761: «Die von Ew. Hoch-Reichs-Gräfl. Erlauchten mir bisher erzeigte und zeit Lebens mit unterthänigstem Dank zu verehrende hohe Gnade läßt mich so wenig an Erhörung dieser Bitte zweifeln, daß ich vielmehr, welches Höchstdieselben jedoch nicht ungnädig aufnehmen werden, annoch folgendes hinzuzufügen, mich unterstehe; daß, da Ew. Hoch-Reichs-Gräfl. Erlauchten mir unter andern freyen beneficiis, auch frey Licht, gnädig accordirt haben, ich aber jetzo wöchentlich nur 4 Lichte, womit ich kaum 3 Tage auskommen kan, bekomme; Höchstdieselben allergnädigst geruhen möchten, dero hohe ordre dahin gnädigst zu ertheilen, daß mir mein benöthigtes Licht, wenigstens täglich ein Stück, von Hoch-Gräfl. Küch-Stube gereichet werden müße. Der ich in Hoffnung Gnädigster Erhörung, mit tiefster Ehrfurcht ersterbe.»

Der hier um Talglichter kämpfen muß, soll «nach Wilh. Friedemanns Aussage unter den Brüdern der stärkste Spieler gewesen seyn, und seines Vaters Claviercompositionen am fertigsten vorgetragen haben» – so berichtet jedenfalls Forkel. Vermutlich hat Bach auch seine Bückeburger Stellung als Cembalist angefangen – in einer seit 1748 neu aufgebauten, etwa 15 Musiker umfassenden und gut beleumundeten Kapelle, deren Repertoire ganz den Geschmack des Grafen widerspiegelt. Dieser, nach zeitgenössischer Darstellung das Klavier selbst «vollkommen spielend», liebt die

italienische Musik und läßt nur Werke italienischer Meister aufführen; auch die Kapell- und die Konzertmeisterstelle ist mit Ita-
lienern besetzt. Nach deren Weggang wird Bach im Jahre 1759
Konzertmeister, ohne die entsprechende Vergütung zu erhalten,
nicht ohne sich weiterhin nach dem italienischen Geschmack des
Grafen zu richten. Das schließt freilich nicht aus, daß hin und
wieder auch seine eigenen Kompositionen erklingen dürfen: Klavierkonzerte, deren Solopart er natürlich selbst spielt, und Sinfonien. Auch allerlei Kammermusik entsteht im Laufe der Jahre;
hingegen sind erstaunlich wenig Klavierwerke erhalten.

Im Mai 1778 nimmt Bach, der von den vieren den ausgepräg-
testen Brüdersinn gehabt zu haben scheint, für drei Monate Urlaub, um seinen Bruder Johann Christian in England zu besuchen.
Mit von der Partie ist der neunzehnjährige Wilhelm Friedrich
Ernst, ältester Sohn aus der Ehe mit der Hofsängerin Lucia Elisa-
beth Münchhausen. Wilhelm soll in London von seinem inzwischen berühmten Onkel lernen, in die Musikwelt eingeführt werden und es vielleicht einmal weiterbringen als der Vater. (In
Wahrheit wird er ein eher durchschnittliches Musikerleben
führen, immerhin den jungen Prinz Louis Ferdinand auf dem
Klavier unterrichten und einige stattliche Konvolute mit eigenen
Kompositionen hinterlassen.) Auch Johann Christoph Friedrich
selbst profitiert von der Londoner Reise: Unter dem Einfluß des
jüngeren Bruders wandelt sich sein Instrumentalstil ersichtlich
zum Kantablen und Gefälligen. Dem Kenner bleibt freilich nicht
verborgen, wie schwer sich Johann Christoph Friedrich immer
wieder mit dem Komponieren getan hat. Daß er 1761 dem Grafen zusichert, seine regelmäßigen Kompositionspflichten «un-
terthänigst schuldigster Maaßen zu verrichten», spricht nicht gerade für jene genialische Leichtigkeit, die man dem jüngeren
Bruder attestierte.

Zu einem Glücksfall für Bach wird die Berufung Johann Gottfried Herders nach Bückeburg im Jahre 1771. Der neue Haupt-
prediger und Konsistorialrat ist als Freund der Musik nur unzu-
reichend charakterisiert; vielmehr ist er Vorkämpfer für die neue
enthusiastische, klassisch-romantisches Denken vorbereitende
Auffassung von Musik als einer Kunst, die sich funktionalen und

zweckrationalen Zusammenhängen entzieht, an sich und aus sich lebt – Allegorie der «Andacht», wie Herder es mit einem seiner charakteristischen Topoi formuliert. Daß er nun fleißig Oratorien- und Kantatentexte, also Gebrauchsliteratur dichtet, ist aus musikästhetischer Sicht ein zwar nur schwaches Echo auf solch weitreichende Anschauungen, gibt aber Bach Gelegenheit zur Komposition von Oratorien wie «Die Kindheit Jesu», «Die Auferweckung des Lazarus» und «Der Fremdling auf Golgatha». Sie werden vor allem von der dem Pietismus nahestehenden, von Herder als «lieb, sanft, himmlisch» apostrophierten Gräfin mit warmer Anteilnahme aufgenommen.

Am Ende seines zweiundsechzigjährigen Lebens hinterläßt Bach ein nach heutiger Überlieferung über hundert Nummern umfassendes Werk, das zwar neben dem seiner Brüder etwas verblaßt, aber weniger provinziell ist, als es im Reflex der Lebensbeschreibung erscheinen könnte. Bei einzelnen Liedern, Klavierstücken oder Kammermusiksätzen werden selbst Kenner nur schwer entscheiden wollen, von welchem der Brüder sie stammen. Herausragende musikgeschichtliche Akzente hat Johann Christoph Friedrich freilich nicht gesetzt.

JOHANN CHRISTIAN ist der Paradiesvogel unter den Brüdern; seine vita erzählt sich am spannendsten. 14 Jahre alt ist er beim Tod des Vaters, hat dem Erblindenden am Ende viel helfen müssen und den Empfang von 5 Meißnischen Gulden aus dem «Nathanischen Legat» für das Absingen eines Sterbeliedes am Sabinentag sogar mit dem Namen des Vaters quittiert. Nun geht er mit Carl Philipp Emanuel nach Berlin – so wie einstmals der kleine Johann Sebastian mit dem älteren Bruder nach Ohrdruf gezogen ist. Ob er die drei Klaviere mitnimmt, die ihm der Vater noch zu Lebzeiten geschenkt haben soll – ein *casus*, mit dem sich die beiden älteren Halbbrüder bei der Erbteilung zunächst nicht recht anfreunden wollen.

Jedenfalls dürfte er in Berlin alsbald munter in die Tasten gegriffen und Unterricht beim älteren Bruder erhalten haben. Rasch entstehen die ersten eigenen Werke, darunter neben einigen Vokalkompositionen auch fünf erstaunlich reife Klavierkonzerte. Bereits 1755 zieht es ihn nach Italien – damals gewiß noch immer das Mutterland der modernen Musik, speziell der Oper. Eine Sängerin soll bei der Reise ihre Hand im Spiel gehabt haben; doch die ersten italienischen Jahre liegen weitgehend im Dunkel. Laut Briefen aus dem Jahre 1757 ist Bach inzwischen von einem Gönner, dem Mailänder Grafen Agostino Litta, zum Studium bei dem berühmten Musikgelehrten Padre Martini nach Bologna geschickt worden und für die Laufbahn eines Kirchenmusikers vorgesehen. Obwohl er zu dem Padre, welcher einige Jahre später dem jungen Wolfgang Amadeus Mozart zur Aufnahme in die berühmte Accademia filarmonica verhelfen wird, ein augenscheinlich sehr persönliches Schüler-Verhältnis entwickelt und später sogar zum katholischen Glauben übertritt, kann es ihn in dem Amt eines Mailänder Domorganisten, das ihm Graf Litta 1760 vermittelt, zur Enttäuschung seines Gönners auf Dauer nicht halten: Bachs Sehnsucht gilt der Oper.

Schon seit 1756 hat er gelegentlich Einlage-Arien für Mailänder Opernaufführungen geschrieben; fünf Jahre später erhält er seine erste scrittura: die Oper «Artaserse» für das Teatro Regio in Turin. Auf Grund des großen Erfolges einer zweiten Oper, «Catone in Utica», der als dritte alsbald «Alessandro nell'Indie» folgt, bekommt Bach 1762 das Angebot, zwei Opern für das King's Theatre in London zu komponieren – ein Meilenstein auf dem Weg zu einer europäischen Karriere, die anfänglich selbst den recht ähnlich verlaufenen Aufstieg eines Georg Friedrich Händel in den Schatten stellt. Wenn man bedenkt, wie schwer sich selbst Mozart mit Opernaufträgen getan hat, kann man die frühen Erfolge des Johann Christian nur als märchenhaft bezeichnen. Vater Bachs Diktum: «Der Christl kommt durch seine Dummheit fort», hat – ungeachtet höchst berechtigter Zweifel an seiner Authentizität – innere Wahrheit, sofern man Dummheit durch Sorglosigkeit ersetzt – eine Eigenschaft, die der Bach-Familie insgesamt abgeht. Um so merklicher tritt sie beim Jüngsten in Erscheinung: der einzige, der dem Prinzip der Bodenständigkeit radikal und offenbar auch angstfrei absagt, wird zum Hans im Glück. «*Inter nos*, machte es anders als der ehrliche [vor den Katholiken ins Exil flüchtende Stammvater] Veit» – so wird Carl Philipp Emanuel

1774 in der Familienchronik hinter dem Namen seines Bruders Leichtfuß grimmig vermerken, wohl auch auf dessen nicht zu verzeihende Konversion anspielend.

Als Leichtfuß schätzen ihn bereits die Behörden in Neapel ein, wo Bach 1761/62 seine Opern einstudiert und sich alsbald unter Anteilnahme der Öffentlichkeit zu der Ballett-Tänzerin Colomba Beccari hingezogen fühlt. Die *Uditori* genannten Aufsichtsbeamten bemängeln, daß Bach den Opernvorstellungen gelegentlich in der Loge der Sängerinnen und Tänzerinnen beigewohnt oder während der Darbietungen mit den Damen in den Kulissen gescherzt habe, was laut königlicher Ordre selbst den Offizieren der Wache verboten sei. Die einschlägige Akte, welche übrigens der bedeutende Kulturhistoriker Benedetto Croce Ende des vorigen Jahrhunderts für seine Theatergeschichte Neapels ausgegraben hat, weiß zu berichten, daß daraufhin Anhänger Johann Christians mit der Bitte vorstellig geworden seien, diesem den Aufenthalt in der Künstlerloge zur Vermeidung von Gerüchten noch einmal zu gestatten.

Das ist die «Welt» der italienischen Oper, wie wir sie uns vorstellen und wie sie auch künftig Johann Christians Welt sein wird. Nachdem er in seiner ersten Londoner Spielzeit nur Pasticci aufgeführt hat, werden die Erstaufführungen des «Orione» und der «Zanaida» im Jahre 1763 zu großen Erfolgen. In weiser Erkenntnis der Tatsache, daß man in dem von ökonomischen Interessen und Intrigen beherrschten Operngeschäft nicht von vornherein mit dauerhaften Erfolgen rechnen darf, knüpft Bach Kontake zum englischen Herrscherhaus, kann sich schon bald Musiklehrer der Königin Sophie-Charlotte, einer gebürtigen Deutschen, nennen und ein Privileg für den Druck seiner Werke vorweisen.

Zunächst bei der Direktorin des King's Theatre, Colomba Matthei, untergekommen, bezieht er im Jahr darauf mit seinem Landsmann Carl Friedrich Abel, dem berühmten Gambisten, eine gemeinsame Junggesellenwohnung in der Meard's Street in Soho. Die Bach-Abel-Concerts, welche die beiden gemeinsam in verschiedenen Londoner Konzertstätten organisieren und bestreiten, sind bahnbrechend und paradigmatisch für die Erschließung und Bedienung eines neuen, bürgerlich-großstädtischen Musikmarktes. Das Unternehmen erscheint so lohnend, daß die beiden Künstler einen eigenen Konzertsaal, die berühmten Hanover Square Rooms, errichten und luxuriös ausstatten lassen – ein Leichtsinn, der den allmählichen Abstieg des Unternehmens einleitet. Immerhin hat das Projekt nicht zuletzt Joseph Haydn seinen Weg nach London – unter anderem in die Hanover Square Rooms – geebnet.

Zuvor aber kreuzt eine andere, damals noch sehr junge Berühmtheit den Weg Johann Christians: der achtjährige Wolfgang Amadeus Mozart. Auf der vom Vater organisierten ersten großen Europareise wird er sich mit seiner Familie über ein Jahr lang in London aufhalten und in dieser Zeit nicht nur seinen Ruf als Wunderkind mehren, sondern auch so gewaltige künstlerische Fortschritte machen, daß Vater Leopold dem Salzburger Freund Lorenz Hagenauer schon wenige Wochen nach der Ankunft im April 1764 schreiben kann: «Das, was er gewust, da wir aus Salzburg abgereist, ist ein purer Schatten gegen demjenigen, was er ietzt weis. Es übersteiget alle Einbildungskraft.»

Gewiß hat Leopold einer so einflußreichen Persönlichkeit wie Johann Christian alsbald seine Aufwartung gemacht; ebenso gewiß wird der Bach-Sohn von Wolfgang Amadeus fasziniert gewesen sein und ihn zum Musizieren eingeladen haben. Ob es jedoch zu weiteren Begegnungen gekommen ist, ist mehr als ungewiß: In den recht ausführlichen Londoner Briefen und Reisenotizen der Mozarts taucht der Name Bachs jedenfalls kaum auf. Es müßte nicht wundernehmen, wenn dieser die Rolle eines Gönners und Wegbereiters nur lustlos gespielt hätte: Im frühkapitalistischen Londoner Musikbetrieb konkurrierte jeder gegen jeden; und Johann Christian war mit nicht einmal dreißig Jahren noch nicht in dem Alter, wo man andere neben sich dulden kann.

Doch sicherlich hatte er nichts dagegen, daß der Jüngere in ihm augenscheinlich sein großes Vorbild sah, seine Werke mit Feuereifer spielte und studierte. Mozart hat nicht nur seine D-Dur-Sinfonie KV 19 überdeutlich nach dem Muster einer solchen aus dem op. 3 von Johann Christian komponiert und dessen Klaviersonaten wenig später zu den Klavierkonzerten KV 107 umgearbeitet, sondern sich jahrelang an ihm gemessen. Noch 1778 vertont er seine Konzertarie «Non so d'onde viene» KV 294 in der erklärten Absicht, «eine Aria zu machen, die derselben vom Bach gar nicht gleicht», also sich selbst zu beweisen, daß er Distanz zum bewunderten Vorbild zu halten vermag. «Er hat nichts hinzugefügt außer seinem eigenen Genie» – so beschrieben einst die ehrwürdigen Mozartforscher Wyzewa und Saint-Foix das Verhältnis Mozarts zu Bach.

Dieser komponiert unter dem Beifall der Londoner weiterhin Musik aller Gattungen: neben Opern, Orchester- und Kammermusik auch populäre Lieder für die beliebte Sängerin Weichsel, welche diese im Vergnügungspark Vauxhall darbietet. Auch anderenorts erregt er Aufsehen: Zwei seiner Opern, «Temistocle» und «Lucio Silla», sind in Mannheim erfolgreich; in Paris erleidet eine weitere allerdings herbe Kritik. Gern läßt Bach sich als konzertierender Künstler hören – immer häufiger mit der italienischen Sängerin Cecilia Grassi, die 1766 als Zwanzigjährige ihr Debut in London gibt. Etwa zehn Jahre später wird er sie ohne Aufsehen heiraten – angeblich des Geldes wegen, jedenfalls in einer Zeit, als sich das Glück von ihm abzuwenden beginnt. Wie ein böses Omen erscheint der Überfall, den Straßenräuber 1775 auf Bach und seinen berühmten Maler-Freund und Porträtisten Thomas Gainsborough verüben; doch bedenklicher ist die Entwicklung der wirtschaftlichen Situation. Die Bach-Abel-Konzerte verlieren an Beliebtheit, die Opernaufträge werden spärlicher; zudem trägt ein ungetreuer Hausverwalter – als solcher ist er jedenfalls in die Bach-Biographie eingegangen – zu seinem finanziellen Ruin bei. Da scheint auch eine ehrenvolle Einladung des Königs von Neapel nichts mehr auszurichten.

«Sie werden wohl schon wissen daß der Engländer Bach gestorben ist? – schade für die Musikalische Welt!» schreibt Wolfgang Amadeus seinem Vater im April 1782. Bachs Gesundheit muß des längeren zerrüttet gewesen sein; der Tod tritt am Neujahrstag dieses Jahres ein. Der noch nicht Siebenundvierzigjährige hinterläßt seiner Frau – von Kindern ist nichts bekannt – außer seinem großen Namen ein weit über 200 Titel umfassendes musikalisches Werk, wobei die mehrere Stücke enthaltenden Druckausgaben jeweils nur einmal gezählt sind. Dem steht eine Menge

Johann Christian Bach (1735–1782), der Londoner Bach, der Paradiesvogel unter den Brüdern, ein genialischer Leichtfuß, der mit seinen im italienischen Stil komponierten Opern zu Beginn seiner Karriere märchenhafte Erfolge verbuchen konnte. Über seine Kompositionen meinte Carl Philipp Emanuel skeptisch, sie füllten das Ohr, ließen aber das Herz leer, ein Urteil, an dem sich die Stildiskussion der Zeit, der Kampf der alten deutschen Schule gegen die «neue komische Musik» aus Italien und Frankreich gut ablesen läßt.

Schulden gegenüber, für welche die englische Königin soweit einsteht, daß die Gläubiger Cecilia in ihr Heimatland zurückkehren lassen.

An Johann Christian Bach scheiden sich die Geister seiner Zeit. Die in Wilhelm Heinses «Hildegard von Hohenthal» über Musik disputierende Gesellschaft attestiert dem Komponisten anläßlich eines Salve regina «schöne Züge», aber auch «fromme Hofmiene»: «Bach schrieb [seine Kirchenmusik] bey Champagner und Burgunder, gesund und im Wohlleben.» Dazu paßt das bereits erwähnte Urteil von Carl Philipp Emanuel, die Musik des jüngeren Bruders fülle zwar das Ohr aus, lasse aber das Herz leer.

Überhört man das in solchen Äußerungen deutlich mitschwingende moralische Verdikt, so klingt eine Stildiskussion an, die freilich ihrerseits nicht ohne Wertungen auskommt. Der deutsche Stil ist, wie der bereits erwähnte Marpurg mitteilt, «ernsthaft, arbeitsam, künstlich, ausgearbeitet und nachdrücklich»; er ist Ausdruck des «vermischten Geschmacks», indem er von italienischer und französischer Musik lernt, ohne sich ihr an den Hals zu werfen. Carl Philipp Emanuel polemisiert als *der* Repräsentant solchen Geschmacks gegen die aus Italien kommende «neue komische Musik», der in seinen Augen Ethos und Würde fehlen. Nicht so sehr Leichtigkeit ist der Makel dieser – durchaus von der *opera buffa* bekanntgemachten – Stilrichtung als vielmehr mangelnde Konsequenz. Hier entwickelt sich nicht eins aus dem anderen, vielmehr wird eins neben das andere gesetzt – drastisch gesprochen: eine Pointe neben die andere.

Ebendort liegen jedoch wichtige Wurzeln des «klassischen Stils», wie er von Mozart und Haydn präzisiert wird: Plastizität, Unmittelbarkeit, Spontaneität, auch Diskontinuität der musikalischen Rede – nicht als Willkür, sondern als Handlungsfreiheit eines reichen und festen Charakters zu verstehen, der seine Äußerungen nicht im einzelnen rechtfertigen und begründen muß, weil er «zusammengefaßt» – wie Goethe über Beethoven urteilt – an sich ist. Im Werk des jüngsten Bach-Sohns, der auch vor diesem Horizont zu Recht der «italienische» heißt, gibt es immer wieder Stellen, die an Mozart heranreichen und selbst von Kennern Mozart zugeschrieben werden könnten. Indessen bleibt Bach auf dieser Ebene stehen – als «Volkscomponist, der zu seiner Zeit allgemein beliebt war», wie Forkel recht treffend formuliert. Mozart hingegen reift zu einem Genie heran, von dem sich sagen ließe, es habe den komischen Stil Johann Christians mit dem ernsthaften und vermischten Carl Philipp Emanuels verbunden, falls das Wesen eines solchen Genies überhaupt in Stilkategorien faßbar ist.

Wo es um deutsche Brüder geht, dürfte von Gemeinsamkeiten, Wechselwirkungen und Spannungen die Rede sein – in mehr oder weniger plausiblen, aber nicht immer beweisbaren Konstruktionen. Angesichts der Bach-Brüder wird der Chronist von vornherein davon absehen, verborgenen Beziehungsgeflechten nachzuspüren: Bei *vier* Brüdern würden sich die Unsicherheitsfaktoren möglicher Spekulationen rasch potenzieren – schon gar bei vier Bachs. Nach den vorliegenden Zeugnissen haben sie sich als Erwachsene offenbar nur wenig zu sagen gehabt; und es dürfte nicht nur an der Tücke der Überlieferung liegen, daß keinerlei Briefe vom einen zum anderen erhalten sind. Auch von Familientreffen, wie sie zur Zeit der Vorfahren gang und gäbe waren, ist in ihrer Generation nichts zu vernehmen.

In *einem* Sinne sind sie freilich nolens volens Brüder: als Söhne des großen Vaters. Diese Rolle mag unwillkürlich ein Konkurrenzverhältnis geschaffen und jeden der vier schon früh zu dem Beschluß veranlaßt haben, sich allein durchzubeißen. In dieser Hinsicht hat es Carl Philipp Emanuel am weitesten gebracht: In den Augen seiner Zeitgenossen ist er nicht ein, sondern der Bach und zugleich der erste expressis verbis als Originalgenie gefeierte Komponist des Jahrhunderts; seiner norddeutschen Klientel gilt er als Wortführer eines neuen musikalischen Zeitalters. Er gleicht darin einem Junior, der das ererbte Unternehmen zu noch schönerer Blüte bringt. Johann Christian läßt den Vater auf andere Weise hinter sich: Er zeigt, daß man ihm ein Schnippchen schlagen und – um im Bilde zu bleiben – auch außerhalb der Firma sein Glück machen kann.

Die beiden anderen Brüder, welche sich nicht gänzlich von dem Schatten des Vaters gelöst haben, tragen durch ihre spezifische Repräsentanz dazu bei, daß der Name Bach den interessierten Zeitgenossen als allgegenwärtig erschienen ist. Dem heutigen Musikpublikum ist er geradewegs zum Paradigma und Mythos musikalischer Potenz in familiärer Tradition geworden.

Als herausgehobene Musikerpersönlichkeiten ihrer Zeit sind die vier Brüder Repräsentanten eines allgemeinen gesellschaftlichen Prozesses, der in ihnen auf das anschaulichste personifiziert ist. Der Vater, selbst noch feudalen und ständischen Ordnungsvorstellungen verpflichtet, entläßt seine Söhne in eine sich zunehmend liberalisierende bürgerliche Gesellschaft. Halle, Hamburg, Bückeburg, London lauten die Namen ihrer jeweils wichtigsten Wirkungsstätte, und es sind zugleich Chiffren für vier charakteristische Karrieren. Der Älteste verbraucht im Schwanken zwischen den Extremen des kleinen Kirchenbeamten und des freien Künstlers viele Energien, darf sich aber rühmen, für das Künstlerbild der Zukunft Modell gestanden zu haben. Eine treffliche Mischung von Durchsetzungsvermögen und Liebenswürdigkeit, von Bildung und Geschäftssinn ermöglicht es dem zweiten, vom Hofbedienten zum *trendsetter* der bürgerlichen Gesellschaft aufzusteigen; sein Haus mag sich zwar nicht mit demjenigen Goethes am Weimarer Frauenplan vergleichen lassen, weist jedoch – in behäbiger hanseatischer Ausstattung – auf den Salon des 19. Jahrhunderts voraus. Existenzängste, die der dritte mit sich herumgetragen haben mag, binden ihn zwar zeitlebens an ein und dieselbe provinzielle Stellung, erlauben aber immerhin kleine Aktivitäten auf dem bürgerlichen Musikmarkt. Der Jüngste ist Inbegriff des nach außen gewandten, weltläufigen Künstlers, welcher Leben und Werk in derselben Flamme erglühen und alsbald verbrennen läßt – zu sehr Artist, um Publikumserfolge in Sicherheiten und Vermögenswerte ummünzen zu können.

Als Felix Mendelssohn Bartholdy im Jahre 1843 das Leipziger Bach-Denkmal enthüllt, steht unter den Ehrengästen als würdiger Greis Wilhelm Friedrich Ernst, Sohn des Bückeburger Bach und vormaliger Musikmeister am preußischen Hof. Er geht als der letzte Träger dieses sprichwörtlich «musikalischen» Namens in die Geschichte ein.

Friedrich der Grosse und Prinz Heinrich von Preussen

von Thomas Stamm-Kuhlmann

Familie als Schicksal

Jeder, der mit Geschwistern aufwuchs, weiß, daß die Stellung in der Geschwisterreihe das Lebensschicksal stark prägt. Doch nirgendwo erscheint sie so überragend in ihrer Bedeutung wie in einem absolutistischen Fürstenhaus, wo die der väterlichen Gewalt gleichkommende Macht des Ältesten als Familienoberhaupt durch seine entrückte Stellung als Staatsoberhaupt noch einmal hervorgehoben wird. Jahrhunderte hatte Europa gebraucht, um die unbedingte Geltung des Primogeniturerbrechts auf jene Höhe zu bringen, auf der es sich befand, als dem Preußenkönig Friedrich Wilhelm I. und der Königin Sophie Dorothea zwischen 1707 und 1730 vierzehn Kinder geboren wurden, von denen zehn das Erwachsenenalter erreichten.

Noch der Kurfürst Albrecht Achilles von Brandenburg hatte im Jahre 1473 in seinem berühmten Hausgesetz, der «Dispositio Achillea», das Erstgeburtsrecht keineswegs allgemeingültig festgeschrieben, sondern lediglich an Hand der Erbteilung, wie er sie in diesem Gesetz unter seinen Söhnen vornahm, dazu ein Vorbild gegeben. Auch die Vorschrift der Goldenen Bulle, wonach in den Häusern der Kurfürsten das Erstgeburtsrecht einzuhalten sei, hat erst allmählich zu gewissenhafter Befolgung geführt. Daß ein Mädchen Thronerbin sein konnte, war dagegen durch das salische Erbfolgerecht unzweideutig ausgeschlossen. In den Jahren, um die es hier geht, wurde Europa Zeuge der Mühen, die es Kaiser Karl VI. kostete, für seine Tochter Maria Theresia wenigstens die Nachfolge in den habsburgischen Erblanden anerkennen zu lassen. Ihr das Kaisertum zu verschaffen, wagte er gar nicht erst, und so wurde sie Kaiserin nur, weil ihr Gemahl Kaiser wurde – dem die Wahl niemals zugefallen wäre, hätte er nicht die Erbin der Habsburger geheiratet.

Von den vierzehn Kindern des Königs Friedrich Wilhelm I. von Preußen und seiner Gemahlin Sophie Dorothea starb das erste, ein Sohn namens Friedrich, nach einem halben Jahr während des Zahnens. Das zweite Kind war eine Tochter, die 1709 geborene Wilhelmine. Auch der nach ihr geborene Prinz Friedrich Wilhelm verstarb, und erst der dritte Sohn, wiederum Friedrich genannt, überlebte. So verdankte der spätere «Friedrich der Einzige» seinen Rang nicht der Erstgeburt, sondern der Tatsache, daß seine älteren Brüder das Säuglingsalter nicht überstanden hatten. Darin erging es ihm wie seinem Großvater, Friedrich I., dem Begründer des preußischen Königtums, der ebenfalls als dritter Prinz der Sukzessor wurde. «Es bleibt das Geheimnis des historischen Schicksals», konstatierte Carl Hinrichs, «weshalb es gerade Friedrich den Großen für den Thron ausersah und ihn nicht zu dem Los des Nachgeborenen verdammte, der sich für den zweiten Platz für zu groß halten und deshalb verbittern mußte, wie es seinem jüngeren Bruder Heinrich beschieden war, der ebenfalls nicht geringe militärische und diplomatische Qualitäten mitbrachte.»

Das Primogeniturerbrecht bringt nur selten den Fähigsten zur Herrschaft. Seine unbeschränkte Geltung im 18. Jahrhundert aber verrät, daß es doch einen Nutzen hatte: Es stabilisierte die Herrschaftsordnung, weil es Zweifel an der Berufung zum Herrschen ausschloß und die Nachfolgekämpfe verbannte, die noch im Mittelalter die politischen Strukturen mitunter heftig erschüttert hatten.

Wie viele Väter zu allen Zeiten litt Friedrich Wilhelm I. unter der Sorge, Friedrich, nunmehr sein Ältester, sei zu seiner Nachfolge nicht geeignet. Dies trieb ihn zu rüden und gewaltsamen Erziehungsmaßnahmen.

Friedrich Wilhelm I., der Soldatenkönig: als wohltuend und heilsam erscheinen die väterlichen Tugenden der Fürsorge und der Vorsorge dieses Herrschers in der Studie, die der Psychoana-

Friedrich Wilhelm I., der Soldatenkönig, dessen Jähzornausbrüche mitunter psychopathische Züge annehmen konnten. Ein Opfer seines eigenen Pflichtbegriffs oder doch eher ein Haustyrann mit sadistischen Neigungen? Gemälde von Pesne, 1729.

lytiker Ernst Lewy ihm und seinem Sohn Friedrich gewidmet hat. Zu Lebzeiten des Monarchen wurden die wenigsten dieser Tugenden gewahr, denn ihre Früchte konnten sich, im Wohlstand und im zivilisatorischen Standard des Landes, erst allmählich zeigen. Den meisten Bewohnern Berlins, dem Hof und der Familie hingegen erschien Friedrich Wilhelm als Wüterich und Haustyrann. Jedoch war es nicht allein der Jähzorn, der das Bild des Königs verdunkelte, sondern ein absichtsvoller Sadismus gehörte ebenfalls dazu. Anders können wir die Erinnerungen seiner Tochter Wilhelmine, der späteren Markgräfin von Bayreuth, nicht deuten. Es ist kein Jähzorn mehr, wenn ein Vater wochenlang eine Speisenfolge danach auswählt, was seine Kinder unter Garantie nicht essen mögen, und wenn er ihnen zuletzt auch noch in das Essen spuckt.

Wir können uns heute fragen, wer von beiden, Friedrich Wilhelm I. oder sein Sohn Friedrich II., mehr zur Prägung des Nationalcharakters der Deutschen beigetragen hat. Die Deutschen haben sich jedenfalls viel Mühe damit gemacht, Verständnis für beide aufzubringen. Deutsche Historiker und Schriftsteller waren bestrebt, Friedrich Wilhelm I. als Opfer seines eigenen Pflichtbegriffs erscheinen zu lassen, so wie sie selbst die Opfer des ihrigen wurden. Der König in Preußen, so 1937 Jochen Klepper, habe sich im Dienst des «Königs von Preußen» aufgerieben – wobei uns überlassen bleibt, ob wir darunter das überpersönlich verstandene Amt des Königs einer Monarchie, die erst geschaffen werden mußte, zu verstehen haben oder was sonst. Mitempfinden sollen wir mit einer Gestalt, der wir besser mit Distanz begegnen.

Wiederholt hatte Friedrich Wilhelm I. seinen Sohn verhöhnt, weil dieser die zahlreichen Faust- und Stockhiebe seines Vaters eingesteckt hatte, statt sich aufzulehnen. Endlich tat Friedrich, was sein Vater ihm suggeriert hatte, und suchte zu entfliehen. Als die Flucht entdeckt war und der Vater Friedrichs Schwester Wilhelmine der Mitwisserschaft verdächtigte, kam es vor den offenen Fenstern der Appartements der Königin, mithin vor den Augen und Ohren der Stadt Berlin, zu einer besonders unwürdigen Szene: «In der Ungewißheit über das Schicksal meines Bruders», so berichtet die Prinzessin Wilhelmine, «wußte ich nicht, was ich tun sollte – ich nahte mich ihm mit meinen Geschwistern, um ihm die Hand zu küssen; allein kaum erblickte er mich, so ward er ganz schwarz vor Wut und versetzte mir drei ungeheure Faustschläge ins Gesicht, von denen einer die Schläfe traf, so daß ich besinnungslos niederfiel und mir den Kopf gegen einen Vorsprung der Wandbekleidung zerschlagen hätte, wäre Fräulein von Sonnsfeld [ihre Hofmeisterin] nicht so glücklich gewesen, mich bei dem Kopfputz zu ergreifen. Der König wollte mich mit Füßen treten und seine Schläge wiederholen, allein die Königin und meine Geschwister bildeten einen Wall um mich her und ließen ihn nicht an mich kommen (...) Der König war halb erstickt vor Zorn; sein Blick war wild, sein Gesicht aufgedunsen, und der Schaum lag auf seinen Lippen; die Königin rang die Hände und stieß das kläglichste Geschrei aus. Meine Geschwister lagen vor dem König auf den Knien, selbst das kleinste, das nur drei Jahre alt war, und weinten und schluchzten (...) Ein schreckliches Zittern schüttelte meinen ganzen Körper, und kalter Schweiß floß mein Gesicht herab.»

Das kleinste Geschwister, das nur drei (in Wahrheit: vier) Jahre alt war, ist der 1726 geborene Prinz Heinrich gewesen. In dem großen altersmäßigen Abstand, der die Brüder trennte – 1712 kam Friedrich zur Welt, zehn Jahre später August Wilhelm, weitere vier Jahre später Heinrich und zuletzt, 1730, Ferdinand, der somit nicht weniger als achtzehn Jahre jünger war als sein ältester Bruder –, mag man eine der Ursachen dafür sehen, daß Friedrich Wilhelm I. doch der Meinung war, er könne auf seinen Ältesten nicht verzichten. Der Altersunterschied verhinderte auch eine gemeinsame Erziehung und einen gemeinsamen Unterricht, wie sie manchen Hohenzollernbrüdern zuteil geworden sind.

Der jähzornige Vater hatte sich seine zwei ältesten Kinder, Wilhelmine und Friedrich, als besondere Objekte seines Hasses und seines Mißtrauens ausgesucht. Der nächstfolgende unter den Söhnen, August Wilhelm, dagegen scheint die väterliche Zuneigung in dem Maße auf sich gezogen zu haben, in dem die Enttäuschung über Friedrich wuchs. Die jüngeren konnten im Schutz der Nichtbeachtung einigermaßen ungestört heranwachsen, unter ihnen auch Heinrich, der in seiner Knabenzeit den Eindruck erweckte, als kehre in ihm die Kindererscheinung seines ältesten Bruders zurück. Auch Heinrich mußte früh seine Laufbahn in der Armee antreten. Schon als Fünfjähriger durfte er, zusammen mit dem älteren August Wilhelm, seinen Vater in der Männergesellschaft der «Tabagie» besuchen, dort, wo sich Friedrich Wilhelm I. am besten aufgehoben fühlte. In diesem Kreis wurden die Kinder schon einmal durch einen Offizier mehr oder weniger spielerisch exerziert, wozu sie eine «ungemeine Lust gehabt» haben sollen. Zwölfjährig wurde Heinrich zum Fähnrich ernannt, im selben Jahr noch erhielt er das Leutnantpatent; nicht einmal bei der Beerdigung des Vaters durfte er das Regiment, in das man ihn gesteckt hatte, verlassen.

Friedrich hatte die Tatsache, daß Friedrich Wilhelm ihn nach der mißglückten Flucht aus dem väterlichen Machtbereich begnadigte und ihn wieder seinen Platz als Thronfolger einnehmen ließ, mit seiner vollständigen Unterwerfung und mit einer befremdenden Transformation seines Charakters erkaufen müssen. Erst jetzt wurde er die zerspaltene Gestalt, die Hellmut Diwald einmal so beschrieben hat: «Klug und borniert, vorsichtig und besonnen, verschlagen und aufrichtig, kalt und impulsiv, unmenschlich und mitleidig, grausam und zart, verlogen und ehrlich, zynisch und sensibel, selbstgefällig und bescheiden, hämisch und verletzlich, geizig und verschwenderisch, eitel und selbstkritisch, amoralisch und pflichtbewußt, ein asketischer Epikureer, zäh, durchtrieben, wetterwendisch und willensstark.» Friedrich war nunmehr «kein Mensch mit Haarrissen, sondern durch und durch zerspalten».

Erst jetzt aber auch hat Friedrich begonnen, sich mit seinem Vater zu identifizieren, was für manchen preußischen Kolonisten oder manch einen Untertanen, der sich der Justiz überlassen mußte, segensreiche Konsequenzen gehabt hat. Denn nachdem Friedrich 1740 selbst König geworden war, fühlte sich auch er dafür verantwortlich, daß in seinen Ländern gut regiert werde. Für seine Geschwister aber hieß das, daß Friedrich, der, obwohl erst achtundzwanzig, zum Patriarchen des Hauses aufgerückt war, an ihnen zu wiederholen drohte, was der Vater ihm selbst angetan hatte. Überraschend ist das nicht, man kann hier eher eine Gesetzmäßigkeit am Werk sehen. Heinrich wiederum handelte wie einst sein Bruder: Er lehnte sich gegen den neuen König auf, der ihn, nach dem Urteil des französischen Gesandten Latouche, «in stetem Zwange» hielt. Entsprechend kühl waren manche der Briefe, die zwischen dem Brüderpaar gewechselt wurden. In einem Schreiben aus dem Jahr 1746 grollte Friedrich, es könne ihn «das außerordentlich geringe Maß freundlicher Gesinnung, das Sie mir bei jeder Gelegenheit zeigen, wahrhaftig nicht dazu ermuntern, immer wieder von neuem einen Anlauf zur Zärtlichkeit zu nehmen einem Bruder gegenüber, der mir so wenig Dank weiß».

Die Bewährungsprobe für die Beziehung der beiden aber kam erst im Krieg. Seinen ersten Feldzug, auf dem seine peinliche Flucht vom Schlachtfeld bei Mollwitz erwies, wieviel er noch zu lernen hatte, begann Friedrich im Winter 1740/41 zunächst allein. 1742 durfte ihn Heinrich, inzwischen sechzehn Jahre alt geworden, begleiten und eine Adjutantenstelle bei dem Bruder einnehmen. Nach der Schlacht von Hohenfriedberg, 1745 im Zweiten Schlesischen Krieg, zeigte sich Friedrich höchst befriedigt über die militärischen Leistungen der beiden älteren unter seinen Brüdern, August Wilhelms und Heinrichs. Zum Zeichen, daß beide die Schlacht überlebt hatten, ließ Friedrich sie den Brief an die gemeinsame Mutter mit unterschreiben.

Der Siebenjährige Krieg, in dem sich die neue Großmacht Preußen in einem zermürbenden Behauptungskampf durchsetzte, ließ dann einen gereiften Prinzen Heinrich seine militärischen Talente voll entfalten. Heinrich erwies sich als ein Meister der methodischen Kriegführung, wie sie das 18. Jahrhundert zur Vollendung brachte. Seine Strategie zielte auf die Beherrschung von Terrain ab und war bestrebt, dem Feind die Nachschubbasis abzuschneiden, die eigene dagegen zu sichern und auszubauen. Eine Schlacht zu schlagen sollte sich nach dem Ideal der methodischen Kriegführung erübrigen. Den Schachspielern gleich wetteiferte man um Positionen, und der Besitz der richtigen Positionen konnte schon der Indikator sein, an dem sich der Sieger ablesen ließ. Friedrich dagegen, so äußerte sich Heinrich später, «wollte immer batailliren; das war seine ganze Kriegskunst». Es war freilich dieser Unterschied zwischen den beiden Brüdern, der Friedrich im Urteil der Nachwelt weit über seine Zeit hinaushob, denn die deutschen Generalstäbler des 19. und 20. Jahrhunderts hatten die Vernichtungsschlacht inzwischen zum Dogma erhoben.

Im Siebenjährigen Krieg aber hatte Preußen die längste Zeit gar keine Wahl, als sich aufs Manövrieren zu verlegen, und auch Friedrich mußte sich von 1758 an der harten Tatsache beugen, daß das Ziel der bloßen Behauptung wenig Raum für kühne Schlachtensiege ließ. Die letzte große Feldschlacht des Siebenjährigen Krieges, durch die der ausdauernden Gegnerin Maria Theresia endgültig vor Augen geführt wurde, daß auch sie sich bei einer Fortführung des Krieges zugrunde richten würde, diese letzte Schlacht ist – am 29. Oktober 1762 – bei Freiberg in Sachsen durch Heinrich gewonnen worden.

Es läßt sich ohne Übertreibung sagen – und Friedrich hat dies stets anerkannt –, daß ohne seinen Bruder Heinrich der Alte Fritz nicht als Heldenkönig in die Geschichte eingegangen, sondern Preußens Griff nach den Sternen schon zu diesem Zeitpunkt gescheitert wäre. Wenn Friedrich als die Seele des preußischen Durchhaltens im Siebenjährigen Krieg dafür gesorgt hat, daß die Monarchie auch in aussichtslosen Momenten erhalten blieb – eine aus einem außergewöhnlichen Trotz und, bei allen Selbstmordgedanken, seltener Zähigkeit erwachsene Einstellung, zu der Heinrich weder fähig noch willens gewesen wäre –, dann ist Heinrich als zweiter Oberfeldherr Preußens unentbehrlich gewesen. Spätestens 1761, nach dem Tod der Marschälle Schwerin und Keith,

Die vier Söhne Friedrich Wilhelms I. (von links nach rechts): Friedrich, der 18 Jahre jüngere Ferdinand, August Wilhelm und, ganz rechts, Prinz Heinrich. Nach dem Tod August Wilhelms, dessen Verhältnis zum Ältesten immer gespannt blieb, stieg Heinrich zur Nummer zwei im Königreich auf, ohne freilich an der Erbfolge etwas ändern zu können, die, da Friedrich selbst kinderlos war, die Söhne August Wilhelms als Thronfolger vorsah. Gemälde von 1737.

fand sich in den preußischen Armeen kein Heerführer mehr, der über die Qualifikation verfügte, neben der Armee des Königs eine selbständige zweite Armee zu befehlen. Anders gesagt: Im Siebenjährigen Krieg gewann Preußen keine Schlacht, in der die Armee nicht unter dem unmittelbaren persönlichen Befehl des Königs oder des Prinzen Heinrich gestanden hätte.

Das große Ringen endete schließlich für Preußen mit einem Erfolg – denn die Tatsache, sich gegen eine Koalition aus den Großmächten Rußland, Frankreich und Österreich, samt Schweden, dazu das restliche Deutsche Reich, behauptet zu haben, ohne Schlesien wieder hergeben zu müssen, war ein Erfolg, auch wenn kein Ländergewinn dabei herauskam –, und Friedrich pries seinen Bruder als den einzigen «fehlerlosen Feldherrn». Dennoch brachte dieser Krieg schwere Zerwürfnisse der Brüder mit sich, die niemals wieder ganz geheilt worden sind.

Der erste Anlaß zur Erbitterung war das Schicksal des Prinzen August Wilhelm, des zweitältesten Bruders, der bis zum Siebenjährigen Krieg der Thronfolger war. Diesem Prinzen scheint der König von Anbeginn weniger zugetraut zu haben als Heinrich; denn obgleich er vom Alter zwischen dem König und Heinrich stand, hat Heinrich früher ein selbständiges Truppenkommando bekommen als August Wilhelm. Gleich der erste größere Auftrag, den letzterer erhielt, führte zu einer Katastrophe.

Schon die Vorgeschichte war ungünstig. Am 18. Juni 1757 verlor Friedrich die Schlacht bei Kolin, östlich von Prag; am 28. Juni starb die gemeinsame Mutter Sophie Dorothea, zumindest für Friedrich einer der wenigen Menschen, für die er großen Respekt und Anhänglichkeit empfand, obwohl sie uns in den Memoiren der Schwester Wilhelmine als wenig liebevoll und vom Ehrgeiz zerfressen geschildert wird.

Die Niederlage von Kolin machte einen allgemeinen Rückzug der Preußen aus Böhmen notwendig. In seiner «Geschichte des Siebenjährigen Krieges» behauptet Friedrich, er habe nach seinem Eintreffen im preußischen Hauptquartier, das sich in Prag befand, die für den Rückmarsch erforderlichen Dispositionen getroffen; in dem Exemplar des Werkes, das der Prinz Heinrich durchgearbeitet hat, fand man jedoch dessen Randglosse: «Der König tat nichts bei Prag. Kein Befehl und keine Disposition wurden von ihm gegeben.» Friedrich, der in den folgenden Wochen durch diplomatische Korrespondenz stark in Anspruch genommen war, überließ es weitgehend dem Prinzen Heinrich und dem Feldmarschall Keith, den Rückzug der Hauptmasse der preußischen Armee das Elbtal hinab bis nach Pirna zu leiten. Die zweite Kolonne sollte Prinz August Wilhelm führen, und ihm war als Ziel die Lausitz angegeben. Zur Unterstützung hatte er den General von Winterfeldt bei sich, mit dem er sich jedoch überwarf; jedenfalls war Winterfeldt nicht mehr bei ihm, als die Katastrophe einsetzte.

Die Nachschubbasis für das Korps des Prinzen Wilhelm befand sich in Zittau, und dieser Grenzort in der Lausitz war auch das Marschziel. Zwischen dem Korps und Zittau aber lag, noch in Böhmen, das kleine Städtchen Gabel. Eine preußische Vorhut unter Generalmajor von Puttkamer besetzte Gabel mit vier Bataillonen, während Prinz August Wilhelm dem größeren Teil seines Korps eine Ruhepause gönnte.

Diese Pause aber nutzte der österreichische Feldmarschall Graf von Daun, um Puttkamer in Gabel zu überfallen und ihm mit zwanzigtausend Mann die Rückzugslinie nach Zittau abzuschneiden. So mußten sich die Truppen des Prinzen August Wilhelm auf schmalen Nebenwegen über den Kamm des Gebirges nach Zittau schlängeln, während der Train zurückgelassen werden mußte. Daun, der die bequeme Landstraße für sich hatte, eilte den Preußen nun voraus und besetzte den Eckartsberg nördlich von Zittau. Am 18. Juli 1757 schrieb Prinz Heinrich an den König: «Das, was Sie mir die Ehre erweisen mich wissen zu lassen über die Armee von Leopold Daun und die Lage, in der sich mein Bruder befindet, bereitet mir viel Kummer; wenn der Feind in Zittau ist, scheint es mir zukünftig unmöglich, die Lausitz auf andere Weise zu unterstützen, als über Dresden; die Überlegenheit an leichten Truppen gibt dem Feind den Vorteil, daß er durch sie die Märsche der Hauptarmee maskieren kann, es ist unmöglich, über ihre Bewegung unterrichtet zu sein.» Die Preußen konnten zwar Zittau einnehmen, wurden aber nach wenigen Stunden vom Eckartsberg aus bombardiert. Das Nachschubmagazin, aus dem auch die Hauptarmee hatte versorgt werden sollen, verbrannte vollständig. Damit war dem Plan Friedrichs, Böhmen den Sommer hindurch zu halten, die Basis entzogen.

Schon aus Leitmeritz, der Station seines eigenen Rückzugs an der Elbe, hatte Friedrich an August Wilhelm geschrieben, er werde immer nur ein jammervoller Heerführer sein, und er, der König, wolle ihm, solange er lebe, keine zehn Mann mehr anvertrauen. August Wilhelm könne allenfalls einen Harem von Hoffräuleins befehligen. Bei Bautzen trafen die beiden Armeekorps wieder zusammen.

Friedrich kehrte seinem Bruder bei diesem Anlaß brüsk den Rücken; dann ließ er ihn mit seinen Generälen im Parolekreis zusammentreten und ausgerechnet durch Winterfeldt verkünden, daß sie eigentlich verdient hätten, ihren Kopf zu verlieren; doch wolle der König es nicht so weit treiben, weil er im General auch den Bruder nicht vergesse. Der Prinz trat augenblicklich aus dem Kreis und ritt, ohne den König zu sprechen, nach Bautzen. Am 30. April verließ er die Armee und ging nach Dresden, dann nach Leipzig und Torgau. Prinz Heinrich bemühte sich noch, August Wilhelm von der bald gegen die Franzosen erwarteten Schlacht Kenntnis zu geben. An der Schlacht von Roßbach, mit der Friedrich den preußischen Waffenruhm wiederherstellte, hat August Wilhelm nicht teilgenommen. Der Prinz zog sich auf sein Schloß Oranienburg bei Berlin zurück.

Prinz August Wilhelm fühlte sich ungerecht behandelt und glaubte, er werde geopfert, um das Ansehen des Königs zu schützen. Er habe alle Schwierigkeiten vorausgesagt, die dann später eingetreten seien, schrieb er an Heinrichs Gemahlin Wilhelmine, eine Prinzessin aus dem Haus der Landgrafen von Hessen-Kassel, und er habe sogar Vorschläge gemacht, wie man sich schützen könne. Doch habe man ihn nicht ernst genommen. Der Herausgeber der militärischen Korrespondenz des Prinzen Heinrich mit dem König, Kurd von Schöning, urteilte 1851: «Der Prinz befand sich nach der Schlacht von Kolin (...) an der Spitze der einen Hälfte der königlichen Armee, nicht in einer selbständigen Stellung, vielmehr machte die große Nähe des Königs ihn von den königlichen Befehlen, die ihn in einem halben Tage, wiewohl durch feindliche Parteien erschwert, erreichen konnten, vollständig abhängig (...) Ein solcher Rückzug mit dem Troß einer damaligen Armee, harzeliert von den feindlichen Truppen und unternommen unter den eben gedachten Verhältnissen, gehört auf die Rechnung des Besiegten von Kolin und konnte nicht anders, als mit großen Verlusten verbunden sein; die Veranlassung zu alledem aber war: daß der König so lange als nur möglich in Böhmen bleiben und den Rückzug nach Sachsen so lange als irgend möglich hinausgeschoben wissen wollte. Die bedeutenden militärischen Kapazitäten (...) die sich bei der Armee des Prinzen von Preußen zur Zeit befanden, müssen als Bürgen dafür gelten: daß ohne die Nähe und den Einfluß des allerhöchsten Obergenerals dergleichen die Existenz des Heeres gefährdende Verhältnisse nicht abgewartet worden wären.» In der Tat. Für die Gefährlichkeit der exponierten Lage, in der sich die preußischen Armeen während des Sommers 1757 in Böhmen befanden, ist Friedrich verantwortlich. Dennoch aber ist die mangelnde Entschlußkraft des Prinzen zu kritisieren, die ihn davon abgehalten hatte, die Stadt Gabel sofort mit seiner ganzen Heeresmacht zu besetzen und damit Daun daran zu hindern, daß er ihm den Rückzug abschnitt.

Der Bruch zwischen Friedrich und seinem Thronfolger hätte heilbar sein müssen, doch wurde den Brüdern die Chance dazu entrissen. Nachdem August Wilhelm in seinen ersten Briefen nach dem Mißgeschick über Erschöpfung geklagt hatte, schien es ihm zunächst wieder besser zu gehen. So meinte er im Dezember 1757, als er auf seinem Schloß Oranienburg angelangt war: «Mein Hund von Temperament hat trotz allem meine Gesundheit wiederhergestellt; ich befinde mich wohl; und es ist zu bedauern, daß ich sehe, wie meine Seele sich so fest an meinen Körper klammert, denn meine Lage vermag Mitleid zu erregen.» Die Melancholie und der Kummer hatten ihn demnach nicht verlassen, und wer ihn genau beobachtete, wie seine Schwägerin Wilhelmine, Heinrichs Gemahlin, fand auch im kommenden April noch Grund zur Sorge angesichts seiner Niedergeschlagenheit. Ende

Mai erkrankte er schwer, und am 12. Juni 1758, nach einem heftigen Fieber, ist Prinz August Wilhelm von Preußen, der präsumtive Nachfolger Friedrichs II., an einem Schlaganfall gestorben.

Seinen 36. Geburtstag hatte August Wilhelm nicht mehr erlebt. Nach dem häßlichen Auftritt in Bautzen haben sich Friedrich und sein Bruder nicht mehr wiedergesehen. «Es dürfte», hat ein Mediziner 1904 auf der Grundlage des Sektionsprotokolls geurteilt, «über die Krankheit und den Tod des Prinzen, was deren Abhängigkeit von seiner Differenz mit Friedrich dem Großen betrifft, anzunehmen sein, daß ein direkter Zusammenhang nicht besteht.» In der Tat wird man eine ursächliche Verknüpfung bei einem Schlaganfall nicht belegen können, wenn dieser fast ein Jahr nach dem fraglichen Ereignis eintritt. Das ausgehende 18. Jahrhundert war ebenso frei in Spekulationen über psychosomatische Zusammenhänge – zum Beispiel darüber, daß Friedrich seinen Bruder auf dem Gewissen habe –, wie die positivistische Medizin um 1900 hierin Zurückhaltung übte. Und doch kommt auch der Arzt des Jahres 1904 nicht umhin, festzustellen: «Jedoch bedeutete bei der körperlichen Beschaffenheit des Prinzen die damalige Aufregung für ihn eine ganz besonders schwere Schädigung.» Ein weites Feld ist damit eröffnet.

Erst durch August Wilhelms Abschied vom Kommando und endgültig durch den Tod des Bruders, der zwischen ihm und Friedrich stand, konnte Heinrich zum unangefochtenen Zweiten im Königreich aufrücken. Erst dieser Verlust machte ihn dem König vollends unentbehrlich. Doch ist bemerkenswert, wie Prinz Heinrich der Versuchung widerstand, diesen Unglücksfall voreilig auszunutzen. Im Gegenteil, er reagierte zunächst mit einer noblen Geste. «Mein Bruder Heinrich hat, was mich angeht, etwas getan, wofür ich mich in meinem Leben nicht werde erkenntlich zeigen können», hat August Wilhelm selbst, noch in Dresden, geschrieben. «Er hat das Kommando der Armee abgelehnt, das ich aufgegeben habe, weil er seinen Ruhm nicht auf meinem Ruin aufbauen wollte.»

In seinem ersten Schreiben, das er nach der Todesnachricht an Heinrich richtete, fand König Friedrich zwar ausdrucksstarke Worte der Trauer und hob hervor, daß das Andenken an diesen Bruder niemals aus beider Herzen weichen dürfe. Er meinte jedoch auch bei dieser Gelegenheit auf Tadel nicht verzichten zu können, wie um sich für seine zuletzt gezeigte und nun nicht mehr korrigierbare Härte zu rechtfertigen: «Ich habe allen Ärger, den er mir verursachte, auf seine Schwäche für schlechte Ratgeber und sein cholerisches Temperament zurückgeführt, das er nicht immer in der Gewalt hatte. Im Blick auf seine Herzensgüte und seine guten Qualitäten ertrug ich vieles in seinem Lebenswandel mit Langmut, was höchst regellos war und worin er in seinen Pflichten mir gegenüber versagt hat.»

Worte der Reue über seine im vergangenen Jahr gezeigte Härte und des Bedauerns darüber, daß ihnen der Krieg die Gelegenheit zur Aussöhnung geraubt hatte, fand der König nicht. Im Gegenteil: er ermahnte Heinrich, tapfer zu sein und ihn, den König, in dieser bedrohlichen Phase des Krieges nicht mit Bekundungen der Trauer oder der Niedergeschlagenheit zu belasten; er habe neben seinem Bruder vor kurzem erst auch seine Mutter, die er angebetet habe, verloren. Seltsam berührt die Egozentrik Friedrichs, die hier in Erscheinung tritt, war doch Sophie Dorothea schließlich nicht weniger die Mutter Heinrichs als die Friedrichs gewesen. Die Begriffe «notre frère» oder «notre mère», die doch nach unserem Empfinden so nahegelegen hätten, werden allerdings auch in den Briefen August Wilhelms und Heinrichs nur selten verwendet – als scheue man sich, die familiäre Nähe so klar anzusprechen.

Die Aufforderung, sich nicht niederdrücken zu lassen, sich den Gleichmut der Spartaner zum Vorbild zu nehmen und im übrigen seine Pflicht zu tun, wiederholte Friedrich in einem zweiten Brief an Heinrich vom 19. Juli 1758. Der Jüngere unterdessen antwortete, indem er versicherte, sein zugegebenermaßen großer Kummer – ja sogar der größte, der ihn in seinem bisherigen Leben betroffen habe – habe ihn keinen Augenblick in seiner Pflichterfüllung wankend gemacht. Gleichwohl müsse er feststellen, daß diejenigen, die der menschlichen Gesellschaft am entferntesten seien, ein besseres Leben hätten als die Fürsten.

Heinrich gab dem König auch zu erkennen, daß er den Tod des Bruders nur in Verbindung mit der Entfremdung zu sehen vermochte, die zwischen August Wilhelm und Friedrich eingetreten war und die nun nicht mehr geheilt werden konnte. Er schrieb: «Ich habe geseufzt anläßlich des Mißverständnisses, das zwischen Ihnen und meinem Bruder bestand (...) Wäre er noch am Leben, so würde ich freiwillig meine Tage abkürzen, um jeden der Tage auszulöschen, an denen Sie ihm zürnten, aber dafür ist es jetzt zu spät. Ich werde mein Unglück mit Geduld tragen.» Viel schärfer urteilte er gegenüber Ferdinand, dem Jüngsten, mit dem er einig war: der Tod August Wilhelms sei eine Folge des Kummers, den ihm der König zugefügt habe. Der Arzt Dr. Herzog und der Kammerdiener Fraise, den er übernommen habe, hätten ihm dies bestätigt. Noch Jahre später taucht dieser Vorwurf in einem Brief an Ferdinand wieder auf, wo es heißt, Friedrich, der bei dieser Gelegenheit «la plus vilaine bête» (das allergemeinste Vieh) genannt wird, verübe seit zwanzig Jahren alle möglichen Bosheiten. «Er läßt zwar nicht gerade köpfen, aber tötet diejenigen durch Gram, deren er sich entledigen will.»

Heinrichs Kritik am König beschränkte sich nicht auf die schäbige Behandlung des Prinzen August Wilhelm. Er hielt sich nicht nur für befähigt, die Feldherrnkunst Friedrichs zu beurteilen und auch zu kritisieren, sondern griff auch die grundsätzlichen Entscheidungen seines Bruders an, in erster Linie das berühmte «renversement des alliances», die Umwälzung der europäischen Bündnisverhältnisse im Jahre 1756, die dazu geführt hatte, daß Habsburgs traditioneller Gegenspieler Frankreich zu einem Verbündeten des Wiener Hofs geworden war und Preußen sich nur noch auf die zweifelhafte Unterstützung der Seemacht Großbritannien stützen konnte, die lediglich für den Unterhalt einer weiteren Armee aus Hannoveranern, Braunschweigern und Preußen Subsidien zahlte. Diese Armee hat dann freilich im Siebenjährigen Krieg Beachtliches geleistet, und auch die Tatsache, daß der

Friedrich II. als Kronprinz, Gemälde von Pesne, 1740. «Und so war ich denn auch preußisch, oder um richtiger zu reden, Fritzisch gesinnt: denn was ging uns Preußen an. Es war die Persönlichkeit des großen Königs, die auf alle Gemüter wirkte. Ich freute mich mit dem Vater unserer Siege, schrieb sehr gern die Siegeslieder ab, und fast noch lieber die Spottlieder auf die Gegenpartei, so platt die Reime auch sein mochten (Goethe, «Dichtung und Wahrheit»).

überseeische Krieg um die Kolonien von Kanada bis Indien französische Kräfte band, wird man nicht gering veranschlagen können. Das Bündnis mit England hat Prinz Heinrich ebenso abgelehnt wie Friedrichs Entschluß, im August des Jahres 1756 in Sachsen einzufallen und dadurch erneut, wie 1740, vor der Weltmeinung als Aggressor dazustehen. 1760 schrieb er deshalb: «Ich habe diesen verdammten Krieg völlig satt und wollte, der Teufel hätte seinen Urheber an dem Tag geholt, als er die Armee ausmarschieren ließ.»

Zunächst jedoch achtete Heinrich darauf, daß die Meinungsverschiedenheiten nicht allzu sichtbar wurden. Dies trifft gerade für das Jahr 1758 zu, in dem Heinrich, nunmehr zum Oberbefehlshaber in Sachsen ernannt, eine Reihe von Erfolgen einheimste, während der in Böhmen kämpfende Friedrich tiefe Depressionen durchlitt, bei Hochkirch eine Niederlage hinnehmen mußte, die derjenigen von Kolin nicht nachstand, und im Anschluß von Selbstmord zu sprechen begann. «Es zählt mit zu Preußens Glück in diesem Kriege», meinte Chester V. Easum, Heinrichs Biograph, «daß, obwohl seine beiden Haupttheerführer Zeiten der Erschlaffung durchmachten, in denen Müdigkeit, schlechte Gesundheit und Sorgen ihre Leistungsfähigkeit herabsetzten, sie nur in seltenen Fällen gleichzeitig diese Tiefpunkte erlebten.»

Dies Urteil trifft auch für das folgende Jahr 1759 zu. Heinrich verbarg seine Meinung nun weniger als bisher. Im August verlor Friedrich die Schlacht von Kunersdorf an der Oder gegen die Russen mit der Armee seines Bruders; kurz zuvor hatten beide Befehlshaber die Armeen getauscht. Nach der Niederlage, als Friedrich kurzzeitig alles verloren glaubte, war es deshalb an Heinrich, der jetzt die preußischen Kerntruppen befehligte, den österreichischen Feldmarschall Grafen von Daun in Sachsen zu beschäftigen und dessen Armee an der Vereinigung mit den Russen zu hindern. In der Tat gelang es dem Prinzen Heinrich, Sachsen bis zum Winter zu halten, obwohl ihm der Gegner zeitweise mit doppelter Übermacht hätte entgegentreten können. Friedrich, der den Herbst 1759 weitgehend untätig in Schlesien zubringen mußte, brannte vor Ungeduld, daß sein Bruder, der ja jetzt über die beste der preußischen Armeen verfügte, endlich zur Offensive übergehen möge. Er wusch ihm in seinen Briefen gehörig den Kopf, während jedermann sonst der Meinung war, daß Prinz Heinrich in diesem Herbst ein Muster an Klugheit abgab.

Sobald sich ein Gichtanfall genügend gebessert hatte, eilte Friedrich, zeitweise in einer Sänfte getragen, nach Sachsen, um das Kommando wieder an sich zu nehmen. Kaum war dies geschehen, trieb er seinen General Friedrich August von Finck in die exponierte Stellung von Maxen, wo das preußische Korps am 21. November durch die Österreicher eingeschlossen wurde und sich ergeben mußte, ein bis dahin beispielloser Vorfall. So hatte Friedrich, der in jenem Jahr selbst nur ein einziges Mal, nämlich bei Kunersdorf, angegriffen hatte und dafür aufs Haupt geschlagen worden war, mit seinem ungeduldigen Drängen auf die Offensive eine weitere Niederlage herbeigeführt. Heinrich, dessen Feldzugsplan durch den König verdorben worden war, kommentierte das Ereignis mit dem Satz: «Von dem Tage an, da er zu meinem Heer gestoßen ist, hat er Unordnung und Unglück verbreitet; all meine Mühen in diesem Feldzug und das Glück, das mich begünstigt hat, alles ist verloren durch Friedrich.»

Ferdinand bestärkte Heinrich in der Ansicht, daß der König auf verantwortungslose Weise diesen Krieg, den er gegen den Rat seiner Brüder angefangen hatte, zu verlieren drohte, und Heinrich schrieb ihm: «Wer unter dem König kommandiert, büßt an Ehre und Achtung ein, und es ist ein Wunder, daß ich mich bisher noch so aus der Affäre gezogen habe. Dem will ich mich aber nicht länger aussetzen, und zwar um so weniger, als ich bei Fortdauer des Krieges ja doch nicht immer mich entgegenstemmen könnte und weil, selbst wenn ich es könnte, ein närrischer und überspannter Mensch die von anderen errungenen Vorteile wieder zunichte machen würde. Der Staat, mein lieber Ferdinand, ist ein Name, dessen man sich bedient, um dem Publikum Sand in die Augen zu streuen; ein Hanswurst ist er, der alle Errungenschaften für sich in Anspruch nimmt und dem man folglich seine Dienste widmet.»

So trug sich Heinrich während dieses Winters 1759 / 60 ständig mit dem Gedanken, sein Kommando niederzulegen und aus der Armee auszuscheiden. Doch hat er sein Vorhaben nicht wahrgemacht und es bei einem längeren Krankheitsurlaub belassen. Im Sommer 1760 nahm er zwar wieder am Feldzug teil, doch von Ende August 1760 bis zum Beginn der nächsten Kampagne im März 1761 zog er sich erneut zurück, um, wie Easum sich ausdrückte, wie «Achilles im Zelt» zu grollen. Hintergrund waren Meinungsverschiedenheiten über die Behandlung Sachsens und ständige Zweifel des Königs an der Genauigkeit der Berichterstattung seines Bruders. Während des Feldzugs von 1761 wurde das gegenseitige Zutrauen der Brüder und auch ihr Selbstvertrauen wieder belebt; sie arbeiteten einigermaßen reibungslos zusammen. 1762 dann reichte Heinrich sein Entlassungsgesuch ein, das jedoch vom König abgelehnt wurde. Heinrich blieb und errang mit der Schlacht von Freiberg den letzten preußischen Sieg des Siebenjährigen Krieges.

Heinrichs Kritik wurde auch durch die Härte ausgelöst, in der Friedrich den Krieg führen zu müssen glaubte. Heinrich mißbilligte die ewigen Requirierungen und Auspressungen in dem eroberten Sachsen; er schüttelte den Kopf über das militärisch folgenlose Bombardement Dresdens, durch das im Juli 1760 die halbe Stadt eingeäschert worden sei; er hatte kein Verständnis dafür, daß Friedrich österreichischen Offizieren, die verwundet in Gefangenschaft geraten waren, keinen Urlaub auf Ehrenwort gewährte, damit sie ihre Gesundheit wiederherstellten; er warf ihm vor, zu allen Völkerrechtsbrüchen dieses Krieges ermuntert zu haben.

Der Mann, der «Europa mit Blut überschwemmt», ein «Tiger», der rohes Fleisch liebt – wer Friedrich den Großen für eine unheilvolle Figur der deutschen Geschichte hält, der kann sich aus den Briefen, die seine Brüder miteinander wechselten, reichlich bedienen. Kein Wunder, daß diese Urteile bis zum Zusammenbruch der Hohenzollernmonarchie 1918 in den Archiven verborgen blieben.

In der langen Friedenszeit, die dem Siebenjährigen Krieg folgte, hat sich Heinrich eine neue Position als einer der führenden Diplomaten seines Bruders erworben. Die neue Karriere begann 1770 eher unauffällig mit einer Reise nach Stockholm, die dem Besuch bei der Schwester Ulrike, Königin von Schweden, gewidmet war. Friedrich hatte den Prinzen in Stockholm als sein «anderes Ich» angekündigt. Noch vor der Abreise nach Stockholm hatte Heinrich auf geheimen Kanälen Zarin Katharina II. wissen lassen, daß er bereit sei, die Nordlandreise nach Petersburg auszudehnen; Friedrich dürfe allerdings nie erfahren, daß er um diese Einladung gebeten habe. Als Katharina dann den gewünschten Brief nach Berlin schrieb, ging der König in einer Antwort voller Schmeicheleien sofort darauf ein, denn das Projekt kam auch ihm gelegen.

In St. Petersburg wurde Heinrich zum Experten für russische Fragen herangebildet, und er war der Zarin Katharina ein ebenbürtiger Gesprächspartner. Hier bot sich ihm Gelegenheit, seine zivilen Talente, die ebenfalls in vieler Hinsicht denen seines Bruders nicht unähnlich waren, zu entfalten. Heinrich war nicht minder der französischen Aufklärung verhaftet als Friedrich. Jedoch bewies er dort, wo Friedrichs Humanitätspathos häufig eine mangelhafte oder widersprüchliche Praxis zur Folge hatte, mehr Konsequenz, was sich während des Kriegs in der Behandlung sowohl der eigenen Soldaten als auch der Gefangenen und der besetzten Gebiete geäußert hatte. In Petersburg ging es vor allem darum, durch Zurschaustellung aufgeklärten Geistes soviel diplomatisches Terrain zu gewinnen wie möglich. Heinrich wurde Ehrenpräsident der Kaiserlich Russischen Akademie der Wissenschaften.

Gleichzeitig aber half dieser Besuch, die Voraussetzungen zu schaffen, unter denen sich die drei östlichen Großmächte Preußen, Österreich und Rußland über die Teilung Polens einig werden konnten. Prinz Heinrich hat diese 1772 verwirklichte Aktion, die auch von Zeitgenossen als eine besonders eklatante Rechtsverletzung bezeichnet wurde, immer damit verteidigt, daß es den Untertanen im preußischen Beamtenstaat wesentlich besser gehe als unter dem bisherigen Regime des polnischen Adels.

Die Vergrößerung des preußischen Territoriums war für Heinrich immer ein erstrangiges Ziel. Ob es für die Monarchie vertretbar sei oder nicht, einen Krieg zu führen, bestimmte sich für ihn immer danach, ob sich dabei Ländergewinne erzielen ließen. Dementsprechend opponierte er gegen die Kriegsvorbereitungen seines Bruders, als dieser sich 1778 zum Schutzherrn des Heiligen Römischen Reiches und seiner überlieferten Rechtsordnung gegen die Bestrebungen Kaiser Josephs II. aufwarf, den habsburgischen Hausbesitz durch die Erwerbung Niederbayerns und der Oberpfalz abzurunden.

So kurz er war, bedeutete der Bayerische Erbfolgekrieg doch eine Zäsur im Leben des Brüderpaars. Noch einmal waren beide zu Felde gezogen, noch einmal war Prinz Heinrich das Amt des zweiten Feldherrn neben dem König anvertraut worden. Beide waren aus der Übung gekommen, zudem zählte der König inzwischen 66, Heinrich allerdings erst 52 Jahre. Heinrich hatte sich bis zuletzt gegen einen Feldzug gewehrt und immer neue Versuche unternommen, um Friedrich mit Kaiser Joseph II. zu versöhnen. Als die Entscheidung zum Krieg gefallen war, eröffnete Heinrich ihn mit einem kühnen Einfall nach Böhmen hinein, indem er über unbewachte Gebirgspässe marschierte. Aufgrund der schwierigen Wege konnte er keine ausreichenden Vorräte mitnehmen, und deswegen blieb das Unternehmen auch bald stecken. Der Plan des Königs, seinerseits von Schlesien aus die ihm gegenüberstehende Armee des Kaisers zu umgehen und so die Verbindung mit der Armee des Prinzen Heinrich herzustellen, schlug gleichermaßen fehl. Schließlich blieb für beide preußische Armeen kein anderer Ausweg als der Rückzug aus Böhmen. Zu einer großen Schlacht kam es nicht, und auch der weitere Kriegsverlauf war arm an Höhepunkten. Um so mehr Zeit hatten die Brüder, sich brieflich darüber zu streiten, ob Heinrich versagt habe. Schon im Oktober 1778 war Heinrich des vielen Tadels müde und entwarf ein Rücktrittsgesuch, das er jedoch noch nicht absandte. Erst am 3. Dezember 1778 suchte Heinrich endgültig um die Entbindung von seinem Kommando nach.

Da es eines zweiten Feldzugs nicht mehr bedurfte, vielmehr bald ein Waffenstillstand geschlossen wurde und der Krieg bereits im Mai 1779 mit der Unterzeichnung des Friedens von Teschen sein Ende fand, wurde das Ausscheiden des Prinzen Heinrich für niemanden offenbar. Der König hatte den Prinzen ohnehin gebeten, seinen Abschied noch eine Weile aufzuschieben, bis über die Fortführung des Kriegs entschieden sei, denn er könne den einzigen möglichen Nachfolger für Heinrich, den Erbprinzen Karl Wilhelm Ferdinand von Braunschweig, schlecht entbehren. Es ist auffallend, aber wohl nicht überraschend, daß das tiefste Zerwürfnis der Brüder erst jetzt, 1779, entstand, als die Monarchie in ihrer Existenz nicht mehr wirklich bedroht war, als man die Muße hatte, sich einem kleinlichen Streit hinzugeben.

Am Ende eines Briefes vom 2. März 1779 hatte Prinz Heinrich angedeutet, er begreife nicht, wieso der König bei den Friedensverhandlungen nicht Vorteile für Preußen verlange. Friedrich antwortete ihm: «Sie werden sich an das erinnern, was ich Ihnen in Berlin gesagt habe: Daß wir nicht daran denken, etwas Besseres zu wünschen als, die Österreicher zur Herausgabe ihrer Usurpationen zu zwingen. Das betrifft ein sehr wichtiges Ziel der Politik, denn: wenn dieser Gewaltakt ihnen durchgegangen wäre, würden sie sich eine despotische Autorität im Reich anmaßen, deren unheilvolle Wirkungen wir früher oder später gespürt hätten.» Der König führte weiter aus: Obwohl diese Rückerstattung nicht so vollständig sei, wie sie zu wünschen gewesen wäre, sehe man dennoch den Ehrgeiz Josephs gebremst. «Wir gewinnen den großen Vorteil, daß man uns im Reich als ein nützliches Gegengewicht gegen den österreichischen Despotismus betrachten wird. Was das ausgegebene Geld angeht, muß man es durch gutes Wirtschaften ersetzen, indem man für eine Zeit alles das zurückschneidet, was man an überflüssigen Ausgaben ersparen kann. Von dem Feldzug aber haben wir in der Tat nichts gehabt als Plagen, die uns von seiten unserer Feinde weder Verachtung noch Respekt verschaffen können.»

So hatte sich der alte Friedrich zum Streiter für die Libertät des Deutschen Reichs gegen die absolutistischen Machtansprüche Habsburgs stilisiert, zu einem Kämpfer, der nur um begrenzter

Ziele willen in den Krieg gezogen war und den ein heiliger Zorn auf Friedensstörer durchglühte. Weit entfernt war dieses Selbstbild von dem jungen Mann, der einst in Schlesien eingefallen war, um dort ein Rendezvous mit dem Ruhm zu haben. Seltsam verkehrt auch waren jetzt Friedrichs und Heinrichs Standpunkte: Der Prinz hatte immer gegen den Krieg gearbeitet, wollte aber, da man ihn nun einmal angefangen und so große Kosten dafür aufgewendet hatte, mit einem Gewinn daraus hervorgehen; Friedrich dagegen, der viel leichteren Herzens in den Krieg gezogen war, kehrte seine Uneigennützigkeit hervor.

Heinrich verstand auch nicht, daß Friedrich bereit war, die Friedensverhandlungen platzen zu lassen, um neben der Erhaltung Bayerns auch eine satte Entschädigung von 4 Millionen Talern zugunsten des Kurfürsten von Sachsen zu erzwingen, der seinerseits auf Ansprüche verzichten mußte, die er von seiner bayerischen Mutter ererbt hatte. Der Kurfürst selbst habe ihm versichert, schrieb Heinrich, daß eine Million Taler mehr oder weniger nicht einen Krieg wert seien. Erneut wies Friedrich darauf hin, daß es hier um Preußens Stellung im Reich gehe, denn kein deutscher Fürst werde sich mit Preußen verbünden, wenn sichtbar würde, daß Preußen dem Kurfürsten von Sachsen nicht zur Erfüllung seiner Ansprüche verhelfen könne. Nur ein unglücklicher Verlauf der Ereignisse, nicht aber Schlappheit und Faulheit könnten ihn zwingen, seinen einzigen Alliierten mit gebundenen Händen und Füßen dem Rachegefühl des Wiener Hofes auszuliefern. Dieser Brief schloß mit den provozierenden Worten: «Hier, mein lieber Bruder, Gründe, gegen die es keine Gegengründe gibt!»

In der Tat ist es Friedrich gelungen, den Frieden zwar ohne Ländergewinn für Preußen, aber mit der allgemeinen Anerkennung der Erbfolge Brandenburg-Preußens in den Markgrafschaften Ansbach und Bayreuth und mit der Zuerkennung der vollen Entschädigungssumme von 4 Millionen Talern für den Kurfürsten von Sachsen zu schließen, nachdem noch einmal alles auf Messers Schneide gestanden hatte.

Die schroffe Form, in der sich Friedrich eine Einmischung des Prinzen Heinrich in die Entschädigungsfrage verbeten und ihm kühl angekündigt hatte, der Erbprinz von Braunschweig stehe schon bereit, um Heinrich bei einem Wiederbeginn der Feindseligkeiten zu ersetzen, scheint zusammen mit der Unterstellung von Faulheit und Schlappheit als einzig denkbaren Motiven für ein Einlenken den Prinzen tief verletzt zu haben. Nachdem er dem König zur Vollendung des Friedens gratuliert hat, schreibt er: «Ich bin getröstet und besonders wegen Ihres vorletzten Briefes, der mich in zwei Beweggründen stark getroffen hat: erstens, daß ich genügend bekannt bin, als daß man mich mangelnder Tugend für fähig halten würde, zweitens, daß ich genug Mut besitze, um das Unglück zu ertragen; ich könnte noch einen dritten hinzufügen – denjenigen, daß meine Laufbahn beendet ist und daß ich bald das Ziel erreiche, das von allen menschlichen Leiden erlöst.» Heinrich sollte noch fast ein Vierteljahrhundert zu leben haben.

Die Brüder wahrten die Form; sie setzten die Gewohnheit fort, sich jede Woche zu schreiben, doch berührte die Korrespondenz jahrelang keine politischen Inhalte mehr. Prinz Heinrich kehrte nach Rheinsberg zurück, in das Schloß, in dem er in vielerlei Hinsicht das Leben fortsetzte, das Friedrich einst in seinen wenigen glücklichen Kronprinzenjahren dort geführt hatte. Nach außen, Fremden gegenüber, verbarg Heinrich seine Enttäuschung über den König sowenig, wie er das jemals Ferdinand gegenüber getan hatte, ja er steigerte sich darin zur Maßlosigkeit. Unverkennbar ist, wie sich darein auch der Neid mischt, der Kummer darüber, bei unbestreitbar großen eigenen Gaben in allem gegenüber dem Ruhm des Bruders zurückgesetzt zu sein. Hatten bisher der Krieg und die Handhabung der Kriegskunst den Anlaß zu scharfer Kritik geliefert, so wurde nun Friedrichs Regentschaft insgesamt dem Tadel unterworfen, und erst recht wurde Friedrichs Steckenpferd, sein Traum, auch für einen großen homme de lettres und Philosophen gehalten zu werden, nicht geschont. In diesem Ehrgeiz nämlich stand Heinrich seinem Bruder sowenig nach wie in dem militärischen.

Wir besitzen Briefe Heinrichs an Melchior Grimm, den in Paris lebenden Redakteur der «Correspondence littéraire, philosophique et critique», die damals von den meisten Höfen bezogen wurde. In diesen Briefen wünschte sich Prinz Heinrich – man schrieb inzwischen das Jahr 1779 – einen Historiker gegenwärtiger Verhältnisse und lebender Personen, der das leiste, was Denis Diderot soeben mit seiner fünfhundert Seiten umfassenden Lebensbeschreibung Senecas, des Erziehers des Kaisers Nero, vollbracht habe. Ein Philosoph werde gebraucht, der der falschen Tugend die Maske abreiße, der das falsche Gemeinwohl demaskiere, die Erpressungen und den Raub, die Verfolgungen der Männer, die am besten gedient hätten, deren Verdienste aber der Souverän sich zueigne, während er ihre wahren Urheber verberge; der den falschen literarischen Eifer aufdecke, den fehlenden Einsatz für die Bildung der Völker, den Neid auf Männer von Verdienst; der die falsche, dem Heros zugeschriebene Geschichte und die wahrhaftige Geschichte des Mannes, der hinter dem Heros stecke, unterscheide; der seine Unmenschlichkeit und seine Härte anprangere, seine Furcht vor den Männern des Worts, und der zeige, wie wenig er sich aus ihnen mache.

In seinem Brief vom 10. Januar 1779 wählte Heinrich noch die durchsichtige Figur, alle diese Verhältnisse ins exotische Japan zu verlegen. Grimm, der die Anspielungen auf Anhieb verstand, antwortete am 21. März: «Es ist sehr schade, Monseigneur, daß es keine Sicherheit noch Fertigkeit gibt, über Japan zu schreiben, selbst dann, wenn man Nachrichten von dort erhält. Man muß alles herunterschlucken, ohne Hoffnung, sich das Herz zu erleichtern, ohne selbst es zu versuchen, kann man keiner grausameren Prüfung ausgesetzt sein.»

In einem weiteren Schreiben vom 24. Mai gab Heinrich die Tarnung auf und klagte, er habe seit 39 Jahren – so lange regierte Friedrich der Große schon – die Ungerechtigkeit ertragen und mit ansehen müssen, daß Treu und Glauben, Ehre und Gerechtigkeit an die zweite Stelle gerückt worden seien, während Betrug, böser Wille, Hochstapelei und alle Laster zusammen soviel Unglück und soviel Unglückliche geschaffen hätten, daß alle bezahlten Lobredner nicht ausreichten, die Wahrheit zuzudecken; sie werde eines Tages die Finsternis durchbrechen. Trotz des Bedürfnisses, frei zu sprechen, könne er aber nicht in die Einzelheiten gehen, die sein Vaterland beträfen. Er sei zum Schweigen gezwungen. «Sie sagen sehr gut, daß man über Japan und in Japan nicht frei schreiben kann.»

EIN KÖNIG IN RESERVE

Es klingt hart, aber es ist unbestreitbar: Prinz Heinrich wünschte seinen Bruder, den König, aus dem Weg. «Hätte es doch Gott gefallen», hatte er schon im Siebenjährigen Krieg an Ferdinand geschrieben, «daß unsere verstorbene Mutter am 24. Januar 1712 [dem Geburtstag Friedrichs] eine Fehlgeburt gehabt hätte!» Seit dem Tod August Wilhelms war Heinrich eindeutig Nummer zwei im Königreich und damit der Macht noch näher gekommen. Er war sehr bedacht darauf, zu glänzen und Zustimmung zu ernten, so daß man ohne Zweifel sagen kann: Er hätte auch gern regiert.

Die strenge Handhabung der Primogeniturerbfolge, die auch Heinrich nicht in Frage stellte, sorgte dafür, daß auch das weitere Aufrücken zur Macht ihm keine Aussicht bot, jemals selbst König zu werden. August Wilhelm nämlich hatte zwei Söhne hinterlassen, und auf sie war die Thronfolge übergegangen. Den älteren der beiden, Friedrich Wilhelm, schätzte Friedrich überhaupt nicht; der jüngere, Heinrich mit Namen, war ihm um so lieber und wäre wohl auch sein Wunschkandidat gewesen, starb aber schon 1767.

Friedrichs Urteile über seinen Neffen Friedrich Wilhelm sind vernichtend und verdienen es, zitiert zu werden. Der neue Thronfolger sei «das schwerfälligste Tier, das Sie sich vorstellen können. Er hat nichts, weder von der Gestalt noch vom Geist seines Vaters; linkisch in allem, was er tut, ungehobelt, starrköpfig, launenhaft, ein Wüstling, verdorben in seinen Sitten, töricht und widerwärtig, das ist er, nach der Natur gemalt. Er macht mir hundertfachen Kummer und verbreitet Bitterkeit über meine alten Tage.» Natürlich wurde an der Thronfolge nichts geändert.

Friedrichs Sorgen aber, das Land könne unter einem solchen

König Schaden leiden, ließen ihn nicht ruhen. Sie führten schon früh zu der Idee, dem Erben den Prinzen Heinrich an die Seite zu stellen, zunächst, bis zu dessen Volljährigkeit, als Vormund und hoffentlich später als Aufpasser und Mitregenten. Auf diese Weise erfuhr der Prinz von seiten des Königs eine Aufwertung, die er ihm mit zahllosen abfälligen Bemerkungen und wiederholten Schmollphasen freilich schlecht gedankt hat. Die erste Bestimmung, in der Prinz Heinrich zum Vormund der Neffen eingesetzt wird, traf Friedrich schon 1756, bezogen auf den unwahrscheinlichen Fall, daß er selbst und August Wilhelm in den Feldzügen des anhebenden Siebenjährigen Krieges ums Leben kommen sollten. August Wilhelm hat in seinem Testament dasselbe verfügt.

Nach dem frühen Tod des Prinzen August Wilhelm hat Friedrich dann in der einfachen Form eines Briefes, den er am 10. August 1758 an Heinrich schrieb, noch einmal klargestellt: «Morgen marschiere ich gegen die Russen. Da das Kriegsglück alle möglichen Zufälle hervorbringen kann und es leicht geschehen kann, daß ich getötet werde, habe ich es für meine Pflicht gehalten, Sie erschöpfend über meine Pläne zu unterrichten, um so mehr als Sie der Vormund unseres Neffen mit unbeschränkter Autorität sind. 1. Wenn ich getötet werde, müssen alle Armeen sofort den Treueid auf meinen Neffen schwören. 2. Man muß weiterhin so energisch handeln, daß der Feind den Wechsel im Oberbefehl nicht bemerkt.»

Während einer Ruhepause des Krieges im kurfürstlichen Schloß von Dresden hat Friedrich im November 1757 die «Tutelar-Disposition» vom August 1756 auf den neuesten Stand gebracht und darin Prinz Heinrich für den Fall seines Ablebens zum Regenten, Vormund des Prinzen von Preußen (diesen Titel führte der Thronfolger), Oberbefehlshaber und «Haupt aller Staatskollegien» während dessen Minderjährigkeit bestimmt. In den schwarzen Tagen nach der Schlacht von Kunersdorf hat er am 14. August 1759 gegenüber General Finck sogar den Prinzen Heinrich zum Generalissimus ernannt und angeordnet, daß die Armee dem Prinzen von Preußen Friedrich Wilhelm den Treueid leisten solle. Es war in den Tagen, da der König, ähnlich wie nach Hochkirch 1758, seinen Tod herbeiwünschte. So kann man

Es läßt sich ohne Übertreibung sagen, daß Friedrich der Große ohne seinen Bruder Heinrich nicht als Heldenkönig in die Geschichte eingegangen, sondern Preußens Griff nach den Sternen schon im Siebenjährigen Krieg gescheitert wäre. Während der immer tiefer in Einsamkeit versinkende Friedrich den Bruder umwarb, wünschte dieser den König aus dem Weg, weil er wohl selbst gern regiert hätte. Gemälde von Anton Graff.

in seiner Anordnung an General Finck eine letztwillige Verfügung erblicken, obwohl er Finck gegenüber vorschützte, daß er lediglich ernstlich krank sei. Schon am 16. August hat Friedrich den Oberbefehl wieder selbst an sich gezogen, und am 1. September war die Krise überstanden, weil sein russischer Gegner Tschernyschew es unterlassen hatte, den Sieg auszunutzen. An Heinrich schrieb der König: «Ich (...) verkünde Ihnen das Mirakel des Hauses Brandenburg: in der Zeit, da der Feind nach dem Übergang über die Oder durch das Wagnis einer zweiten Schlacht den Krieg beendigen konnte, ist er von Müllrose nach Lieberose marschiert.»

Diese Dispositionen waren insoweit nicht problematisch, als hier für einen Thronfolger im Stadium der Minderjährigkeit Sorge zu treffen war. Doch suchte Friedrich den Einfluß seines Bruders auch dann noch zu sichern, als der Thronfolger längst erwachsen und seinerseits bereits wieder mit einem Sohn, dem späteren Friedrich Wilhelm III., gesegnet war. Das zeigte sich 1776 – der Thronfolger war mittlerweile 31 Jahre alt –, als Friedrich von einem schweren Gichtanfall heimgesucht wurde. Todesahnungen sind von Friedrich mindestens seit 1752, dem Jahr seines ersten Politischen Testaments, überliefert. Während der Krankheit des Jahres 1776 zeigte sich Friedrich überzeugt, daß die Österreicher nur auf seinen Tod warteten, um ein Preußen, das nicht mehr von einem starken Willen gelenkt war, überfallen zu können. Alle Opfer des Siebenjährigen Krieges würden nutzlos gewesen sein. Für diesen Fall gedachte Friedrich Vorsorge zu treffen.

Am 10. Februar 1776 schrieb er an Heinrich: «Ich werde im Blick auf die Interessen des Staates nicht ruhig sterben, wenn ich Sie nicht irgendwie als Vormund eingesetzt sehe. Ich betrachte Sie als den einzigen Menschen, der den Ruhm des Hauses aufrechterhalten und in jeder Hinsicht die Stütze und der Tragpfeiler unseres gemeinsamen Vaterlandes werden kann.»

Am 18. Februar hieß es: «Was mich angeht, so würde ich, nachdem (...) ich mein ganzes Leben dem Staat gewidmet habe, einen unverzeihlichen Fehler begehen, mein lieber Bruder, wenn ich nicht, soweit es in meiner Macht steht, versuchen würde, nun zwar nicht nach meinem Tode noch zu regieren, aber doch dafür zu sorgen, daß eine Persönlichkeit Ihrer Einsicht an der Regierung teilhat, so daß Sie durch Ihren guten Rat und Sachverstand die Nachlässigkeit, Dummheit und Schwachheit eines Wesens wettmachen, das unfähig ist, sich selbst zu regieren, geschweige denn andere.»

Im September: «Großer Gott, was soll daraus werden, wenn der gute Vater im Himmel Sie nicht bei Leben und Gesundheit bewahrt! Sie, mein lieber Bruder, werden wie der Schild Minervas sein, der Räuber in Steine verwandelte, als sie Narren angreifen wollten.» Das «Exposé du gouvernement Prussien», das Friedrich im selben Jahr angefertigt hat und das man den politischen Testamenten zur Seite stellen kann, war für Prinz Heinrich, nicht aber für den Thronfolger geschrieben.

Friedrich, der im Siebenjährigen Krieg zwar manche schroffe Äußerung gegen Heinrich getan hat, dem aber ein offenes Unrecht an diesem Bruder nicht nachgesagt werden kann, umwirbt Heinrich geradezu. Der Kontrast zwischen seinen Freundschaftsversicherungen und Heinrichs gegenüber Dritten lancierten giftigen Äußerungen könnte kaum größer ausfallen. 1776 lesen wir: «Der Gichtanfall, unter dem ich gelitten habe, hat mich verlassen (...) Allein Ihre Freundschaft würde mich geheilt haben, mein lieber Bruder, ohne jede Medizin.» Oder: «Überzeugt von Ihrer Freundschaft zu mir habe ich mein Herz über diese Angelegenheit ausgeschüttet, über die ich schon lange Zeit nachgedacht habe. Ich danke Ihnen tausendmal für das Vergnügen, das Sie mir dadurch gemacht haben, daß Sie bereit sind, mir meinen Wunsch zu erfüllen; und wenn der Himmel durch unsere Gebete bewegt werden könnte, so würde ich darum bitten, daß er seinen reichsten Segen auf Sie ausgießen möge.»

In der Tat: Friedrich hat seinen Bruder umworben, nicht umgekehrt. Das unendliche Gefühl der Einsamkeit, in dem Friedrich gelebt haben muß und das ihm eine Frau nicht lindern konnte, hat ihn zu Heinrich getrieben. Mit dem Tod der Schwester Wilhelmine am Tag der Schlacht von Hochkirch, dem 14. Oktober 1758, hatte er die Person seines innigsten Vertrauens, zumindest was die Familie angeht, verloren. Von dem Prinzen Ferdinand trennte den König ein Altersunterschied von achtzehn Jahren. Dieser Prinz hatte früh die Klugheit besessen, sich von seinem militärischen Kommando im Siebenjährigen Krieg zurückzuziehen und seitdem in jeder Hinsicht die Windstille gesucht, in der er getrost alt werden konnte. Als letzter der Brüder, längst zum Fossil einer untergegangenen Zeit geworden, ist er im Jahr des Aufbruchs in den Befreiungskrieg gegen Napoleon, 1813, mit 83 Jahren gestorben.

Ein Thronanwärter, der nur halbwegs klug war, mußte sich Lenkungsabsichten, wie sie Friedrich und Heinrich 1776 verabredet hatten, widersetzen. Friedrich Wilhelm, der Prinz von Preußen, war in vieler Hinsicht schwach, und sein Hang zu den Frauen in Verbindung mit allerlei religiösen Ängsten und Schuldgefühlen ist von dem gegenaufklärerischen Orden der Rosenkreuzer weidlich ausgenutzt worden. Das hatte zur Folge, daß der künftige Friedrich Wilhelm II. zwar manipuliert wurde, aber nicht durch denjenigen, den der alte König dazu ausersehen hatte.

Als Friedrich ans Sterben kam, schaute die Welt voller Erwartung auf seinen Bruder. Die französische Regierung entsandte in der Person des jüngeren Grafen Mirabeau, des späteren Wortführers der Revolution, sogar einen geheimen Sondergesandten, der den Regierungswechsel verfolgen und die Möglichkeiten sondieren sollte, auf dem Weg über Heinrich die preußische Politik zu beeinflussen. Außer von Prinz Heinrich vermuteten Beobachter noch von einem zweiten Staatsmann, daß er gern Einfluß auf den Verlauf der preußischen Politik nehmen würde: Karl Wilhelm Ferdinand, dem Herzog von Braunschweig, der auch nach dem Regierungsantritt in seinem eigenen Land seinen Rang als preußischer General nicht aufgegeben hatte. Strebte dieser Fürst, den seine Zeitgenossen als den Inbegriff des wohltätigen Aufklärers unter den Herrschern rühmten, danach, selbst in Preußen Einfluß zu nehmen, so konnte er dem Prinzen Heinrich, der gern das gleiche Musterbild eines erleuchteten Herrschers abgegeben hätte, nicht gewogen sein.

Der Thronfolger hatte sich erkundigt, was man in Paris von

ihm denke. Als er eine Antwort bekam, deren Tenor lautete: «Man hält Sie für schwach, träge und von anderen gelenkt», stampfte er mit dem Fuß auf und sagte: «Ich habe allein gelitten, ich werde allein regieren.»

Prinz Heinrich erhielt die Nachricht vom Tod des alten Königs am Abend des 17. August 1786 durch ein eigenhändiges Schreiben Friedrich Wilhelms II. Schon am folgenden Tag suchte er den neuen König auf und blieb eineinhalb Stunden bei ihm. Mirabeau behauptet, bei dieser Gelegenheit sei Heinrich die Stellung Preußens zu den Hauptstädten Europas mit dem König durchgegangen. Am 21. August übersandte Heinrich dem König eine Denkschrift, der er den Entwurf eines Schreibens an Ludwig XVI. von Frankreich beigelegt hatte. Friedrich Wilhelm müsse sich vor den beiden mächtigen Feinden Rußland und Österreich in acht nehmen. Frankreich dagegen könne wie ein guter Vater über Preußens Sicherheit wachen.

Friedrich Wilhelm ist auf dieses Projekt nicht eingegangen, und schon am 26. August notierte Mirabeau, Prinz Heinrich werde gewiß den Prozeß um einige Domänenämter gewinnen, die ihm Friedrich der Große testamentarisch zugesprochen hatte, niemals aber den Prozeß der Regentschaft. Damit sollte er recht behalten: Die Beziehungen blieben höflich und respektvoll, aber Einfluß auf die auswärtige Politik erhielt Prinz Heinrich lange Zeit nicht. So hatte er Muße, noch einmal (er war bereits 1784 dort gewesen) nach Paris zu reisen. Von der Reformierbarkeit des später so genannten Ancien régime in Frankreich überzeugt, rechnete er damit, daß eine reformierte französische Monarchie ihre Machtstellung in Europa nur steigern werde.

Nachdem der König durch seinen den Rosenkreuzern angehörenden Generaladjutanten Hans Rudolf von Bischoffwerder und seine zusammen mit Österreich erlassene konterrevolutionäre Deklaration von Pillnitz in den Ersten Koalitionskrieg gegen das Frankreich der Girondisten und Jakobiner verwickelt worden war, schrieb Heinrich ihm zum Jahreswechsel 1792/93 die überaus deutlichen Worte: «Ich gestehe Ihnen, mein lieber Neffe, daß ich nichts anderes erblicke als die Erschöpfung der Finanzen, die Vernichtung eines guten Teils der Armee, und daß Sie weit entfernt davon sein werden, sich in der glücklichen Lage zu befinden, in der Sie vor dem Beginn dieses Krieges waren (...) Erinnern Sie sich, mein lieber Neffe, daß ich Ihr Freiwilliger sein wollte. Ich wußte sehr wohl, wem ich mich ausgesetzt hätte. Aber ich sah, daß Sie in Ihr Verderben liefen, und ich hätte eine Beschäftigung übernommen, die so tief unter denen stand, die ich gehabt habe, in der Hoffnung, Sie von dem Unheil zu retten, in das Sie hineingezogen worden sind.»

DER FOLGENLOSE SCHARFSINN

Die Briefe und Denkschriften aus der Zeit des Ersten Koalitionskriegs sind ein Ausweis des erstaunlichen Realismus und der großen analytischen Begabung, mit der Prinz Heinrich seit dem Tod des alten Königs jedermann im Königshaus überragte. Mit sicherem Gespür hatte Heinrich schon oft ins Schwarze getroffen, etwa als er im September 1758 voraussagte, der Krieg werde noch vier bis fünf Jahre dauern, während sein Bruder Friedrich meinte, nicht das laufende Jahr überstehen zu können. Der Krieg endete tatsächlich erst 1763. John Quincy Adams, der um 1800 als amerikanischer Gesandter in Berlin weilte, berichtete, er habe in Prinz Heinrich das am besten unterrichtete Mitglied der königlichen Familie angetroffen. Ein besonderer Ausweis dieser Klugheit war es in den Augen des amerikanischen Diplomaten, daß Heinrich auch über die USA mehr wußte als jeder andere.

Heinrichs negative Beurteilung der französischen Emigranten und ihrer Chance, die Revolution rückgängig zu machen – trotz dieser Einschätzung war er sich nicht zu schade, viele von ihnen an seinem Hof durchzufüttern –, gilt uns heute ebenso als Zeichen seines sicheren Urteils wie seine Einstellung zu den Umwälzungen in Frankreich überhaupt. Der Herzog von Braunschweig glaubte 1794 in Heinrich einen «Demokraten im königlichen Mantel» zu erblicken, denn nicht einmal die Schreckensherrschaft von 1793/94 hatte in Heinrich den Gedanken aufkommen lassen, die Republik sei diskreditiert. Als er 1795 prophezeite, frühestens in zwanzig Jahren werde sich die Monarchie in Frankreich wiederherstellen lassen, bewies er geradezu hellseherische Qualitäten: Erst 1815 gelang es der Restauration, der legitimen Monarchie in Frankreich wenigstens eine gewisse Dauer zu verleihen, und zwar auf konstitutioneller Basis, ganz wie es der Prinz vorausgesagt hatte.

Andererseits lassen seine Schreiben an den König Friedrich Wilhelm II. eben auch Heinrichs Schwächen erkennen, die in seiner Eitelkeit, seinem Stolz, seiner Ichbezogenheit begründet lagen. Alles rechnete er sich als Verdienst zu, und für seine Verdienste und richtigen Ansichten wollte er pausenlos gelobt werden. Der österreichische Gesandte, Fürst Reuß, wies in seinen Berichten nach Wien darauf hin, «wie gern dieser Herr perorieren sich selbst hört und wie ein hie und da geäußertes Zeichen der Verehrung seiner Einsichten den Fluß der Rede befördert». Es waren diese Schwächen, die Mirabeau zu der vernichtenden Formulierung veranlaßten: «Er ist eines dieser allzu häufigen Beispiele dafür, daß ein kleiner Charakter die größten Qualitäten zu töten vermag.»

Es war in Wahrheit zum Beispiel nicht das Verdienst des Prinzen Heinrich, daß Preußen vorzeitig aus der Koalition gegen Frankreich austrat und am 5. April 1795 den Sonderfrieden von Basel schloß. Der Entschluß, die Friedensverhandlungen aufzunehmen, stand fest, bevor Heinrich seine erste große Denkschrift vom 29. Oktober 1794 dem König unterbreitete; Anhänger einer Beendigung des Krieges gab es auch im Oberkommando der am Rhein mit wechselndem Geschick gegen die Franzosen kämpfenden Armee. Dennoch bildet der Winter 1794 / 95 denjenigen Abschnitt im Leben des Prinzen, in dem sein Rat in politicis am häufigsten gesucht wurde.

Demokratische Tendenzen meldeten sich in jenen Jahren auch im Osten, in Polen nämlich, wo der Freiheitskämpfer Tadeusz Kosciuszko versuchte, mit Hilfe eines Volksaufstands die Auslieferung seines Landes an die Teilungsmächte zu verhindern. Auch dagegen richtete sich eine preußische Intervention, und auch diese Intervention stieß auf die Ablehnung des Prinzen Heinrich, der zwanzig Jahre zuvor, bei der ersten Teilung, keine Skrupel gehabt hatte, zum beiderseitigen Vorteil ein Zusammenwirken mit Rußland einzufädeln. Aus dem Feldzug, der schließlich mit Hilfe der Russen zur Auslöschung des polnischen Nationalstaats führte, kehrte Friedrich Wilhelm II. mit angeschlagener Gesundheit zurück. Im November 1797 starb er, erst 53 Jahre alt.

Wieder mußte Prinz Heinrich einen neuen Thronfolger beglückwünschen, erneut sich die Frage untersagen, ob er selbst nicht der bessere Kandidat wäre. Statt dessen unternahm er einen weiteren Anlauf, um Einfluß zu üben. In Briefen und Denkschriften suchte er dem siebenundzwanzigjährigen Friedrich Wilhelm III. die Augen zu öffnen über die Mißwirtschaft, die seiner Ansicht nach durch den jetzt verstorbenen König getrieben worden sei. Das Königreich befinde sich leider nicht mehr in dem glücklichen Zustand, in dem es bei den Thronwechseln von 1740 und 1786 gewesen sei. Geld sei verschwendet worden oder in dunklen Kanälen versickert, Günstlinge hätten sich königliche Pensionen verschafft oder im eroberten Polen Ländereien an sich gerissen. Eine gründliche Revision der Haushaltsführung sei unumgänglich.

Daß Prinz Heinrich auch unter dem neuen Regime keinen Einfluß mehr gewinnen konnte, bezeugt kein Geringerer als der Abbé Sieyès, der 1798 als neuer französischer Gesandter in Berlin eintraf. Heinrichs Ansichten ließen ihn leicht als einen Franzosen erscheinen, leider aber sei er in den Geschäften bedeutungslos («il est nul»). 1800 bezeichnete der Nachfolger des Abbés, General Beurnonville, die Reisen des Prinzen Heinrich von seinem Wohnsitz Rheinsberg nach Berlin als einen «jährlichen Tribut», den dieser den Überresten seines Ehrgeizes bringe, der unfruchtbar bleibe, aber immer noch weiter bestehe.

Heinrich indessen ließ noch immer Gesinnungen erkennen, die man als Glanzpunkte aufklärerischer Fürstenkritik bezeichnen könnte, etwa wenn er im Jahre 1799 Friedrich Wilhelm III. dazu ermunterte, auch weiterhin der neuen Koalition gegen Frankreich fernzubleiben, und das damit begründete, daß die Friedfertigkeit des jungen Preußenherrschers in seinen Augen den leeren

Ruhm Ludwigs XIV. und seiner Gesinnungsgenossen übertreffe. Diese «haben sich einen Namen machen wollen auf Kosten des Bluts ihrer Untertanen, sie haben versucht, in den Annalen der Geschichte zu erscheinen, ohne zu bedenken, daß die Zeit alle Wahrheiten ans Licht bringt, daß mehrere dieser Heroen durch ihre Eroberungen das Elend und die Ströme von Blut, die sie auf die Erde vergossen haben, um sie zu erwerben, nicht haben wettmachen können». Das klingt gut, aber es sind eben die Worte eines Mannes, der von der Macht ferngehalten wird. Wäre er zur Regierung gekommen, so hätte sich das Doppelgesicht des aufgeklärten Absolutismus bei Heinrich nicht anders gezeigt als bei seinem ältesten Bruder, dessen «Antimachiavell» erschien, als er Schlesien überfiel.

Hin und her gerissen zwischen Resignation und nagendem Ehrgeiz, hielt Prinz Heinrich weiterhin seinen französischen Hof, eine Persönlichkeit, der man einen Besuch nicht verweigern konnte, und doch ein Kuriosum. Zu diesem Zeitpunkt erschien er bereits als ein Denkmal des Ancien régime; so wie er sich kleidete, lief in seinem geliebten Frankreich keiner mehr herum. Ein Adjutant Friedrich Wilhelms III. hat berichtet: «Kein Mensch konnte ahnen, daß dies der Bruder des großen Friedrichs, der Sieger bei Freiberg, der Heerführer war, von dem der König gesagt hat: er sei der einzige Feldherr, der im ganzen Kriege nie einen Fehler gemacht habe (...) Seitdem er in den letzten Jahren der Achtziger in Paris gewesen, hatte er sich ganz französiert. So affektierte er, nicht recht Deutsch zu können, und es wurde beinahe immer Französisch gesprochen. Sein Anzug war Französisch von den achtziger Jahren her, im Sommer in Seide und Atlas, im Winter in gesticktem oder mit Borden besetztem Tuch, stets in seidenen Hosen und Strümpfen und in Schuhen mit großen Schnallen. Ein Paar ungeheure Uhrketten hingen vorn herunter, dazu eine geblümte seidene Weste, große Brillantringe an den Fingern, ein Stock mit goldenem Knopfe und einem langen seidenen Stockbande daran, ein dreieckiger, kleiner Hut mit einer Stahl- oder bei Galatagen mit einer Brillantagraffe, in der Hand eine goldene Tabatiere und eine Art Opernglas in der Tasche, eine gepuderte Perücke mit Locken und einem kleinen Zopf, des Morgens wohl auch mit einem Cadogan, der das eigene Haar nachahmte, und, was sich von selbst versteht, große Jabots und Manschetten.»

Seine Zuneigung wandte der alte Prinz zuletzt weniger dem regierenden König als vielmehr einem Neffen zu, dem ältesten Sohn des Bruders Ferdinand, der, um ihn von einem anderen Ludwig zu unterscheiden, immer «Louis Ferdinand» genannt wurde. In der Art, wie die Talente und der Ehrgeiz dieses Prinzen von Geblüt durch das Primogeniturerbrecht gebremst und verkümmert wurden, mochte Heinrich wohl sein eigenes Schicksal wiedererkennen. Denn Louis Ferdinand verachtete den regierenden König Friedrich Wilhelm III., der nur zwei Jahre älter war als er, er nannte ihn beschränkt und neidete ihm seine Frau, die bewunderte Königin Luise. Diesen Prinzen setzte Heinrich zu seinem Erben ein und vermachte ihm insbesondere Schloß Rheinsberg.

An Louis Ferdinand hat Heinrich einen seiner letzten Briefe geschrieben: «Es scheint mir, daß das Leben des Menschen ist wie ein Ball, der von einer Hand in die andere wandert und der, nach langer Unruhe, in den Schmutz fällt. In diesem Augenblick wird jede Wirkung, die er gehabt hat oder geglaubt hat zu haben, zerstört und kehrt zu den Elementen zurück, aus denen sich die belebten Wesen wie die unbelebten zusammensetzen. Wenn mein Ball vermocht hat, Ihre Aufmerksamkeit auf sich zu ziehen, und wenn er auf Ihre Freundschaft Eindruck gemacht hat, dann ist das für mich die angenehmste Entschädigung für die beständige Unruhe, in der ich gelebt habe.»

Am 5. August 1802 ist Prinz Heinrich von Preußen im Alter von 76 Jahren in Rheinsberg gestorben.

August Wilhelm
und Friedrich Schlegel
von Werner Ross

Das gespaltene Genie

M ein Gott, was für ein Genie hätte daraus werden können!»
sagte ein alter Studienfreund, als ich ihm von meinem Interesse an den Brüdern Schlegel erzählte, «was für ein Genie,
wenn man nur die Gene von beiden zusammengeschmissen hätte.» Ich weiß nicht, ob man Gene zusammenschmeißen kann,
aber ich mußte dem alten Freund recht geben: Wilhelms Form-
gefühl und Friedrichs große Ideen, Wilhelms Korrektheit und
Friedrichs Kombinationsgabe, Wilhelms praktischer Verstand und
Friedrichs Phantasie, in einer Person vereinigt, hätten die Gegner
zum Schweigen verurteilt, hätten den mühsamen Marsch der beiden in einen Siegeszug verwandeln können. Oder aber: sie hätten
in ihrer Gegensätzlichkeit die fiktive Person Friedrich Wilhelm in
die Luft gesprengt.

Zunächst führten die Anlagen, auf zwei Personen verteilt, zu
exemplarischer Zusammenarbeit, auch zu einer Arbeitsintensität
und planenden Initiative, wie sie ein einzelner kaum hätte bewältigen können. Ich denke an die Großtat der beiden: die Begründung der Romantischen Schule, einer Stilbewegung und Weltanschauung, die sich in den folgenden Jahrzehnten über ganz
Europa und Nordamerika ausbreitete, so wie im 18.Jahrhundert
die Aufklärung, dieser erste gewaltige Lernprozeß, der die Religion als Aberglauben entlarven wollte und ihr am Ende zumindest die alte Herrscherposition nachhaltig streitig machte.

Das letzte Jahrzehnt des Jahrhunderts war das, in dem sowohl
umgestürzt wie umgedacht wurde: das zweite als Ursache und

Folge des ersten. 1789 war die Französische Revolution ausgebrochen, 1793 hatte sie sich zur *terreur*, zur Schreckensherrschaft, gesteigert und sich damit in gewissem Sinne selbst widerlegt, 1795 wurde die Revolution durch das *Directoire* gebremst und in bürgerliche Verhältnisse zurückgeführt. 1796 begann Bonaparte seinen Siegeszug nach Italien, 1797, im Frieden von Campoformio, ging Frankreich als Sieger aus den Koalitionskriegen hervor.

Die Brüder Schlegel erlebten den Umsturz als junge Leute mit: August Wilhelm war 1767 geboren, als vierter Sohn eines Pastors und Dichters; Friedrich war fünf Jahre jünger und der fünfte Sohn – es wimmelte im Hause Schlegel von weiteren Geschwistern. Wilhelm war zwei Jahre älter als Napoleon, Friedrich drei Jahre jünger. Im Oktober 1791 gerade war die Nationalversammlung in Paris zusammengetreten, das erste legale Organ der Revolution – schrieb Friedrich, der ordnungsmäßig in Göttingen Jura studierte, dem älteren Bruder, der schon munter publizierte: «Du fragst mich, ob ich nicht Lust zur Schriftstellerei bekäme? – Allerdings habe ich sehr viele Pläne dazu, und ich glaube, ich werde die meisten ausführen; nicht sowohl aus Liebe zum Werke als aus einem Triebe, der mich von früh an schon besessen, dem verzehrenden Triebe nach Tätigkeit, oder wie ich ihn noch lieber nennen möchte, die Sehnsucht nach dem Unendlichen. Es versteht sich, daß Dir alles mitgeteilt wird, auch unreife Pläne. Das erste, was ich ausführen werde, ist eine Allegorie, und dann ein Gespräch über die Poesie.»

Ein höchst merkwürdiges Bekenntnis, das nur zu verstehen ist, wenn man im Hintergrund die Fanfaren der Revolution hört. Der Verfasser des Briefes, noch nicht lange neunzehn Jahre alt, will nicht etwas Bestimmtes, zum Beispiel von der Juristerei zur Dichtung überschwenken, sondern hat «Sehnsucht nach dem Unendlichen», getrieben nicht von einer bestimmten Lust oder einem bestimmten Ziel, sondern von «einem verzehrenden Triebe nach Tätigkeit». Das ist das Signum der neuen Zeit: Alles ist möglich, alle Karrieren stehen offen, alle Entdeckungen sind noch zu machen. Aber wie fängt man es an? Wo der Wunsch zu brennend, die Möglichkeiten zu bescheiden waren, entstand, was man Weltschmerz nannte.

Friedrich Schlegel trägt beides im Busen: einen gewaltigen, manchmal fiebrigen Arbeitseifer und das plötzliche Erlahmen und Ermatten, das ihm den Ruf eines Faulenzers und Genießers einträgt.

Was Wilhelm, der schon Erwachsene, trieb, wirkt gegen Friedrichs zukunftssüchtige Zerrissenheit auf den ersten Blick fast bieder. Er studierte zunächst einmal gründlich und bei einem guten, wenn auch trockenen Professor klassische Philologie und ging dann in die Lehre bei einem genialisch verbitterten Dichter jener Epoche, die man bald halb scherzend «Sturm und Drang» nannte, bei Gottfried August Bürger. Auch Bürgers Sehnsucht war verzehrend wie die Friedrich Schlegels, aber er wußte genau, wohin sie zielte: immer auf eine Frau, selbst wenn es die tote Molly war, der er «voll Drang und Zwang, mit immer gleich heißer, dürstender, verzehrender Sehnsucht nachseufzte».

Bürger, so wollte es sein Geschick, kam nie auf einen grünen Zweig, aber er beherrschte das Musenhandwerk und war stolz, in dem Studenten Wilhelm Schlegel einen Nachfolger zu finden. «Kraft der Zweige, die mein Haupt umwinden» (das war der Lorbeer, der leider nichts einbrachte), konnte er dem Jünger weissagen:

Junger Aar! Dein königlicher Flug
Wird den Druck der Wolken überwinden,
Wird die Bahn zum Sonnentempel finden,
Oder Phöbus' Wort ist in mir Trug.

Das schmeichelte, und der junge Aar wagte sich mit seinem Dichtervater gleich an Höchstes: an Shakespeares «Sommernachtstraum» und an Dantes «Göttliche Komödie». Er übersetzte mit Bürger um die Wette und überflügelte ihn im Handumdrehen. Sein Dante-Aufsatz, in einer von Bürger eben gegründeten neuen Zeitschrift erschienen, machte Furore. Das Große, das der Bruder in der eigenen Brust suchte, fand Wilhelm bei den großen Dichtern älterer Zeiten. Damit blieb er sein Leben lang zufrieden, ein Philologe, nämlich Wortliebhaber, im schönsten und auch im beschränkenden Sinne.

August Wilhelm Schlegel, Gemälde von Tischbein, 1793. Ordentlich und systematisch, tüchtig und einnehmend, talentiert und höflich, blieb August Wilhelm doch immer, und weit über seinen Tod hinaus, im Schatten des jüngeren Bruders.

Bürger war für Wilhelm Schlegel nicht das letzte Wort. Der kränkelte vor sich hin, bewarb sich vergeblich um eine Professur, bekam hundert Taler gnadenhalber zugeworfen, und als 1789, im Jahr des Revolutionsausbruchs, seine Gedichte erschienen, vor allem die heftigen Liebeslieder auf Molly, fanden sie in einem schon berühmten jüngeren Dichter, Friedrich Schiller, einen gnadenlosen Richter. Schiller vermißte bei Bürger, dem armen Teufel und leidenschaftlichen Liebhaber, «den milden, sich immer gleichen, immer hellen, männlichen Geist, der, eingeweiht in die Mysterien des Schönen, Edlen und Wahren, zu dem Volke bildend herniedersteigt, aber auch in der vertrautesten Gemeinschaft mit demselben nie seine himmlische Abkunft verleugnet». Schiller setzte auf Edelmut und Idealismus, Bürger blieb Plebejer.

Schon bei Bürger konnte Wilhelm – und mit ihm Friedrich – erleben, was es mit dem literarischen Erfolg und Mißerfolg auf sich hat. Er wurde brutal eingeführt in das, was milde «literarisches Leben», besser «Literaturbetrieb» genannt wird, in die Rivalitäten der Autoren also, und sein Vorbild Bürger war der, der die Zeche zahlen mußte.

Wilhelm hingegen, ein talentierter und höflicher junger Mann, wurde Schillers Protegé. Gleich im dritten Heft der 1795 von Schiller gegründeten Zeitschrift «Die Horen» fand er sich mit einer Einführung in «Dantes Hölle» gedruckt, und er sah sich aufgenommen in den Kreis der Großen. Wilhelm war der Tüchtige, auf den man gewartet hatte. Mit einem Sprung war er drin. Die «Allgemeine Literatur Zeitung», das Intelligenzblatt schlechthin, nahm ihn als Rezensenten an und ließ ihn viele Seiten füllen, dreihundert Rezensionen in zwei Jahren.

Friedrich, der jüngere und frechere, wagte sich hingegen an Schillers «Würde der Frauen» im Musenalmanach von 1795 und fand sie komisch. In den «Xenien» genannten Spottgedichten, die Goethe und Schiller ein Jahr später gemeinsam gegen alles literarische Gelichter rundum veröffentlichten, bekam auch Friedrich sein Teil ab. Immerhin gestanden die beiden Meister ihm zu, daß ihm nicht viel zur Größe fehle; einen einzigen Fehler habe er: «daß du verrückt phantasierst». Auf diese Attacke hin, so Friedrich in einem Brief an Gottfried Körner, sei er zu Schiller gegangen,

«um ihm anschaulich zu beweisen», daß ihm die Kritik nicht zuge-
setzt habe, «denn ich habe eine ziemlich dicke Haut, und darunter
ein vielleicht ehrliches, aber leichtsinniges Herz». Im übrigen sei es
keine besondere Ehre mehr, bei den «Horen» mitzuwirken, da
«die Schofelanten so mit hellen Haufen zugelassen sind».

Nun war es aber damals so: die Zeitschriften beherrschten die
Szene, das Rezensionswesen blühte, und wer hier etwas zu sagen
hatte, war so wichtig wie heute ein Literaturpapst. Was lag also
näher, als selbst auf die Kommandobrücke zu steigen und eine
Zeitschrift zu gründen: in dem günstigen Augenblick, wo Schillers «Horen» den Geist aufgaben. Und da rechnete Friedrich wie
selbstverständlich mit dem besten natürlichen Bundesgenossen,
mit August Wilhelm. Am 31. Oktober 1797 schrieb er dem Bruder in einem neun Seiten langen Brief: «Die Hauptsache aber ist,
daß jetzt ein großer Plan Tag und Nacht meine Gedanken absor-
biert. Mir hat es lange Zeit geschienen, unser gemeinschaftliches
Journal anzufangen (...) Nämlich ein Journal von uns beiden
nicht bloß editiert, sondern ganz allein geschrieben, ohne alle regelmäßigen Mitarbeiter.»

Ein neues Gemeinschaftsgefühl, eine Philosophie der Liebe,
schwebte ihm ohnehin vor. Das war jenem zu Bruch gegangenen
Ideal entgegenzusetzen, das die Französische Revolution auf ihre
Fahne geschrieben und auf der Guillotine gräßlich ad absurdum
geführt hatte: *fraternité*, Brüderlichkeit. Schon 1793 hatte Friedrich dem Bruder «eine vereinigte Entwicklung unserer Gedanken» in Form von Briefen oder Gesprächen vorgeschlagen, aber
nun erst begann dieses Projekt Konturen anzunehmen. Anfang
Dezember 1797 schrieb er: «Was mich besonders dabei interessieren würde, wäre die Symphilosophie, *to synkritizein*. Erstlich an
sich ist es jetzt eine Lieblingsidee von mir; dann mit Dir (...)
Durch Einheit des Stoffs kann ein Journal wohl eine gewisse Einheit erreichen, aber es wird dadurch auch sicher monoton und –
wenn es nicht ein Brotfach betrifft – uninteressant (...) Einheit
des Geistes würde ein Journal zu einem Phönix seiner Art machen. Sie ist aber gewiß sehr möglich, wo die Herausgeber auch
die Verfasser sind, und wo die Herausgeber leiblich und geistlich
Brüder sind (...) Es ist meine schönste Hoffnung bei diesem Un-

ternehmen, unseren Geist dadurch in recht innige Verbindung zu setzen.»

Es war ein mystischer Begriff der «Verbrüderung», den Friedrich entwarf und den Wilhelm sich gern zu eigen machte. Der war väterlich und fürsorglich dem Jüngeren gegenüber und mußte sich gleichzeitig bewußt werden, daß sich im Bruder etwas rührte, dem er selbst nichts Vergleichbares entgegenzusetzen hatte.

Ein Wort wie «Symphilosophie» hätte Wilhelm nie erfinden können. Friedrich hatte längst, ehe die Arbeit an der gemeinsamen Zeitschrift begann, viele Hefte mit Fragmenten und Reflexionen gefüllt. Er konnte Sätze formulieren wie «Wir sind nur ein Stück von uns selbst», und er sah voraus, daß eine neue Epoche der Wissenschaften und Künste beginnen würde, «wenn die Symphilosophie und die Sympoesie so allgemein und so innig würde, daß es nichts seltenes mehr wäre, wenn mehrere sich gegenseitig ergänzenden Naturen gemeinschaftliche Werke bildeten».

Jedenfalls war Friedrich unermüdlich darin, Wilhelm für das Große, wie er es verstand, zu begeistern, und prophezeite ihm, ausgerechnet ihm: «Dein *Selbst* wird der Gegenstand deiner Kunst sein.» Zwar gingen sie «von sehr verschiedenen Anschauungen und Begriffen aus; aber ich wüßte doch eigentlich nichts, dem ich mein *Gefühl* so ähnlich halten könnte und möchte, als dem Deinigen». Ja, sie sind aus einem Stamm und einem Stall: «Laß Dich umarmen! Du bist ein Schlegel – Schlegelikotatos!»

So malt er dem Bruder die Zukunft aus: «Denk Dir nur den unendlichen Vorteil, daß wir alles tun und lassen dürfen, nach unserem Gutdünken.» Die Aussichten seien günstig, «daß wir uns eine große Autorität in der Kritik machen, hinreichend, um nach 5 – 10 Jahren kritische Diktatoren Deutschlands zu sein». Das komme Wilhelm entgegen, denn dann könnte, neben der jetzt zu gründenden Zeitschrift, auch noch ein kritisches Journal entstehen. Dazu fehle es ihnen heute an Autorität und Konnexion; später, so darf man den Plan ergänzen, könnten sie die jetzigen Diktatoren, Goethe und Schiller, ablösen.

Bis dahin war es noch weit. Wilhelm war gerade, trotz seines Wohlverhaltens und seiner tadellosen Mitarbeit an den «Horen», ein Opfer des Zwistes zwischen Schiller und dem Bruder geworden. Schiller hatte die Beziehung zu ihm abgebrochen, ein Indiz dafür, wie sehr die Zeitgenossen schon in den Anfängen ihres Auftretens die Brüder als eine Einheit sahen, als ein Familienunternehmen, bei dem nicht der eine liefern konnte, wenn der andere in Mißkredit geraten war.

Wie auch immer, Wilhelm machte gute Miene zum bösen Spiel, denn alsbald wurde deutlich, daß Friedrich für die Zeitschrift zwar so etwas wie eine Bruderschaftsideologie entwickelt hatte, aber keineswegs gewillt war, sich strikt daran zu halten. In seinen langen Briefen vergaß er auf der dritten oder vierten Seite gern, was er auf der zweiten angekündigt hatte, und so las denn Wilhelm in dem großen Planungsbrief vom 31. Oktober 1797, daß es außer ihnen beiden zwar keinen *regelmäßigen* Mitarbeiter geben werde, daß sie aber «Meisterstücke der höheren Kritik und Polemik» aufspüren wollten, «wo sie zu finden wären». Ja, so ließ Friedrich sich weitertreiben, sie würden alles bringen, was sich durch «erhabene Frechheit» auszeichne. Was sollte der brave Wilhelm dazu sagen, der seit Jahren ordnungsmäßig verheiratet war, während der freche Friedrich mit einer Geliebten unter einem Dach lebte?

Friedrich wiederum war nicht so frech, mit dem ganzen Zeitalter zu brechen. Sein Instinkt sagte ihm, daß er den größten Zeitgenossen, Goethe, aussparen müsse. Es war ihm Ernst mit seiner Bewunderung für den Alten, der als einsamer Gipfel über das platte deutsche Land ragte (so sah es damals aus). Sich selber sah er ebenso kühn, auch und vor allem in seiner Stellungnahme gegen die plane Vernünftigkeit der deutschen Bürger, die an der Französischen Revolution kein gutes Haar lassen wollten.

Ihm fiel es leicht, als die beiden größten Ereignisse seines Zeitalters neben der Französischen Revolution zwei Bücher zu nennen, nämlich Fichtes «Wissenschaftslehre» und Goethes «Wilhelm Meister». Und er wagte zu behaupten, daß am Ende die *deutschen* Tendenzen, obwohl nur zwischen zwei Buchdeckel gepreßt, sich als die umwälzenderen erweisen würden. Vielleicht hätte er sich selbst gern als die «größte Tendenz» vorgestellt; weil das nicht gut ging, wählte er bewußt den anderen Feuerkopf und Umsturzphilosophen, Fichte, und den Altmeister Goethe als Bundesgenossen.

Friedrich Schlegel, Gemälde von Franz Gareis, 1798. Begeistert und begeisternd, auch den älteren Bruder immer wieder mitreißend, ein unermüdlicher Anreger voller Pläne, ein begnadeter Formulierer, vor allem aber der theoretische Kopf der Frühromantik, forderte Friedrich Schlegel alle und alles in die Schranken – nur einen ausgenommen: Goethe.

Das erste Heft der Zeitschrift, die sich den unverbindlich-gebildeten Namen «Athenäum» gab, erschien 1798. Sie lebte drei Jahre lang, wie Schillers «Horen», brachte es aber nur auf sechs Hefte. Die Brüder waren die Herausgeber, Friedrich besorgte die Verlagsarbeit und bereitete, nach sorgfältiger Abstimmung mit dem leicht verletzbaren Bruder, den Druck vor. Um ihre Sonderstellung deutlich zu machen, zeichneten die Brüder nur mit den Anfangsbuchstaben ihrer Vornamen. Der dritte im Bunde, der junge Friedrich von Hardenberg, erfand für seine Mitwirkung das Pseudonym Novalis. Auch der junge Theologe Friedrich Schleiermacher, in dessen Berliner Wohnung Friedrich mit seiner Dorothea eingezogen war, durfte mitwirken, machte aber nur mäßigen Gebrauch davon. Ludwig Tieck, obwohl aller Freund und als Dichter schon zu Ehren gekommen, blieb wegen fehlender Denkqualitäten ausgeschlossen. Dafür arbeiteten die beiden Frauen mit, die das Brüderpaar um zwei Schwägerinnen bereicherte – zwei Berühmtheiten auch sie, Dorothea und Caroline.

Dorothea war die Tochter des Aufklärungsphilosophen Moses Mendelssohn und hatte sich von dem Bankier Veit scheiden lassen, um als Geliebte zu dem mittellosen Friedrich zu ziehen.

Carolines Vater war nicht ganz so berühmt, aber immerhin doch ein namhafter Professor, und die Tochter war eines Tages, schon verwitwet, ausgerissen in das revolutionäre Mainz. Mainz wurde befreit und sie selbst als vermeintliche Revolutionärin in Königstein eingesperrt; dort ereignete sich, was August Wilhelms Biograph Bernhard von Brentano in den Satz gehüllt hat: «Auf einem Fest in Mainz hatte ihr ein junger französischer Offizier sehr gefallen; als sie in Königstein im Gefängnis saß, fühlte sie, daß sie Mutter werden würde.» In dieser Not fiel ihr August Wilhelm ein, der sie als Student verehrt, der ihr aber nicht so gefallen hatte wie der junge französische Offizier. Wilhelm half, wie er seinem Bruder, seiner Familie, seiner alten Freundin Sophie half und weiter helfen sollte. Er war gefällig, er war zu Diensten; Caroline heiratete ihn aus Dankbarkeit und wurde bald auch von Friedrich verehrt, mit der brüderlichen Zurückhaltung, die sich ziemte.

In Jena waren nun die jungen Leute zusammen, die in der Literaturgeschichte die Frühromantiker heißen, in einer Hausgemeinschaft, die ein bißchen an Wohngemeinschaften unserer Tage erinnert: Dorothea als geschiedene, noch nicht wiederverheiratete Frau im Erdgeschoß, August Wilhelm und Caroline im ersten Stock und Friedrich im Oberstübchen – alle Treppen hinuntereilend, wenn ihm eine Strophe gelungen war, und aufbrausend, wenn Dorothea nicht sofort kapierte und bewunderte.

Das Idyll war eine Hexenküche, in der das gravitätisch gewordene Deutschland Klopstocks, Wielands, Herders, Schillers wieder junggekocht wurde. Novalis schrieb 1799: «In Wissenschaften und Künsten wird man einer gewaltigen Gärung gewahr. Unendlich viel Geist wird entwickelt. Aus neuen, frischen Fundgruben wird gefördert. Nie waren die Wissenschaften in besseren Händen und erregten wenigstens größere Erwartungen; die verschiedensten Seiten der Gegenstände werden ausgespürt, nichts wird ungerüttelt, unbeurteilt, undurchsucht gelassen. Alles wird bearbeitet; die Schriftsteller werden eigentümlicher und gewaltiger, jedes alte Denkmal der Geschichte, jede Kunst, jede Wissenschaft findet Freunde und wird mit einer neuen Liebe umarmt und fruchtbar gemacht. Eine Vielseitigkeit ohnegleichen, eine wunderbare Tiefe, eine glänzende Politur, vielumfassende Kenntnisse und eine reiche, kräftige Phantasie findet man hie und da, und oft kühn gepaart. Eine gewaltige Ahndung der schöpferischen Willkür, der Grenzenlosigkeit, der unendlichen Mannigfaltigkeit, der heiligen Eigentümlichkeit und Allfähigkeit der inneren Menschheit scheint überall rege zu werden.»

Es lohnt sich, zum nahen Ende des Jahrhunderts eine erste Bilanz zu ziehen. Das Gespann Friedrich – August Wilhelm hatte nicht genug von dem Wunderwerk vollbracht, von dem Friedrich geträumt hatte. Das «Athenäum» hatte die «Horen» nicht ersetzen können. Das Brüderpaar hatte keine gute Mischung ergeben: Wenn Friedrich die Fülle seiner Gedanken nicht bändigen konnte, fiel August Wilhelm zuwenig Produktives ein. Er war bei Gelegenheit geistreich und witzig, aber nicht leidenschaftlich. Es war Friedrich nicht zu verdenken, daß seine Brudergefühle sich verlagerten, auf Novalis, der genau das hatte, was ihm selbst fehlte:

«Weder jetzt noch in der Zukunft wird es irgend der Fall oder eine Gefahr sein können, daß ich mit Dir oder Du mit mir verwechselt werden. Gerade darum hat unser literarisches Zusammenwirken einen so entscheidenden Eindruck auf die Zeit gemacht und ist nun historisch geworden; weil wir zwar zusammen auftraten, aber jeder für sich das war, und jeder seinen eigenen Weg ging. Wer

die Solidität eines abgeschlossenen Jurastudiums und die genaue Kenntnis jener «Natur» genannten Vorgänge und Zusammenhänge, die wiederum nur durch ein anderes solides Studium, zum Beispiel an einer Bergakademie, zu erwerben war. Ihm selbst fiel unendlich viel ein, aber es blieb als Einfall stehen und mußte als Fragment veröffentlicht werden. Er erfand sich dazu eine Unend-

irgend einige Kenntnis und Kennerschaft von deutscher Kunst und Schrift hat, wird gewiß nie auch nur eine Strophe von Dir mit einer von mir verwechseln können, da ich ohnehin bei meiner eigenen Art nie Deine künstlerische Virtuosität besessen oder erreicht habe» (Friedrich Schlegel an seinen Bruder, Dezember 1827).

lichkeitstheorie, wonach die Gesamtkenntnis in ihrer Unendlichkeit für den einzelnen eben nur bruchstückweise zu fassen ist, aber es blieb doch wahr, daß auf diese Weise noch nie ein großes Werk zustande gekommen ist.

Friedrich wagte sich deshalb folgerichtig an einen Roman als an diejenige Form, in der sich seine Gedankenspiele am besten unterbringen ließen, und die Materialien dazu fand er in seiner ungestümen Liebe zu Dorothea, der Geliebten im Parterre. Am Ende kam aber nur ein Bändchen heraus, ein «erster Teil» der «Lucinde». Die Zeitgenossen fanden, die Intimitäten der «Lucinde» – war es nun Dorothea oder Caroline? – gingen viel zu weit; erst die Surrealisten und andere Moderne haben sich auf den Autor der «Lucinde» als Ahnherrn berufen.

Was Friedrich Schlegel mit Beihilfe seines Bruders und seines Kreises erfand und ausbildete, war im Grunde viel wichtiger und folgenreicher, als es der erfolgreichste Roman hätte sein können: eine Schule. Das kannte man bis dahin nur von den Malern; sie waren seit langem in Schulen gegliedert, die in der Malweise ihres Meisters Bilder herstellten. Wenn die Schlegels die neue romantische Schule ausriefen und die klügsten Köpfe dazu einluden, wurde damit im Grunde die ganze Schreiberzunft herausgefordert: Sie insgesamt sollte übertrumpft werden. Das Wort «romantisch» – eigentlich romanhaft – war zwar schon lange in Umlauf und hieß soviel wie «aus alter Ritterzeit» oder «aus fernen Landen», es hieß «phantastisch» oder «exotisch», ein Garten konnte romantisch sein oder eine Felsenlandschaft, ein Epos wie der «Rasende Roland» des Ariost, vor allem war romantisch das Märchen, denn dort herrscht, was der Verstand verbietet und verpönt: das Wunderbare.

Aber erst Friedrich Schlegel lieferte zu diesen vagen Vorstellungen eine konsistente Theorie: In der Kunst schwinge nicht die Vernunft das Zepter, sondern die Fantasie (so schrieb er das Wort, um es im Deutschen möglichst geläufig zu machen). Mit Hilfe der Hardenbergs und eines weiteren jungen Mannes, der zu dem Jenaer Kreis stieß, des Naturphilosophen Schelling, fügte Schlegel daran die These, daß die Natur nicht einzelwissenschaftlich erkannt, sondern nur als ein geheimnisvolles Ganzes wahrgenommen werden könne. Die Kunst rangiere über der Wissenschaft, lehrte er weiter, und beide wiederum – darin war er sich mit Freund Schleiermacher einig – fänden ihre Krönung in der Religion, und zwar in einer weitgefaßten pantheistischen. Dies war – daran gab es nichts zu deuten – ein Gegenevangelium gegen das aufklärerische. Der kleine Verein, der sich trotz des Schillerischen Widerwillens, aber mit wohlwollender Duldung Goethes in Jena gebildet hatte, wollte wenn nicht Macht, so doch Einfluß, Meinungsbildung, und Friedrich kam sich in dieser Zeit durchaus wie ein Religionsstifter vor.

Der das Evangelium wirklich schrieb, war Friedrich von Hardenberg, Novalis. Die zwanzig Druckseiten, die er als Essay für das «Athenäum» verfaßte, waren als politisch-religiöse Utopie formuliert und trugen den Titel «Die Christenheit oder Europa». Das war mehr eine Predigt als ein Essay, und ein wunderbares Bild stand am Anfang: «Es waren schöne, glänzende Zeiten, wo Europa ein christliches Land war, wo eine Christenheit diesen menschlich gestalteten Weltteil bewohnte; ein großes gemeinschaftliches Interesse verband die entlegensten Provinzen dieses weiten geistlichen Reiches.» Und mit einem ebenso wunderbaren Bild hörte die Predigt auf: «Die Christenheit muß wieder lebendig und wirksam werden und sich wieder eine sichtbare Kirche ohne Rücksicht auf Landesgrenzen bilden.» Wie sollte das vor sich gehen? Der Protestant Novalis setzte auf «angewandtes, lebendig gewordenes Christentum», wie es einst im alten katholischen Glauben zum Ausdruck gekommen sei.

Der Träumer Novalis, dieser unglaublich lebendige Freund und Zeitgenosse, sah ein neues irdisches Jerusalem leuchten, aber die Utopie war schon am Ende, als es sich darum handelte, das schwärmerisch-schwelgerische Stück Prosa ins «Athenäum» aufzunehmen. Öfter waren sich die Brüder nicht einig gewesen, aber man war doch immer zu Rande gekommen. Diesmal ging es nicht: Friedrich, der Neuerer, hatte nichts gegen ein so kühnes Projekt wie eine neu-katholische Kirche, und es kam ihm der Gedanke, daneben herausfordernd ein gottloses, nämlich epikureisches Glaubensbekenntnis des Freundes Schelling zu drucken, August Wilhelm aber legte entschieden sein Veto gegen beides ein und schlug vor, Goethe als Schiedsrichter anzurufen. Goethe riet von beidem ab; er sah deutlich, daß das Papsttum und das Luthertum sich komfortabel eingerichtet hatten in dieser Zeit, aller Aufklärung zum Trotz.

Wilhelm, sonst ein Mittelalterschwärmer wie aus dem Buche,

hätte übrigens allen Grund gehabt, Novalis' Lob der Unverbrüchlichkeit der Ehe dick zu unterstreichen, denn in seiner Ehe kriselte es schon seit langem. Schelling, ein kräftiges Mannsbild, hatte weniger Skrupel als Friedrich, der ihm zugeneigten Caroline näherzutreten. Friedrich seinerseits ärgerte sich über Schellings Vorlesungserfolge in Jena. Als Schelling zeitweilig nach Bamberg ging, nutzte Friedrich die Chance, um für das Wintersemester 1800 Vorlesungen über etwas anzukündigen, was er mit gewohnter Kühnheit «Transzendentalphilosophie» nannte. Es sollte der Anfang einer neuen Laufbahn sein – der ehrwürdige Professor statt des nichtsnutzigen Redakteurs als Hauptberuf –, aber Friedrich scheiterte wie gehabt daran, aus Fragmenten eine mitteilbare Philosophie zu zimmern.

Wie Schelling triumphierend an den Kollegen Fichte schrieb, füllte Schlegel die Studenten mit Paradoxen und Polemik sowie mit rednerischen Ergüssen über den allgemeinen Geist des Idealismus, frei sprechend an Hand von Notizen; von heute aus gesehen, ein Intellektueller, damals noch ein Sonderling. Als Schelling im Sommersemester 1801 seine Vorlesung wiederaufnahm, mußte Schlegel das Feld räumen.

Bald klappte nichts mehr, denn die beiden Schwägerinnen begannen einander zu hassen. Friedrich hatte allen Grund, Schellings Verhältnis zu Caroline noch schlimmer zu finden als der Ehemann, denn ihn hatte Schelling doppelt ausgestochen, als den älteren Freund Carolines und als Philosoph. Es kam noch dazu, daß Friedrich auch Carolines Tochter, die durch eine Krankheit jäh weggeraffte Auguste, besonders gern gehabt hatte. Hatte Schelling, der zwölf Jahre jünger war als Caroline, nicht eben dieses Jungfräulein im Auge gehabt, als er sich so intensiv um Caroline bemühte?

Es ging wirklich romanhaft zu zwischen den vier Partnern, wenn auch eher in der Dramaturgie Strindbergs als romantisch wie bei den Rittern: Der geprellte Ehemann stellt sich auf die Seite seiner untreuen Frau, gegen den empörten Bruder. Während August Wilhelm im brieflichen Zwiegespräch mit dem Bruder im allgemeinen für uns stumm bleibt (er erbat nach Friedrichs Tod seine Briefe zurück und vernichtete sie), sind aus dieser Zeit zwei Abschriften von Klage- und Beschwerdebriefen an Friedrich erhalten. Der Ältere war im tiefsten gekränkt; es begann die Ahnung an ihm zu nagen, daß er zwar von den Frauen geschätzt und bewundert werde, am Ende aber doch nie der Richtige sei. Als sich die mit dem Gymnasialprofessor Bernhardi verheiratete Schwester Tiecks in ihn verliebte, zeigte er ihr zuerst die kalte Schulter. Als er sich dann doch noch zu einem Heiratsantrag entschloß, bekam sie Bedenken, sich von Bernhardi scheiden zu lassen.

Der brüderliche Skandal

So stolperten alle über ihre Eitelkeiten. Die Wirrnisse wurden noch vermehrt durch etwas, was man den Skandalerfolg der Brüder Schlegel nennen kann. Nicht umsonst hatte Friedrich unermüdlich Frechheit als Rezept gerühmt, Impertinenz, Pikanterie, auch das Wort Obszönität scheute er nicht. Der Angriff zielte auf die bürgerliche Rationalität, die sich in Berlin mit der preußischen Nüchternheit vermählt hatte; zu den vielen von ihm erfundenen Begriffen stellte Schlegel auch den des «Berlinismus». Der erfolgreichste Theaterautor der Zeit, der Stücke gleich im Dutzend schrieb und in der Popularität Goethe und Schiller weit hinter sich ließ, August von Kotzebue, gehörte diesem Berliner Milieu an und brachte die Brüder – ohne Namensnennung, aber jeder wußte Bescheid – auf die Bühne, in einem Einakter, der im Oktober 1799 in Leipzig uraufgeführt wurde. Der Sketch (so würden wir das Ding heute nennen) hieß umständlich-witzig «Der hyperboreeische Esel oder Die heutige Bildung, ein drastisches Drama und philosophisches Lustspiel für Jünglinge». Friedrich war angeblich bei der Leipziger Aufführung dabei und imponierte den Zuschauern durch die Ruhe, mit der er dasaß und sich alles anhörte.

Kotzebue hatte sich die Sache leicht gemacht: Der junge Karl, nach langer Abwesenheit in das vornehme Elternhaus zurückgekehrt, spricht nur noch in Schlegel-Sätzen, die Kotzebue aus dem

«Athenäum» gepflückt hatte, höheren Blödsinn sozusagen, überspanntes Zeug; so sollte das Publikum es hören und goutieren. Aber es waren auch wunderbar witzige Sätze dabei wie «Ich trage einen Theorien-Eierstock im Gehirn, und lege täglich wie eine Henne meine Theorie», Selbst-Persiflagen, wie sie kein Kotzebue je zustande brachte. Jedenfalls hielt sich der Schaden in Grenzen, und der Bürgermeister von Leipzig ersparte den Schlegels allen weiteren Ärger – und alles weitere Aufsehen –, indem er das Stück verbot.

Weder Kotzebue noch die Schlegels ließen aber die Sache auf sich beruhen. Noch im erfolgreichsten seiner sämtlich für den Erfolg geschriebenen Stücke, in den «Deutschen Kleinstädtern» von 1803, hatte Kotzebue seinen Ärger nicht vergessen und brachte wenigstens ein paar Seitenhiebe auf die Romantische Schule unter. Aber als das Stück in Weimar aufgeführt werden sollte, ersetzte der zuständige Theaterdirektor, ein Freund der Schlegels, eigenhändig die Anspielungen durch Harmlosigkeiten, was Kotzebue wiederum so verärgerte, daß er das Stück zurückzog. Der Theaterdirektor war Goethe; ein kürzlich erschienener dickleibiger Dokumentationsband (*Die ästhetische Prügeley*, hg. von Rainer Schmitz, Göttingen 1992) ist diesen *querelles allemandes* gewidmet.

Friedrich sprach und schrieb französisch wie damals alle Gebildeten. Wenn er nun sein philosophisches Hauptwerk auf französisch schreiben würde, damit die französische Öffentlichkeit eroberte und von Paris aus die Deutschen das Fürchten lehrte? Solche Gedanken, können wir vermuten, gingen ihm durch den Kopf, als er sich für den Umzug nach Paris entschied, auf ein paar Jahre, drei oder vier. Mit dem Frankfurter Verleger Wilmans heckte er den Plan einer neuen Zeitschrift aus, die, in Paris herausgegeben, den weithin hallenden Titel «Europa» tragen sollte. Dem Bruder sagte er diesmal nichts.

Wie immer waren seine Pläne großartig. Paris war seit langem die geistige Hauptstadt Europas. Nun war es dank Bonapartes Siegen auch zum politischen Zentrum Europas aufgestiegen, mit schwacher Rivalität aus St. Petersburg, London und Wien. Es gab außerdem noch eine besondere Attraktion, die Friedrichs Gedanken beflügelte: Die Feldzüge Napoleons waren auch Beutezüge gewesen, und in den Museen und Archiven stapelten sich Kunstgegenstände und Manuskripte. Was würde die neue Zeitschrift mehr zieren als eine umgehende Vorstellung der im Louvre neu untergebrachten italienischen Gemälde? Was würde die Wissenschaft sagen, wenn man ihr die uralten Texte aus Indien und Persien oder die nie gedruckten Lieder der provenzalischen Minnedichter präsentierte?

In Friedrichs Weltbild stand am Anfang aller Zeiten so etwas wie die göttliche Urweisheit. Nachher hatte sich alles vereinzelt, war übersichtlich, verständlich und eben damit matt und platt geworden, und das bekümmernde Ergebnis lag deutlich vor aller Augen: in der alle alten Wertsetzungen umstürzenden Revolution. Die indische Philosophie, das würde ihr Studium ergeben, war eine mystische oder pantheistische; mit den provenzalischen Liedern aber würde man die früheste Quelle jener mittelalterlichen Liebesreligion erschließen, die Friedrich zu seiner eigenen gemacht hatte. Frühestes Altertum und Mittelalter, Griechen, Inder und Ritter, davon träumte er nicht nur, das nahm er in die Hand.

Kaum war er in Paris, begann er mit Sanskritstudien, lernte Sanskrit bei einem der wenigen Fachleute, die es dort gab, dem Engländer Hamilton, und das Persische gleich dazu. Er konnte enorm fleißig sein, aber indem er so tüchtig lernte, verlor er «Europa» doch etwas aus den Augen. Jetzt war wieder die Zeit gekommen, den Bruder um Hilfe zu bitten, und Wilhelm sagte alsbald zu. Wilhelm war ordentlich, systematisch, hielt seine Gedanken zusammen, und am Ende würde er als der weithin in ganz Europa geschätzte Fachmann zum Professor für Indologie an der neugegründeten preußischen Universität Bonn berufen werden.

Es ist in diesen Jahren ein Reif auf den Frühling ihrer Brüderschaft gefallen. Friedrich gibt sich alle Mühe, das vergessen zu machen. Er schreibt nun am liebsten an den «herzlich geliebten Bruder», spickt die Briefe mit Lob («Deine Vorlesungen haben mir über die Maßen wohl gefallen») und holt immer wieder zu Vorschlägen für gemeinsame Unternehmungen aus («In einigen Jahren können wir nun vielleicht zusammen eine orientalische Sammlung geben»).

Wilhelm hat jedoch keine rechte Lust mehr. Ende November hat er den eben zitierten Brief vom 14. August 1803 noch immer nicht beantwortet. Am 26. November fleht Friedrich: «Schreib mir doch, lieber Freund, recht umständlich. Du warst bisher der einzige gewesen, der sich treu bewährt und meiner angenommen hat.» Und er droht: «Wenn Du mich aber auch im Stiche läßt, so werde ich sehr ungeduldig werden oder ich werde mich anfangen sehr ernstlich zu betrüben.» Vor allem: Er ist desorientiert: «Wo ist Schelling, in Italien oder Stuttgart? – Ich weiß von nichts. Ist Fichte stumm geworden?» Und er lockt: «Möchtest Du allein, oder Du und Schütz Euch entschließen, einmal herzukommen, so wäre ich sehr glücklich und ganz zufrieden.» Er wolle die beiden aufs bequemste, schönste und wohlfeilste einrichten, Paris sei nicht teurer als Berlin.

Worüber sich Wilhelm vermutlich am wenigsten freute, waren die Bitten und Aufträge, die den meisten Briefen auf langen Seiten angehängt waren, lauter lästiges und zeitraubendes Zeug, das sich von Paris aus schlechter erledigen ließ als von Berlin.

Noch ein auf den ersten Blick unscheinbares Detail aus einem dieser Briefe aus Paris muß erwähnt werden. Irgendwann in ihrer gemeinsamen Zeit in Jena hatten die Brüder durch den Theologieprofessor Heinrich Eberhard Paulus für 12 ½ Taler Kaffee (also eine ganze Menge) bezogen und zu bezahlen vergessen. Nun mahnte Paulus bei Friedrich an, und der schrieb dem Bruder in dem gequälten Stil, den die ewigen Geldprobleme bei ihm hervorriefen: «Indessen würde es mir sehr unlieb sein, wenn dieser Mann auf die Bezahlung warten zu müssen glauben könnte. Wolltest Du die kleine Auslage gleich machen, so würde ich Dir die Hälfte oder das Ganze (…) erstatten; melden wollte ich Dir's, da die Kommission doch eigentlich in Deinem Namen geschah.»

So war er nun einmal: Wenn er eine Rechnung zu zahlen hatte, war die Auslage klein und konnte dem Bruder nicht schwerfallen, zumal da der Kaffee «eigentlich in Deinem Namen» bestellt und, so läßt sich leicht ergänzen, auch vom Bruder getrunken worden war. Ging es ihm selbst an den Beutel, überstieg die Summe weit alle Möglichkeiten des armen Friedrich. Er war ein Meister in halben Andeutungen und wohlklingenden Versprechungen, und in nichts setzte er so sehr auf Brüderlichkeit wie beim Aufschub seiner Darlehensrückerstattung. Das hat schließlich jenen bitterbösen Brief hervorgerufen, mit dem sehr spät, am 19. September 1828, Wilhelm dem Bruder zu verstehen gab, daß er notfalls das Geld auch einklagen werde.

Es lohnt sich, diesen Brief genau zu lesen, um sich des Dramas, das zwischen dem tüchtigen und korrekten Älteren und dem genialisch-leichtsinnigen Jüngeren seit langem unterirdisch ausgetragen wurde, bewußt zu werden. Jetzt endlich wurde Tacheles geredet: «Dein letzter Brief enthält eine Äußerung, worin ein Vorwurf gegen mich zu liegen scheint, den ich als ganz unbegründet zurückweisen muß: Du sagst nämlich: nachdem Du jene Rückzahlung jetzt mit einem Male so dringend verlangst etc. – Ich bemerke zuvörderst, daß jetzt gerade zehn Jahre verflossen sind, seit ich Dir dieses freie Darlehen gemacht. Da Du es ganz vergessen zu haben scheinst, so habe ich einmal daran erinnert, worauf Du eine Frist begehrtest. Dies wird nun drei bis vier Jahre her sein; ich kann es in Deinen Briefen noch auffinden. Vorigen Sommer (...) habe ich Dich wieder um die Zahlung gebeten, alsdann am 26. Dezember, und endlich am 15. Juni. Es sind also wieder zwei halbjährige Fristen verflossen. Nun pflegt aber bei jedem Darlehen, selbst wenn große Summen auf sichere Hypothek stehen, die Rückzahlung nach dreimonatlicher Aufkündigung ausbedungen zu werden. Ich bin mir bewußt, die Billigkeit in keinem Punkte verletzt zu haben. Ich wiederhole es, ich brauche das Geld sehr notwendig. Du scheinst das, was ich in meinen früheren Briefen erinnert, noch nicht gehörig erwogen zu haben. Ich bin fest entschlossen, auf die eine oder andere Art wieder zu meinem Eigentum zu gelangen.»

Mit der Ankündigung, er werde so oder so zu seinem Gelde kommen, hört der Brief keineswegs auf. Persönliche Nachrichten schließen sich an. Der Dichter Tieck sei eben angereist: «Er ist unendlich liebenswürdig: wir haben nach so vieljähriger Abwesenheit gewissermaßen einen neuen Freundschaftsbund miteinander geschlossen.» Friedrich soll daraus lesen: Ich brauche Deine

Friedrich Schlegel, kurz vor seinem Tod im Januar 1829. Geldsorgen ließen Friedrich Schlegel zeit seines Lebens immer wieder die Flucht nach vorn antreten; aber nicht einmal in Köln, wo er über sehr gute Beziehungen verfügte und sogar zum Katholizismus konvertierte, kam er auf einen grünen Zweig. Die finanziellen Probleme haben am Ende auch das brüderliche Verhältnis schwer belastet.

falsche Freundschaft nicht. Weiter: Lady Malcolm sei dagewesen. Sie und ihr Gemahl, jetzt Gouverneur in Bombay, hätten ihn in England aufs freundschaftliche empfangen. Lies: Ich verkehre in den feinsten kosmopolitischen Kreisen. Außerdem: Er sei fleißig gewesen und habe eine französische Abhandlung über die neuentdeckten baktrischen und indoskythischen Münzen geschrieben. Für den Bruder: Auch auf der indischen Fährte bin *ich* der wahre Kenner. Demnächst solle er außerordentliche Vorlesungen an der Londoner Universität halten. Lauter Ausrufezeichen. Ist der letzte Satz Hohn oder Versuch der Beschwichtigung? «Lebe recht wohl, und schreibe bald wieder.»

Friedrich hat nicht mehr geschrieben. Keine vier Monate später, am 13. Januar 1829, war er tot.

DIE GETRENNTEN WEGE

Friedrichs Aufbruch Hals über Kopf nach Paris hatte die Zusammenarbeit als Prinzip außerordentlich erschwert. Wäre es so gegangen, wie Friedrichs blühende Phantasie es sich ausmalte – ein Weltblatt in einer Weltstadt –, wäre Wilhelm ein Statthalterplatz eingeräumt worden. Er wurde aber erst gerufen, als sich das Unternehmen als Desaster herausgestellt hatte. Friedrich fing keinen einzigen Franzosen ein. Wie später Karl Marx' «Deutsch-Französische Jahrbücher» wurde auch die «Europa» nur von Deutschen bestritten, bestenfalls um einen Schweizer oder Elsässer bereichert. Sie erschien nur auf deutsch, und bald war das ursprüngliche Ziel gegenseitiger Informierung der beiden Länder aus dem Auge verloren. Die «Notizen aus Paris» schrumpften zu Belanglosigkeiten zusammen.

Nur eine wirkliche Akquisition machten Friedrich und Dorothea in Paris, aber an der war nur der Name französisch: die Brüder Melchior und Sulpiz Boisserée. Die Familie war aus Brabant, dem französischsprachigen Teil des späteren Belgiens, nach Köln gekommen und hatte ihr Geld im Tuchhandel gemacht. Die Brüder, der ältere gerade zwanzig, wohnten in der kleinen Pension, mit der Dorothea ein bißchen Geld hinzuverdiente, und hörten Friedrichs Vorlesungen für ausgewählte Gäste. Sie rieten den Schlegels, nach Köln zu kommen, und die brachen den unergiebigen Aufenthalt in Paris bald darauf ab. Zum erstenmal in seinem Leben kam Friedrich in ein erzkatholisches Land und in ein fromm-katholisches Milieu. Die Leidenschaft der Brüder Boisserée für die fromme Kunst älterer Zeiten traf sich mit der Friedrichs für die Religion als menschliches Urphänomen.

In diesem Punkt – wie in manch anderem – war er ganz anders als sein älterer Bruder, gleichzeitig viel frecher und viel inbrünstiger, nicht nur ein origineller Kopf, sondern von dem Bewußtsein erfüllt, daß überall jenseits der vertrauten Wirklichkeit Neuland zu entdecken sei, auch und gerade im Bereich der Religion. Es genügt, den einen Brief zu zitieren, den er am 2. Dezember 1798, noch aus Berlin, an den neuen Freund Novalis schrieb, der in diesen Dingen sein liebster Partner war. Da äußerte er sich, der so gern Scherzende, in vollem Ernst: «Ich denke eine neue Religion zu stiften oder vielmehr sie verkündigen zu helfen: denn kommen und siegen wird sie auch ohne mich. Meine Religion ist nicht von der Art, daß sie die Philosophie und Poesie verschlucken wollte. Vielmehr lasse ich die Selbständigkeit und Freundschaft, den Egoismus und die Harmonie dieser beiden Urkünste und Wissenschaften bestehen, obwohl ich glaube, *es ist an der Zeit*, daß sie manche ihrer Eigenschaften wechseln. Aber ganz ohne Eingebung betrachtet, finde ich, daß Gegenstände übrigbleiben, die weder Philosophie noch Poesie behandeln kann. Ein solcher Gegenstand scheint mir *Gott*, von dem ich eine durchaus neue Ansicht habe.» Er fühlt, so schreibt er weiter, «Mut und Kraft genug, nicht bloß wie Luther zu predigen und zu eifern, sondern auch wie Mohammed mit dem feurigen Schwert des Wortes das Reich der Geister welterobernd zu überziehen, oder wie Christus mich und mein Leben hinzugeben».

Und nun also Köln, die sinnliche Bestätigung des Urphänomens Religion in der kirchlichen Kunst, des Urphänomens Kunst in der Religion. Die Brüder Boisserée sammeln, was unter dem Einfluß zeitgenössischer antikisierender Stilrichtungen zum Trödelkram abgesunken ist. Sie kaufen billig alte Altarbilder, auch gotisches Schnitzwerk, und am Ende haben sie zweihundert Gemälde zusammengetragen; 1827 erwirbt Ludwig I. von Bayern die Sammlung für die Alte Pinakothek in München.

In Paris hatte Friedrich den Louvre – das damalige Musée Napoléon – zu einem Hauptthema seiner «Europa» gemacht. Nun tritt für ihn immer deutlicher die Frage in den Vordergrund, wie fromm die Maler religiöser Gegenstände waren, wie ihre Frömmigkeit sich etwa in der Demut der Mariendarstellungen offenbarte und ob nicht die wachsende technische Perfektion, etwa bei Raffael als dem damals an die Spitze rückenden Großmeister, zu einem Verlust an Innigkeit geführt habe.

Trotz des Wohlwollens der Brüder Boisserée und des mit noch größerem Eifer alte Kultgegenstände sammelnden Kanonikus Wallraf kamen die Schlegels in Köln auf keinen grünen Zweig, es wollte einfach keine Stellung für Friedrich abfallen; wenigstens wohnten sie St. Maria im Kapitol gegenüber, in einem aufgelösten Kloster, mit einer alten Äbtissin als Tischgenossin. Friedrich lernte, daß der Katholizismus eine *gelebte* Religion war, Brauchtum ringsum, Volksfeststimmung, und 1808, immer noch in Köln, trat er mit Dorothea zum Katholizismus über oder – so sah er's – kehrte zur alten Kirche zurück. Der Protestantismus, fand er, habe geleistet, was ihm historisch aufgetragen war. Bald danach fing seine Karriere an:

Er trat in österreichische Dienste, verlegte seinen Wohnsitz nach Wien, ging zeitweilig in die Politik und arbeitete am Ende für Metternich, der sich selbst als Statthalter aller europäischen Tradition sah, während seine Gegner ihn als Haupt der Reaktion schmähten.

Eben in dieser Zeit bildete sich in Rom jene fromme Kunstrichtung, die, von ihren Gegnern unter dem Namen «Nazarener» verspottet, diesen Namen zum Panier nahm. Schlegels Umdeutung der Kunstgeschichte war ihr Evangelium; Dorotheas Sohn Philipp Veit, Friedrichs Stiefsohn, wurde einer der bekanntesten Vertreter der neuen Richtung, sein Bruder Johannes war mit von der Partie. Als viel später, 1848, in London die Bruderschaft der Praeraffaeliten gegründet wurde, wirkte Friedrichs Neubekenntnis zu den altdeutschen und frühitalienischen Malern immer noch nach. Nur wußte man es nicht mehr.

Friedrich war einer der großen Ideenschmiede Europas, er hämmerte, die Funken flogen. Aber erst 1808, im Jahr seiner Konversion, erschien sein erstes ordentliches Buch, das Ergebnis seiner Pariser Studien, «Sprache und Weisheit der Inder», und so ganz nebenbei wurde er damit der Begründer der deutschen Indologie.

Auch Wilhelms Sonderweg ist romanhaft, wenn auch in Planung und Ausführung ordentlicher als die Luftsprünge und Verzweiflungen des Jüngeren. Die Existenzsicherung vollzog er mit einem Coup: indem er sich schon 1804 in die Dienste der Madame de Staël begab, die ihm als Erzieher ihrer Kinder, Reisemarschall, literarischem Berater und geistvollem Plauderfreund ein Jahresgehalt von 12 000 Franken mit Aussicht auf eine Pension aussetzte. Fortan war er der reiche Schlegel und, wie wir gesehen haben, der in allen Notfällen Anzupumpende.

Madame de Staël war um die gleiche Zeit stürmisch von Paris abgereist, in der Friedrich dort ankam. Sie war eine erfolgreiche Autorin und hatte einen Salon, aber man wußte, daß sie dem Ersten Konsul nicht wohlgesinnt war. Der hatte sie nun kurzerhand ausgewiesen, und so reiste sie schnurstracks in das Land, das Friedrich gerade verlassen hatte, nach Deutschland. Jenseits des Rheines glaubte sie freier atmen zu können als im nachrevolutionären und diktatorischen Paris.

Man trifft ihren Charakter und ihre Stellung ziemlich genau, wenn man sie als eine Art Monarchin im Exil beschreibt. Ihr Schloß in Coppet am Genfer See war durchaus einem Königspalast vergleichbar, und Wilhelm geriet, indem er nach Coppet übersiedelte, unvermeidlich in die Stellung eines Höflings; im Schloß wimmelte es von Besuchern wie von Angestellten.

Goethe, kein Geringerer, hatte die Verbindung zwischen Madame de Staël und August Wilhelm hergestellt, der als «erste Adresse» galt. Aber, so schreibt sie ihrem Vater, der noch in Coppet residierte, als Erzieher könne Schlegel nicht engagiert werden, «dazu ist er zu bedeutend». Er spreche, so zählt sie seine Vorzüge auf, Englisch wie ein Engländer und Französisch wie ein Franzo-

Nach dreizehn Jahren als Reisemarschall, literarischer Berater und Unterhalter an der Seite von Madame de Staël hatte August Wilhelm Schlegel den nötigen gesellschaftlichen Schliff, und unmittelbar nach ihrem Tod 1817 eröffnete sich ihm eine glänzende Karriere an der Universität Bonn. Dort begründete er die deutsche Indologie, eine Wissenschaft, zu der ihn, wie zu so vielem in seinem Leben, erst die zündenden Ideen des Bruders gebracht hatten.

se; außerdem habe er, obwohl erst sechsunddreißig, alles gelesen. Seine geistige Klarheit und Weite seien erstaunlich. Dem Vater gegenüber betont sie, daß Schlegel klein und häßlich sei, wohl um den Verdacht abzuweisen, da sei eine neue Liaison geknüpft; sie will ihn wirklich nicht, und sehr zu seinem Leidwesen steigt Wilhelm vom Höfling nie zum Günstling auf. Unerträglich ist ihm das Gewühl der Personen um die verehrte Herrin, und erst recht grämt er sich und grollt Madame de Staël, wenn sie mit diesem Personenwirrwarr wie mit Schachfiguren spielt, wenn sie vorzieht und stehenläßt, liebenswürdig ist zu allen und launenhaft zu ihm, der sich doch in gewisser Weise als Auserwählter fühlt.

Dreizehn Jahre lang, bis zum Tod Madames, dauert dieses Spiel. Schon nach dem ersten Jahr kommt, von ihm inszeniert, die große Abschiedsszene, der bittere Protestbrief, und am Ende der Treueschwur des Vasallen: «Hiermit erkläre ich, daß Sie jedes Recht auf mich haben und ich keines auf Sie. Verfügen Sie über meine Person und mein Leben, befehlen und verbieten Sie – ich werde Ihnen in allen Stücken gehorchen.» Am tollsten: «Ich bin gerne bereit, an meinen eigenen Ruhm überhaupt nicht zu denken, ich will mich ausschließlich Ihnen widmen, mit allem, was ich an Kenntnissen und Talenten besitze.»

Was daraus entstand, ist ohne Zweifel Wilhelms bedeutendstes Werk, auch wenn er selbst keine Zeile davon geschrieben hat: Madame de Staëls Buch «De l'Allemagne», das 1810 fertig war, wegen napoleonischer Behinderungen aber erst 1813 in London das Licht der Öffentlichkeit erblickte. Es ist neben der Inspirierung der romantischen Malerei, neben den Wirkungen ihrer Ideen in Baukunst und Theologie, in Philosophie, klassischer, persischer und indischer Philologie, neben der übersetzerischen Erschließung Shakespeares, Calderóns, Camoës', Ariosts die abschließende Großtat der Schlegels. Das neue Deutschland, dieser Dampfkessel an Genies, wurde dem Ausland zum erstenmal im Glanz und in der Fülle von «De l'Allemagne» vorgestellt. Erst durch dieses Buch war zu erfahren, daß sich, wie einst zu Raffaels und Michelangelos Zeiten, eine ganze Nation im Aufbruch befand, ein Volk von Dichtern und Denkern – so die berühmt gewordene, vermutlich von Madame de Staël geprägte Formel.

DER BRUCH

Am 13. Juli 1817 starb Anne Germaine de Staël. Ihr Sohn Auguste, dem Wilhelm höhere Bildung eingeimpft hatte, und Wilhelm selbst überführten in kleinen Tagesreisen den Leichnam von Paris in das Mausoleum von Coppet.

Er hatte höfischen Umgang im Kreis der Madame de Staël, und bei den Missionen, die sie ihm anvertraute, lernte er Diskretion und die Feinheiten der Diplomatie kennen; er hatte wissenschaftlich weitergearbeitet, nun erntete er: Das preußische Kultusministerium bot ihm einen Lehrstuhl an der philosophischen Fakultät der Universität Berlin an, das Feinste vom Feinen. Wie ganz anders als bei dem armen Bruder, den keine Hochschule wollte. Wilhelm war rundum geehrt und begehrt als großer Gelehrter, ein Adelsprädikat mußte her, Ordenssterne schmückten seine Brust. Er ließ sich im Mantel mit kühn hochgeklapptem Kragen oder im Pelz malen und stechen, und Christian Friedrich Tieck, der Bruder des Dichters, schuf seine Büste.

Nur ganz zu Anfang dieser neuen Laufbahn hatte es eine Panne gegeben, und es war besser, nicht daran zu rühren. Sophie Paulus, die Tochter jenes Theologen Paulus, der ihm in Jena Kaffee besorgt hatte, machte ihm in Heidelberg schöne Augen. Sie hatte vorher schon Jean Paul zu bezaubern versucht, auf Autoren hatte sie es augenscheinlich abgesehen, und Wilhelm, keineswegs verwöhnt, machte ihr einen Heiratsantrag. Ihretwegen schlug er Berlin aus und wählte statt dessen das ruhigere Bonn.

Aber kaum war die Trauung vollzogen, da sah auf einmal alles anders aus. Sophie machte Ausflüchte, zog nicht mit und weigerte sich am Ende, mit ihrem Mann zusammenzuleben. Es war eine Situation, noch verzwickter als damals die Sache mit Caroline, und wiederum war Friedrich mit hineinverwickelt, denn Sophies Mutter, auch eine Caroline, war die beste Freundin von Friedrichs Dorothea gewesen. Alles, was seit langem an Ressentiments im Haushalt der Paulus ausgebrütet worden war, ballte sich nun zu giftigen Reden und Briefen, und der Vater Theologe klagte den armen Sünder Wilhelm an, er habe nicht einmal die Ehe vollzogen. Das Gerücht von Wilhelms Versagen ist verewigt in

Heinrich Heines «Romantischer Schule», die als Fortsetzung und polemische Widerlegung von Madame de Staëls «De l'Allemagne» 1833 in Paris und Leipzig erschien.

Friedrich schrieb am 26. Dezember 1818 einen beruhigenden Brief, aber ganz unschuldig fand er Wilhelm auch nicht: «Daß manches in Sophien vorging, was mir bange machte, bemerkte ich deutlich; unter anderem sagtest Du ihr einmal etwas in einem kalten hofmeisternden Ton, es war eine Kleinigkeit, ich glaube, sie hatte etwas fallen gelassen.» Sophie sei ruhig geblieben, so Friedrich, aber in tiefe, schweigende Unzufriedenheit verfallen.

Nicht nur die Begabungen der Brüder waren entgegengesetzt. Auch die Charaktere entwickelten sich zu immer stärker klaffenden Gegensätzen. «Hofmeisternd» hieß damals, was heute «oberlehrerhaft» oder schlicht pedantisch heißt. Wilhelm war überkorrekt geworden, so wie Friedrich schlampig blieb bis zuletzt. Wäre es nach Friedrich gegangen, hätten beide auch in ihren Beziehungen zueinander so weitergewurstelt. Für Wilhelm kam der Tag, wo er es nicht mehr aushielt.

Am 26. Dezember 1827, nachweihnachtlich gewissermaßen, erinnerte er den Bruder nicht nur an dessen Schulden, sondern gab so etwas wie eine offizielle Kriegserklärung ab. Er kündigte Gegnerschaft an. «Dies tue ich jetzt als Schriftsteller. Mache Dich darauf gefaßt, nächstens Angriffe von mir auf Deine späteren Schriften, mit oder ohne meinen Namen, in Deutschland oder auswärts, mit Waffen des Scherzes oder ernster Beredsamkeit, ans Licht treten zu sehen.» Das schließe nicht aus, daß ihre Beziehungen brüderlich bleiben könnten, etwa wenn Friedrich zu Besuch komme.

Friedrichs Antwort enthält Sätze, die als Motto über ihrem gesamten Leben und Wirken als Brüder stehen könnten: «Weder jetzt noch in der Zukunft wird es irgend der Fall oder eine Gefahr sein können, daß ich mit Dir oder Du mit mir verwechselt werden. Gerade darum hat unser literarisches Zusammenwirken einen so entscheidenden Eindruck auf die Zeit gemacht und ist nun historisch geworden; weil wir zwar *zusammen* auftraten, aber *jeder für sich* das war, und jeder seinen eigenen Weg ging. Wer irgend einige Kenntnis und Kennerschaft von deutscher Kunst und Schrift hat, wird gewiß nie auch nur *eine* Strophe von Dir mit einer von mir verwechseln können, da ich ohnehin bei meiner eigenen Art nie Deine künstlerische Virtuosität besessen oder erreicht habe.»

Es ging um vielerlei: um die Neuausgabe von Friedrichs gesammelten Schriften, bei der vieles Alte im Sinne seiner Bekehrung zum Katholizismus verändert wurde, dann um die Neugründung einer Zeitschrift, Friedrichs vierter, der «Concordia». Es ging um die Vorfahren, die sich im Grabe umdrehen würden, wenn sie von Friedrichs Abfall erführen, und auch um die möglichen Folgen ihres Streits, der nach Friedrichs Meinung nur zum «vorübergehenden Ergötzen des literarischen Pöbels und elenden Lesepublikums» diene.

Auch Wilhelm konnte nun recht sarkastisch werden. Er freue sich für den Bruder, der das Christentum zum innersten Beruf seines Herzens gemacht habe, denn «die unfehlbare Wirkung davon ist die Besiegung aller sinnlichen Triebe und selbstischen Leidenschaften, gewissenhafte Leistung aller Verbindlichkeiten, Verwendung aller Mittel und Kräfte zu guten Werken unter beständiger Selbstverleugnung». Im weiteren behielt Wilhelm allerdings nichts mehr im Auge als die «gewissenhafte Leistung aller Verbindlichkeiten», die Rückzahlung des Darlehens also. Wilhelm, sich auf die Ahnen berufend, mochte ein guter Protestant sein, ein guter Christ war er nicht.

Am 15. Juni 1828 schickte er einen neuerlichen Mahnbrief, den Friedrich am 5. Juli mit dem Satz beantwortete, Wilhelm irre, wenn er meine, er, Friedrich, habe mit seinen Vorlesungen viel Geld eingenommen. Dann, am 19. September, raffte sich Wilhelm zu jenem feierlichen Schreiben auf, das ausführlich zitiert wurde. Es war eine juristisch wohlabgesicherte Strafexpedition gegen den verstockten Bruder und gleichzeitig eine Herausforderung zum Kampf in der kulturpolitischen Arena. Der vorletzte Satz lautete: «Deine Vorlesungen habe ich beinahe bis zu Ende gelesen: ich erspare darüber alles auf die öffentliche Erörterung; diese möchte für Dich das Pikante verlieren, wenn ich hier vorgriffe.» In der Tat: Der Bruderstreit im Hause Schlegel, öffentlich ausgetragen in hitzigen und witzigen Schriften, wäre eine tolle Sache geworden, und nicht nur für den «elenden Leserpöbel».

Er fand nicht statt. Friedrich, inzwischen in Rom, dachte darüber nach, ob er nicht nach dem Tod der dahinkränkelnden Dorothea Priester werden sollte. Dann lockte es ihn aber mehr, nach Dresden zu reisen, zu Vorträgen vor erlesenem Kreise. Der Aufenthalt dort zog sich vom Oktober 1828 bis zum Januar 1829 hin; er litt an mancherlei Beschwerden, zu denen die Entfremdung zwischen ihm und Wilhelm sicher ein gut Teil beitrug.

Wenigstens die Freundschaft mit Ludwig Tieck hielt. Bei ihm war Friedrich am Sonntag, dem 11. Januar, zum Mittagessen, und er ging vergnügt nach Hause. Dort traf ihn der Schlag. In der Frühe des 13. Januar war er tot. Dorothea tat alles, um seine Schulden zu bezahlen. Erst da verzichtete Wilhelm auf die Tilgung seines Darlehens.

Das Geld hätte sie ebensowenig auseinanderreißen müssen wie die Religion. Auch Wilhelm hatte zeitweilig mit dem Gedanken gespielt, katholisch zu werden, und Friedrich war in seinen Anfängen so skeptisch, ja zynisch wie nur je ein vom Glauben Abgefallener. Was sie am Schluß trennte, war etwas ganz anderes: das Moment der Rivalität, das so leicht jedem Bruderbund beigemischt ist. Wer kann was besser? Das war die Frage, die ihren gemeinsamen Kampf begleitete. Und wenn Friedrich dem Bruder die größere Virtuosität im Künstlerischen einräumte, so nur mit dem stillen Vorbehalt, daß er ihm dafür im Denken weit überlegen sei. Boheme (bevor es sie wirklich und ausdrücklich gab) kam hinzu: Schulden machen war genialisch, Schulden bezahlen philisterhaft.

Der Wettstreit ist heute entschieden. Wie immer man die beiden betrachten will, ihr Werk ist nicht fortzudenken aus der europäischen Tradition. Wilhelm war wirklich der größere – oder der alleinige – Dichter: Seine Sprachgewalt hat Shakespeare zu einem deutschen Dichter gemacht. Friedrich hingegen war ein so origineller Denker, daß wir eigentlich erst in unserem Jahrhundert nachvollziehen können, wie modern er damals, um 1800, wirklich war.

WILHELM UND ALEXANDER VON HUMBOLDT

von Ralph Rainer Wuthenow

I

Dort, wo sie einen Teil ihrer Kindheit gemeinsam verbracht hatten, sind sie auch beigesetzt worden, die Brüder Wilhelm und Alexander von Humboldt, zu Tegel, im Park des kleinen, später von Schinkel ausgebauten Schlößchens, das Wilhelm als dem Älteren (geb. 1767) zugefallen war. Über der Grabstätte, in der auch Nachkommen Wilhelms mit ihren Angehörigen bestattet sind, erhebt sich auf einer hohen Granitsäule über einem Sockel aus Marmor die Statue einer weiblichen Figur: Spes, die allegorische Gestalt der Hoffnung, ein Werk Thorvaldsens.

Die Wintermonate verbrachten die heranwachsenden Brüder in Berlin, nach dem frühen Tode des Vaters in der Obhut der strengen, konsequent auf eine gute Erziehung bedachten Mutter; den Sommer über lebte man im nahen Tegel, bis der Privatunterricht im Berliner Stadthaus auch die Aufenthalte in Tegel auf Wochenenden und Ferienzeit beschränkte. Die Mutter, die wohl alles für ihre Kinder tun wollte und deren Vermögensumstände es auch gestatteten, alles für sie aufzuwenden, bis hin zur Verpflichtung so hervorragender Privatlehrer wie Campe, Engel, Dohm und Kunth, vermochte doch eines den beiden Knaben nicht zu vermitteln: das Gefühl, geliebt zu werden. Die Beziehung zur Mutter blieb distanziert, förmlich, kühl, ja kalt.

Seine Kindheit sei «öde und freudlos dahingewelkt», sollte Wilhelm von Humboldt später gestehen, und auch der zwei Jahre jüngere Alexander wird sich ebenso keineswegs mit Freude an Tegel erinnern. In einem Brief an seinen Freund Carl Freiesleben

gibt er eine Schilderung von Tegel, die seltsame und aufschlußreiche Untertöne enthält: «Tegel ist kein eigentliches Dorf,
sondern ein Jagdschloß, von dem Großen Kurfürsten gebaut und
von meinem Vater ganz umgeschaffen. Es liegt an den Ufern eines 1½ Meilen langen Sees, der von schön angebauten Inseln
durchschnitten ist. Hügel mit Weinreben, die wir hier Berge nennen, große Pflanzungen mit ausländischen Hölzern, Wiesen, die
das Schloß umgeben, und überraschende Aussichten auf die ma-
lerischen Ufer des Sees machen diesen Ort allerdings zu dem rei-
zendsten Aufenthalte der hiesigen Gegend. Nehmen Sie dazu einen hohen Grad der Gemächlichkeit und des Wohllebens, der in
unserem Hause herrscht, so werden Sie sich doppelt wundern,
wenn ich Ihnen sage, daß eben dieser Ort, so oft ich ihn besuche,
wehmütige Empfindungen in mir erregt. Sie erinnern sich unserer Gespräche (...), als Sie so viel Anteil an der Schilderung meiner Jugendjahre nahmen. Hier in Tegel habe ich den größeren
Teil dieses traurigen Lebens zugebracht, unter Leuten, die mich
liebten, mir wohlwollten, und mit denen ich mir doch in keiner
Empfindung begegnete, in tausendfältigem Zwange, in entbeh-
render Einsamkeit, in Verhältnissen, wo ich zu steter Verstellung,
Aufopferungen p. gezwungen wurde.» Auf die Gegenwart zu-
rücklenkend, fährt er fort: «Wenn ich mich noch jetzt, da ich frei
und ungestört hier lebe, hingeben will an den Genuß, den die rei-
zende, anmutsvolle Natur hier in so reichem Maße gewährt, so
werde ich zurückgerufen durch die widrigsten Eindrücke, durch
Erinnerungen an meine Kinderjahre, die fast jeder leblose Gegenstand hier rege macht. So wehmütig solche Erinnerungen aber
auch sind, so interessant werden sie einem zugleich auch durch
den Gedanken, daß gerade dieser Aufenthalt tief zu der jetzigen
Stimmung meines Charakters, zu der Richtung meines Geistes
auf das Studium der Natur p. beitrug» (5. Juni 1792).

Das ist keineswegs eine einseitige und übertriebene Darstellung; Wilhelm von Humboldt beklagt sich in einem der Braut-
briefe an Caroline von Dacheröden auf ähnliche Weise, durch
Verstellung und Lüge, durch Zwang und Unfreiheit in seinen
frühen Jahren verdorben worden zu sein. Wenn Alexander meint,
in dieser Situation lägen die Anfänge seines Naturstudiums, so gilt

für Wilhelm, daß er seine Geisteskräfte ganz auf Sprachen, Geschichte und Philosophie zu richten begann – und daß ihm aller Zwang zuwider war.

Aufschlußreich ist – man muß das hervorheben –, in welcher Weise der erst dreiundzwanzigjährige Alexander schon fähig ist, die eigene Kindheit und frühe Jugend in einer gewissen Objektivität und unsentimental zu erinnern, wozu eben auch gehört, daß er sie in ihrer Auswirkung auf Eigentümlichkeiten seines Charakters und die ihn bestimmenden geistigen Interessen zu begreifen vermag. Er scheint den Bruder mit zu meinen, wenn er die Menschen erwähnt, die ihm wohlwollten und mit denen er dennoch im Innersten nicht recht hat vertraut werden können. Jedenfalls führt er ihn nicht als eine Ausnahme an. Dazu mag beigetragen haben, daß der ein wenig ältere Bruder damals stets als der Überlegene erschien, zumal da Alexander recht schwer lernte und erst vergleichsweise spät seine intellektuellen Kräfte zu entfalten in der Lage war. Dann aber lernten beide zusammen, und beide galten als geistreich, Wilhelm eher auf amüsante, Alexander auf etwas boshafte Weise.

II

Wilhelm und Alexander von Humboldt, die man so oft und so gerne zusammen nennt und denen man zuweilen eine geradezu ideale Gemeinsamkeit zuspricht – die Dioskuren nennt sie Therese Huber einmal –, sind in Wahrheit nicht nur überaus verschieden, was Temperament, Interessen, Wirksamkeit und Haltung betrifft, sie respektieren sich auch aus einem immer wieder neu eingenommenen Abstand heraus. Dabei bleiben sie fast völlig frei von Rivalität, gar von Feindseligkeit, und auch von jener egozentrisch kleinlichen Gesinnung, die dazu führen kann, daß der eine, um sich selbst zu behaupten, die Leistungen des anderen geringzuschätzen beginnt, ist nichts zu spüren. Die bösesten Worte über die Fähigkeiten Alexanders hat nicht Wilhelm gesprochen, sondern – Schiller. Eine zuweilen bemerkbare Fürsorglichkeit des älteren Bruders, die sich während der Studienjahre zeigt, mag auf die gemeinsame und als wenig glücklich erfahrene Jugendzeit wie auf die relativ späte Entwicklung des Jüngeren zurückzuführen sein.

Deutliche Unterschiede zeigen sich bereits im Verhältnis der Brüder zu dem Manne, der in wichtigen Jahren für beide in gewisser Hinsicht ein geistiger Mentor werden sollte: Georg Forster. Dabei erweist sich, daß nicht etwa Alexander, der doch mit Forster zusammen die große Rheinreise von Mainz nach England unternahm, die Forster in seinen «Ansichten vom Niederrhein» so unvergeßlich beschrieben hat, sondern Wilhelm die engeren Beziehungen zu Forster unterhielt.

Wilhelm von Humboldt hatte Forster in Göttingen durch den Philologen Christian Gottlob Heyne, Forsters Schwiegervater, kennengelernt, der in Humboldt übrigens den besten Philologen sah, der je bei ihm gelernt habe. Die Zuneigung zwischen dem berühmten, mehr als zehn Jahre älteren Weltreisenden und dem begabten, vielseitig interessierten Studenten entwickelte sich rasch und war, auf beiden Seiten, offenkundig stark. Wilhelm besuchte Forster in Mainz und spielte auch eine hilfreiche Rolle bei der Entstehung einiger der Forsterschen Arbeiten. Am 20. September 1789 schreibt Forster in einem Brief an Jacobi, den gemeinsamen Freund: «Ich habe mich seines jugendlich warmen Gefühls bei so unähnlichem Geiste, so reifer, so vorurteilsfreier Vernunft recht herzlich erfreut.»

Wilhelm seinerseits, ständig auf Reisen, schreibt oft an Forster, noch immer erfüllt von den vierzehn gemeinsam verlebten Tagen, die er die «vielleicht glücklichsten» seines Lebens zu nennen wagt: «Beinah mit keinem andren Menschen versteh ich mich so ganz, als mit Ihnen, und daß sich das so von selbst, so ohne alle äußere Veranlassung machte, daß ich Ihre Freundschaft nur Ihnen danke, dieß ist mir so unendlich werth. Denn es zeigt mir, daß Sie auch mich Ihrer werth hielten, und wieviel der Gedanke mir ist, können Sie in der That nicht empfinden. Denn Sie können es nicht wissen, wie ich die fruchtbare Fülle von Ihnen bewundere, die sich Ihnen bei jedem Gegenstande aufdringt, die lebendige Klarheit, mit der Sie sie darstellen, wie sehr ich den Eifer für alles Wahre und Gute und die Schonung für Alles, was andre für wahr und gut halten, ehre (...)» (26. September 1789). Die Verehrung für den bedeutenden Menschen und Schriftsteller verbindet sich mit der gemeinsamen Überzeugung von den vornehmsten Ideen der Aufklärung. Schließlich wünscht sich Wilhelm, wie er aus Bern verlauten läßt, einmal mit Forster zusammen eine Gebirgsreise zu unternehmen.

Nach längerer Pause und inzwischen verheiratet, versucht Wilhelm von Humboldt, der sich nun auf eine rein private Existenz einrichtet, nachdem ihm die Ausbildungszeit im preußischen Staatsdienst wenig zugesagt hatte, die Verbindung neu zu beleben. Er ruft sich die mit Forster verbrachten glücklichen Tage ins Gedächtnis zurück: «Diese Erinnerung ist es auch, die mir Muth macht noch auf Ihr Andenken, Ihre Freundschaft zu rechnen. Theurer guter Forster, Sie haben mich mit einer Liebe, einer Zärtlichkeit behandelt, selbst in der Zeit, da ich Sie gewiß noch bloß durch die Wärme interessiren konnte, mit der ich mich so gern an große und gute Menschen anschloß. Durch Sie habe ich einen so großen Theil meiner Bildung erhalten. Dafür, und für alles, was mein Geist und mein Herz durch Sie genoß, würde mein Dank Sie noch segnen, wenn ich auch nicht hoffen dürfte, noch in Ihrem Andenken zu leben, wenn ein Missverständniß, wozu mein Stillschweigen vielleicht Anlaß geben konnte, die Gefühle erstickt hätte, die mich sonst so innig beglückten» (16. August 1791).

Man sieht, wie sehr der sonst eher zurückhaltende junge Humboldt an Forster hängt, wieviel er ihm schuldig ist; doch läßt der beschwörende Ton einen dem Schreiber selbst vielleicht nun recht bewußt gewordenen Abstand vermuten. Als dann die «Ansichten vom Niederrhein» erscheinen, ist er des Lobes voll: «Sie haben so viele wahrhaft genialische Stellen, und, was immer meine Bewunderung so heftig anzieht, eine so strenge Richtigkeit der Ideen mitten im glühendsten Feuer der Begeisterung» (Ende Januar 1792). Nicht weniger lobt er die Übersetzung der «Sakontala» von Kalidasa, die kurz zuvor erschienen ist.

Wilhelm von Humboldt schreibt nun seine «Ideen über Staatsverfassung, durch die neue französische Konstitution veranlaßt» und wendet sich an Forster in der Gewißheit, daß dieser seinen

Überlegungen, die Wirksamkeit des Staates so weit wie möglich einzuschränken, weitgehend zustimmen werde, da doch nichts so wichtig sei, als die Kraft und Energie der Menschen durch Freiheit zu stärken, weshalb es konsequent ist, den Staat auf die Garantie der Sicherheit zu beschränken. So soll der Bürger durch viele Bande an die Mitbürger geknüpft, aber durch möglichst wenige von der Regierung gebunden werden (1.Juni 1792).

In der Tat weisen viele Äußerungen Forsters in seinen Schriften auf eine ähnliche Auffassung des Staatswesens hin, das seinen vornehmsten Auftrag darin finden sollte, den in seinen Grenzen lebenden und tätigen Menschen ihre freie Entfaltung zu sichern. Auch über die Französische Revolution und was von ihr zu erwarten ist, sind sich Forster und Wilhelm von Humboldt wesentlich einig.

Unverblümt aber hat dieser wenige Monate später in einem Brief an Schiller deutlich gemacht, daß er Forsters entschiedenes Eintreten für die französische Sache im besetzten Mainz nicht gutheißen könne, wie ungern er auch die Franzosen geschlagen sähe, deren «edler Enthusiasmus» für die große Sache so viel erwarten lasse, doch, fährt er fort: «Ungeachtet dieser meiner Anhänglichkeit an die französische Revolution kann ich es dennoch Forster nicht verzeihen, daß er in dem jetzigen Zeitpunkt auf einmal ganz öffentlich zur französischen Partei übergegangen ist und Dienste genommen hat. Ich sage nicht, daß es unpolitisch ist (...), aber unmoralisch und unedel scheint es mir doch in hohem Grade, dem Kurfürsten, dem er wahrlich nichts als Wohltaten zu danken hat, in einer Periode untreu zu werden, wo er offenbar der schwächere Teil ist» (7.Dezember 1792).

Fünfunddreißig Jahre später sucht Therese Huber die Briefe ihres ersten Mannes zu sammeln und als Denkmal für den inzwischen Verfemten herauszugeben. Sie wendet sich auch an die Brüder Humboldt, zu denen die Verbindung niemals völlig abgerissen war. Wilhelm freilich ist wenig geneigt, seine verehrungsvollen und ein wenig schwärmerischen Jugendbriefe freizugeben, und dies nicht allein, weil man zu einem Freunde anders spricht als zu einem Publikum; es ist auch, als habe er Scheu vor einer Wiederbegegnung mit der abgelebten Gestalt der Vergangenheit. Therese hält ihm vor, er habe wohl vergessen, was für Briefe er seinerzeit an Forster geschrieben; sie will sie ihm vergegenwärtigen, damit er sich bewußt werde, «wie Sie damals geliebt und geachtet mußten werden, und wie Sie an sich selbst hätten Freude haben sollen, und nun in der Erinnerung haben müssen» (25. September 1827). Doch gibt sie ihm auch zu verstehen, daß er von dem, was diese Jugendbriefe aussagen, weiter entfernt sei als sie von ihrer damaligen Lebensepoche. So tritt sie dem nun berühmten Manne durchaus selbstbewußt und mit vorwurfsvoll-sicherem Urteil gegenüber.

Von Alexanders Briefen an Forster, die sie nun wohl auch zum erstenmal gelesen haben mag, sagt sie mit der ihr eigenen selbstbewußten Festigkeit, sie besäßen «einen unglaublichen Reiz durch jugendlich graziöse Güte, heitern Witz, ein bischen Grübeln über sich selbst, höchst treffende, stez guthmüthige Urtheile über Andere, und einen nie ermatteten gelehrten Eifer» (25. September 1827).

Alexander war seinem Bruder 1789 nach Göttingen gefolgt, studierte bei Blumenbach, Lichtenberg, auch bei Heyne, und wie an andere wird ihn der hilfsbereite Bruder auch an Forster in Mainz empfohlen haben. So kommt er in das Haus Forsters wie in das Jacobis nach Pempelfort. Da die Briefe Forsters an Wilhelm von Humboldt weitgehend verloren sind – Tegel wurde 1806 von den Franzosen geplündert –, wissen wir über die Eindrücke Forsters bei der ersten Begegnung nichts, und Alexander mag seinem Bruder eher mündlich berichtet haben. Doch muß die Sympathie spontan gewesen sein, denn Forster fordert den jungen Naturforscher auf, ihn auf seiner für das folgende Jahr geplanten Reise in die Niederlande und nach England zu begleiten.

Wilhelm von Humboldt charakterisiert den Bruder in jenen Jahren als überaus freimütig in seinem Urteil und witzig in seinen Einfällen. «Seine eigentlich wissenschaftlichen Kenntnisse erstrecken sich vorzüglich auf höhere Mathematik, Naturkunde, Chemie, Botanik und vor allem andern auf Technologie. Daneben beschäftigt er sich mit philologischen Arbeiten und Heyne braucht ihn hie und da zur Erklärung solcher Stellen der Alten, die eine vertrautere Bekanntschaft mit ihren Künsten und Handwerken erfordern. Zwischen ihm und mir werden Sie eine große Verschiedenheit finden: bei völlig gleicher Erziehung wichen von Kindheit an Temperament, Charakter, Neigung, selbst Richtung in wissenschaftlichen Dingen immer von einander ab. Sein Kopf ist schneller und fruchtbarer, seine Einbildungskraft lebhafter, sein Sinn fürs Schöne schärfer, sein Kunstgefühl überhaupt, vielleicht weil er sich selbst mit vielem Eifer auf einige Künste, Zeichnen, Kupferstechen, legte, weit mehr geübt und gebildet. Im ganzen hat er überall und in jedem Verstande mehr Sinn, mehr Kraft, neue Ideen aufzufassen, aus dem Wesen der Dinge selbst herauszuheben, ich mehr Fähigkeit, Ideen zu entwickeln, vergleichen, verarbeiten» (an Jacobi, Juni 1789).

Erstaunlich nüchtern, überaus genau und sachlich, durchweg zugunsten des Jüngeren, werden hier die Unterschiede zwischen den Brüdern festgehalten: Der erst zweiundzwanzigjährige Wilhelm schreibt mit einer Distanz, die keineswegs erzwungen wirkt, und seine Unterscheidungen, die auch als Abgrenzungen zu lesen sind, scheinen grundsätzliche Gültigkeit zu besitzen.

Der so charakterisierte Alexander begleitet also Georg Forster auf der durch die spätere Publikation der «Ansichten vom Niederrhein» berühmt gewordenen Rheinreise in die Niederlande und nach England, eine Erfahrung, auf die Alexander von Humboldt wiederholt und dankbar zurückkommen wird. Zum ersten Male sieht er auf dieser Reise auch das Meer: Mit stets wacher und höchst lebendiger Aufmerksamkeit wendet er sich, wie Forster in einem Brief an Therese berichtet, allem Neuen zu; er ist fasziniert vom Anblick der Muscheln, Meeresnesseln, Seesterne und Korallen, welche die Wogen an der Küste von Dünkirchen auf den Strand werfen; er sammelt ein, was bei Ebbe zurückbleibt, und sitzt abends im Gasthof vor dem Feuer, um die Ausbeute des Tages zu trocknen.

Forsters Name öffnet den Reisenden in Holland wie in England die Türen, die sonst nur schwer sich aufgetan hätten. «So schnell auch unsre Reise war», schreibt Alexander an Jacobi, «so war sie doch äußerst lehrreich für mich; besonders hab' ich an naturhistorischen Kenntnissen, teils durch die übergroße Gefälligkeit von Banks, teils durch eine mineralogische Tour nach dem

«Zwischen ihm und mir werden Sie eine große Verschiedenheit finden», schrieb Wilhelm von Humboldt 1789 über seinen Bruder Alexander. «Bei völlig gleicher Erziehung wichen von Kindheit an Temperament, Charakter, Neigung, selbst Richtung in wissenschaftlichen Dingen immer von einander ab. Sein Kopf ist schneller und fruchtbarer, seine Einbildungskraft lebhafter, sein Sinn fürs Schöne schärfer.»

Peak von Derbyshire, viel gewonnen. Forsters Name verschaffte mir überall Eingang und ich wurde in wenigen Wochen mit so viel vorzüglichen Menschen bekannt, als ich vielleicht allein in ebensoviel Jahren nicht hätte kennengelernt» (3.Januar 1791). Hinzu kommen die von ihm als extrem empfundenen politischen Gegensätze in Brabant und Holland, England und Frankreich; das sind für den jungen Freund Forsters unauslöschliche Eindrücke. «Forsters Ansichten, die nun bald erscheinen, werden Ihnen das alles wahrer und in edlerer Sprache schildern. So wie vielleicht für die Geschichte des europäischen Menschengeschlechts keine Zeit wichtiger als die jetzige ist, so wird mir auch diese kurze Epoche meines Lebens immer die lehrreichste und unvergeßlichste sein. Der Anblick der Pariser, ihrer Nationalversammlung, ihres noch unvollendeten Freiheitstempels, zu dem ich selbst Sand gekarrt habe, schwebt mir wie ein Traumgesicht vor der Seele» (ebd.).

Alexanders Konstitution ist, was seine Freunde besorgt macht, nicht eben kräftig; es scheint, als sei er ständig getrieben, sich mehr zuzumuten, als ihm zuträglich ist, so daß er nach der Rückkehr von der großen Reise einem Freund gestehen muß: «Meine Gesundheit hat sehr gelitten, wenn sie gleich durch die Reise mit Forster wieder etwas gewann. Auch hier bin ich so beschäftigt, daß ich mich nicht schonen kann. Es ist ein Treiben in mir, daß ich oft denke, ich verliere mein bischen Verstand, und doch ist dies Treiben so notwendig, um rastlos nach guten Zwecken hinzuwirken» (an Wegener, September 1790).

Schon ein Jahr später klagt Forster, die Brüder Humboldt begönnen ihm abzusterben – Wilhelm hat sich zurückgezogen, will heiraten, und Alexander studiert bei Werner in Freiberg; einige Briefe aus dieser Zeit sind leider verloren. Alexander hatte schon in England vorsichtige Worte des Abstands zu Forster gefunden. So sieht er zwar voraus, daß Forsters Reisebeschreibung «Aufsehen in der Welt» erregen wird, aber kühl und knapp fügt er hinzu: «Seine Urteile aber halte gar nicht für die meinigen: wir haben sehr verschiedene Gesichtspunkte, die Sachen zu betrachten» (an Wegener, 20.Juni 1790).

Nichtsdestoweniger bleibt gültig, was er wiederholt, ganz nachdrücklich aber Jahre später im «Kosmos» ausgesprochen hat, wo er Forster als seinen Lehrer und Freund bezeichnet: «Durch ihn begann eine neue Ära wissenschaftlicher Reisen, deren Zweck vergleichende Völker- und Länderkunde ist (...). Alles, was der Ansicht einer exotischen Natur Wahrheit, Individualität und Anschaulichkeit gewähren kann, findet sich in seinen Werken vereint. Nicht etwa bloß in seiner trefflichen Beschreibung der zweiten Reise des Kapitän Cook, mehr noch in den kleinen Schriften liegt der Keim zu vielem Großem, das die spätere Zeit zur Reife gebracht hat.»

In der Erinnerung hat sich die Anhänglichkeit Alexanders an Georg Forster noch einmal befestigt, mehr vielleicht als je zuvor. Umgekehrt ist es bei dem älteren Bruder, der zu Lebzeiten Forsters offenkundig stärker, schwärmerisch fast, an diesen sich anschließt, sich aber in späteren Jahren deutlicher von ihm distanziert.

III

Georg Forster war im März 1793 aus dem französisch besetzten Mainz nach Paris gegangen, der Kontakt zu den Brüdern riß endgültig ab. Wilhelm privatisiert nach kurzer Tätigkeit in der preußischen Justiz, Alexander ist als Oberbergmeister bei den fränkischen Besitzungen Preußens im ehemaligen Fürstentum Ansbach-Bayreuth tätig. So könnten die Brüder in verschiedenen Departements der preußischen Verwaltung gleichzeitig beschäftigt sein, die Linien des Berufs scheinen in einer möglichen Parallelität vorgezeichnet zu sein, wenn Wilhelm nicht unzufrieden wäre mit der administrativen Tätigkeit; noch weniger vermag sich Alexander von amtlichen Pflichten fesseln zu lassen.

Einen gemeinsamen Studienfreund, den späteren schwedischen Diplomaten K. G. von Brinkmann, läßt Wilhelm damals wissen: «Über meinen Bruder bin ich neugierig Sie zu hören. Ich halte ihn unbedingt und ohne alle Ausnahme für den größten Kopf, der mir je aufgestoßen ist. Er ist gemacht, Ideen zu verbinden, Ketten von Dingen zu erblicken, die Menschenalter hindurch, ohne ihn, unentdeckt geblieben wären. Ungeheure Tiefen des Denkens, unerreichbarer Scharfblick, und die seltenste Schnelligkeit der Kombination, welches alles sich in ihm mit eisernem Fleiß, ausgebreiteter Gelehrsamkeit, und unbegränztem Forschungsgeist verbindet, müssen Dinge hervorbringen, die jeder andre Sterbliche sonst unversucht lassen müßte. In dem, was er bis jetzt geleistet hat, weiß ich nichts anzuführen, was *soviel* bewiese, als ich hier avanciere, aber (...) ich bin fest überzeugt, daß die Nachwelt (denn sein Name geht gewiß auf eine sehr späte über) mein jetziges Urtheil buchstäblich wiederholen wird. Es ist nicht meine Sache zu loben und zu bewundern, aber ich habe mich, so oft ich meinen Bruder von seinen eigentlichsten Ideen reden hörte, nie inniger Bewunderung erwehren können, ich glaube sein Genie tief studirt zu haben, und dieß Studium hat mir in dem Studium des Menschen überhaupt völlig neue Aussichten verschafft» (18. März 1793).

Es ist dies eine erstaunliche Prognose aus einer Zeit, da doch wenig erst als geleistet angesehen werden konnte und also eher von Verheißungen zu sprechen gewesen wäre. Alexander werde fähig sein, das Studium der physischen mit dem der moralischen Natur zu verbinden, heißt es weiter, und so in das zu erkennende Universum «die wahre Harmonie zu bringen». Dazu scheint Wilhelm von allen Menschen, die er kennengelernt hat, einzig Alexander fähig zu sein, der gewiß alles hintansetzen werde, was sich ihm dabei als hemmend oder seine Kräfte zersplitternd entgegenstellen könnte.

Wiederum, und das ist wohl charakteristisch für Wilhelm von Humboldt, ist das Urteil von der persönlichen Zuneigung oder verwandtschaftlicher Solidarität so wenig beeinflußt wie von einer potentiellen Rivalität. Bei aller Bewunderung ist Wilhelm objektiv, nüchtern im Ton und abwägend, so als beurteile er im jüngeren Bruder einen hochbegabten Bekannten, an den keine Herzensneigung, kein Freundschaftsband ihn fesselt. Das macht seine Vorwegnahme künftiger Wirksamkeit und Größe nur noch bedeutungsvoller. Die Art, wie er hier über den Bruder zu sprechen weiß, charakterisiert auch ihn selbst.

Die sachliche Beurteilung macht es auch möglich, daß die Brüder einander kritisch-hilfreich beraten und jeder dabei die Selbständigkeit und Eigenart des anderen respektiert; die Abgrenzung kann als Versuch erscheinen, gegenüber den bisweilen als überlegen empfundenen Fähigkeiten des anderen sich in freiwillig eingeschränkter Eigenart zu behaupten. Wilhelm beneidet den Bruder um sein Temperament, die Fähigkeit sich zu vergnügen und in der Teilnahme einen leicht spöttischen Abstand zu wahren (was ihn oftmals als «boshaft» erscheinen läßt), Charakterzüge, die ihn sogar, wenn er falsch verstanden wird, als leichtfertig und flatterhaft erscheinen lassen können. Dabei ist er fleißig und bemüht sich sogar, wo es nötig wird, anderen zu helfen. Doch dann gesteht Wilhelm auch einmal: «Übrigens leben wir beide noch wie sonst miteinander. Wir sind uns sehr gut, aber selten einig. Darum sprechen wir auch wenig zusammen. Unser Charakter ist zu verschieden.»

Immer wieder aber betont er neidlos die Überlegenheit des jüngeren Bruders, dessen Beweglichkeit und niemals ermüdende Aufmerksamkeit ihn staunen macht; die Menschen verkennten Alexander, behauptet er, wenn sie ihn, Wilhelm, nach Talenten und Kenntnissen über seinen Bruder stellten. Talent besitze er mehr und Kenntnisse nicht weniger, eben nur auf anderen Gebieten. Sein Herz sei gut, versichert er, auch wenn er zuweilen als boshaft erscheinen mag. Nur einen Fehler will Wilhelm wirklich ernst nehmen: die Eitelkeit und Sucht zu glänzen.

Ein Jugendfreund Alexanders, der sich in Frankfurt an der Oder eng an ihn anschließt, erinnert sich später auch an den älteren Bruder, dessen Zurückhaltung und große Ruhe einen wenig anziehenden Eindruck auf ihn machten: «Der ältere Humboldt war zu kalt und zu fleißig, um irgend jemals Freundschaft zu suchen; und nur dadurch ist er mir interessant gewesen, weil ich aus seinen Gesprächen sehr viel gelernt habe» (Wegener in seinen autobiographischen Aufzeichnungen).

Auf seine Weise bestätigt Alexander dieses Urteil, wenn er in einem Brief an eben diesen Jugendfreund, Wegener, bemerkt: «Er wird sich totstudieren, mein Bruder. Er hat jetzt alle Werke von Kant gelesen und lebt und webt in seinem Systeme. Ich denke, viel von ihm zu lernen. Denn jetzt habe ich nicht Zeit, an so etwas zu denken. Zu sehr mit individuellen Gegenständen beschäftigt, muß ich die Spekulation an den Nagel hängen» (27. Februar

1789). Es ist ihm wohl nicht schwergefallen, und als Versäumnis hat er es auch nicht empfunden, während der Bruder durch diese Art von Studien für seinen späteren freundschaftlichen Umgang mit Schiller geradezu prädestiniert war.

Caroline von Dacheröden, Wilhelms Verlobte, äußerte zunächst einige Vorbehalte, die sie aber aufgrund weniger Briefe Alexanders bald wieder fallenließ, wobei auch Äußerungen Wilhelms eine gewisse Rolle gespielt haben können. So sagte er einmal, daß Alexander und er sich in manchen Augenblicken viel näherstehen, als sie je für möglich gehalten hätten – indirekt auch ein Eingeständnis der Tatsache, daß ihr Verhältnis nicht immer unwandelbar das gleiche sein konnte. Dabei spielten für den fleißigen, mitunter aber auch pedantisch und schwerblütig wirkenden Wilhelm die Reizbarkeit und Lebhaftigkeit des jüngeren Bruders eine gewiß nicht unerhebliche Rolle; mit der Begabung des Bruders sich abzufinden, wenn man selbst nicht eben unbegabt ist, dürfte leichter sein, als wenn einem die Überlegenheit des anderen im Umgang mit den Menschen und seine leichte Art, auch mit dem Leben zurechtzukommen, dauernd vorgeführt werden.

Wilhelm erkennt die Kraft des Geistes wie des Herzens in seinem Bruder rückhaltlos an und meint, daß ihm das erforderliche Gleichgewicht, das er, Wilhelm, früh, viel zu früh schon gefunden hatte, durch Zeit und Erfahrung auch zuteil werden dürfte. Unterschwellig wird hier ein gewisses Bedauern laut, wenn er sagt, daß er das Gleichgewicht zu früh erlangt habe. Überhaupt wird man bei der Lektüre seiner Briefe den Eindruck nicht los, Wilhelm von Humboldt sei eigentlich sehr früh schon alt und in gewisser Weise «gesetzt» gewesen und fortan nur wenig älter geworden; es ist, als habe er dieses jugendliche Frühalter bis in die eigentliche Periode des Alters hinein mühelos verlängern können, wohingegen Alexander, lange jung geblieben, noch seinem hohen Alter durch eine durchgehaltene Jugendlichkeit Elastizität verleihen konnte. In dieser Hinsicht kann man die Brüder in der Tat bei scheinbarer Übereinstimmung als gegensätzlich bezeichnen.

Dieser Gegensatz deutet sich schon in den Brautbriefen Wil-

Man wird den Eindruck nicht los, Wilhelm von Humboldt sei eigentlich sehr
früh schon alt und in gewisser Weise «gesetzt» gewesen und fortan nur wenig älter geworden; es ist, als habe er dieses jugendliche Frühalter bis in die eigentliche
Periode des Alters hinein mühelos verlängern können. Die Zeichnung des jungen Wilhelm scheint diesen Eindruck zu bestätigen.

helms an, wenn er über seinen Bruder bemerkt: «Er scheint gern viel wirken zu wollen, und das außer sich; nur um sich einen großen Wirkungskreis zu verschaffen, tut er vieles, was Anderen notwendig Eitelkeit scheinen muß, kramt seine Kenntnisse aus, sucht die Menschen dadurch bald zu blenden, bald zu gewinnen. Mir scheint die Rechnung trügerisch», fügt er hinzu und erläutert dies in einem bezeichnenden Zusatz: «Alles Wirken auf Andere geht von dem Wirken auf sich aus; und auf sich wirkt man still und schweigend und anspruchslos» (6. November 1790). Was im Grunde als Bekräftigung der vielleicht hin und wieder doch angefochtenen eigenen Haltung zu lesen ist, wird, ungewollt und wohl auch unbewußt, zu einem subtilen Vorwurf gegen den offenkundig stark nach außen gerichteten Bruder.

Es ist erstaunlich, wie oft in Wilhelm von Humboldts Briefen an Caroline von Alexander die Rede ist. Der Bruder ist Teil des Lebensinhalts von Wilhelm, auf den auch Caroline als seine Braut wie dann als seine Frau Aufmerksamkeit, ja Neigung zu wenden hat, was sie auch bereitwillig tut. Wie einer sonst wohl von seinen Eltern, der Mutter vor allem, seiner Bindung an diese und den daraus sich ergebenden Komplikationen und Verständigungen erzählt, so tut dies Wilhelm von seinem Bruder. Dann heißt es etwa: «Mein Bruder geht mir seit ein paar Tagen sehr durch den Kopf. Ich besorgte lang, er wäre nicht ganz, wie es seiner wert ist zu sein; und gerade in diesen Tagen bestätigte sich manches» (23. Dezember 1790).

Wiederum ist es die schon mehrfach von ihm als störend empfundene Eitelkeit, die Schwäche, Menschen bei ihren Schwachheiten leiten zu wollen, in die Alexander Ruhm und «sein doch wahrlich sehr herzloses Vergnügen» setze, was Wilhelm irritiert. Einen Tag später versichert er sich auf dem Umweg über Caroline, wie sehr er den Bruder liebt: Alexander könne so nicht glücklich sein, es jedenfalls nicht bleiben. Es klingt etwas wie Enttäuschung an, die eines liebevoll sorgenden Erziehers, wenn er hinzufügt, er habe das vor einiger Zeit noch anders gesehen: «Er trieb, wozu er Neigung hatte; aber er hatte nur immer Neigung zu den Dingen, die den Kopf edel und schön beschäftigen; räsonnierte so fein und durch keine Rücksicht gebunden und lebte mit

einem Wort in zehnfach innerer Freiheit. Ich freute mich des Anblicks; ich sah das wirklich große Genie (...) in ihm; ich ahndete,
sein Kreis werde größer und mit höherer Energie ausgefüllt sein»
(24. Dezember 1790). Der Komparativ bezieht sich wahrscheinlich auf ihn selbst.

Ein gelegentlich vernehmbarer Mißmut – oder auch nur Be-
sorgnis – mag mit einer solchen Anerkennung der potentiellen
Überlegenheit des Jüngeren, für den er sich gleichzeitig ein wenig
verantwortlich fühlen möchte, notwendigerweise zusammenhängen. Auch mag das Bewußtsein nicht allein der Andersartigkeit,
sondern auch der eigenen Begrenztheit Wilhelm gelegentlich
Schwierigkeiten bereitet haben. Daß er mit diesen sehr menschlichen Schwächen offenkundig fertig geworden ist, das ist vielleicht nicht die geringste Leistung im Leben dieses stets um
Vervollkommnung und Bildung auch im menschlichen Sinne
bemühten Mannes. Man darf nicht vergessen, daß sich die vorsichtig geäußerte Kritik auf der Basis einer letztlich unangefochtenen
Zuneigung und unter Brüdern nicht alltäglichen Verbundenheit
ausspricht, die von der Braut nun gewissermaßen übernommen
wird. So erwidert sie die Ausführungen Wilhelms mit Worten, die
einen hohen Grad von Hellsichtigkeit verraten: «Alexander hat
gar viel Schönes in sich; aber es fehlt seinem ganzen Wesen
an Grazie, an der Feinheit, die man nicht durch den Umgang
erwirbt, aber die sich in allem ausdrückt, weil sie von innen
kommt.» Dem folgt ein Satz über den erst zweiundzwanzigjähri-
gen Alexander, der seine Gültigkeit erst noch erweisen sollte:
«Überdies wird auf Alexander nie etwas großen Einfluß haben, als
was von Männern kommt; ich glaube, die Zeit wird es bestätigen»
(21. Januar 1791).

Natürlich sind briefliche Äußerungen immer auch Produkte
rasch verfliegender Stimmungen; Urteile dieser Art müssen mit
Vorbehalt aufgenommen und in dem ihnen eigenen Kontext verstanden werden, aber durch Wiederholung oder Variation bilden
sie schließlich doch eine Art Grundmelodie. Hinzu kommt, daß
bei einem so offenkundig stets beherrschten Menschen wie Wilhelm von Humboldt Launen und Stimmungen eine minder große
Rolle spielen als bei manch anderem. Wie verhalten auch immer,

wie sehr auch stets von Anerkennung überlagert, von Zeit zu Zeit zeigt sich eine gewisse Ambivalenz in seiner Beziehung zu Alexander.

Nach einem kurzen Wiedersehen in Berlin berichtet Wilhelm seiner Braut: «Alexander ist heute früh abgereist; die Trennung von ihm tat mir sehr weh; er ist sehr gut geworden, und doch bei weitem anders, als ich ihn mir dachte. Ich will nicht streiten, daß er nicht eitel sei; aber er läßt es doch wenig blicken, hat eine Anschauung fremder Größe und Schönheit und anspruchslose Bewunderung, wo er sie zu finden glaubt. Etwas eigentlich Großes hab' ich genau genommen nicht in ihm gefunden, aber doch eine bei weitem mehr als gewöhnliche Wärme, Fähigkeit zu jeglicher Aufopferung und große und starke Anhänglichkeit. Glücklich wird er schwerlich je sein; er ist auch nicht ruhig und wird es nie werden, weil ich doch nie glaube, daß irgend ein Interesse sein Herz beschäftigen wird, und er doch gerade für eine solche Existenz Sinn und tiefe Achtung hat. Er wird nie mit sich zufrieden sein, weil er fühlt, daß er sich selbst nicht auszufüllen vermag. Hie und da hat er das sogar gegen mich geäußert, obgleich meist wie ein Schleier zwischen uns über unseren innersten Gefühlen hing, den jeder sah und keiner aufzuheben wagte» (3. Juni 1792).

Man schont sich also, und dies gewiß nicht nur aus Konvention und Takt, auch nicht, um ein etwa drohendes Zerwürfnis zu vermeiden; vielmehr scheint es, als seien sich die Brüder ihrer Zusammengehörigkeit so sehr bewußt, daß es gar nicht nötig ist, über die trennenden Elemente eigens zu sprechen, obschon man sich vermutlich auch das noch gestatten könnte. Trennendes wird, wohl mit Bedauern, anerkannt und hingenommen, wobei gewiß auch eine Rolle spielt, daß der nicht nur an Jahren, sondern in seiner ganzen Haltung und Erscheinung ältere, oder besser: gleichsam alterslose Bruder mit programmatischer Bestimmtheit über den Grad von Emotionalität entscheidet, der in ihrem Verhältnis walten soll. Sentimentalität war beiden fremd, Überschwang wurde früh schon domestiziert, das Temperament vergeistigt. In diesem Sinne hat Wilhelm zweifellos auch erzieherisch auf den weit beweglicheren Bruder eingewirkt.

Wir müssen uns ferner verdeutlichen, daß Wilhelm manche

Charakterzüge seines Bruders nicht oder anders wahrnahm als dessen Freunde, denen Alexander Seiten seines Wesen eröffnete, die dem Bruder wohl verborgen blieben. So erinnert sich Carl Freiesleben, der Jugendfreund Alexanders aus den Studientagen an der Freiberger Bergakademie, an die gemeinsame Zeit mit dem später weltberühmten Reisenden und Forscher: «Die hervorstechenden Züge seines liebenswürdigen Charakters sind: eine ganz unendliche Gutmütigkeit; wohlwollende und wohltätige, zuvorkommende, uneigennützige Gefälligkeit; warmes Gefühl für Freundschaft und Natur; Anspruchslosigkeit, Einfachheit und Offenheit in seinem ganzen Wesen; immer lebendige und unterhaltende Mitteilungsgabe; heitere, harmonische, mitunter wohl auch schalkhafte Laune. Diese Züge, die ihm in späteren Jahren dazu halfen, wilde und rohe Menschen, unter denen er sich jahrelang aufhielt, zahm und sich zugeneigt zu machen, in der gesitteten Welt aber allenthalben, wo er auftrat, Bewunderung und Anteil zu erregen, – diese Züge erwarben ihm schon in Freiberg allgemeine Liebe und Ergebenheit. Er wollte jedem wohl und wußte jeden Umgang sich unterhaltend und nützlich zu machen; nur gegen inhumane Roheit, jede Art von Insolenz, Ungerechtigkeit oder Härte konnte er erzürnt und heftig, sowie gegen Sentimentalität oder – wie er es nannte – ‹Breiigkeit des Gemüts› und Pedanterie konnte er ungeduldig werden.»

Eine Eigenschaft wird hier nicht erwähnt, die Alexander von Humboldt selbst an sich konstatiert, die heftige Unruhe nämlich, die ihn in ständiger Bewegung hält und die ihn, als er eben fünf Tage in Hamburg weilt, beim Anblick einiger Naturgegenstände aus Helgoland dazu treibt, sich bei nächster Gelegenheit einzuschiffen und sich diese Dinge zu verschaffen. Während Wilhelm heiratet, ist Alexander in Schwaben, Bayern, Österreich und Polen unterwegs. «So ist der Mensch ein wanderndes Geschöpf, aber froh sieht er sich immer wieder nach denen um, die ihm einst nahe verbunden waren, und erinnert sich dankbar der Freuden des geselligen Umgangs» (an Wattenbach, 9. Februar 1793).

Nach kurzer Tätigkeit im preußischen Staatsdienst, betraut mit der Reorganisation des Bergbaus im ehemaligen Fürstentum Ansbach-Bayreuth, ist Alexander von Humboldt häufig auf Studien-

und Inspektionsreisen, die höchst anstrengend sind. Dann ist er wieder in Jena, wo Wilhelm sich inzwischen mit seiner Frau niedergelassen hat und freundschaftlichen Umgang mit Schiller pflegt. Alexanders lebhafte und produktive Art der Naturforschung wirkt belebend auf die naturwissenschaftlichen Studien Goethes, der ihn zu rühmen nicht müde wird. Schiller, in dessen «Horen» Alexander eine allegorische Erzählung hat erscheinen lassen, ist weit weniger von ihm angetan; so erklärt sich vielleicht der beinahe werbende Brief, den Wilhelm für seinen Bruder an Schiller richtet, um diesen davon zu überzeugen, daß man in Alexanders Wirken einen Geist finde, der nicht dazu gemacht sei, «die Natur als Natur zu beobachten, sondern auch im engeren Verstande, lebendige Kräfte als lebendige anzusehen und zu behandeln, was bisher – bei der Sucht mechanischer und mathematischer Erklärungsarten – so selten der Fall gewesen ist» (23. Juni 1797).

Aber Schiller ist nicht zu gewinnen; bei aller Anerkennung der Talente und der rastlosen Tätigkeit meint er doch, der jüngere Humboldt werde nie etwas Großes in seiner Wissenschaft leisten, eine zu kleine Eitelkeit beseele noch sein Wirken; ein objektives Interesse jedenfalls vermag er ihm nicht abzumerken, «und wie sonderbar es auch klingen mag, so finde ich in ihm – bei allem ungeheuren Reichthum des Stoffes – eine Dürftigkeit des Sinnes, die bei dem Gegenstande, den er behandelt, das schlimmste Übel ist. Es ist der nackte, schneidende Verstand, der die Natur, die immer unfaßlich und in allen ihren Punkten ehrwürdig und unergründlich ist, schamlos ausgemessen haben will und mit einer Frechheit, die ich nicht begreife, seine Formeln, die oft nur leere Worte und immer nur enge Begriffe sind, zu ihrem Maßstabe macht» (an Körner, 9. August 1797).

So sieht ihn Schiller nur als beschränkten Verstandesmenschen, der ein viel zu grobes Organ für seinen Gegenstand habe und überdies ohne Einbildungskraft sei, weshalb ihm auch das wirkliche Vermögen zu seiner Wissenschaft notwendig abgehen müsse. Dem folgt der aufschlußreiche Satz, der gewiß nebenbei und indirekt auch Goethe trifft: «Alexander imponiert sehr vielen und gewinnt in der Vergleichung mit seinem Bruder meistens, weil er ein Maul hat und sich geltend machen kann.»

Gottfried Körner, an den diese Zeilen gerichtet sind, beurteilt die Brüder völlig anders: «Alexander Humboldt ist mir ehrwürdig durch den Eifer und Geist, mit dem er sein Fach betreibt. Für den Umgang ist Wilhelm genießbarer, weil er mehr Ruhe und Gutmütigkeit hat. Alexander hat etwas Hastiges und Bitteres, das man bei Männern von großer Tätigkeit häufig findet» (an Schiller, 21. Juli 1797).

IV

Nachdem ihm durch den Tod der Mutter, der nicht sehr geliebten, ein beträchtliches Vermögen zugefallen ist, kann Alexander von Humboldt an die Verwirklichung seiner großen Reisepläne denken. Mehrere Projekte zerschlagen sich, darunter das einer Weltumsegelung mit dem alten Bougainville, der dann aber, eben wegen seines Alters, durch Baudin ersetzt werden sollte. Doch buchstäblich in letzter Stunde tritt das Directoire von diesem Unternehmen zurück. Zusammen mit Aimé Bonpland begibt sich Humboldt nach Madrid, und zwar zunächst nur in der Absicht, von hier aus eine Forschungsreise in die Levante anzutreten. Jetzt aber bietet sich durch günstige Vermittlung die Möglichkeit zu einer größeren Expedition in das Innere der spanischen Besitzungen von Amerika.

Am 5. Juni 1799 schifft sich Humboldt auf der «Pizarro» ein, Ziel ist die Küstenregion von Caracas. «Es tut mir sehr leid, mich so lange von ihm getrennt zu sehen», bemerkt Wilhelm von Humboldt in einem Brief an Schiller, «allein es ist eine schöne Reise; er ist ganz dazu gemacht, sie so, wie es geschehen muß, zu benutzen; und so teile ich seine in der Tat außerordentliche Freude. Nach seinen Briefen zu urteilen, ist er nie glücklicher gewesen» (26. April 1799). Goethe läßt sich in einem Brief an Wilhelm dem Abreisenden noch einmal empfehlen: «Bei seinem Genie, seinem Talent, seiner Tätigkeit ist der Vorteil seiner Reise ganz inkalkulabel; ja, man kann behaupten, daß er über die Schätze, deren Gewinst ihm bevorsteht, künftig dereinst selbst erstaunen wird» (26. Mai 1799).

Wilhelm weiß noch besser, was von seinem Bruder zu erwarten ist, er weiß auch, daß sich für diesen nun erfüllt, wofür er jahrelang gelebt und gearbeitet hat; Alexander seinerseits weiß, welche Wünsche und welche Erwartungen ihn begleiten. Verhältnismäßig oft, soweit die Umstände es nur gestatten, schreibt er an seinen Bruder in Deutschland oder in Frankreich; er erzählt wenig von seinen Bindungen und Empfindungen, dafür von dem, was er sieht. Fauna und Flora sind ihm gleichermaßen unvertraut wie faszinierend: «Welche Bäume! Wie groß die Zahl kleinerer Pflanzen, die der Beobachtung noch entzogen sind! Und welche Farben der Vögel, der Fische, selbst der Krebse (himmelblau und gelb)! Wie die Narren laufen wir bis jetzt umher, in den ersten drei Tagen können wir nichts bestimmen, da man immer einen Gegenstand wegwirft, um einen anderen zu ergreifen. Bonpland versichert, daß er von Sinnen kommen werde, wenn die Wunder nicht bald aufhören. Aber schöner noch als diese Wunder im einzelnen ist der Eindruck, den das Ganze dieser kraftvollen, üppigen und doch dabei so leichten, erheiternden, milden Pflanzennatur macht. Ich fühle es, daß ich hier sehr glücklich sein werde, und daß diese Eindrücke mich auch künftig noch oft erheitern werden» (aus Cumana, 16. Juli 1799).

Dieses Empfinden, völlig im Einklang mit den eigenen Wünschen, der eigenen Bestimmung zu sein, beflügelt die Schilderungen in seinen Briefen, so wie es später der umfassenden Reisebeschreibung Feuer und Farbe verleihen wird. Eben diese Empfindung – vielleicht sollte man sie besser doch Bewußtsein nennen – wird von dem in Europa zurückgebliebenen Bruder offenbar verstanden. Bei seiner Abreise, so läßt Wilhelm den Anteil nehmenden Goethe wissen, habe Alexander ihm Grüße aufgetragen. Und dann heißt es mit offenkundigem Einverständnis: «Er macht eine einzig schöne Reise und ist ein glücklicher und beneidenswerter Mensch. Es ist selten, daß das Schicksal einen Menschen so begünstigt, das zu werden, wozu ihn die Natur bestimmt hat, und noch seltener, daß ein Mensch selbst diese Bestimmung so früh und so ganz findet. Er hat sich nie einen einzigen Augenblick von seinen Lieblingsstudien abbringen, nie auf seinem Wege irre machen lassen, und was ihn darauf erhalten hat, war einzig sein Genie. Bis in seine frühere Kindheit hinein kann ich diesen Charakterzug in ihm verfolgen» (26. August 1799).

Während sich Wilhelm wiederholt Sorgen um den Gesundheitszustand seines Bruders macht, übersteht Alexander alle Strapazen und Entbehrungen dieser bedeutendsten Privatreise, die je gemacht wurde, mehr noch: seine Gesundheit festigt sich sogar, erste Fieberanfälle scheinen ihn bald schon immun gemacht zu haben. Er ist allen Anstrengungen gewachsen, in gefahrvollen Lagen kaltblütig, und auch Schmerzen und Verletzungen erträgt er mit Gelassenheit.

Voll verhaltener Genugtuung läßt er Wilhelm dann aus Washington wissen: «Jetzt, da ich am Ende meiner Reise stehe, ist meine Freude, dieselbe gemacht zu haben, eine doppelt große. Mein Schatz an Erfahrungen und Kenntnissen ist ein großer. Der fleißigste Gelehrte wird während eines langen, im engen Studierzimmer verbrachten Lebens keinen halb so großen sammeln, wie ich in noch nicht fünf Jahren. Und ich habe nach allen Richtungen gesammelt – auch psychologische Schätze. Um Psychologe zu werden, muß man reisen; aber in solcher Weise reisen, daß man mit den Leuten in nähere Berührung kommt» (10. Juni 1804).

Die Heimkehr nach Europa wird zum Triumph; Caroline schreibt aus Paris an ihren Mann, der als preußischer Geschäftsträger beim Vatikan akkreditiert ist: «Alexander fährt fort, den größten Effekt hier zu machen. Er ißt selten bei mir seit den ersten Tagen seines Hierseins, weil alle ihn haben wollen» (16. September 1804). Seine Sammlungen, berichtet sie weiter, seien ungeheuer: «Alles zu bearbeiten, vergleichen, alle Ideen auszuspinnen, die ihm gekommen sind, braucht er wenigstens fünf bis sechs Jahre.» Wir wissen, daß er sehr viel länger brauchen sollte, nämlich die gut fünfzig Jahres seines Lebens, die er noch vor sich hatte.

Alexander selbst schreibt seinem Bruder in diesen Tagen: «Endlich ist des Königs Antwort gekommen. Freundlicher ist nun noch wohl nie einem Vasallen geschrieben worden. Alle Furcht also, daß meine französischen Verbindungen den vaterländischen schaden könnten, ist eitel gewesen (...) Ich arbeite hier sehr viel und glücklich. Der Ruhm ist größer als je. Es ist eine Art von Enthusiasmus, auch geht den Leuten fürchterlich das Mühlrad im Kopfe umher, denn oft in einer Sitzung habe ich astronomische, chemische, botanische und astrologische Dinge im großen Detail vorgebracht» (18. Oktober 1804). Nach den Gefahren und Entbehrungen – immerhin hat ihn die Reise einen großen Teil seines Vermögens gekostet – genießt Alexander von Humboldt die ständig wachsende Anerkennung, und er verbirgt es seinem Bruder nicht. Auch Caroline freut sich über die Erfolge, ja das Aufsehen, die dem Schwager zuteil werden. Er ist, berichtet sie, «in den sechs Jahren, die er von uns entfernt lebte, nicht um ein Haar gealtert. Sein Gesicht ist merklich voller geworden; und die Lebendigkeit seiner Rede und seines ganzen Wesens ist womöglich noch vermehrt. Es scheint ihm angenehm gewesen zu sein, mich hier zu finden.» Auch für sie sei es ein «inniger Genuß» gewesen, ihn nach so langer Zeit wiederzusehen (an Kunth, 10. September 1804).

Natürlich nimmt auch der Bruder in Rom Anteil an Alexanders triumphaler Rückkehr; er sieht, daß keineswegs, wie befürchtet, die Neigung, Wirkung zu erzielen, es ist, was ihn entscheidend antreibt: «Glanz und Ruhm freuen und unterhalten ihn unglaublich und genügen ihm doch nicht. Der halbe Beifall oder gar der Tadel auch noch so weniger ist ihm nie gleichgültig» (an Caroline, 18. September 1804). Dann äußert er noch etwas, was die äußere Erscheinung betrifft und wiederum mit Selbstverständlichkeit das ihnen Gemeinsame: Er begreife sehr gut, daß der Bruder nicht verändert sei, denn «weder er noch ich werden uns je ändern; und es kommt unstreitig daher, daß man uns bis in eine sehr späte Jugend ein so einsames und ernstes Leben hat führen lassen, daß der natürliche Einfluß der Lebensalter und ihr eigentlicher Wechsel für uns null geworden ist.»

Schon im nächsten Jahr ist nach arbeitsreichen Monaten einiges von Alexanders Arbeiten im Druck, indes Schiller, nach wie vor voller Vorbehalte, vom Eifer der Buchhändler und der hohen Erwartung des Publikums im Hinblick auf das Reisewerk mit großem Mißmut spricht und Cotta wissen läßt: «Aber Herr von Humboldt hat keine gute Gabe zum Schriftsteller; und seine Reise möchte leicht interessanter gewesen sein, als die Beschreibung derselben ausfallen dürfte.» Der Bruder, der von diesen Vorbehalten wohl nichts weiß, denkt ganz anders darüber und schreibt an den gemeinsamen Erzieher Kunth: «An Alexander haben Sie das wirklich am meisten zu Bewundernde mit großer Richtigkeit bemerkt, das Verbinden äußerst verschiedener Eigenschaften. Seine Pflanzenphysiognomik ist in der Tat meisterhaft, eine Darstellung der Natur, zu der ein nur ihm eigenes Genie gehört, eine Wahrheit der Betrachtung, die in der freien Darstellung durch die Einbildungskraft nur heller und klarer hervortritt, eine Behandlung, von der es eigentlich bisher noch kein Beispiel gab» (31. Mai 1806).

Auch Goethe bemerkt, in der Form einer versteckten Huldigung, im Tagebuch Ottiliens in den «Wahlverwandtschaften»: «Nur der Naturforscher ist verehrungswert, der uns das Fremdeste, Seltsamste mit seiner Lokalität, mit aller Nachbarschaft, jedesmal in den eigensten Elementen zu schildern und darzustellen weiß. Wie gern möchte ich nur einmal Humboldten erzählen hören.»

V

In Paris lebend, wo er die besten Arbeitsmöglichkeiten findet, später dann auch in Berlin, wo ihn der König an den Hof zu binden weiß, widmet Alexander von Humboldt seine Zeit zunächst der französischen Veröffentlichung seines vielbändigen Reisewerks, von dem die unvollendete «Reise in die Äquinoctialgegenden des Neuen Kontinents» (ab 1814) nur einen Teil darstellt, freilich den, der sich an ein wissenschaftlich nicht vorgebildetes Publikum wendet. Hier kann man, wie Ottilie es sich wünschte, «Humboldten erzählen hören». Er verhehlt nicht, daß es ihm schwergefallen sei, die prächtige Welt des «westindischen Kontinents» zu verlassen; nicht selten verlange es ihn dorthin zurück.

1807 erscheinen die «Ideen zu einer Geographie der Pflanzen nebst einem Naturgemälde der Tropenländer», im Jahr darauf die überaus erfolgreichen «Ansichten der Natur», die er «Seinem theuren Bruder Wilhelm von Humboldt in Rom» widmet. Zweierlei beabsichtigte er bei der Veröffentlichung dieser unvergleichlichen Studien, die als höchst kunstvolle Essays bezeichnet werden dürfen: durch lebendige Darstellung die genußvolle Teilnahme an den Erscheinungen der Natur zu steigern, zugleich aber im Rahmen der wissenschaftlichen Möglichkeiten «die Einsicht in das harmonische Zusammenwirken der Kräfte zu vermehren».

Die deutschen Verhältnisse, speziell die preußischen nach dem Zusammenbruch unter den Schlägen der napoleonischen Armee, scheinen ihn nur wenig zu berühren, auch wenn seine Vermögensverhältnisse davon nicht unbeeinträchtigt bleiben – sein Bruder meinte sogar, er sei bankrott. Er sitzt in Paris an seiner Arbeit, eine europäische Erscheinung, und niemand scheint ihn als Angehörigen einer feindlichen Nation anzusehen, indes sein Bruder zu einer der wichtigsten Figuren im Kreise der preußischen Reformer wird und als Geheimer Staatsrat die Reorganisation des Bildungswesens betreibt, verantwortlich für die Sektion Kultus und Unterricht, jedoch ohne Einfluß auf die kirchlichen Angelegenheiten, da man ihm in dieser Hinsicht nicht recht traute. Goethe ist der Ansicht, daß man in der augenblicklichen Lage keinen geeigneteren Mann für diese Restauration hätte finden können.

Zu einer derartigen administrativen Tätigkeit, die schließlich zur Gründung der Berliner Universität führen sollte, wäre Alexander in jener Zeit kaum zu gewinnen gewesen. Caroline charakterisiert ihn mit folgenden Worten: «Alexander ist immer derselbe. Man kann ihn nicht beschreiben. Er ist ein solches Composé von Liebenswürdigkeit, Eitelkeit, weichem Sinn, Kälte und Wärme, wie mir noch nie ein zweites vorgekommen ist» (an Welcker, Ende Oktober 1811).

Das ist die Außenseite. Wilhelm hingegen sieht mehr. Auch wenn ihn die Gegenstände, die der Bruder behandelt, nicht immer fesseln, so sieht er doch, daß dieser stets im Zentrum seiner Kenntnisse, nie an deren Peripherie verweilt. Gegen das Isolierte und Vereinzelte hegt er Abscheu, sucht er doch alles zu umfassen, um eines zu erforschen. Aufgrund der Materialien seines Bruders beschäftigt sich Wilhelm sogar mit einer Abhandlung über die amerikanischen Sprachen.

Nach Vollendung seines Reisewerks, die sich hinauszieht, will Alexander eine Reise in das Innere Asiens bis nach Tibet antreten; Indien lockt ihn, und für alle Fälle beginnt er bereits Persisch zu lernen. Es ist interessant zu sehen, wie sich in Wilhelms Beziehung zum Bruder nach fast rückhaltloser Zustimmung jetzt häufiger Vorbehalte einschleichen, so bei der Lektüre im ersten Bande der «Relation historique». Manches, was er ausspricht, klingt fast wie eine prinzipielle Abwertung. Wüßte man es nicht besser, könnte man versucht sein, wörtlich zu nehmen, was er Caroline einmal wissen läßt: «Du kennst Alexanders Ansichten. Sie können nie, so sehr ich ihn liebe, die unseren sein. Unser Umgang ist wirklich oft komisch. Ich lasse ihn immer sprechen und gewähren; was hilft das Streiten, wo die ersten Basen aller Grundsätze verschieden sind. Alexander ist nicht bloß von einzig seltener Gelehrsamkeit und wahrhaft umfassenden Ansichten; er ist auch überaus gut von Charakter, weich, hilfreich, aufopfernd, uneigennützig – aber es fehlt ihm nun einmal das stille Genügen an sich und dem Gedanken; und daraus entspringt alles Übrige. Darum versteht er nicht die Menschen, obgleich er immer mit ihnen lebt und sich sogar vorzugsweise mit ihren Empfindungen beschäftigt, nicht die Kunst, obgleich er alles Technische daran recht fertig versteht und ganz leidlich selbst malt; nicht, so kühn und schrecklich das zu sagen ist, die Natur, in der er täglich Entdeckungen macht. Von Religion wird es weder sichtbar, daß er eine hat, noch daß ihm eine mangelt. Sein Kopf und sein Gefühl scheinen nicht bis an die Grenze zu gehen, wo sich dies entscheidet» (12. November 1817).

Ein erstaunliches Zeugnis; nie zuvor und niemals wieder hat Wilhelm von Humboldt so scharf sich abgrenzend über, ja gegen den Bruder gesprochen. Aber er sagt dabei doch fast soviel über sich aus wie über diesen, denn er pocht angesichts der wissenschaftlichen Vorgehensweise auf ein höheres Verständnis, so als fehlte es dem Bruder an jener vergeistigten Innerlichkeit, die Wilhelm kultiviert hatte und die er als die einzige Voraussetzung einer wirklich geistigen Existenz anzusehen schien. So bekundet er zugleich die Einseitigkeit und Enge, die er dem Bruder zum Vorwurf macht. Man könnte fast meinen, einen späten Widerhall des

Schillerschen Verdiktes zu vernehmen, da Schiller sich damit wohl auch gegen den Goetheschen Realismus zu behaupten versucht hatte. Gegen wen aber behauptet sich Wilhelm, wenn nicht gegen den berühmten Bruder?

Man möchte, was hier ausgesprochen wird, gern für ein Produkt momentanen Unmuts halten – könnte doch ein kleiner Streit vorausgegangen sein –, dies um so mehr, als Wilhelm sich selbst zuzusprechen scheint, was dem Bruder, trotz allem, leider abgehe. Der Brief scheint jedoch wohlüberlegt. Wilhelm kann dem Bruder in der Behandlung der Menschen durchaus überlegen gewesen sein, die kooperative Arbeitsweise als Sektionschef für Kultus und Unterricht spricht dafür, er war wohl auch diplomatischer und für manche Dienstgeschäfte geschickter, aber die einfache Psychologie ist hier ja nicht gemeint. Fehlendes Verständnis für die Kunst wie für die Natur, das bleibt ein schwer zu fassender Vorwurf, denn Wilhelm von Humboldt wird sich kaum eingebildet haben, die Natur wie ein Grieche zu verstehen, als sei es ihm gelungen, die große Entzweiung aufzuheben. Schließlich kann man getrost behaupten, daß in Alexanders darstellender Prosa gemeinhin sehr viel mehr Poesie steckt als in den holprigen und meist langweiligen Gedichten des so philosophischen wie antiquarischen Bruders.

Es mag mit den überschatteten Jugendjahren zusammenhängen, daß Wilhelm gewissermaßen eine Maske trug, daß er zu sich selbst einen Abstand besaß, den er anderen gegenüber mit Witz und Gleichmut überspielte und der es ihm möglich machte, immer Herr seiner Stimmungen, Neigungen und Launen zu bleiben. So arbeitete er mit Verstand und strenger Disziplin an sich selbst. Aus Scheu, sich zu entäußern, wollte er in einem Werk, einem Buch, in jedem bestimmten Wirken eine Beeinträchtigung der Persönlichkeit sehen; diese auszubilden blieb stets sein Hauptziel und verlieh ihm eine ungeheure, von Ehrgeiz völlig ungetrübte Freiheit. Herrschaft des Willens über sich selbst nennt er in den autobiographischen Aufzeichnungen seine Haupteigenschaft. Unabhängigkeit von äußerer Einwirkung war sein erklärtes Ziel. So aber denkt vielleicht nur einer, der spürt, daß er sich schützen und bewahren muß. Berücksichtigt man, daß er gleichzeitig den

«Über jedes andre Freundschaftsverhältnis erhob sich das brüderliche; hier vereinigten sich von beiden Seiten die zartesten und liebevollsten Empfindungen, das edelste Zutrauen, die reinste Hochachtung, welche ein langes Leben hindurch, in größter Trennung und innigster Nähe, in entgegengesetzten wie in gleichen Bestrebungen, unwandelbar denselben Bruderbund darstellten, in welchem die Weihe der Natur durch die des Geistes und Gemüts immerfort erhöht wurden»
(Varnhagen von Ense). Wilhelm von Humboldt, nach einer Zeichnung von Franz Krüger, 1827.

Wunsch hegte, etwas zu vollbringen, in dem er sich zu achten vermöchte, daß ihn, wie er an Schiller schrieb, der Mangel an Lebendigkeit und Unabhängigkeit der Phantasie störte, so hat er aus seinen Nöten und Hemmungen eine Art Überlegenheit entwickelt.

Aber er sagt noch mehr; der Stachel bleibt, die Einbildungskraft in ihm ist nicht unabhängig, der Verstand nicht alleinherrschend: «Dieser im eigentlichen Sinne tantalische Zustand quält mich schlechterdings unaufhörlich. Unternehme ich eine Verstandesarbeit, so bin ich im Abstrahieren nicht tief, im Analysieren nicht streng, im Räsonnieren überhaupt nicht systematisch und trocken genug: wage ich an etwas Poetisches zu denken, so sind mir die Flügel gelähmt und die Sehnen zerschnitten» (4. November 1797).

Es dürfte Momente gegeben haben, in denen sich Wilhelm von Humboldt trotz allem, was er an Entwicklungen eingeleitet, an Erfolgen gehabt, an kleinen Arbeiten publiziert und an größeren entworfen oder vorbereitet hat, als gescheitert vorkommen konnte. Dann war es möglich, daß sich mit dem Blick auf den produktiven, beweglichen und erfolgreichen Bruder sein Unmut verstärkte und plötzlich Bahn brach. So konnte es zu Äußerungen wie der vom November 1817 kommen. Sie lassen uns ahnen (keinesfalls mehr!), daß auch das nach außen hin beispielhaft harmonische Verhältnis der Brüder so frei von Eintrübungen und Spannungen nicht war, wie man meint – was ja auch für die häufig als vorbildlich hingestellte Ehe Wilhelms gelten darf.

Im Gefolge des Königs Friedrich Wilhelm III., der die aufwendige Herausgabe seiner Schriften, also der vielen Bände des unermeßlich teuren Reisewerks, großzügig unterstützt hatte, der ihn als Kammerherrn an den Hof mit der Erlaubnis gebunden hatte, jährlich mehrere Monate in Paris zuzubringen, reist Alexander von Humboldt zum Kongreß nach Verona. Die Reisepläne für Zentralasien und Indien haben sich zerschlagen, und so entwickelt der Unermüdliche neue Projekte. Aus Verona schreibt er dem Bruder, der sich nach Tegel zurückgezogen hat: «Ich habe den großen Plan eines großen Zentralinstituts der Naturwissenschaften des freien Amerika in Mexiko. Der Kaiser von Mexiko, den ich persönlich kenne, wird fallen, es wird eine republikanische Regierung geben und ich habe die fixe Idee, mein Leben auf die angenehmste und für die Naturwissenschaft nützlichste Weise in einem Teile der Welt zu beenden, wo ich außerordentlich geschätzt werde und alles mich auf eine glückliche Existenz hoffen läßt. Das ist eine Art, nicht ohne Ruhm zu sterben, viel gelehrte Leute um sich zu sammeln und die Freiheit der Meinung und des Gefühls zu genießen, die für mein Glück nötig ist.» Er fügt hinzu, daß ein solches Projekt die «Rundreise» nach den Philippinen und Bengalen nicht ausschließe, das sei «eine sehr kurze Exkursion» (17. Oktober 1822).

Auch dieser Plan wird nicht verwirklicht. Statt dessen geht Alexander erst einmal wieder nach Berlin und opfert einen Teil seiner Freiheit und seiner der Wissenschaft gehörenden Zeit und Energie. Aber der ungeheure Aufschwung des intellektuellen Lebens in den deutschen Ländern entschädigt ihn für das, was er preisgibt. Er hält Vorlesungen an der jungen Universität, die mit Beifall, oft auch mit Staunen quittiert werden angesichts der «namenlosen Größe der berührten Gegenstände». 1827 / 28 liest er dann vor einem größeren, nicht nur akademischen Publikum im Gebäude der Singakademie; es sind dies jene Vorträge, aus denen das Spätwerk «Kosmos. Entwurf einer physischen Weltbeschreibung» hervorgehen sollte. Der König, der Hof, hohe Beamte und Militärs sind anwesend, ein Publikum, wie es noch nie einem Gelehrten und Forscher zugehört hatte, achthundert Menschen, Männer wie Frauen; so hat nach den Worten eines Zeitgenossen die irdische Macht dem Geist gehuldigt.

1829 entschließt sich Humboldt aufgrund einer Einladung der russischen Regierung, die sich genauere Kenntnisse von den Schätzen des Ural erhofft, zu einer neuen Expedition. Er erklärt der russischen Regierung vornehm und offen: «Ich habe alles, was ich ererbt (100 000 preußische Taler) aufgezehrt; und da ich es wissenschaftlichen Zwecken geopfert, sage ich es ohne Furcht des Tadels.» Er will, so gibt er zu verstehen, die Rente, von der er noch zu leben hofft, nicht aufzehren: «Ich will gar nicht meine Lage verbessern, möchte aber vermeiden, durch die Reise in Verlegenheit zu kommen.» Dann setzt er hinzu: «Um die Erlaubnis,

Gebirgsarten mehr als Erze sammeln zu können, darf ich wohl ganz gehorsamst bitten: ich sammle für die hiesige königliche Mineraliensammlung, keineswegs für mich. Ich besitze keine Sammlung und habe alles, was in einem anderen Weltteil gesammelt, öffentlichen Sammlungen in Berlin, Paris und London geschenkt. Es versteht sich von selbst, daß es mir eine angenehme Pflicht sein wird, derjenigen der kaiserlichen Mineraliensammlungen, welche Sie mir bestimmen werden, an geognostischen Stücken mitzuteilen, was angenehm und nützlich sein könnte» (an Cancrin, 10. Januar 1829).

Auch von dieser großen Reise schreibt Alexander regelmäßig an den durch den Tod Carolinens inzwischen vereinsamten Bruder, dem er Trost und Ablenkung zu gewähren hofft. Tatsächlich führt ihn die Expedition bis an die Grenze des Zarenreiches, zu dem chinesischen Posten bei Naryn in der Mongolei. «Man reist oder vielmehr man flieht durch die einförmigen sibirischen Grasfluren wie durch eine Meeresfläche – eine wahre Schiffahrt zu Lande, in der man in vierundzwanzig Stunden genau 240 bis 280 Wersten zurücklegt. Wir haben wenig von Tobolsk bis Tara – aber sehr viel von Hitze, Staub und gelben Mücken (…) in Kainsk und der Steppe von Baraba gelitten. Kaum ist die Plage am Orinoko größer» (4. August 1829).

Einige Wochen später schreibt er aus St. Petersburg: «Ich beklage nicht, Teuerster, Deinen Aufenthalt in Tegel; ich werde mich Deiner da mit annehmen, und wenn auch noch ein so strenger Winter sein sollte. Es ist gut, wenn Du Dich so beschäftigst, wie Du glaubst, daß es am fruchtbarsten für Dich ist. Ich werde es nie beklagen, wenn ich dazu beitragen kann, Dir Deine Muße angenehm zu gestalten; und ich biete Dir hierzu mein ganzes Dasein an. Ich empfinde tief, was in Deinem Innern vor sich geht. Niemand in dieser Welt liebt Dich so zärtlich wie ich. Meine Existenz wird für immer an die Deine geknüpft sein; und wir wollen uns niemals mehr auf lange trennen» (9. / 21. November 1829).

Nur wenige Jahre der so versprochenen Gemeinsamkeit sind den Brüdern nach Alexanders Rückkehr von der russischen Reise noch vergönnt: Wilhelm stirbt im April 1835, nach Alexanders Eindruck gefaßt, ja heiter, nach längerer Krankheit. Er gehörte

«Ich halte ihn unbedingt und ohne alle Ausnahme für den größesten Kopf, der mir je aufgestoßen ist. Er ist gemacht, Ideen zu verbinden, Ketten von Dingen zu erblicken, die Menschenalter hindurch, ohne ihn, unentdeckt geblieben wären», schrieb Wilhelm von Humboldt bereits 1793 über den Bruder. «Ich habe mich, so oft ich meinen Bruder von seinen eigentlichsten Ideen reden hörte, nie inniger Bewunderung erwehren können, ich glaube sein Genie tief studiert zu haben, und dies Studium hat mir in dem Studium des Menschen überhaupt völlig neue Aussichten verschafft.» Fotografie von 1847.

nach des Bruders Worten zu jener «kräftigen Generation, die den Glanz des deutschen Vaterlandes erlebte und mächtig auf ihn einwirkte. Was ihn charakterisierte, war, daß er ganz von dem Geiste des Altertums durchdrungen war, daß dieser sich in der Stärke des Charakters, feinem Sinne, Heiterkeit der Seele, Anmut der Sitten, Poesie des Lebens, bei ihm offenbarte, daß diese Offenbarung so früh sich kundgab, daß (...) er sich seit dreißig und vierzig Jahren gleichblieb, nur die schönsten Naturgaben stets in derselben Richtung ausbildete und vervollkommnete. Ich war», fügte er noch hinzu, «hauptsächlich in dies Land gekommen, um mit ihm zu leben. Jetzt bleiben mir nur die einengenden Verhältnisse, die ich eingegangen war, um mir jenes Glück zu verschaffen» (an Caroline von Wolzogen, 12. Juli 1835).

Alexander von Humboldt sollte seinen Bruder um beinahe fünfundzwanzig Jahre überleben; er gab die sprachphilosophischen Werke Wilhelms heraus, wurde zum Mitglied des Staatsrats ernannt und widmete seine Energie der Arbeit am «Kosmos», den er als sein Lebenswerk betrachtet wissen wollte. Er widmete sich aber auch der großherzigen Förderung junger wissenschaftlicher Begabungen. Am 10. Mai 1859 wird er in Berlin mit einer fürstlichen Begräbniszeremonie geehrt; in der folgenden Nacht wird sein Sarg nach Tegel überführt.

«Er hat immer neues Streben, neue Zwecke; ich vergrabe mich so gern in dem Punkt, auf den mich der Zufall führt. Er hält ausschließlich auf die Tätigkeit, die außer sich etwas hervorbringt, und mir geht mehr als je jetzt der Genuß über alles, der das Innere bereichert. Ich kann und werde seine Art zu sein in hohem Grade genießen, aber schwerlich dürfte er mit mir zufrieden sein», hatte Wilhelm von Humboldt am 29. August 1804 an seine Frau geschrieben und so mit der ihm eigenen Nüchternheit den großen Unterschied bezeichnet, der doch die Brüder nicht trennte, wobei wohl eher Wilhelm mit seinem Bruder unzufrieden war als umgekehrt. Die Unterschiede sind offenkundig.

So kam es auch, daß zum wirklichen Weltbürger, der Wilhelm wohl sein wollte, Alexander wie von selbst sich entwickelte. Wilhelm von Humboldt ist ein deutsches Phänomen in repräsentativer Gestalt, Alexander eine eher europäische als deutsche Erscheinung. Für Wilhelm, der sich eng an Schiller angeschlossen hatte, war die philosophische und historische Welt, die der Sprachen wie der Menschen, Gegenstand seines Denkens und Gehalt seiner Bildung, für Alexander war es die Natur im allerweitesten Sinne, die Pflanzen wie die Gebirge, die Gestirne wie die Minerale. Geschichte war ihm vor allem: Geschichte der Natur; so stand er auch Goethe ganz besonders nahe. Doch noch in solchen Unterschieden stehen die Brüder komplementär zueinander.

Varnhagen von Ense, der bewährte Zeitgenosse, erinnerte in seinem Gedenkblatt für Wilhelm von Humboldt an den Ausspruch der Rahel, «er sei von keinem Alter, gehöre keinem an»; nachdem er dann von Wilhelm von Humboldts Freundschaftsverhältnissen gesprochen hat, bemerkt er: «Über jedes andre Freundschaftsverhältniß erhob sich das brüderliche; hier vereinigten sich von beiden Seiten die zartesten und liebevollsten Empfindungen, das edelste Zutrauen, die reinste Hochachtung, welche ein langes Leben hindurch, in größter Trennung und innigster Nähe, in entgegengesetzten wie in gleichen Strebungen, unwandelbar denselben Bruderbund darstellten, in welchem die Weihe der Natur durch die des Geistes und Gemüths immerfort erhöht wurden.»

Von den Spannungen, die sich darunter verbargen, hat Varnhagen nichts wahrnehmen können oder er hat sie, da sie die Nachwelt eigentlich gar nichts angehen, absichtsvoll verschwiegen.

Die Brüder Grimm

von Hartmut Schmidt

Seit sechs Generationen finden die Brüder Jacob und Wilhelm Grimm als Märchenerzähler Zugang zu Kinderherzen in aller Welt. Ihre Sammlung der Kinder- und Hausmärchen war Teil eines frischen Interesses an den sprachlichen Zeugnissen der Vergangenheit. Die wissenschaftliche Durchsetzung ihres Konzepts schuf die Fundamente des neuen Faches der deutschen Philologie und trug ihnen über alle inneren und äußeren Grenzen der Disziplin den dauernden Respekt der Fachgenossen ein. Beide Brüder haben in ihrer Jugend den Zerfall des alten Deutschen Reiches erlebt. Den Weg in das Berufsleben mußten sie unter den Bedingungen eines Besatzungsregimes suchen. Sie haben den darauf folgenden Versuch der Geburt eines föderalen und freiheitlichen deutschen Staatswesens dankbar beobachtet und kritisch mitgetragen. Die ihnen natürlich erscheinende Loyalität zu ihren Landesherren wurde mehrmals auf harte Proben gestellt, denen sie nicht ausgewichen sind. Sie liebten ihr Vaterland überschwenglich, aber seine Konstitution hielten sie für reformbedürftig und reformierbar. Die Intensität ihres Nationalgefühls mag uns heute in manchen Textzeugnissen fast erschrecken. Daß dieses Nationalgefühl ein energisches Eintreten für freiheitliche Lebensformen nicht nur begleitete, sondern begründete, fordert unseren Respekt. Die Konsequenz, mit der Jacob und Wilhelm Grimm ihr Lebenswerk als Brüder vollbracht haben, verleiht diesem Werk und dem Lebensweg seiner Schöpfer einen besonderen Reiz. Doch Jacob und Wilhelm Grimm waren Brüder auch für zunächst sieben weitere Geschwister. Ihr enges Verhältnis wuchs aus ihrer gemeinsamen frühen Verantwortung, die sie in der Familie zu tragen hatten. Sie müssen es sich gefallen lassen, daß wir als erstes einen Blick auf diese Familie werfen.

Am 5. Juli 1860 schaute der fünfundsiebzigjährige Jacob Grimm ein letztes Mal öffentlich als der letzte Überlebende auf die Reihe seiner Brüder zurück: «Von acht unsrer eltern söhnen war ich der zweite, Wilhelm der dritte, beide nur ein jahr im alter unterschieden, gleich gekleidet und stets zusammen rückend, zum vierten bruder hin war ein gröszerer abstand (...) auch der fünfte und sechste hielten nah zu einander, der siebente und achte waren, wie der erste bruder noch als kleine kinder dem tode verfallen, so dasz ich nun obenan stand.» Die Eltern Philipp Wilhelm und Dorothea Grimm hatten in ihrer knapp dreizehnjährigen Ehe neun Kinder. Als der Vater 1796 früh starb, waren sechs noch am Leben: Jacob (1785), Wilhelm (1786), Carl (1787), Ferdinand (1788), Ludwig Emil (1790) und die von Jacob in seinem Rückblick nicht erwähnte Schwester Charlotte (1793).

Die Vorfahren hatten lange im hessischen Bergen, seit mehr als hundert Jahren in Hanau und Steinau gelebt. Der Urgroßvater der Brüder, Friedrich Grimm, war Konsistorialrat in Hanau gewesen, der gleichnamige Großvater rund fünfzig Jahre Pfarrer an der Steinauer Katharinenkirche. Der Vater, Philipp Wilhelm Grimm, hatte Jura studiert und war Stadtschreiber in Hanau, später Amtmann in seiner Geburtsstadt Steinau. Er heiratete Dorothea Zimmer aus Kassel, die bald nach dem Tode ihres Mannes dorthin mit den Kindern zurückkehrte. Steinau, Hanau und Kassel sind die Orte, die die Kindheit der Geschwister prägten, und die tiefe Verbundenheit mit der hessischen Heimat bestimmte ihr Lebensgefühl bis in die späten Jahre.

Beim Tod des Vaters war Jacob gerade elf Jahre, der Jüngste, Georg, der nicht überleben sollte, knapp neun Monate alt. Zwar gab es einen Vormund, aber das Verantwortungsgefühl Jacobs für Mutter und Geschwister ist seit der Todesstunde des Vaters hellwach. Fast erschreckend schnell wird Jacob die männliche Autorität in der Familie und bleibt es sein Leben lang. Zwei Tanten haben die Kindheit der Geschwister Grimm nachhaltig beeinflußt, zuerst die älteste Schwester des Vaters, Juliane Friederike Schlemmer, die schon den Vater erzogen hatte und der Familie

165

von Hanau nach Steinau folgte, und dann in der Kasseler Zeit die älteste Schwester der Mutter, Henriette Zimmer, Hofdame der Kurfürstin in der hessischen Residenz in Kassel. Ihr meldet der eben Elfjährige den Tod des Vaters: «Beste Jungfer Tante, jezo empfehle ich mich Ihnen mit meinen 5 vaterlosen Geschwistern Ihrer Liebe und Vorsorge (...) Wie viel hätte ich Ihnen zu sagen von meiner lieben leidenden Mutter, gewiß würden sie mich trösten und mir guten Rat erteilen. Doch dieser Wunsch kann vor jezo nicht erfüllt werden.» Die «Jungfer Tante» hat den Kindern ihrer Schwester nach Kräften beigestanden, vor allem hat sie viel für die Schulbildung der Brüder getan. Durch ihre Vermittlung konnten Jacob und Wilhelm Grimm schon seit 1798, als die Familie noch in Steinau lebte, das Kasseler Lyceum Fridericianum besuchen und sich dort auf die Universität vorbereiten. Nach ihrem Abgang zum Studium – mit einer Sondererlaubnis des Kurfürsten, da sie nach hessischem Recht nicht von Geburt zur studienberechtigten Volksklasse gehörten – folgten ihnen auf der gleichen Schule Ferdinand und Ludwig Emil.

Der Ruf, den sich Jacob und Wilhelm auf dem Lyzeum erworben hatten, machte es ihren nachfolgenden Brüdern nicht leicht. Jacob hat später mehrfach festgestellt, er sei einer der arbeitslustigsten Menschen, die er kenne. Diese Arbeitslust hatte er schon in Hanau als ABC-Schütze bewiesen, als ihn die Tante Schlemmer auf den Schulbesuch vorbereitete. Daß er der Lieblingsneffe dieser wichtigen Respektsperson in der väterlichen Familie war und durch ihre Fürsorge rasch seinen natürlichen Vorsprung vor den jüngeren Geschwistern vergrößerte, erfüllte ihn mit Stolz: «Bei der Tante Schlemmer war ich täglich und mehr als bei den Eltern fast und hing damals mehr an ihr, wie an Vater und Mutter (...) Die Tante hatte mich sehr lieb und lehrte mich lesen und Religion (...) Dieses Lernen bei der Tante ist (...) das, was ich mir am meisten aus ihrem Umgang besinne.» Jacob war sich auch der Problematik dieser Beziehung zur ältesten Schwester seines Vaters früh bewußt: «Die Tante hatte niemand in der Welt als den Vater und ihren Bruder, den sie erzogen und über alles lieb hatte, diese Neigung und der Stolz, den sie auf die Grimmische Familie setzte, brachte einen Gegensatz zu der Zimmerischen hervor, und eine Überlegenheit an Welterfahrung und Verstand, die sie über die Mutter hatte, kam hinzu (...) Die Mutter war jünger und fühlte wohl, daß die Tante oft in ihre Rechte eingriff (...) Eigentlich (...) wäre ich auf der Tante Seite gewesen, wenn ich damals das Urtheil zu sprechen gehabt hätte, und ich habe bestimmt Mitleid mit ihr gehabt, ihrer Anhänglichkeit zu mir und Kränklichkeit halben (...) Später hin, als nach des Vaters Tod meine Liebe zur Mutter gewaltig wuchs, habe ich mir im Gewißen Vorwürfe gemacht über dieses Vernachläßigen der Mutter.»

Als im Mai des Jahres 1808 auch die Mutter starb, besaßen nur Jacob und Wilhelm eine Berufsausbildung, wenn auch noch keine sichere Anstellung. Sie hatten nach dem Besuch des Kasseler Lyzeums in Marburg Jura studiert, wie ihr verstorbener Vater es gewünscht hatte. Jacob war 1805 ohne Examen seinem Lehrer Friedrich Carl von Savigny als Helfer bei der Erfassung und Durchsicht alter Rechtstexte nach Paris gefolgt. Nach der Rückkehr aus Frankreich wurde er im Januar 1806 für einige Monate Sekretär am kurfürstlichen Kriegskollegium in Kassel. Wilhelm bestand im gleichen Jahr sein Advokaturexamen. Als Napoleon das Land besetzte, gelang es Jacob im Juli 1808 dank seiner guten Französischkenntnisse, eine Anstellung als Privatbibliothekar beim neuen König von Westfalen, Napoleons Bruder Jérôme, zu finden, der nun in Kassel residierte. Im Jahr darauf wurde er Beisitzer im königlichen Staatsrat. Die Geschwister führten in Kassel auch nach dem Tod der Mutter ihren gemeinsamen Haushalt fort. Jacob war der Ernährer, zusammen mit Wilhelm wohl auch Erzieher der vier jüngeren Geschwister. Aus dieser Zeit haben sich viele Belege der gegenseitigen Zuneigung und der engen Bindung der verwaisten Kinder von Philipp Wilhelm und Dorothea Grimm erhalten, doch auch Hinweise darauf, wie schwer es war, das elternlose Familienschiff zu steuern. Vor dem Hintergrund dieser Aufgabe rückten die beiden Ältesten, Jacob und Wilhelm, einander immer näher. Auf ihnen lastete die Sorge um die Zukunft von Carl, Ferdinand, Ludwig Emil und Charlotte. Daß wir uns das vielstimmige Miteinander der Geschwister in der Kasseler Wohnung nicht als biedermeierliche Idylle vorstellen dürfen, wissen wir aus schriftlichen Äußerungen; die Entwicklung der Geschwister, ihr Heranwachsen, ihre immer wieder gefährdeten Versuche, in der Berufswelt Fuß zu fassen und ihr Lebensglück zu finden, bilden die Folie, vor der Jacob und Wilhelm Grimm ihren eigenen Weg gingen.

Auf Jacob und Wilhelm folgte Carl. Über ihn wissen wir am wenigsten. Er besuchte keine höhere Schule, machte früh eine Kaufmannslehre und fand über Beziehungen der Brüder eine Anstellung in einer Kasseler Bank, die er aber schon 1809 wieder aufgeben mußte. Nach 1811 war er in Hamburg tätig, 1814 nahm er als freiwilliger Jäger am Feldzug gegen Napoleon teil. 1815 reiste er als Weinhändler in Frankreich und Deutschland. 1819 hielt er sich wieder bei den Geschwistern in Kassel auf. Wilhelm nennt ihn brieflich gegenüber Achim von Arnim einen unbeschäftigten, pedantischen, hypochondrischen und unruhigen Menschen. Nach einem weiteren Zwischenspiel in Hamburg zog er sich 1826 endgültig nach Kassel zurück, ernährte sich durch englischen und französischen Sprachunterricht, gab ein Lehrbuch über doppelte Buchführung heraus und führte bis zu seinem Tod im Jahre 1852 in Kassel ein bedürfnisloses und einsames Leben. Auf Unterstützung war er nicht angewiesen, beteiligte sich sogar gelegentlich an den Zahlungen für Ferdinand und hinterließ den Geschwistern ein kleines Erbe.

Der nächste Bruder, Ferdinand, wurde zum eigentlichen Sorgenkind der Familie. Zwar war er den beiden Ältesten noch auf das Kasseler Lyzeum gefolgt, aber der Weg zur Universität blieb ihm versperrt, und eine Lehre trat er nicht an. Mit Ausnahme eines längeren Aufenthalts in München beim dort studierenden Ludwig Emil verbrachte er seine Jugend in Kassel und wurde bis in sein 27. Lebensjahr von den älteren Brüdern miternährt. Dann fand er für neunzehn Jahre eine Stelle bei Reimer in Berlin, dem Verleger der Kinder- und Hausmärchen. Ferdinand besaß einen kritischen Kopf, urteilte scharf über Kunst, Literatur und Theater der Zeit und verstand es, seine Eindrücke und Ansichten auch schriftlich lebhaft und geschickt zu schildern. Er wußte offenbar früh, was er werden wollte, jedenfalls verließ er das Lyzeum vorzeitig, «um sich vom Schreiben zu nähren». Er teilte lebenslang das Interesse der älteren Brüder für «deutsche» Literatur und sammelte mit Eifer Sagen, zunächst als Helfer von Jacob und Wilhelm. 1811 widmete Jacob ihm und Wilhelm «aus Treue, Liebe und Einigkeit» sein erstes Buch («Über den altdeutschen Meistergesang»), schien ihn also neben Wilhelm als Mitstrebenden zu begrüßen. 1820 gab Ferdinand bei Brockhaus in Leipzig einen eigenen Band «Volkssagen und Mährchen der Deutschen und Ausländer» heraus, 1838 in Zeitz eine weitere Sammlung «Volkssagen der Deutschen». Aus seinem Nachlaß wurden 1846 «Burg- und Bergmärchen» veröffentlicht. Die Bände von 1820 und 1838 erschienen unter Pseudonymen, vielleicht weil er sich nicht öffentlich neben die mit ihren Märchen- und Sagensammlungen erfolgreichen Brüder stellen wollte, von deren Spuren er doch nicht loskam.

1834 brach Ferdinands Berliner Berufstätigkeit ab. Auch in Berlin hatten die Brüder ihn finanziell unterstützt, von nun an bis an sein Lebensende war er ganz auf ihre Zahlungen angewiesen, acht Taler monatlich, gelegentlich etwas mehr. Die Jahre 1834, 1835 und 1836 lebte er wieder als dritter Grimm im Göttinger Haushalt, bis er die Geduld der Brüder durch die Familienparodie «Tante Henriette» in der «Mitternachtszeitung für gebildete Stände» rücksichtslos strapazierte. Das Zusammenleben wurde unerträglich. Im September 1836 forderte Jacob ihn auf, sich eine andere Bleibe zu suchen. Von 1837 bis zu seinem Tode im Januar 1845 lebte er in Wolfenbüttel unter wechselnden Adressen zur Miete, ausgehalten im wesentlichen von den beiden großen Brüdern. In Wolfenbüttel nannte sich Ferdinand Schriftsteller und Stud. jur. Sein Nachlaßwerk von 1846 erschien unter dem Halbpseudonym Friedrich Grimm, dem Namen des Großvaters und Urgroßvaters. In der Vorrede wurde er mit sonderbarem Anspruch an die Seite der älteren Brüder gestellt: «Friedrich Grimm, eines Kleeblatts dessen Namen deutsche Zunge nur mit hoher Verehrung nennt, jüngster Sprößling, ging in der Blüthe seines Daseyns, nahe dem Ziel seines gründlichen Studiums (ein Lehrstuhl der deutschen Literatur), hinüber aus dem irdischen Traum.»

Begabt, aber willensschwach, anspruchsvoll, aber ohne Energie, hatte Ferdinand keine Chance, seine Anlagen auszubilden. Das Unvermögen bei ähnlichen Neigungen und ähnlichen Fähig-

keiten zu sprachlicher Gestaltung, es den beiden Großen gleichzutun oder ihren Erwartungen halbwegs zu entsprechen, hat er
wohl sehr früh als niederdrückend erfahren. Ferdinand wurde seinen Brüdern eine noch schwerere Last als Carl. Die Jahre zwischen dem Schulabgang (1806) und dem längeren Besuchsaufent-
halt in München (1812 bis 1815) stellten die Nerven der
Beteiligten auf harte Proben. Schon 1809 klagt Wilhelm gegenüber Jacob: «An die Brüder Ferdinand und Carl denke ich mit
Leidwesen. Es ist mir so klar, als irgend etwas, daß Strenge, ja gewissermaßen Gewalt bei Ferdinand Pflicht ist. Wenn er etwas hätte im Streben, das Achtung verdiente, so müßte ihm die Freiheit
dazu bleiben, so aber geht er gerade ins Verderben. Ob ein solches
Leben noch zehn Jahre fortgeführt, ihn nicht zu einem Blödsin-
nigen machen muß, kann leider keine Frage sein.» – «Mit dem
Ferdinand wird es täglich ängstlicher, nicht an sich, sondern durch
die Dauer und den Mangel an Hoffnung», schreibt Jacob gegenüber Wilhelm im Oktober 1809 und an Savigny im März 1811:
«Seit drei Monaten nun haben wir an unserem vierten Bruder das
größte Unglück erlebt, was noch jetzt ebenso hoffnungs- und
hilflos ist, wie im Anfang (...) ich hänge an meinen Arbeiten gewiß von ganzem Herzen, aber keinen Augenblick hätte ich ge-
säumt, allem auf immer zu entsagen, wenn ich damit geholfen
hätte, doch Gott allein weiß den Ausweg.»

Im November desselben Jahres klagt erneut Wilhelm: «Du
glaubst nicht liebster Jacob, was ich für traurige Augenblicke er-
lebe, ja traurige Stunden, fast keinmal hab ich mich mit Euch zu
Tisch setzen können, ohne daß es mir wie ein Pfeil so schmerzlich verwundend durchs Herz geflogen ist; das macht der Ferdinand, der in einem tiefen Abgrund lebt. Es heißt, wo Liebe gesät
wird, da soll Freudigkeit aufgehen, aber bei ihm ist nichts aufge-
gangen als eine fürchterliche Selbstquälerei, die von keinem Gott
weiß und die kein Himmel tröstet, gegen uns aber, namentlich
gegen mich ein bis auf die größte Kleinigkeit überlegter und
durchgeführter Haß. Gott weiß es, was ich für ihn getan habe (...)
Ich habe ihm bis auf jede Minute die allergrößte Liebe und Nach-
sicht erzeigt, ich weiß mein Herz rein, (...) mir ist nichts härter zu
ertragen als der Haß eines Menschen (...) Das hät ich nicht ge-

glaubt, daß es mit einem Bruder so weit kommen könne.» Und nach einem weiteren halben Jahr, im Juni 1812, wieder an Jacob: «Es hat sich mit dem Ferdinand geändert, aber ich kann ihm noch nicht trauen; es ist mir immer als stünde etwas Böses am Ende (…) Es ist keine treue Wahrhaftigkeit und kein rechtes göttliches Vertrauen in ihm, sein Leben ruht auf nichts, was soll es einmal festhalten. Seitdem du weg bist, fragt er nicht nach dir, nicht nach dem Louis und Karl, die Liebe der Tante hat ihn niemals gerührt, und es ist mir manchmal, als wär sein Herz steinhart geworden.»

Der einzige, der neben den beiden Großen seine Möglichkeiten ganz entwickelte, war der jüngste der überlebenden Brüder, Ludwig Emil, genannt Louis. Das zeichnerische Talent, das wohl alle Geschwister besaßen, konnte er an den Akademien in München und Kassel vervollkommnen. Jacob und Wilhelm trugen im Verein mit Savigny, der längst vom akademischen Lehrer zum Freund der Familie geworden war, die Kosten. Mit 42 Jahren erhielt er 1832 in Kassel eine Kunstprofessur, gründete eine Familie und stärkte so noch einmal die Bindungen auch der übrigen Grimms an die Stadt ihrer Kindheit. Bis zu diesem Zeitpunkt war die Sorge, daß auch er auf Dauer aus einer gemeinsamen Haushaltskasse erhalten werden müßte, nie ganz verstummt.

Zu nennen bleibt die Schwester Charlotte Amalie, das Lottchen. Nach dem Tod der Mutter mußte sie – knapp 15 Jahre alt – den Brüdern den Haushalt führen, das fiel ihr nicht leicht. «Ach, wenn die Mutter noch lebte», schreibt Jacob ein Jahr nach deren Tod an Wilhelm. «Seit ihrem Tod ist unser Haushalt unangenehm geworden, weil sich keins an das andre bindet und keine Ordnung mehr, weder beim Essen noch sonst ist»; die Lotte «wollte sich nicht so recht zum Haushalt schicken». Noch 1814 sagt Jacob: «Die Lotte ist mir zu Hause wie eine sich sträubende Provinz.» Als Jacob 1820 den Geschwistern ein «Hausbüchel für unser Lebenlang» drucken ließ, schmückte er es dann doch zu Ehren der einzigen Schwester «mit der Lotte Bildniß», einer Radierung Ludwig Emils. Charlotte Grimm heiratete 1822 – mit 29 Jahren – den Juristen Ludwig Hassenpflug, mit dem auch die Brüder lange befreundet waren, starb aber elf Jahre später nach der Geburt ihres vierten Kindes. Das Verhältnis der Brüder zum Schwager Hassenpflug wurde später durch dessen Amtsführung als kurhessischer Staatsminister schwer belastet. Er betrieb und verantwortete eine äußerst repressive Politik, gegen die Jacob Grimm auch öffentlich protestierte.

Jacob Grimm hat seine Pflichten gegen die jüngeren Geschwister, anfangs selbst eben erst volljährig, geduldig, opferbereit und liebevoll wahrgenommen. Wahrscheinlich war es für die jüngeren Geschwister nicht ganz einfach, zu erleben, wie Wilhelm sehr rasch an Jacobs Seite trat; auf diese Weise erhielten sie, denen der frühe Verlust beider Eltern notwendig schwerer zu schaffen machte, eine stabile Doppelautorität an ihrer Spitze, die ihnen doch die Eltern nicht ersetzen konnte. Wilhelm war es vor allem, der die Haushaltsführung beaufsichtigte und täglich gewährleistete. In jedem Fall sind Jacob und Wilhelm nach anfänglicher Konkurrenz in der Schulzeit eng zusammengerückt und haben erstaunlich früh und beeindruckend konsequent ihre Lebenswege aneinandergekoppelt. Diesen Entschluß bekräftigten beide mehrfach. Im Juli 1805 schreibt Jacob aus Paris: «Lieber Wilhelm, wir wollen uns einmal nie trennen (...) Wir sind nun diese Gemeinschaft so gewohnt, daß mich schon das Vereinzeln zum Tode betrüben könnte.»

Das besondere Verhältnis zu Wilhelm vertrug sich aus Jacobs Sicht ohne Schwierigkeiten mit der liebevollen Fürsorge gegenüber den vier Jüngeren. Im schon erwähnten «Hausbüchel» von 1820 sagt er es ihnen im Druck: «Liebe Geschwister, ich schenke euch allen zu diesen Weihnachten ein immerwährendes Hausbuch, dessen Abfassung mich kleine Mühe gekostet hat, obwohl ich euch versichere, daß die darin abgehaltenen Verhältnisse meinem Herzen mehr zu schaffen machen, als alles, was mir je im Kopf herumgegangen ist. Bleibt mir alle gut und duldet das Menschliche an mir, das einmahl aufhören wird, wenn die Hauptsache, nämlich daß wir uns lieb haben fortdauert (...) Ein jeder kann sich nun eintragen, was er will und jeder wird dann auch in der Fremde wissen, wann unsere Tage fallen (...) Ein Stern bedeutet geboren werden und ein Creuz gestorben seyn (...) welche Tage in der Zukunft gezeichnet werden sollen, steht allein bei

Lithographie nach einer Zeichnung von Ludwig Emil Grimm, 1829. Wie stark auch immer die Zeichnungen des jüngsten Bruders mit dem Werk der beiden großen verbunden sind, der Maler und Kupferstecher Ludwig Emil Grimm ist durchaus ein Künstler eigenen Rechts, ganz in jener Tradition stehend, die freilich erst durch die Märchen der Brüder Grimm zur vollen Blüte gelangte.

dem lieben Gott. Er verleihe mir, daß ich keinem unter euch je ein Creuz mache in keinerlei Sinn. Daß ich dich mit hineingezogen habe, ehrliches Dortchen, vergib mir, denn es geschah, theils um durch dich das Büchelchen etwas ansehnlicher zu machen (...) theils weil ich dich so lieb habe, als meine Geschwister, was gewiß genug sagen will (...) Hiermit Gott befohlen und seyd hübsch alle, ihr viere brüderlich, ihr zwei schwesterlich, getreu Eurem getreuen Jacob, der den Anfang machen muß.»

Dortchen, Henriette Dorothea Wild, war die Tochter eines Kasseler Apothekers, der aus der Schweiz zugezogen war. Dorothea und ihre Schwestern gehörten während der Kasseler Jahre von Beginn an zu den vertrauten Freunden der Grimms. Ferdinand hat in seiner «Tante Henriette» mitgeteilt, alle Brüder

Grimm hätten sich vom Jüngsten bis zum Ältesten nacheinander in Dorothea Wild verliebt, bis sie sich als Dreißigjährige schließlich im Mai 1825 mit Wilhelm verband. In dem Lustspiel «Einer muß heiraten» von Alexander Wilhelm Zechmeister (Dresden 1853) erlöst Wilhelm aus Mitgefühl Jacob, dem die Braut durch Losentscheid zugefallen war, von der Pflicht zur Eheschließung, so daß der sich weiter auf seine Bücher konzentrieren kann. Daß Jacob von Jugend an in einem guten und sehr persönlichen Verhältnis zu Dorothea gestanden hat, gehört zu den Grundlagen der lebenslangen Teilhabe am Haushalt seines Bruders Wilhelm.

Ein Jahr nach der Aufnahme Dorotheas in das «Hausbüchel für unser Lebenlang» schenkte Jacob der Familienfreundin am 31. März das «Allerhandsbuch für Dortchen Wild», das sie dann über dreißig Jahre lang mit Eintragungen, vor allem Kochrezepten, füllte. Sein herzliches Einvernehmen mit dem Dortchen bezeugen einige Tagebucheintragungen aus der Zeit vor deren Heirat mit Wilhelm: «den 26. (März 1820) habe ich mit dem Dortchen Mühle gespielt», am 5. Juni 1820: «von Dortchen eine weiß u. blaue Steppbettdecke geliehen erhalten». Am 4. November 1820 läßt er sich von Dortchen ein Nachtgebet in seinen Kalender schreiben, am 1. März 1822 besucht er mit ihr den «Freischütz», vier Tage darauf heißt es: «heute Abend nähte mir Dortchen einen Knopf an den braunen Rock», am 20. Juni 1823 hält er fest: «heut abend einen neuen von Dortchen bezogenen Lampenschirm zuerst gebraucht», im Februar 1824 verbringt er – ohne Nennung des Grundes – «eine tiefbetrübte woche», und am 15. Mai 1825 notiert er ganz knapp: «15ten $\frac{1}{2}$ 12 war die hochzeit», nämlich die von Dortchen mit Wilhelm.

Aus dem Geflecht der Grimmschen Geschwisterbeziehungen hebt sich die dauerhafte Bindung der beiden Ältesten exemplarisch ab. Jacob und Wilhelm sahen dieses brüderliche Verhältnis als das eigentliche Fundament ihres Lebensentwurfs. Trotz unterschiedlicher wissenschaftlicher Arbeitsstile, abweichender politischer Überzeugungen und ungleicher Temperamente galt beiden der Versuch, ihr Dasein in allen wichtigen Fragen gemeinsam zu gestalten, als die unerläßliche Voraussetzung dafür, den eigenen

174

Möglichkeiten gerecht zu werden. Und im Unterschied zu anderen zeitgenössischen Brüderpaaren, wie den Schlegels, den Tiecks oder den Humboldts, gelang es Jacob und Wilhelm Grimm, das Markenzeichen der «Brüder», die ihr Wort gemeinsam sagen und ihm dadurch doppeltes Gewicht verleihen, sehr früh geradezu programmatisch in das öffentliche Bewußtsein einzuführen. Ihre wissenschaftlichen Erstlinge brachten sie 1811 noch getrennt heraus, Jacob sein Buch über den Meistergesang, Wilhelm seine Übersetzung altdänischer Heldenlieder. Aber schon 1812 erschienen «die beiden ältesten Gedichte aus dem achten Jahrhundert», «herausgegeben durch die Brüder Grimm». Damit ist die Autorenformel eingeführt, die von 1812 bis 1826 für alle gemeinsamen Arbeiten gelten sollte. In diesem Zeitraum publizierten die Brüder Grimm miteinander die Kinder- und Hausmärchen, ihre dreibändige Zeitschrift «Altdeutsche Wälder», die Lieder der alten Edda, den mittelhochdeutschen «Armen Heinrich» des Hartmann von Aue, die Deutschen Sagen und die Irischen Elfenmärchen. Danach galt die Formel nur noch für die von Wilhelm betreuten Neuauflagen der Märchenbände.

Wer Jacob und Wilhelm Grimm gerecht werden will, muß versuchen, sich der Lebenswirklichkeit der Brüder zu öffnen, ihre ungewöhnlich betonte Bruderschaft zu respektieren und doch die besondere Leistung jedes der beiden so Verbundenen zu erkennen. Nach gemeinsamer Kindheit, gemeinsamem Schulbesuch und gemeinsamem Studium hat wohl gerade die Verantwortung für die jüngeren Geschwister sehr dazu beigetragen, eine Trennung zu verhindern. Jacob nahm die ihm gebotenen Möglichkeiten im diplomatischen Dienst nicht lange wahr, stellte sich nach Aufenthalten in Paris und Wien seit 1815 ganz seinen Kasseler Pflichten und erfüllte damit nicht nur eigene Wünsche, sondern vor allem die Wilhelms, der der Geschwister allein nicht Herr wurde.

Wilhelm hat lebenslang unter quälenden Herzirritationen gelitten und wurde früh durch Todesahnungen gepeinigt. Er hat davon mehrfach schriftlich Zeugnis abgelegt. Die Intensität seiner Äußerungen mag heutige Leser befremden; wir müssen versuchen, sie als Texte einer Epoche zu lesen, die anders als wir mit

Gefühlen umging. Im Juni 1811 glaubte Wilhelm, nur noch eine kurze Lebensfrist zu haben. In tiefer Angst verfertigte der Fünfundzwanzigjährige für Jacob bestimmte Notizen, die wie kaum ein anderes Zeugnis seine Bindung an den Bruder offenbaren: «Liebster Bruder, wenn deine Augen dieses Blatt lesen, so haben sie schon um mich geweint, du hast noch einmal mein blaßes Gesicht geküßt, das aber nicht mehr davon ist bewegt worden, und das dir nicht hat danken können: ach! das ist mir der traurigste Gedanken, daß du neben mir stehst und weinst, und ich kann dir kein Wort mehr sagen, weil diese Lippen nun auf ewig zugeschloßen sind, und kann dich nicht trösten. Wie wir bei der lieben Mutter Leiche standen, da hab ich dich so fest gehalten und so heiß geküßt, wo ich noch konnte, und damals hab ich schon für dich über mich geweint (...) Liebster Jacob, die Liebe zu dir hat keine Minute aus meinem Herzen weg seyn können, sie ist mein allerliebstes und mein erstes auf der Welt gewesen (...) Meine liebsten Gedanken sind ietzt unsere Arbeiten. Das ich die noch vollenden könne, das ist ietzt mein Ziel, meine Freude hängt daran, und so herunter zu einem nähern Vorhaben: Auf meinen Spaziergängen hab ich mir ausgedacht, wie ich dir eine Freude zu deinem Geburtstage machen könnte, etwas ist mir schon halb mislungen, ich wollte dir das Manuskript zu einem neuen Buch, wenigstens zum Theil fertig hinlegen, nun bist du aber selbst auch auf die Idee gekommen und die halbe Freude ist schon dahin (...) Leb wohl, du liebster Bruder, grüß noch den Arnim, den hab ich am liebsten nach dir unter allen auf der Welt, ich darfs ihm nicht so sagen und merken laßen, denn er ist viel zu groß und herrlich (...) Es thut mir oft leid, daß dir eigentlich nichts, was ich geschrieben, rechte Freude macht und dir kein Andenken seyn wird, doch habe ich nicht anders gekonnt, du auch nicht; und das vereinigt uns wieder (...) Wenn ich nur nicht einsam sterbe, in der Nacht, aufeinmal und niemand bei mir ist.»

Daß nicht nur Wilhelm das Verhältnis der Bruderschaft emotional und deutlich auszuformulieren vermochte, sondern in ebenso innigen Worten auf seine Weise auch Jacob, beweist der Widmungstext des dritten Teils der Deutschen Grammatik von 1831: «Lieber Wilhelm. als du vorigen winter so krank warst, mußte ich mir auch denken, daß deine treuen augen vielleicht nicht mehr auf dieses buch fallen würden. Ich saß an deinem tisch, auf deinem stuhl, und betrachtete mit unbeschreiblicher wehmuth, wie sauber und ordentlich du die ersten bände meines buchs gelesen und ausgezogen hattest; mir war als wenn ich es nur für dich geschrieben hätte und es, wenn du mir genommen würdest, gar nicht mehr möchte fertig schreiben. Gottes gnade hat gewaltet und dich uns gelaßen, darum von rechtswegen gehört dir auch das buch. Zwar heißt es, einige bücher würden für die nachwelt geschrieben, aber viel wahrer ist doch noch, daß ein jedes auch auf den engen kreiß unserer gegenwart eingeschränkt, sein innigstes verständnis durch ihn bedingt ist und nachher wieder verschloßen bleibt. Wenigstens wenn du mich liesest, der du meine ganze art genau kennst, was sie gutes haben mag, und was ihr gebricht; so ist mir das lieber, als wenn mich hundert andere lesen, die mich hie und da nicht verstehen oder denen meine arbeit an vielen stellen gleichgültig ist. Du aber hast nicht nur der sache, sondern auch meinetwegen für mich die gleichmäßigste unwandelbarste theilnahme. Sei also brüderlich mit allem zufrieden!»

Jacob und Wilhelm Grimm sind als Studenten vor allem durch ihren Marburger Lehrer Friedrich Carl von Savigny in die deutsche Rechtsgeschichte eingeführt worden. Sie haben diesen Teilaspekt ihres Jurastudiums jedoch von Beginn an in ein viel allgemeineres Interesse für das deutsche Mittelalter, seine Texte, seine Gebräuche und seine Mythen eingebunden. Sie haben erkannt, daß das Erbe der eigenen Vergangenheit nur im europäischen Kontext, zusammen mit den Traditionen der anderen germanischen, der romanischen und der slawischen Völker, begriffen werden kann. Vor allem Jacob Grimm hat in vielen vergleichenden Studien schließlich auch diesen europäischen Horizont weit hinter sich gelassen und Zeugnisse aus entfernten Kulturen für seine Thesen herbeigezogen. Den Schlüssel für die Geheimnisse einer so komplexen Altertumskunde fanden die Brüder im Studium der eigenen Sprache, der verwandten Sprachen und der historischen Sprachstufen. Jacob Grimm hat mehrfach betont, daß er in der Erkenntnis der Sprache die Möglichkeit sah, zu den «Sachen» vorzudringen. Daß diese sprachgeleitete Mittelalterforschung nicht als Flucht in die Vergangenheit gedeutet werden darf, hat Jacob durch sein lebhaftes politisches Engagement in Verfassungs- und Rechtsfragen oft bewiesen. Und beide Brüder haben schon 1816 in der Vorrede ihrer Zeitschrift «Altdeutsche Wälder», die ihnen zur Bekanntgabe der über Jahre gesammelten einschlägigen Materialien diente, den Gegenwartsbezug ihrer Arbeiten hervorgehoben: «wir erkennen eine über alles leuchtende gewalt der gegenwart an, welcher die vorzeit dienen soll».

Der gemeinsame Ausgangspunkt blieb die Grundlage für alle späteren Arbeiten. Jacob hat in bewunderungswürdigen Kraftakten durch Sammlung, Gliederung und Darbietung des Materials Fundamente der weiteren Forschung gelegt, die lange Bestand hatten, so für die historische deutsche Grammatikforschung («Deutsche Grammatik», 1819–37, 4 Bände), die Rechtsgeschichte («Deutsche Rechtsaltertümer», 1828), das europäische Tierepos («Reinhart Fuchs», 1834), die germanische Götterlehre («Deutsche Mythologie», 1835), die deutschen Dorfrechte («Weisthümer», 1840–63, 4 Bände) und die «Geschichte der deutschen Sprache» (1848). Wilhelm Grimm hat sich früh der Runenforschung gewidmet («Über deutsche Runen», 1821), zahlreiche mittelhochdeutsche Texte ediert, daneben die Werke seines Freundes Achim von Arnim, und als Hauptwerk die «Deutsche Heldensage» (1829) herausgebracht, eine Sammlung der Zeugnisse über die deutsche und germanische Sagenwelt vom 6. bis zum 16. Jahrhundert. Neben den eigenen Arbeiten übernahm Wilhelm bis zu seinem Tode auch die Betreuung aller Folgeauflagen der Kinder- und Hausmärchen. Erst in späten Jahren haben beide Brüder ihre Kräfte noch einmal vereinigt und das Grundlagenwerk der historischen deutschen Wortforschung, ihr «Deutsches Wörterbuch» (1854–1971, 33 Bände), in Angriff genommen.

Zwischen den gemeinsamen Anfängen wissenschaftlicher Arbeit und dem entsagungsvollen Höhepunkt dieser Gemeinsamkeit, dem Versuch, ein lexikographisches Nationalwerk zu schaffen, sind Jacob und Wilhelm – wie die Hauptwerke es zeigen – ihren besonderen wissenschaftlichen Neigungen nachgegangen. Dies muß gerade Wilhelms wegen betont werden, damit dem gängigen Klischee des bloßen Helfers bei der Märchensammlung

Die Märchen blieben das Hauptwerk, vor allem natürlich im kollektiven Gedächtnis der Nation. Die Brüder Grimm zu Besuch bei Dorothea Viehmann,
einer Bäuerin in der Gegend von Kassel, der die Brüder einen großen Teil ihrer
hessischen Märchen verdanken. «Diese Frau, noch rüstig und nicht viel über
fünfzig Jahre alt, heißt Viehmännin, hat ein festes und angenehmes Gesicht,
blickt hell und scharf aus den Augen und ist wahrscheinlich in ihrer Jugend schön
gewesen. Sie bewahrt diese alten Sagen fest in dem Gedächtnis... dabei erzählt
sie bedächtig, sicher und ungemein lebendig» (Wilhelm Grimm).

und in der Wörterbucharbeit keine neue Nahrung gegeben wird. Beide Brüder interessierten sich lebhaft für zeitgenössische Dichtung. Die Autoren ihrer jungen Jahre waren Schiller und Goethe. Noch in der Gedenkrede auf Wilhelm erwähnt Jacob dessen stärkere Hinwendung zu Goethe und seine eigene frühe Schillerbegeisterung und sucht sie zu begründen. Mit Goethe hat Wilhelm schon 1809 persönliche Bekanntschaft geschlossen. Mit Achim von Arnim, Clemens Brentano und Annette von Droste-Hülshoff waren beide Brüder eng befreundet. Daß das «Deutsche Wörterbuch» dichterische Texte bis zu Goethe berücksichtigte, hieß für Jacob und Wilhelm Grimm, daß die Quellensammlung bis in die unmittelbare Gegenwart fortgeführt wurde. Die Dichtung galt ihnen als die wichtigste bewegende Kraft der Sprachentwicklung. In der Forschungsarbeit ist Wilhelm der Neigung zur Poesie noch eindeutiger gefolgt als Jacob. Die Herausgabe dichterischer Texte, ihre den Vorlagen möglichst gerecht werdende Übertragung in das Deutsche seiner Zeit und ihre gründliche Interpretation lagen ihm vor allem am Herzen. Jacob wählte sich eher «antiquarische» Themen, ihm ging es um Analyse und Rekonstruktion des in Texten und Sprachformen gebundenen Wissens der Vergangenheit, um es in der Gegenwart erneut zur Wirkung zu bringen.

Jacob und Wilhelm Grimm haben wohl nie im Ernst und dauerhaft eine ihrem Jurastudium entsprechende Berufslaufbahn angestrebt. Jacob verzichtete nach der frühen Parisreise im Gefolge Savignys auf die Ablegung eines juristischen Examens, machte aber trotzdem einige Erfahrungen als Verwaltungsbeamter in Kassel und als Diplomat in hessischen Diensten. Die interessantesten Aufgaben fand er beim zweiten und dritten Pariser Aufenthalt, als er 1814 mehrere Monate als hessischer Legationssekretär im Hauptquartier der Alliierten am Frankreichfeldzug teilnahm und 1815 auf hessische und preußische Veranlassung geraubte Kunstschätze zur Rückführung nach Deutschland erfassen sollte. Unterbrochen wurde diese Tätigkeit für fast ein Jahr, vom September 1814 bis zum Juli 1815, wegen seiner Teilnahme am Wiener Kongreß, die ihm Gelegenheit bot, die Formulierung der Deut-

schen Bundesakte, die den Grundlagenvertrag des nachnapoleo-
nischen Deutschland darstellen sollte, kritisch zu beobachten.
Die erhaltenen Zeugnisse vermitteln den Eindruck, daß Jacob
Grimm die politischen und diplomatischen Ereignisse, deren
Zeuge er wurde, zwar interessiert verfolgte, aber auf allen diplomatischen Posten vor allem die Vermehrung seiner Kenntnisse
und Materialien im Bereich mittelalterlicher Handschriften und
volkstümlicher Lieder, Sagen, Sprichwörter, Sitten und Gebräuche betrieben hat. Seine freien Stunden scheint er in Bibliotheken verbracht zu haben. Die Anwesenheit auf dem Wiener Kongreß nutzte er im Jahr 1815 dazu, ein Zirkular zu entwerfen und
zu verschicken, das zur Bewahrung und Sammlung aller Zeugnisse der Volkspoesie aufrief. Das Zwischenspiel eines napoleonischen Königreichs Westfalen unter Bonapartes Bruder Jérôme
hatte ihm schon 1808 die privilegierte Stellung eines königlichen
Privatbibliothekars eingetragen. Spätestens in dieser Zeit lernte er
die Arbeitsmöglichkeiten schätzen, die die Anstellung in einer gut
ausgestatteten Bibliothek bei der Verfolgung wissenschaftlicher
Ziele bieten konnte. Nach dem Ende seiner Mission zur Requi-
rierung deutschen Kunstgutes, die seine bis dahin guten Beziehungen zu Pariser Bibliothekaren nicht eben förderte, zog Jacob
den Diplomatenfrack wohl recht gern wieder aus und erhielt im
April 1816 eine Anstellung als zweiter Bibliothekar am Kasseler
Museum Fridericianum. Zwei Monate zuvor war Wilhelm
Grimm, der sein Studium 1806 mit dem Advokaturexamen ordentlich beendet hatte, in der gleichen Bibliothek nach zehn-
jähriger Arbeitslosigkeit als Bibliothekssekretär eingestellt worden. Den höheren Rang nahm folglich auch hier der Ältere ein,
der das fehlende Examen durch Erfahrungen im Staatsdienst auf-
wiegen konnte.
Die Übernahme in den Bibliotheksdienst gab beiden Brüdern
als Dreißigjährigen die ersehnte Sicherheit, neben der eigentlichen Berufsarbeit genügend Muße für ihre historischen Forschungen zu finden. Innerhalb von drei Jahren nach dem Antritt
der Bibliothekarsstelle bringt Jacob den ersten Band seiner epo-
chemachenden «Deutschen Grammatik» zum Abschluß. Dieses
Werk hatte er im Sinn, als er wenig später die Kasseler Biblio-

theksjahre die ruhigste, arbeitsamste und fruchtbarste Zeit seines Lebens nannte. Aber schon in Kassel wurde der Grimmsche Haushalt zum Anziehungspunkt für reisende Gelehrte aus Deutschland und aller Welt. Philologen, Historiker, Juristen und Philosophen begannen, mit Interesse auf die Arbeiten der Kasseler Brüder zu schauen, die dabei waren, «alten Trödel» zum Gegenstand ernsten Studiums zu machen. So kamen Franz Bopp, Georg Wilhelm Friedrich Hegel und Carl Lachmann aus Berlin, Johann Andreas Schmeller aus München, Heinrich Hoffmann von Fallersleben aus Breslau, George Friedrich Benecke und Gustav Hugo aus Göttingen, Christian Mollech aus Kopenhagen, Vuk Karadžić aus Wien und viele andere, um die beiden Sprach- und Altertumsforscher von Angesicht kennenzulernen. Die Wohnung der Brüder in Kassel wie später in Göttingen und Berlin war Treffpunkt befreundeter Gelehrter aus aller Welt und Umschlagplatz der wichtigsten Ergebnisse des neuen Faches.

Die Kasseler Jahre endeten 1829, als der den Brüdern vorgesetzte erste Bibliothekar starb, die erwartete Beförderung nicht eintrat und statt dessen ein neuer Direktor über das Museum Fridericianum und die Bibliothek gesetzt wurde. Jacob und Wilhelm Grimm kündigten im Zorn und nahmen einen Ruf an die Göttinger Universitätsbibliothek an. Ehrendoktorate und Mitgliedschaften in gelehrten Gesellschaften hatten die Brüder schon vorher mehrfach erlangt. Nun wurden beide zu deutschen Professoren und hatten neben ihren wissenschaftlichen Arbeiten nicht nur Bibliothekarsdienste, sondern auch Lehrtätigkeit an der Universität auszuüben. Im Unterschied zu Wilhelm Grimm, der gern und mit viel Beifall lehrte, hat Jacob Grimm oft betont, daß ihm mehr am Lernen als an der Lehre liege. In der großen Berliner Akademierede über Schule, Universität und Akademie rühmte er später, die eigene Sicht verallgemeinernd und weniger ironisch, als heutige Leser denken mögen, die «eigenthümlich deutsche pflanzung» der Universität: «hier treffen alle kennzeichen der deutschen volksart zusammen, innere lust zur wissenschaft, eifriges beharren, unmittelbares nie ermüdendes streben nach dem ziel mit hintansetzung eitler nebenrücksichten, treues erfassen, unvergleichliche combinationsgabe. aller andern lust vergessend sitzt der deutsche gelehrte froh über seiner arbeit; dasz ihm die augen sich röthen und die knie schlottern; dem student ist dieselbe weise wie angeboren und es bedarf für ihn keines andern antriebs.»

Der Aufenthalt in Göttingen dauerte nur halb so lange wie die Kasseler Bibliothekarszeit. Als 1837 nach dem Tode Wilhelms IV. die englisch-hannoversche Personalunion beendet wurde und Wilhelms Bruder Ernst August, Herzog von Cumberland, auf den Königsthron in Hannover kam, hob der absolutistisch gesinnte englische Aristokrat noch im gleichen Jahr das erst 1833 erkämpfte Landesgrundgesetz auf und erneuerte die 1819 erlassene Verfassung, die die liberalen Mitwirkungsrechte der hannoverschen Stände noch nicht kannte. Jacob und Wilhelm Grimm gehörten zu den sieben Göttinger Professoren, die das Recht des neuen Königs bestritten, sie von ihrem Eid auf die bisher geltende Verfassung durch einen einseitigen obrigkeitlichen Akt zu entbinden. Nach Veröffentlichung der Protestation und Vernehmung der Protestierenden vor dem Gericht der Universität verloren die Sieben ihre Stelle, Jacob Grimm wurde gemeinsam mit dem Historiker Christoph Friedrich Dahlmann und dem Literaturgeschichtler Georg Gottfried Gervinus sofort ausgewiesen. Das Beispiel unabhängiger, tapferer Gesinnung, öffentlicher, regierungskritischer Aktion und die offenkundige Bereitschaft, die Folgen hierfür zu tragen, ließen die Göttinger Sieben in den deutschen Ländern zur Hoffnung und zum Symbol aller Konstitutionellen, Liberalen und Demokraten werden, die einen Rückfall in absolutistische Herrschaftsformen nicht akzeptieren wollten.

Jacob Grimm verfaßte eine Rechtfertigungsschrift; sie zählt zu den bedeutendsten Texten der bürgerlichen Bewegung des Vormärz. Er hat die 34 eng beschriebenen Seiten vom 12. bis 16. Januar 1838 entworfen. Im Februar konnte Wilhelm sie durcharbeiten, noch ehe auch der Freund und Schicksalsgenosse Friedrich Christoph Dahlmann den Text prüfte und in Basel zum Druck beförderte, um die deutsche Zensur zu umgehen. Wilhelm Grimm war vor allem in späteren Jahren mit den politischen Urteilen seines Bruders nicht immer einig. Loyalität gegenüber dem Landesherrn lag ihm im allgemeinen näher als persönliches Engagement oder sogar Oppositionshaltung in politischen Fragen. Vielleicht hat die Freundschaft beider Brüder zu Dahlmann, dem Mitautor der aufgehobenen hannoverschen Verfassung, den Ausschlag gegeben, daß sich Wilhelm Grimm am Protest deutlich beteiligte. Festzuhalten ist, daß Wilhelm wesentliche Textergänzungen und Textänderungen in die Rechtfertigungsschrift eingebracht hat und bei diesem Anlaß fest an der Seite des älteren Bruders stand.

Der Text greift weit über die Darstellung des hannoverschen Verfassungskonflikts hinaus. Jacob Grimm nutzte den Freiheitsraum, den ihm die Entlassung brachte, für die öffentliche Darstellung politischer Grunderfahrungen und Grundüberzeugungen. Gegen die beleidigende Ansicht des neuen Landesherrn Ernst August, «die Göttinger Professoren hätten in einer Adresse ihm von ihrem Patriotismus gesprochen, ‹Professoren haben gar kein Vaterland: Professoren, Huren (...) und Tänzerinnen kann man überall für Geld haben, sie gehen dahin, wo man ihnen einige Groschen mehr bietet›», stellte er das Bekenntnis zum Vaterland und zur Ethik des Wissenschaftlers: «Die Welt ist voll von Männern, die das Rechte denken und lehren, sobald sie aber handeln sollen, von Zweifel und Kleinmuth angefochten werden, und zurückweichen. Ihr Zweifel gleicht dem Unkraut, das auf den Straßen sich durch das Pflaster bricht (...) Ich ziehe die Augen der Macht immer erst dann auf mich, wenn sie mich zwingt, das Feuer meines Herdes fortzutragen und auf einer neuen Stätte anzufachen. Nie, von früh auf bis jetzt, ist mir oder meinem Bruder von irgend einer Regierung Unterstützung oder Auszeichnung zu Theil geworden: einigemal *jener* war ich *dieser* nie bedürftig. Diese Unabhängigkeit hat meine Seele gestählt, sie widersteht Anmuthungen, welche die Reinheit meines Bewußtseins beflecken wollen.» Und Wilhelm ergänzte nach einigen Korrekturen Jacobs Text, auf sich selbst bezogen: «Mein Bruder hat noch die Pflicht, eine solche Gesinnung seinen Kindern zu überliefern. Spräche er statt meiner, er würde sich in seiner Weise ausdrücken, aber seine Antwort auf jede ernste Frage würde nicht anders lauten, weil die Quelle, aus der ich sie schöpfte, auch ihn tränkt.»

Beide Grimms, bis dahin öffentlich nur durch die Märchen und

Jacobs Grammatik bekannt, wurden durch Adressen und Sammlungen in deutschen Ländern weithin geehrt. Vor allem aber ergaben sich aus der Reaktion auf ihre Notlage Überlegungen, wie den Opfern des hannoverschen Konflikts zu helfen sei. So entstanden Ende 1837 in Leipzig die Idee eines durch die Brüder Grimm zu verfassenden historischen deutschen Wörterbuchs und in Berlin – nach einer gewissen Karenzzeit – der Entschluß, sie als Mitglieder der Königlich Preußischen Akademie der Wissenschaften zur Sicherung ihrer Existenz in die preußische Hauptstadt Berlin zu holen. Schon seit 1832 war Jacob auswärtiges Mitglied, Wilhelm korrespondierendes Mitglied der Berliner Akademie. Diese Mitgliedschaften waren die Hebel, um die Zustimmung des anfänglich aus Rücksicht auf den hannoverschen Monarchen noch zögernden Friedrich Wilhelm IV. zu gewinnen. Bettina von Arnim, seit Jahrzehnten eng befreundet mit den Grimms, und Alexander von Humboldt hatten das größte Verdienst daran, daß der junge preußische König den Brüdern die Einladung aussprechen ließ und daß sie annahmen. Im Dezember 1840 kam zunächst Jacob als Quartiermacher, am 19. März 1841 fuhr nach fünftägiger Fahrt auch Wilhelm mit der Familie in Berlin ein. Zuerst wohnte man im Rheinischen Hof in der Leipziger Straße, vom 24. März an in der Lennéstraße 8, 1846 bis 1847 in der Dorotheenstraße 47, danach in der Linkstraße 7.

Dem Ruf nach Berlin waren Jahre der Unsicherheit vorausgegangen, die offenbar auch den frühen Entschluß zur unbedingten Gemeinsamkeit des Lebensweges zumindest in Frage stellten. Im Juli 1838 schrieb Jacob Grimm an Savigny: «Unsere Gegenwart und nächste Zukunft bleibt getrübt und geengt; in mir hat sich schon mehrmals die wehmütige Lust geregt, auszuwandern, am liebsten nach Schweden, und meinem Vaterland, gegen das ich nie etwas verbrochen, den Rücken zu kehren; aber ich hänge zu fest an Wilhelm und den seinen, darum geht es nicht.» Ob Jacob die Möglichkeit einer Trennung ernstlich erwog, bleibt unklar. Daß der Ruf nach Berlin die von beiden Brüdern ersehnte Grundlage bot, ihre Lebens- und Arbeitsgemeinschaft fortzuführen, ist eine Tatsache.

Im Dankschreiben Jacob Grimms an den preußischen Minister J. A. F. Eichhorn, der die Brüder im Namen des Königs eingeladen hatte, ihre längst erworbenen Mitgliedschaften in der Berliner Akademie zu aktivieren, wird im November 1840 die Resignation spürbar, mit der Jacob und Wilhelm Grimm im Alter von 56 beziehungsweise 55 Jahren auf ihren bisherigen Lebensweg zurückschauen, aber auch die Erwartung, sich in Berlin auf die neue gemeinsame Aufgabe der Schaffung des Deutschen Wörterbuchs konzentrieren zu können: «Unser Leben geht schon auf die Neige. Nach nichts anderm trachten wir, als unsre übrigen Tage der Vollführung der Arbeiten, welche sich auf Sprache und Geschichte des geliebten Vaterlandes beziehen, zu widmen. Die Großmut des Königs will uns eine dazu nöthige sorgenfreie Muße schaffen. Als nach unsrer Entlassung in Göttingen jede nahe Aussicht auf Wiederanstellung uns benommen schien, faßten wir den Entschluß Hand zu legen an ein schwieriges weit aussehendes Werk, zu welchem wir uns neben Berufsgeschäften, die ein academisches Amt auferlegt, nicht verstanden hätten. So kann selbst aus dem Unglück für den Menschen eine Frucht keimen, die ihn, wenn sie gedeiht, über das unvermeidlich gewesene tröstet und vollkommen zufrieden stellt. Die Übernahme dieses umfassenden auf vorläufig sieben Bände berechneten Wörterbuchs hat uns gegen Publicum und Verleger Verpflichtungen aufgebürdet, die wir nicht unerfüllt lassen dürfen, zu deren Erfüllung uns aber Ruhe und Stille die vornehmste Bedingung scheint.»

Dieser Brief liest sich, als wolle Jacob Grimm die Sorge der preußischen Regierung, die Grimms wollten sich in Berlin auch politisch betätigen, von vornherein zerstreuen. Daß das in Berlin betriebene gemeinsame Werk der Brüder, das Deutsche Wörterbuch, durchaus politische Dimensionen hatte, spürte aber wohl nicht nur Alexander von Humboldt: «Wo sollte ich Worte hernehmen, um Ihnen und Ihrem mir so theuren Bruder zu danken für das großartige Werk das unser zerspaltenes geistig unzuverödendes Vaterland Ihnen beiden verdankt», heißt es 1852 in seiner Reaktion auf die erste Lieferung. Mit den Worten: «Wie soll ich Ihnen würdig danken (...) Ich fühle mich stolz, den Beginn

Das Arbeitszimmer von Jacob Grimm in der Berliner Linkstraße 7, wo die Brüder von 1848 bis an ihr Lebensende wohnten. «So nahm uns denn in den langsam schleichenden Schuljahren ein Bett auf und ein Stübchen, da saßen wir an einem und demselben Tisch arbeitend, hernach in der Studentenzeit standen zwei Bette und zwei Tische in derselben Stube, im späteren Leben noch immer zwei Arbeitstische in dem nämlichen Zimmer, endlich bis zuletzt in zwei Zimmern nebeneinander, immer unter einem Dach in gänzlicher unangefochten und ungestört beibehaltener Gemeinschaft unserer Habe und Bücher» (Jacob Grimm).

eines Werkes noch erlebt zu haben, das kein Theil von Europa aufzuweisen hat», begrüßt er im gleichen Jahr die zweite.

3000 Taler jährlich aus der Schatulle des Königs – und ein Zuschlag für die Akademiemitgliedschaft – sollten die Arbeit der Brüder am Deutschen Wörterbuch absichern. Das war ausreichend, aber im Vergleich mit den Zuwendungen für andere eher knapp bemessen. Durch private Kontakte wurden Jacob und Wilhelm Grimm sehr bald in den Kreis der Gelehrten an der Akademie der Wissenschaften und der Universität eingebunden. Zu den näheren Bekannten zählten neben anderen der Archäologe Eduard Gerhard, der Philosoph Leopold von Henning, der Rechtshistoriker Karl Gustav Homeyer, der Physiologe Johann Adam Horkel, der Germanist Carl Lachmann, der Ägyptologe Richard Lepsius, der Numismatiker Moritz Pinder, der Jurist Karl von Richthofen und der alte Freund Friedrich Carl von Savigny, nunmehr preußischer Justizminister. Es war Wilhelm Grimm, der solche Kontakte intensiv pflegte, der gelegentlich sogar am gleichen Abend bei sich Gäste empfing und später noch zu Savigny oder anderen Freunden ging. Es war Wilhelm, der voller Interesse die Möglichkeiten der Hauptstadt, ihr Angebot an musikalischen und anderen künstlerischen Erlebnissen, wahrnahm. Felix Mendelssohn Bartholdy ließ sich von Dorothea Grimm vorsingen. Clara Schumann spielte in Wilhelms Salon Klavier. Joseph Joachim, der spätere Gründer der Berliner Musikhochschule, verkehrte intensiv bei den Grimms; mit Wilhelms Sohn Herman wetteiferte er um die Gunst Gisela von Arnims, der Tochter Bettinas. Jacob bemerkt in seiner Gedenkrede auf den Bruder: «wie manchen abend bis in die späte nacht habe ich in seliger einsamkeit über den büchern zugebracht, die ihm in froher gesellschaft, wo ihn jedermann gern sah und seiner anmutigen erzählungsgabe lauschte, vergiengen; auch musik zu hören machte ihm grosze, mir nur eingeschränkte lust.» Trotzdem darf nicht vergessen werden, daß Wilhelm auch die Hauptlast der Vorbereitungen für das Deutsche Wörterbuch trug. Im Verein mit dem Leipziger Verleger Salomon Hirzel wurden schon in dieser Arbeitsphase an die hundert Helfer gewonnen, die für das gemeinsame Werk Belegzettel aus den vorgesehenen Quellentexten ausschrieben. Jacob empfing zwar die eigenen Besucher, nahm aber Anlässe zur geselligen Unterhaltung im Laufe der Jahre immer zögernder wahr.

Jacob und Wilhelm Grimm begannen im April und Mai 1841 ihre Vorlesungen an der Universität, aber wohl nur Wilhelm vor einer bleibend großen Zuhörerschaft. Für Jacob blieb die Lehre eine eher ungeliebte Nebentätigkeit. Seine besten Kräfte widmete er der Forschung, in Berlin über Jahre vor allem den Rechtstexten der Weistümer, während die Arbeit an der deutschen Grammatik nicht mehr fortgesetzt wurde. Aber in den Berliner

Jahren wird auch deutlich, daß Jacobs politisches Engagement nicht nur als Reflex auf äußere Bedrückung zu interpretieren ist. Sein Freiheitsstreben, seine Vaterlandsliebe und seine Bereitschaft, politisch tätig zu werden, gründeten tief in seiner Sicht auf die unveräußerlichen Rechte des einzelnen und des eigenen Volkes.

Wo freiheitliche Gesinnung in Konflikt mit natürlicher Dankbarkeit gegenüber dem Landesherrn geriet, vermied allerdings nicht nur Wilhelm, sondern auch der strenger denkende Jacob gelegentlich das öffentliche Bekenntnis. Beide Brüder rechneten es Friedrich Wilhelm IV. hoch an, daß er sich gegen die Rücksichtnahme auf den hannoverschen Monarchen entschieden, sie aus ihrer hoffnungslosen Lage in Kassel befreit und nach Berlin geholt hatte. Als aber Hoffmann von Fallersleben, soeben in Breslau aus politischen Gründen entlassen, am 24. Februar 1844, Wilhelms Geburtstag, eine öffentliche Huldigung vor dem Hause der Grimms auf die eigene Person lenkte, war vor allem Wilhelm tief verletzt, und die Brüder distanzierten sich von Hoffmann durch eine sie selbst in den Augen vieler Freunde kompromittierende Zeitungsnotiz. Bettina von Arnim und der Göttinger Mitstreiter Georg Gottfried Gervinus machten ihnen heftige Vorhaltungen. Jacob, der die Kritik sehr wohl verstand, hielt zum Bruder und zum König. Er antwortete Gervinus: «Ich schäme mich nicht, unsre Pflicht gegen die Regierung (...) voran zu stellen, die Treue wohnt in mir, daß ich dem König, der mich, ich glaube, menschlich fühlend, nicht politisch rechnend, gerufen hat, Dank schuldig bin. Was gehn mich hier seine Schwächen oder Misgriffe an? Wollten Menschen immer so Abrechnung halten, sie würden sich weder Gerechtigkeit noch Liebe erweisen.» Wilhelm Grimm war durch das Unverständnis Bettina von Arnims so getroffen, daß es zu einem mehrjährigen Bruch zwischen ihm und seiner alten Freundin kam. In diesem Fall war es Jacob, der die Verletzungen zu heilen bemüht war, auch Gervinus öffentlich gerecht zu werden versuchte und ihn durch die Widmungsvorrede zur Geschichte der deutschen Sprache im Revolutionsjahr 1848 ehrte.

Wenig später hat ein weiterer Konflikt, diesmal in der Berliner Akademie, das Verhältnis der Brüder zum König berührt. Am 28. Januar des Jahres 1847 hielt der Akademiesekretar Friedrich von Raumer die übliche Ansprache zur Ehrung des Erneuerers der Akademie, Friedrichs des Großen. Raumer sprach in Anwesenheit Friedrich Wilhelms IV. über die religiöse Toleranz, die dessen Urgroßonkel ausgezeichnet habe. Friedrich Wilhelm reagierte heftig und teilte der Akademie mit, er werde sie nie wieder betreten. Jacob Grimm war die Angelegenheit wohl eher gleichgültig, Wilhelm Grimm dagegen nahm lebhaft Anteil an den Versöhnungsbemühungen der Akademie und ihrer Distanzierung von Raumer.

Als Heinrich von Gagern, der nachmalige Präsident der Frankfurter Nationalversammlung, im März 1848 nach Berlin kam, um Jacob Grimm für die Teilnahme an der Frankfurter Vorversammlung zu gewinnen, ging dieser ohne Zögern darauf ein und wirkte vom Mai bis zum September auch an den Sitzungen des Paulskirchenparlaments als Abgeordneter mit. Den Erneuerungsbestrebungen des Jahres 1848 entzog sich auch Wilhelm nicht, er besuchte in Berlin teils mit, teils ohne den Bruder zahlreiche lang dauernde Wahlversammlungen, sprach dort sogar gelegentlich an Jacobs Stelle. Aber in den Unruhen dieses Jahres sehnte er sich doch vor allem nach der Wiederherstellung stabiler Verhältnisse. Jacob dagegen nahm die ihm in Frankfurt gebotenen Möglichkeiten wahr und trat im Parlament entschieden für die Abschaffung von Adelsprivilegien und eine großzügigere Ausgestaltung der Freiheitsrechte ein. Eine Anregung des früheren Mitstreiters bei der Suche nach altdeutschen Quellen, Friedrich Wilhelm Carovés, aufgreifend, versuchte er eine Grundrechtsformulierung durchzusetzen, die jedem Ausländer, der deutschen Boden betrat, die Freiheit garantierte. Auch nach seinem Ausscheiden aus der Nationalversammlung aus Zorn über den Verlauf des Schleswig-Holstein-Konflikts und aus berechtigter Sorge um seine Gesundheit im winterlichen Frankfurt setzte er sich mit klaren Worten für gefährdete Rechtspositionen ein. Noch als Fünfundsechzigjähriger sammelte er öffentlich Gelder für das verfassungstreue hessische Offizierskorps im Konflikt mit der hessischen Regierung, an deren Spitze der Schwager Ludwig Hassenpflug stand.

Das große Ziel der Brüder bei der Übersiedlung nach Berlin, die Erarbeitung eines siebenbändigen deutschen Wörterbuchs, gelangte nur langsam – für den Verleger Salomon Hirzel und die Abonnenten qualvoll langsam – in das Stadium der Ausarbeitung und der zügigen Artikelarbeit. Erst vierzehn Jahre nach der ersten Anregung zum Wörterbuch, am 10. Oktober 1851, saß Jacob über den ersten Artikeln, am 13. November des gleichen Jahres folgte ihm Wilhelm. Die vom Verleger dringend gewünschte Zusammenarbeit, die die Brüder in ihrer Jugend so eindrucksvoll betrieben hatten, ließ sich nach Jahrzehnten der Differenzierung ihrer wissenschaftlichen Interessen und ihrer Arbeitsgewohnheiten nicht mehr erzwingen. Von 1852 bis 1854 veröffentlichte Jacob alle Lieferungen allein. Im Jahr 1855 trat Wilhelm an seine Seite, aber Jacob pausierte nun, um andere Arbeiten zu fördern, und erst nach Wilhelms Tod im Jahre 1859 setzte Jacob die eigene Artikelarbeit fort. Im Vorwort des zweiten Bandes findet Jacob Formulierungen für das Scheitern ihrer Hoffnungen auf erneute Gemeinsamkeit, die seine Trauer über den Tod des Bruders verknüpfen mit seiner Trauer über das Auseinanderdriften der lexikographischen Arbeitsstile. Neben Jacobs sanftem Tadel an unnötigen Abweichungen steht sein Respekt vor der besonderen Leistung Wilhelms für das Wörterbuch: «seines talents und seiner ratschläge, sowie überhaupt seiner edlen mithülfe geht die fortsetzung des werkes nun für immer verlustig. Er arbeitete langsam und leise, aber rein und sauber; wenn sein verspäten einigemal gefahr brachte und die geduld der leser auf die probe stellte, so werden sie sich nachher an der feinen abgrenzung und ausführung alles dessen, was er lieferte, erfreut haben. in milder, gefallender darstellung war er mir, wo wir etwas zusammen thaten, stets überlegen.»

Beide Brüder rangen alle Arbeitserfolge einer geschwächten Konstitution ab. Wilhelms Herzattacken zwangen auch den älteren Bruder zur Rücksichtnahme und den Betroffenen zur dauernden Vorsicht. Doch auch Jacob hatte nicht nur an seiner Kurzsichtigkeit zu leiden. Er nennt sich wiederholt brustkrank, klagt häufig über Schlaflosigkeit und widerspenstigen Pulsschlag. «Wenn ich nur gesunder wäre!» schreibt er 1853 an den Freund Karl Weigand. Auch die regelmäßigen Cholera- und Grippewellen, denen sich das 19. Jahrhundert noch fast hilflos ausgesetzt sah, verbreiteten periodisch Angst und Todesfurcht. Vor diesem Hintergrund entwickelte Jacob in allen seinen Arbeitsgebieten bei der Bewältigung der gesammelten Materialmengen eine gegen sich selbst rücksichtslose Energie und ein Tempo des Vorwärtsschreitens, die Bewunderung und Erstaunen hervorrufen. Für ihn war die Schnelligkeit bei der Lösung aller Aufgaben wohl wie eine Droge, deren Wirkung er auch genoß. Wie er sich selbst unter Erfolgszwang setzte, zeigt beispielhaft die Monatsrechnung der «geschafften» Manuskriptseiten für die völlige Umarbeitung des ersten Bandes der «Deutschen Grammatik», erhalten im «Rhein-ländischen Hausfreund auf das Schaltjahr 1820», der ihm als Kalender und Tagebuch diente:

«von Mitte Sept. 1820 bis zum 18 Oct. ausgearbeitet		
	ms.p. 1– 100	*(100)*
von da bis zum 18 Nvbr nur	*p. 100– 150*	*(50)*
von da bis zum 18 Dec. nur	*p. 150– 190*	*(40)*
Jan. 1821	*p. 190– 228*	*(38)*
Febr.	*p. 229– 282*	*(54)*
März	*p. 283– 350*	*(68)*
April	*p. 351– 426*	*(76)*
Mai	*p. 427– 480*	*(54)*
Juni	*p. 481– 542*	*(61)*
Juli	*p. 543– 616*	*(73)*
Aug.	*p. 617– 674*	*(54)*
Septemb.	*p. 675– 764*	*(90)*
Oct.	*p. 765– 831*	*(66)*
Nov.	*p. 832– 889*	*(57)*
Dec.	*p. 890– 970*	*(80)*
Jan. 1822	*p. 971– 1058*	*(87)*
Febr.	*p. 1059– 1150*	*(90)*
März	*p. 1150– 1218*	*(68)*
April	*p. 1218– 1285*	*(67)*
Mai	*p. 1286– 1352*	*(66)*
20. Juni	*p. 1353 bis zum*	
	Ende des Ganzen.»	

Im «Kurhessischen Kalender auf das Jahr 1822» folgt die Abrechnung: «die zweite ausg. meiner grammatik hat mir eingebracht honorar zu 2 Louisd. in gold per bogen; 69¼ bogen = 138½ Louisd. da die Louisd. im Sommer 1822 zur zeit als das honor. fällig wurde, 5 rt. 18 ggr. stand, betrug die summe circa 800 rt.»

Daß Jacob dieses Arbeitstempo bis ins Alter beibehielt, zeigt die Lieferungsfolge des «Deutschen Wörterbuchs». In seiner ersten kompakten Arbeitsphase von 1852 bis 1854 veröffentlichte er zehn Lieferungen mit zusammen 2300 Wörterbuchspalten im Lexikonformat, eine in über hundert Jahren von keinem Nachfolger erreichte Gewaltleistung. Wilhelm schaffte, durch den Verleger und das Vorbild des Bruders unter Dauerdruck gesetzt, mit Mühe eine Lieferung jährlich – auch dies freilich eine vorbildliche Leistung, wenn man das spätere Schicksal des Werkes bedenkt. Es ist richtig, daß Wilhelm seine Texte, auch die für das Wörterbuch, genauer ausformte und sorgfältiger stilisierte. Die Differenzen des Arbeitserfolgs beruhten aber vor allem auf abweichenden Lebenszielen, unterschiedlicher Zeiteinteilung, Konzentrationsfähigkeit und Arbeitslust.

Trotzdem wäre es in vieler Hinsicht ungerecht, die Lebensleistung der Brüder nur nach ihren wissenschaftlichen Hervorbringungen zu bewerten. Jacobs Erfolge waren nur möglich, weil Wilhelm und Dorothea Grimm ihm in ihrem Haushalt die nie gefährdete Grundlage für das rücksichtslose Verfolgen der eigenen wissenschaftlichen Ziele boten. In Kassel, Göttingen und Berlin war Jacob nicht Gast, sondern Teil von Wilhelms Familie – und ihre höchste Autorität. Er nahm, wie sein Tagebuch beweist, vollen Anteil an den Sorgen und Freuden des Bruders und der Schwägerin. Wilhelms ältester, früh verstorbener Sohn, das «Jacöbchen» (1826), wurde nach dem berühmten Onkel benannt. Die jüngeren Kinder Herman (1828), Rudolf (1830) und Auguste (1832) begleiteten den «Apapa» gelegentlich auf wichtige Reisen, so Herman zur Vorversammlung der Paulskirchenparlamentarier vom 31. März bis 3. April 1848 in Frankfurt oder Auguste zur Gothaer Nachversammlung der liberalen Freunde Heinrich von Gagerns am 29. Juni 1849. Im übrigen pflegte man getrennt zu reisen, Jacob eher ins Ausland (Italien, Norwegen,

«Niemand weiß bessern Bescheid zu geben als vom Bruder der Bruder», sagte Jacob Grimm in seiner Gedenkrede von 1860 über ihrer beider Verhältnis, und nicht zufällig gelten Jacob und Wilhelm Grimm noch immer als die deutschen Brüder schlechthin.

Schweden, Schweiz, Frankreich), Wilhelm in die Mittelgebirge oder zur Kur nach Bad Freienwalde an der Oder. Nach Wilhelms Tod fuhr Jacob gemeinsam mit der Schwägerin und Auguste in die üblichen Sommeraufenthalte.

Nicht, daß Jacob sich um Haushaltsfragen nie gekümmert hätte. Er hat sowohl beim Umzug nach Göttingen 1829/30 wie beim Umzug nach Berlin 1840/41 das neue Terrain als erster aufgesucht und den Familienumzug am Zielort vorbereitet. Aber die Sorgen des Alltags haben ihn doch weniger berührt; er konzentrierte sich auf seine wissenschaftlichen Vorhaben. Unter Wilhelms Bedachtsamkeit hat Jacob bei gemeinsamen Arbeiten gelitten, den Rat des Jüngeren hat er in wichtigen Fragen trotzdem gesucht und auch respektiert. Daß er die inneren und äußeren Bedingungen für die Intensität und den Erfolg der eigenen wissenschaftlichen Leistung wesentlich der lebenslangen Bindung an Wilhelm und dessen Familie verdankte, hat Jacob immer gewußt und mehrfach offen bekannt: «mein Bruder und ich, von jeher in entschiedener, unzertrennlicher und wechselseitig aushelfender Gemeinschaft der Studien und Schicksale», so hat er ihr Verhältnis schon 1838 während des hannoverschen Verfassungskonflikts charakterisiert. In der Gedenkrede vor der Berliner Akademie am Leibniztag des Jahres 1860 legte Jacob Grimm Rechenschaft ab über sein Verhältnis zu Wilhelm: Diese Gedenkrede will gelesen werden, denn «niemand weisz (…) bessern bescheid zu geben als vom bruder der bruder».

Mit Wilhelms Tod im Dezember 1859 hatte Jacob, der älteste der Grimms, das letzte der Geschwister verloren, den eigentlichen Weggefährten in einer Epoche, die sein Vaterland politisch verwandelte wie keine zuvor. Im Verein mit Wilhelm hatte er trotz unterschiedlicher Vorlieben und Methoden einer neuen Forschungsrichtung den Weg gebahnt und durfte glauben, durch die gemeinsame Arbeit dem deutschen Volk das Bewußtsein für die sprachlichen und geschichtlichen Grundlagen seiner Existenz geschärft zu haben. Mit Wilhelms Tod scheint zunächst die finanzielle Grundlage des gemeinsamen Haushalts gefährdet, da das den Brüdern gezahlte Gehalt von 3000 Talern nun in Gefahr stand, halbiert zu werden. Die Akademie handelte sofort und charakterisierte in einem Antrag an den Prinzregenten, den späteren König Wilhelm I., aus ihrer Sicht im Januar 1860 die Doppelexistenz der beiden Grimms: «Am 16ten des vorigen Monats starb Wilhelm Grimm, Mitglied der Akademie, der als deutscher Sprachforscher und Sammler deutscher Sagen und Dichtungen einen Namen hellen Klangs hat. Das deutsche Volk ist gewohnt ihn mit seinem älteren Bruder Jacob Grimm zusammen zu denken und zu nennen. Wenige Männer umfaßt es mit so allgemeiner Liebe und Verehrung als die Gebrüder Grimm, die es ein halbes Jahrhundert hindurch in Einem Streben und in gemeinsamer Arbeit gekannt hat.» Jacob erhielt weiter die vollen 3000 Taler und konnte noch für vier Jahre bis zu seinem Tode im September 1863 die gemeinsame Haushaltsführung an der Seite der Schwägerin Dorothea fortsetzen.

Ihm, der in der Kindheit das Bett, in der Jugend das Studium, als Erwachsener den Beruf und die Anstellung, die Arbeit und den Ruhm mit Wilhelm geteilt hat, fällt hier für beide das letzte Wort zu. Jacob Grimm hat in Wilhelms Todesjahr in der Akademie nicht nur die Gedenkrede auf den Bruder gehalten, sondern auch die Rede «Über das Alter», in der er als Fünfundsiebzigjähriger eine Summe der letzten Lebensjahre zu ziehen versuchte. Er las diese Rede zweimal; im August 1859 konnte Wilhelm sie noch hören, bei der Wiederholung als Festansprache zum Friedrichstag im Januar 1860 war Wilhelm tot.

«je näher wir dem rande des grabes treten, desto ferner weichen von uns sollten scheu und bedenken, die wir früher hatten, die erkannte wahrheit, da wo es an uns kommt, auch kühn zu bekennen (...) Sicher ist nun, dasz hinter allen wünschen die wirklichkeit, an die wir zunächst gebunden sind, in unermessenem abstande stehn bleibt, doch sollen uns jene ideale vorschweben als leitsterne und wer wollte dem alter den wahn abschneiden, dasz es sie schon am rande des horizonts aufschimmern sieht?»

HEINRICH UND THOMAS MANN

von Willi Jasper

Eigentlich haben sie mich nie gemocht», kommentierte Heinrich Mann kurz vor seinem Tode im kalifornischen Exil die eigene Familiengeschichte. Auch in der Literaturkritik wurde und wird der Ältere abschätzig durch die Familienbrille betrachtet. Den Ton gab immer der jüngere Bruder, der weltberühmte Nobelpreisträger Thomas Mann, an. Heute wird Heinrich Mann mehr denn je als Phantast mit Neigungen zum Totalitarismus, als Geistesapostel und Humanitätsverfechter ohne Wirklichkeitsbezug gescholten, als politischer Ignorant sogar der Gefährlichkeit bezichtigt. Unübersehbar ist, daß die gängigen Abqualifizierungen bis hin zur Wortwahl aus dem Arsenal des Bruderzwistes stammen. Thomas Mann polemisierte schon 1918 aus der Kulturperspektive des «Unpolitischen» gegen den «Zivilisationsliteraten» Heinrich Mann. Wie erklärt sich die erstaunliche Langlebigkeit dieser Polemik?

WER WAR DER «EIGENTLICHE»?

Es geht um eine dramatische Beziehungsgeschichte, die ebenso mit persönlichen Konflikten verknüpft ist wie mit den Katastrophen eines Zeitalters. Es wurde fast alles untersucht und diskutiert, die literarischen Traditionen, politische, moralische und psychoanalytische Aspekte. Obwohl die «repräsentative Gegensätzlichkeit», wie Thomas das Bruderverhältnis einmal bezeichnet hat, Gegenstand einer unendlichen Forschungs- und Publikati-

onsgeschichte ist, fällt es schwer, die Unterschiede eindeutig festzuhalten. Jeder Versuch, eine griffige Formel der Differenz zu
prägen, läuft ins Leere.

Die Bindung der Brüder Mann aneinander, ob in Zustimmung
oder Ablehnung, scheint unzertrennlich. «Ihre Charaktere und
ihre Träume schienen kontrastierende Variationen des gleichen
Themas zu sein. Das Leitmotiv, das sie gemeinsam hatten und unablässig abwandelten», war die «schmerzlich-stimulierende Spannung zwischen dem nordisch-germanischen und dem südlich-la-
teinischen Erbe in ihrem Blute», eine «recht eigentlich erotische
Beziehung, wenn man Eros, im Sinne des Sokrates, als den Dä-
mon der unstillbaren Sehnsucht, des dialektischen Spiels versteht»
(Klaus Mann). Selbst in äußerlichen und Geschmacksfragen offenbarte sich dieses dialektische Verwirrspiel der Widersprüche:
Der nach eigener Aussage «nordisch-protestantische» Thomas
umgab sich mit einer Wandtapete aus einem Dickicht tropisch
sinnlicher Blätter, während der (ebenfalls aus der Sicht von Thomas) «romanisch-katholische» Heinrich die kalte Eleganz einer
Tapete mit großen Freiräumen und spannungsvollen leeren Zo-
nen vorzog.

Dem Trend zur politischen Lagermentalität kam der Bruderstreit stets entgegen. Heinrich Mann nannte die wechselnden
Freund- und Feindschaften Versuche, «den einen zu kränken,
ohne darum den anderen zu lieben». Mit der Teilung Deutschlands nach dem Zweiten Weltkrieg wurde auch die Liebe zu den
Brüdern redlich geteilt. «Heinrich Mann ist unser!» verkündete
Walter Ulbricht, als man Urne und Nachlaß des Älteren nach Ost-
berlin überführte. Verlage und Bildungsinstitute des Westens dagegen erkoren Thomas zu ihrem «Bürgerideal».

Für den Neffen Golo Mann war das Gerede vom «rechten» und
«linken» Bruder von Anfang an ein «Mißverständnis, aufgebracht
von den Zeitgenossen, fortgeschleppt von den Nachkommen-
den». Beide, Thomas und Heinrich, seien «Konservative von
Haus» gewesen. «Beide wurden getragen von einem Gewissen,
das über sie selbst weit hinaus ins Allgemeine, Soziale ging. Beide
suchten und fanden den Gegenpol: der Jüngere gequält, tastend,
aus Vernunft und Pflichtgefühl; der Ältere souverän, mit rhetori-

scher Ausstrahlungskraft, ohne Zweifel und Skrupel, ohne jede Vermittlung zwischen dem einen und anderen.» Die Deutschen, so Thomas Mann kurz vor seinem Tod, «müssen uns immer gegeneinander ausspielen und streiten, wer der ‹Eigentliche› sei. Der ‹Eigentliche› wäre wohl der Mann gewesen, den die Natur aus uns beiden hätte formen sollen.»

Dokumentationsquelle des widersprüchlichen «brüderlichen Welterlebnisses» ist in erster Linie die umfangreiche Korrespondenz. Obwohl sie nur fragmentarisch erhalten ist, sind inzwischen über 250 Briefe ediert. Das Problem bei einer so großen Zahl von Selbstzeugnissen besteht darin, daß mit vielen Zitaten Tendenzen nicht nur belegt, sondern auch widerlegt werden können. Das in der Korrespondenz offen betriebene Rede-und-Antwort-Spiel setzte sich indirekt in den wechselseitigen Werkbezügen fort. Thomas Manns «Fiorenza» (1905) war zum Beispiel eine Antwort auf Heinrichs «Göttinnen», der «Tod in Venedig» kommentierte die «Jagd nach Liebe», Heinrichs «Professor Unrat» korrespondierte mit dem Schlußteil der «Buddenbrooks», und «Henri Quatre» war auch ein Echo auf «Joseph».

Ein aufmerksamer Beobachter der «vergleichenden Brüderforschung» hat konstatiert, daß der «Wettlauf» zwischen den Gelehrten und ihrem Gegenstand dem «zwischen Hase und Igel» gleiche: Die Brüder sind mit ihrer Selbstinterpretation immer schon da. Manche der Äußerungen, im Affekt geschrieben, wurde später wieder zurückgenommen, andere spiegeln nicht die authentische Meinung der Briefpartner, da sie von Rücksichtnahme und Taktik diktiert sind. Dies gilt vor allem für die zahlreichen gegenseitigen Buchwidmungen. Man darf nie vergessen, «daß beide Kontrahenten nicht nur leicht reizbare, sondern auch in hohem Maße neurotisch veranlagte Menschen waren» (Marcel Reich-Ranicki). Der schon vor den Exiljahren mit Thomas und Heinrich befreundete René Schickele notierte nach einem gemeinsamen Treffen im Jahre 1933: «Wie immer reden die Brüder Mann liebevoll aneinander vorbei – Thomas am stärksten, wenn er Heinrich ausdrücklich beistimmt. Er hat dann ein merkwürdiges, verhaltenes Zögern in der Stimme.»

In der ganz frühen und in der späten Phase ihrer Entwicklung finden sich die größten Übereinstimmungen. Immer wieder gingen die Erinnerungen des erwachsenen Thomas Mann zurück in die Lübecker «Buddenbrook»-Zeit, an den vermeintlich gemeinsamen, in Wirklichkeit imaginären Ort der Kinderträume. «Brüder sein», so heißt es in seinem Gedächtnisritual aus dem Jahre 1931 beschönigend, das bedeute «zusammen in einem würdig provinziellen Winkel des Vaterlandes kleine Jungen sein» und «in organischer Verbundenheit und im Gedanken aneinander hineinwachsen, hineinaltern ins eben noch radikal ironisierte ‹Leben›.» In Wirklichkeit gestaltete sich die gemeinsame Kindheit keineswegs in «organischer Verbundenheit». Kinderfotos dokumentieren, daß Heinrich das Privileg des «Ältesten» genoß und die einstudierte Rolle früh zelebrierte. Bereits der Fünfjährige, aufgebaut vor einem Tisch mit Zinnsoldaten, selbst uniformiert und den Kopf schief wie Napoleon, gefiel sich in der Pose des Erhabenen, der Individualität «behauptet». Auf einem anderen Bild sitzt Heinrich, abseits von den Geschwistern, mit distanziert-arroganter Miene auf einem Stuhl, demonstrativ ein Buch als Statussymbol auf den Knien.

Die Überlegenheit des Älteren spiegelte sich auch im sprachlichen Ausdrucksvermögen. Viktor Mann berichtet über Temperamentsunterschiede in der Tonart der Brüder, wie sie sich beispielsweise bei der Vorbereitung eines Hausfestes zeigten: «‹Modder›, sagte Thomas dann im breiten Lübecksch, ‹überhaupt, weißt du, wir müssen endlich mal wieder bullern.› Und Heinrich ergänzte fein, aber dringlich: ‹Ja, Mama, du mußt wohl eine fête geben.›»

Der Jüngere mußte hinnehmen, daß der Ältere manchmal mit ihm wochen- oder monatelang kein einziges Wort sprach, ohne daß ein bestimmter Streitfall zwischen den Brüdern vorgelegen hatte. Oft blieb Thomas gegenüber dem kühlen Hochmut des Bruders keine andere Waffe als hemmungslose Aggression. Ein solch ohnmächtiger Akt war wohl auch die Zerstörung der geliebten Kindergeige Heinrichs. Erst in seinem letzten Lebensjahr war Thomas bereit, die «bange Verlegenheit» gegenüber dem Bruder, die wie ein Schatten auf seinem Leben gelegen hatte, ein-

*Die gemeinsame Kindheit gestaltete sich keineswegs in organischer Verbunden-
heit: Kinderfotos dokumentieren, daß Heinrich das Privileg des Ältesten genoß
und die einstudierte Rolle früh zelebrierte. Auf diesem um 1885 entstandenen
Foto hält Heinrich, links sitzend, als Statussymbol ein Buch auf den Knien;
rechts die Schwestern Julia und Carla.*

zugestehen. Sein «inneres Verhalten zu dem Älteren und seinem abweisend geistesstolzen Werk» sei «immer das des aufblickenden kleinen Bruders» gewesen. Explizit verweist er auf seine «autobiographische» Ausmalung der Bruderbeziehung in seinem Roman «Königliche Hoheit», wo es heißt: «Ich habe immer zu dir emporgeblickt, weil ich immer gefühlt und gewußt habe, daß du der Vornehmere und Höhere bist von uns beiden und ich nur ein Plebejer bin, im Vergleich zu dir.» Und als Heinrich kurz vor seinem Tod dem Bruder ein Buch widmete mit den Worten «Meinem großen Bruder, der den ‹Doktor Faustus› schrieb», war dessen Erschütterung nach eigener Aussage «unbeschreiblich». Die noble Geste des Älteren erschien ihm «wie ein Traum». Heinrich war generell versöhnlicher. Das Unterkapitel seines Memoirenwerks «Mein Bruder» ist wie alle seine Erinnerungen an Freunde und «Gefährten» harmonisierend, ohne ein böses Wort. «Ihn sehe ich an meiner Seite, wir beide jung, meistens auf Reisen, zusammen oder allein: an nichts gebunden.» Von den Schattenseiten der Bruderbeziehung ist nur beiläufig in verschlüsselter Form die Rede. Da werden «Schmerzen» erwähnt, mit denen «auszukommen» man in der Jugend habe «lernen» müssen, und wieder ein Lob für Thomas: «Mein Bruder verstand dies früher als ich.»

Die Wochen von Juli bis Oktober 1895 in Palestrina waren für die Brüder Heinrich und Thomas, wie ein überschwenglich heiterer Feriengruß vom August des Jahres an Mutter und Schwester belegt, wohl die unbeschwerteste gemeinsam verbrachte Zeit ihres Lebens. Die Briefe an die Familie in München mündeten allerdings oft, wie Viktor Mann sich erinnerte, «in humoristisch geschilderter Geldnot». Die enge menschlich-künstlerische Zusammenarbeit der beiden Brüder in Italien dauerte – mit kurzen Unterbrechungen – bis April 1898. Es war jedoch nicht nur die Zeit der kreativen Pläne für Buchpublikationen, sondern auch jene Phase, in der Heinrich und Thomas gemeinsam die berüchtigte völkische Zeitschrift «Das Zwanzigste Jahrhundert» redigierten.

In Rom teilten sie sich regelmäßig ein Menü-Abonnement in einem kleinen Restaurant im Pantheonsviertel, abends saßen sie immer im gleichen Café, tranken Wein, spielten Domino oder diskutierten über Nietzsche. «Nach der Hitze eines Sommertages» stiegen sie oft zusammen mit dem zugelaufenen Hündchen Titino von der Höhe ihres «römischen Bergstädtchens» Palestrina «auf die Landstraße hinab» («Ein Zeitalter wird besichtigt»). Im Sommer 1897 reifte im «kühlen, steinernen Saal» der Casa Bernardini jenes Romanprojekt, das Jahrzehnte später den Weltruhm von Thomas Mann begründen sollte: «Die Buddenbrooks». Aus der Korrespondenz mit Samuel Fischer geht hervor, daß der Roman ursprünglich als eine Gemeinschaftsarbeit beider Brüder mit dem Titel «Abwärts» geplant war. Doch man wurde sich nicht einig in der Bewertung der Familiengeschichte. Noch in seinen Memoiren beansprucht Heinrich Mann, an dem «berühmten Buch» einen gewissen «Anteil» gehabt zu haben, «einfach als Sohn desselben Hauses, der auch etwas beitragen konnte zu dem gegebenen Stoff».

Das einzige von Heinrich und Thomas in Italien wirklich realisierte Gemeinschaftsprojekt war das den Geschwistern Carla und Viktor gewidmete «Bilderbuch für artige Kinder». Es existierte nur als handgeschriebenes und handillustriertes Original. Viktor Mann verglich die Zeichnungen später mit denen von George Grosz. An eine andere, nicht zu Ende gebrachte Bild- und Textkombination hat Thomas 1931 in seiner Ansprache zum 60. Geburtstag erinnert: «Als wir jung waren, zu jener vorläufigen Zeit in Rom, saßest du während vieler Wochen täglich am Tisch und stricheltest mit deiner Zeichenfeder an einer endlosen Bilderfolge, die wir ‹Das Lebenswerk› nannten und deren eigentlicher Titel ‹Die soziale Ordnung› lautete.» Was die Laudatio verschwieg, war, daß sich bereits damals, also vor der Jahrhundertwende, in den Diskussionen der Brüder über die Gestaltung der italienischen Bilderbücher widersprüchliche Auffassungen über Begriffe wie «Leben», «Natur», «Kunst» und «Geist» andeuteten.

Heinrich identifizierte sich mit dem Leben in Italien, wie der 1897 erschienene Novellenband «Das Wunderbare» beweist. Auch die in diesem Band enthaltenen «Geschichten aus Rocca de'Fichi» haben ein romantisch verfremdetes Palestrina zum Schauplatz. Thomas konnte dem Alltag der Kleinstadt keine Romantik abgewinnen, ihn störten vor allem die frei auf den Treppengassen herumlaufenden Esel und Schweine. Ihm «mißfiel» auch die «Schönseligkeit», wenn Heinrich den Sonnenuntergang in den Sabiner Bergen mit byzantinischen Bildern verglich. In seinen Notizbüchern hat Thomas die Italiener abschätzig als Menschen geschildert, die nur an Essen und Geld dächten. Und Tonio Kröger läßt er seine eigenen Gedanken aussprechen: «Italien ist mir bis zur Verachtung gleichgültig! Das ist lange her, daß ich mir einbildete, dorthin zu gehören, Kunst, nicht wahr? Sammetblauer Himmel, heißer Wein und süße Sinnlichkeit (...) Kurzum, ich mag das nicht. Ich verzichte. Die ganze bellezza macht mich nervös.» Heinrich hingegen hatte entdeckt, daß «das italienische Volk wache Sinne und eine Künstlerphantasie» besaß, «von der seine beste Menschlichkeit» abstamme. «Vom Herbst 1893 bis zum Frühling 1898» saß Heinrich Mann, wie er es in einem Brief ausdrückte, «tief in Italien».

Der Jüngere hatte vor allem zu lernen, mit der gespreizten Überheblichkeit des Älteren «auszukommen». Sein Werk entstand zunächst aus Selbstbehauptung. «Das ‹brüderliche Welterlebnis› war ihm», wie Hans Wysling es in der Einleitung zum «Briefwechsel» nennt, «Schicksal, Stachel und Ansporn.» Anfangs hatte der Ältere einen Vorsprung, den es galt aufzuholen. Der Jüngere holte schnell auf und überholte den brüderlichen Rivalen bereits mit seinem ersten Roman. Als «Die Buddenbrooks» 1901 erschienen, war Thomas sechsundzwanzig Jahre alt. Mit der Ausgabe von 1903 wurde dieser Roman ein unerhörter Verkaufserfolg. In seinem «Lebensabriß» beschreibt der Autor seinen frühen Erfolgsrausch: «Alsbald, während die preisenden Pressestimmen, selbst in ausländischen Blättern, sich mehrten, begannen die Auflagen einander zu jagen. Es war der Ruhm. Ich wurde in einen Erfolgstrubel gerissen (...) Meine Post schwoll an, Geld strömte herzu, mein Bild lief durch die illustrierten Blätter, hundert Federn versuchen sich an dem Erzeugnis meiner scheuen Einsamkeit, die Welt umarmte mich unter Lobeserhebungen und Glückwünschen.» Vor allem gegenüber Heinrich, der damals mit mäßigem Erfolg schnell und viel schrieb, kostete Thomas seinen Triumph aus.

In einem Brief vom 5. Dezember 1903 schildert Thomas genüßlich sein neues Lebensgefühl als Erfolgsschriftsteller. Während der Ältere nach wie vor finanzielle Sorgen hat, «beschäftigt» der Jüngere sich, «sehr angenehm und aufregend, mit Möbelanschaffungen». Nach dem Erfolg der «Buddenbrooks», deren Auflagensteigerung er mehrfach in dem Brief erwähnt, werde nun alles von ihm «mit großem Genuß» gelesen. Der Verleger Samuel Fischer lobe ihn auch als einen «Meister der Skizze» und nehme ihm unbesehen alle Manuskripte ab. Thomas tat so, als ob ihm diese Entwicklung unangenehm sei: «Ich arbeite mit Ekel und ohne die geringste Genugthuung, ich gebe den Dreck in tiefster Verzweiflung, und dann kommen die Briefe, das Geld, die Lobsprüche, die Händedrücke, die ‹Verehrung›. Alle haben Genuß daran, nur ich nicht. Und das ist doch gemein.» Obwohl davon überzeugt, daß die enormen Auflagen der «Buddenbrooks» den im Vergleich erfolglosen Heinrich hart getroffen haben müssen, erklärte Thomas heuchlerisch, er wisse wohl, daß «der Erfolg von ‹Buddenbrooks›» dem Bruder nichts «angetan» habe – «es wäre dumm und lächerlich, das anzunehmen».

Im gleichen Atemzug erfolgte ein demütigender Verriß von Heinrichs neuem Roman «Die Jagd nach Liebe», in dem Thomas «nur ein neues Genre von Unterhaltungs- oder Zeitvertreib» erblicken wollte. «Daß ich mit Deiner literarischen Entwicklung nicht einverstanden bin, muß einmal ausgesprochen werden», tadelte der Jüngere den Älteren von oben herab. Vor allem war er nicht einverstanden, wie Heinrich «die Erotik, will sagen: das Sexuelle» darstellte. «Diese schlaffe Brunst in Permanenz, dieser fortwährende Fleischgeruch ermüden, widern an. Es ist zu viel, zu viel ‹Schenkel›, ‹Brüste›, ‹Lende›, ‹Wade›, ‹Fleisch›, und man begreift nicht, wie Du jeden Vormittag wieder davon anfangen mochtest, nachdem doch gestern bereits ein normaler, ein tribadischer und ein Päderasten-Aktus stattgefunden hatte. Selbst in der rührenden Scene zwischen Ute und Claude an des Letzteren Sterbebett, dieser Scene, bei der ich weich wurde, bei der ich gern vergessen hätte – selbst da muß unvermeidlich Ute's ‹Schenkel› in

Action treten, und ein Schluß war nicht möglich, ohne daß Ute nackt in der Stube umherging! Ich spiele nicht Frà Girolamo, indem ich dies schreibe. Ein Moralist ist das Gegentheil von einem Moralprediger: ich bin ganz Nietzscheaner in diesem Punkt. Aber nur Affen und andere Südländer können die Moral überhaupt ignoriren.»

Hier geht es nicht um ästhetische Literaturkritik, sondern um eine Ablehnung der Sexualmoral Heinrichs, der in aller Öffentlichkeit, ohne Rücksicht auf Konventionen, die Intensität seiner erotischen Erlebnisse bekundete. Heinrich lebte gegen die Konventionen, Thomas konnte das nicht. Während Heinrich sich offen zu seinen zahlreichen Frauenaffären im Halbweltmilieu bekannte und in der «Jagd nach Liebe» auch seine Gefühle für die Schwester Carla offenbarte, litt Thomas damals schweigend an seiner Homosexualität. Für die sexuellen Nöte des jüngeren Bruders, von denen Heinrich seit der Schülerzeit wußte, hatte dieser nie großes Verständnis aufgebracht. «Mein armer Bruder Tommy», schrieb er bereits im November 1890 borniert und großspurig an Ludwig Ewers, «'ne tüchtige Schlafkur mit einem leidenschaftlichen, noch nicht allzu angefressenen Mädel – das wird ihn kurieren.»

Wie ein roter Faden zieht sich durch Thomas Manns Werk die Erfahrung, daß die große Liebe eine tödliche Katastrophe sei. 1903 war nicht nur seine unglückliche Beziehung mit dem Maler Paul Ehrenberg beendet, sondern auch der Versuch gescheitert, sie literarisch zu verarbeiten. Zwar sind einige Motive dieser Beziehung in die Novelle «Tonio Kröger» eingegangen, der Plan jedoch, daraus einen Roman mit dem Titel «Die Geliebten» zu machen, wurde nicht realisiert. Vor diesem Hintergrund erhält der Vorwurf gegen Heinrich, ihm durch geistigen Diebstahl den «Titel unmöglich» gemacht zu haben, eine nicht unwichtige Bedeutung. In dem Brief vom 5. Dezember 1903 beklagt sich Thomas: «In Riva, im Ruderboot, haben wir schon einen Anlauf zu einer Auseinandersetzung über diesen unangenehmen Gegenstand genommen. Im Laufe von allerlei philosophisch-psychologischen Disputen, in denen wir unsere entgegengesetzten Standpunkte vertraten, hatte ich Dir von meinem Plane erzählt, einen Roman ‹Die Geliebten› zu schreiben. In den ‹Göttinnen› fand ich den

Brüderliche Zwietracht: Als dieses Foto um 1900 entstand, war der Keim der Rivalität zwischen Heinrich und Thomas Mann bereits gelegt. Noch scheint der Ältere nachsichtig, wenn auch sorgenvoll auf den Jüngeren zu schauen, der seinerseits voller Selbstvertrauen in die Kamera blickt. Mit dem Welterfolg der 1901 erschienenen «Buddenbrooks» schienen sich die Verhältnisse zwischen den Brüdern umzukehren – zumindest in den Augen von Thomas.

psychologischen Inhalt dieser Gespräche in oberflächlicher und grotesker Weise verwerthet, vor allem aber den Gegensatz ‹Die Geliebten – die Ungeliebten› wie etwas Gegebenes und allgemein Gebräuchliches wiederholt wörtlich benutzt.» Und besonders übel nahm Thomas dem Bruder, daß er aus seinem «Tonio Kröger» die einfühlsame Beschreibung der «Wonnen der Gewöhnlichkeit» als sexuelles «Gemeingut» in den Roman «Jagd nach Liebe» übertragen habe und so ein völlig anderes «Pathos und Erlebnis» daraus mache.

Es ist zu vermuten, daß Thomas, dem man selbst vorwarf, mit den «Buddenbrooks» «sein eigenes Nest beschmutzt» zu haben, Heinrich die autobiographisch-erotischen Familienbezüge in «Jagd nach Liebe» (das heißt die Darstellung der Geschwisterliebe) besonders verübelte. Noch nach Heinrichs Tod, in seiner Tagebucheintragung vom 11. März 1950, klagte Thomas, «daß er (Heinrich) jeden Tag gezeichnet, dicke nackte Weiber. Das Sexuelle in seiner Problematik bei uns Geschwistern, Lula, Carla, Heinrich und mir.» Zweifellos waren demgegenüber die literarischen Frauenporträts von Thomas ästhetisches Filigranwerk. Aber waren sie deshalb feinfühliger gestaltet? Reinhard Baumgart hat seine Frauenbilder mit «erotischen Stilleben» verglichen. In diesen Porträts «werden Frauen einem männlichen Blick hingehalten als erotische Objekte, wie Stilleben, ohne ein erkennbares Eigenleben. Ausstrahlung ist ihr Geschäft. Denn Licht sollen sie werfen. Licht auf die männlichen Passionen, die sie aufstören.» Und oft genug erkennen wir in den stereotypen Beschreibungen ovaler Frauengesichter mit braunen Augen und bläulichen Schatten das Mutterbild.

Die Verflechtung von Familienbezügen, Erotik, Lebensplänen und Werkkonzeption finden wir bei Thomas ebenso wie bei Heinrich. Thomas Manns Tagebücher offenbaren, daß die Berücksichtigung biographischer Elemente den Zugang zum Lebenswerk erst ermöglicht. In der Literaturwissenschaft hat man den Zusammenhang von Thomas Manns verdrängten sexuellen Wünschen und seinem literarischen Produzieren eine «Notwendigkeit» genannt (Hans Mayer). Der jüngere Mann-Bruder habe mehr unternommen, als nur eine «homoerotische Gefühlssträhne» (Peter de Mendelssohn) zu bewältigen. Er habe den Lebenskonflikt «als Produktionsstimulans, als Themenreservoir und als Strukturmuster seiner Literatur genutzt» (Gerhard Härle).

Bei seinem Bruder Heinrich konnte Thomas offensichtlich keinen vergleichbaren Lebenskonflikt erkennen, keine «Notwendigkeit» für dessen Literaturproduktion. Mit seiner scharfen Kritik an der «Jagd nach Liebe» hat er das deutlich zum Ausdruck gebracht. Thomas sah vor allem für Heinrichs Offenbarung der Geschwisterliebe (Ute / Carla und Claude / Heinrich) keine literarische «Notwendigkeit», sondern eine Zerstörung der «Identität von Moral und Geist». Diese Kritik stürzte Heinrich in tiefe Selbstzweifel. Er sah seine Existenzberechtigung als Schriftsteller in Frage gestellt. Auf die Rückseite eines Blattes des Briefes von Thomas, den er nicht beantwortet hat, kritzelte er: «Ein Charakter wie Claude [das heißt wie er selbst] darf vielleicht gar nicht Medium eines Weltbildes sein. Das Bild wird zu krank, wüst, unerträglich. Das hieße mit anderen Worten, ich hörte überhaupt auf zu schreiben.»

Der Bruderstreit um die «Jagd nach Liebe» dehnte sich aus und wurde zum Familienkonflikt. Insbesondere die Schwester Julia verzieh Heinrich nicht, daß durch seine antibürgerlichen Attacken in dem Roman auch die Münchener Bankiersfamilie Löhr, in die sie eingeheiratet hatte, karikiert wurde. Thomas fühlte sich der zum Bürgerlich-Puritanischen tendierenden Schwester durch die äußeren Umstände verbunden. Auch er bereitete durch die Liaison mit Katia Pringsheim seinen Eintritt in die großbürgerliche Gesellschaft vor. Die Zeiten «bohèmehafter Absolutheit und Beziehungslosigkeit» waren für ihn vorbei. Wie unglücklich er sich dabei fühlte, die einst in Italien mit dem Bruder gemeinsam erlebte Freiheit des Künstlertums gegen bürgerliche Zwänge einzutauschen, gestand er kurz vor seiner Heirat ein: «Ich habe es mir nicht ‹gewonnen›, es ist mir nicht ‹zugefallen› – ich habe mich ihm unterzogen: aus einer Art Pflichtgefühl, einer Art von Moral, einem mir eingeborenen Imperativ, den ich, da er ein Zug vom Schreibtisch weg ist, lange als eine Form von Liederlichkeit fürchtete, den ich aber mit der Zeit doch als etwas Sittliches anzuerkennen gelernt habe.»

Noch ein Jahr nach der Heirat klagte er in einem Brief an Heinrich, daß er «ein Gefühl von Unfreiheit, das in hypochondrischen Stunden sehr drückend» sei, nicht loswerde. «Du nennst mich gewiß einen feigen Bürger. Aber du hast leicht reden. Du bist absolut. Ich dagegen habe geruht, mir eine Verfassung zu geben.» Diese «Verfassung» verlangte wohl auch eine distanzierte Haltung gegenüber Heinrichs Verlobung mit Inés Schmied. Pikiert erkundigte sich Thomas nach den näheren Umständen: «Aber deine Verlobte ist Sängerin? Öffentlich? Wird es ein Wanderleben werden? Ich weiß nicht, ob ich Dir das wünschen soll!» Auch zwischen der Schwester Julia (Lula) und Inés Schmied entwickelte sich eine, wie Thomas Mann es nannte, «Damen-Antipathie».

Die Mutter, die, wie Viktor Mann berichtet, «unendlich stolz auf ihre berühmt werdenden Söhne» war, versuchte den Familienstreit zu schlichten. Im November des Jahres 1904 wandte sie sich mit einem längeren Brief an Heinrich, um ihn als Schriftsteller und Bruder zum Einlenken zu bewegen: «Du hast der Welt einen Spiegel vorhalten wollen, hast stellenweise Undank u. Unwillen geerntet, zugegeben: weil sie sich zu sehr getroffen fühlte – zugleich aber auch Dich in dieser Weise jetzt genügend ausgesprochen (nach meiner Meinung) u. gehst auf ein anderes Geleise, nicht wahr? (...) Bitte, bitte lieber Heinrich, befolge meinen Rat u. ziehe Dich nicht von T(homas) u. L(öhr)s zurück; behalte persönliche Liebenswürdigkeit bei, u. zeige von nun an wieder, dasz Du auch der sensibleren Classe von Lesern gerecht zu werden befähigt bist. Man darf nicht zu sehr Idealist sein, denn man wird ja vom kleinsten Theil der Mitmenschen verstanden (...) Ihr seid beide gottbegnadete Menschen, lieber Heinrich – lass das persönliche Verhältnis zu T. und L.s nicht getrübt werden: wie konnten 1½ Jahre es so ändern, blos weil Deine letzten Arbeiten nicht durchwegs gefielen! das hat doch mit d. geschwisterl. Verhältnis nichts zu thun!»

Natürlich hatte es etwas miteinander zu tun. Die Positionen von Heinrich und Thomas in der Familienhierarchie waren nicht zu trennen von ihrem sozialen Status als Schriftsteller. Schon während der Italien-Jahre gab es Streit über die Ausübung der

Wie weit die Wege auch auseinandergingen, das Elternhaus, genauer: Herkunft und Familie, blieben zeitlebens ein Fixpunkt in den Auseinandersetzungen zwischen den Brüdern. Thomas, dem man vorwarf, mit den «Buddenbrooks» sein eigenes Nest beschmutzt zu haben, hielt Heinrich vor, Intimitäten aus dem Familienleben literarisch ausgeschlachtet zu haben. Das Lübecker Buddenbrook-Haus in der Mengstraße 4.

Fürsorgepflicht gegenüber der Mutter und dem jüngsten Bruder Viktor. Thomas erinnerte Heinrich in der Korrespondenz von 1904 daran: «Das erste Gefühl, das Dein letzter Brief mir erweckte, war eine naive Entrüstung, ähnlich wie damals, als Du mir egoistische Gleichgültigkeit Mamma und Vicco gegenüber vorwarfst, während ich mich um Mama bereits gegrämt und krank gegrübelt hatte zu einer Zeit, wo Du in Italien Bilder besahst, und zu einer Zeit, wo ich selbst mir in einem noch weit entsetzlicheren Maße zu schaffen mache, als ich es heute thue.» Heinrichs Funktion als männliches Familienoberhaupt war gefährdet durch die mangelnde Anerkennung im literarischen und gesellschaftlichen Bereich. Auch die Mutter wußte das und schrieb dem ältesten Sohn: «Ich wünschte so von ganzer Seele, dasz auch Dir die äusserliche Anerkennung zu Theil würde, denn leider kann der Schriftsteller nicht ohne sie fertig werden.»

Nach außen hin spaltete sich die Familie nach 1904 in das Lager der Bürgerlichen (Thomas und Julia) und in das der Bohemiens (Heinrich und Carla). Doch die Kluft war tiefer, es ging vor allem um patriarchalische Vorherrschaft und ödipale Verstrickungen. Die Namen Heinrich, Thomas, Carla, Julia und später auch Nelly und Klaus standen für eine moderne Besetzung der antiken Familientragödie um Ödipus, Laios, Iokaste, Eteokles und Polyneikes. «Laß die Tragödie unserer Brüderlichkeit sich vollenden» (Thomas Mann). Im gnadenlosen Kampf Mann gegen Mann blieben vor allem die Frauen auf der Strecke. Die Bilanz der Selbstmorde ist erschütternd: Carla (1910), Julia / Lula (1927), Nelly, Heinrichs zweite Ehefrau (1944) und Klaus (1949). Die familiäre Zwangssituation erklärt zum Teil auch das Rollenspiel der Brüder in der politischen Auseinandersetzung, in der Thomas Mann als aggressiver deutscher Nationalist auftrat und Heinrich Mann als wirklichkeitsfremder Utopist agierte. Das oft bemühte Zitat von Golo Mann, es habe sich um den Streit von «zwei unwissenden Magiern» gehandelt, die sich «andere Wirklichkeiten» erträumten oder «Lieblingsträume mit Wirklichkeit» gleichsetzten, wird in der Regel verniedlichend interpretiert. Die «Lieblingsträume» der Brüder waren ohne Zweifel handfeste «Männerphantasien».

LITERATUR UND POLITIK

In der kritischsten Phase ihrer Beziehung, zwischen dem Herbst 1914 und dem Januar 1922, in der Zeit, in der sie kaum noch Briefe wechselten, diskutierten und stritten Thomas und Heinrich indirekt miteinander: über ihre Publikationen. Literatur und Sprache offenbaren nicht nur die widersprüchlichen ästhetischen und ideologischen Voraussetzungen der Brüder Mann, sondern zugleich auch das unterschiedliche Niveau des politischen, moralischen und literarischen Denkens in Deutschland.

Die Dokumente der großen Auseinandersetzung sind bekannt und werden seit Jahrzehnten ausführlich diskutiert: Thomas Manns «Gedanken im Kriege» von 1914 und seine Schrift «Friedrich und die große Koalition» mit dem Untertitel «Ein Abriß für den Tag und die Stunde» von 1915, Heinrichs Erwiderung, der berühmte, 1915 verfaßte und publizierte Zola-Essay, und schließlich Thomas Manns «Betrachtungen eines Unpolitischen» von 1918.

Daß Heinrich Mann schon vor dem Ersten Weltkrieg zur literarischen Vorbildfigur der expressionistischen Aktivisten werden konnte und nach dem Krieg als literarischer Repräsentant der demokratischen Republik galt, verdankte er seiner seit Beginn des neuen Jahrhunderts gewachsenen Auffassung von Literatur als öffentlich-politischer Praxis. Er verwarf das der Jahrhundertwende vertraute Prinzip der gesellschaftlichen Exklusivität von Literatur und setzte auf das neue der intellektuellen Publizität. Aus einer traditionsreichen, über Heine und Hegel in die Aufklärung zurückführenden Deutschland-Kritik und dem damals unpopulären Lob Frankreichs entwickelte sich für Heinrich der Widerspruch zwischen kritischem «Geist» und «dumpfer, unsauberer Macht». Mehr und mehr sah er in Frankreich und der französischen Literatur das Gegenmodell der deutschen Entwicklung. Seine Aufsätze aus dem Jahr 1919 («Geist und Tat» – oder «Voltaire – Goethe») wurden von der Expressionistengeneration enthusiastisch aufgenommen und in Franz Pfempferts «Aktion» sowie in Kurt Hillers «Ziel»-Jahrbüchern nachgedruckt.

In der rückständigen deutschen Debatte fungierte die Dreyfus-

Vokabel «Intellektueller» wesentlich länger als in Frankreich als polarisierendes Reizwort. Heinrich Mann skizzierte den «Intellektuellen» als Gegenpart des «Faust- und Autoritätsmenschen». Im Essay «Geist und Tat» (1910) lautete sein oppositionelles Selbstverständnis: «Ein Intellektueller, der sich an die Herrenkaste heranmacht, begeht Verrat am Geist.» Als «Bruder des letzten Reporters» sollte der Schriftsteller den Mechanismus der öffentlichen Meinungsbildung zur Durchsetzung bisher noch unverwirklichter Interessen des «Volkes» beherrschen lernen, «damit Presse und öffentliche Meinung, als populärste Erscheinungen des Geistes, über Nutzen und Stoff zu stehen kommen». Das wichtigste Dokument der gedanklichen Entwicklung Heinrich Manns zu Beginn des Weltkrieges war der Essay «Zola» aus dem Jahre 1915. Kritisch und selbstkritisch rechnete er hier mit der «Tyrannei der vaterlandsseligen Nichtkönner» ab, die sich «in ruhigen Zeiten auf gewissen Bühnen austoben durften». Jetzt, in den aufgeregten Zeiten, sei «das gesamte Land eine patriotische Schmiere». Und jenen Geistesaristokraten, deren Sache es sei, «schon zu Anfang ihrer zwanzig Jahre bewußt und weltgerecht hinzutreten», prophezeite Heinrich Mann das traurige Schicksal, daß sie «früh vertrocknen sollen».

«Niemand hat es so deutlich gemerkt wie mein Mann selbst, daß er damit gemeint war», erklärte Katia Mann später. Wie recht sie hatte, beweist der empörte Brief, den Thomas Mann am 3. Januar 1918 an Heinrich schrieb. «Dinge, wie Du sie in Deinem Zola-Essay Deinen Nerven gestattet und den meinen zugemutet hast», heißt es da, «nein, dergleichen habe ich mir niemals gestattet und sie einer Seele zugemutet.» Die Prophezeiung des Bruders, früh zu «vertrocknen», nennt er einen «unmenschlichen Exzess», andere Passagen werden als «wahrhaft französische Bösartigkeiten, Verleumdungen, Ehrabschneidungen» charakterisiert. In seinen «Betrachtungen eines Unpolitischen» systematisierte Thomas Mann dann seine Vorwürfe gegenüber dem Bruder zum vernichtenden Schlagwort «Zivilisationsliterat», das er erfindungsreich mit Begriffen wie «Rhetorbourgeois» oder «Humanitätsprinzipienreiter» zu variieren wußte. Hier verdichten sich die aus Frankreich bekannten polemischen Kennzeichnungen der

«Dreyfusards» zum deutschen Rollenstereotyp. Im Bruderzwist zwischen Thomas und Heinrich Mann offenbarte sich «exemplarisch eine Intellektuellen-Debatte, die weit über den unmittelbaren Kontext hinaus gewirkt hat» (Renate Werner).

Um die Kontroverse als eine Auseinandersetzung zwischen dem «ästhetischen Subjektivismus» bei Thomas und dem «politischen Objektivismus» von Heinrich faßbar zu machen, hat man sich um historische Vergleiche bemüht. Und in der Tat erinnert der Bruderkampf Mann gegen Mann an die «folgenreichste Kontroverse der deutschen Literaturgeschichte – eine Kontroverse, die bis auf den heutigen Tag andauert» (Hans Magnus Enzensberger). Gemeint ist jene «säkulare Auseinandersetzung» zwischen Heinrich Heine und Ludwig Börne über die Frage: «Gibt es eine politische Moral, auf die sich Literatur verpflichten läßt?» In seinen «Betrachtungen eines Unpolitischen» überträgt Thomas Mann Heines denunziatorische Psychologie des «Nazarener-Typs» Börne auf Heinrich Mann: «Der Typus (des) deutschen Anhängers der literarischen Zivilisation ist, wie sich versteht, unser radikaler Literat, er, den ich den ‹Zivilisationsliteraten› zu nennen mich gewöhnt habe – und es versteht sich deshalb, weil der radikale Literat, der Vertreter des literarisierten und politisierten, kurz des demokratischen Geistes, ein Sohn der Revolution, in ihrer Sphäre, ihrem Lande geistig beheimatet ist (…) Man ist nicht Literat, ohne von Instinkt die ‹Besonderheit› Deutschlands zu verabscheuen (…); man ist beinahe schon Franzose, (…) Revolutionsfranzose.»

Die Kontroverse, die hier über einen «deutschen Sonderweg» geführt wird, schreibt einen Diskurs fort, der bereits im 19. Jahrhundert entwickelt wurde. Heinrich Mann kritisierte in seinen Essays und Romanen (besonders im «Zola»-Essay und im «Untertan») eine verfehlte deutsche Entwicklung, die sich vom europäischen Paradigma der Moderne immer weiter entferne. Thomas Mann hingegen plädiert für einen Weg der machtgeschützten Innerlichkeit, die als Preis für eine ästhetisch-kulturelle Verfeinerung bewußt den Verzicht auf politische Öffentlichkeit in Kauf nahm. «Politiker und Patrioten» waren für ihn «schlechte Dichter»: «Freiheit» tauge nicht als «poetisches Thema» («Lotte in Weimar»).

Während Thomas den in den «Weißen Blättern» abgedruckten «Zola»-Essay bei Heinrichs Freund Maximilian Brantl ausgeliehen hatte und erst nach intensivem Studium mit einer «Entschuldigung wegen der Bleistiftstriche» zurückgab, hat Heinrich die «Betrachtungen eines Unpolitischen» nach eigenem Bekunden nie gelesen. Als ihm aber ein Artikel des Bruders im «Berliner Tageblatt» vom 27. Dezember 1917 zur Umfrage «Weltfrieden?» vorgelegt wurde, in dem die Thesen dieses Essays enthalten sind und die persönliche Kränkung als «brüderliche Qual» beschrieben wird, entschloß er sich zum «Versuch einer Versöhnung»:

«Lieber Tommy,
Dein Artikel im ‹Berliner Tageblatt› wurde in meiner Gegenwart verlesen. Ich weiß nicht, ob es den anderen Hörern auffiel, mir selbst schien es, als sei er in einzelnen Abschnitten an mich gerichtet, fast wie ein Brief. Daher glaube ich, Dir antworten zu müssen, wenn auch ohne den Umweg über die Presse und nur zu dem Zweck, um Dir zu sagen, wie unberechtigt der Vorwurf des Bruderhasses ist. – In meinen öffentlichen Kundgebungen kommt kein ‹Ich› vor u. daher auch kein Bruder. Sie sind in das Weite gerichtet, sehen ab – wenigstens will ich es so – von mir, meinem Bürgerlichen, meinem Vorteil oder Nachteil u. gelten allein einer Idee. Liebe zur Menschheit (politisch gesprochen: europäische Demokratie) ist allerdings die Liebe einer Idee; wer aber sein Herz so sehr in die Weite hat erheben können, wird es des öfteren auch im Engen erwiesen haben (...) Die Gegnerschaft Deines Geistes kannte ich von jeher, u. wenn Deine extreme Stellungnahme im Krieg Dich selbst verwundert hat, für mich war sie vorauszusehen. Dieses Wissen hat mich nicht gehindert, Dein Werk oftmals zu lieben, noch öfter in es einzudringen, wiederholt es öffentlich zu rühmen oder zu vertheidigen, u. Dich, wenn Du an Dir zweifeltest, zu trösten wie einen jüngeren Bruder. Bekam ich von dem allen fast nichts zurück, ich habe es mich nicht verdrießen lassen. Ich wußte, um sicher zu stehen, brauchtest Du die Selbstbeschränkung, sogar die Abwehr des Anderen – und so habe ich auch Deine Angriffe – (...) – noch immer ohne große Mühe verwunden. Verwunden u. nicht vergolten – oder erst dann ein

einziges Mal vergolten, als es nicht mehr um persönliches ging, nicht mehr um literarische Vorliebe oder geistige Rechthaberei, sondern um die allgemeinste Noth u. Gefahr. In meinem ‹Zola› betitelten Protest war es, daß ich gegen die auftrat, die sich, so mußte ich es ansehen, vordrängten, um zu schaden. Nicht gegen Dich nur, gegen eine Legion (...) Vielleicht finden meine heutigen Erklärungen ein besseres Gehör. Das wäre möglich, wenn Deine neueste Klage gegen mich von Schmerz diktiert ist. Dann mögest Du erfahren, daß Du meiner nicht als eines Feindes zu denken brauchst.

Heinrich»

Thomas wollte von einer Versöhnung zu diesem Zeitpunkt nichts wissen, ihm war es «Bedürfnis und Gewohnheit intimer Anschauung», das «Verhängnis» in seinem Bruder und ihm «symbolisiert und personifiziert» zu sehen. Er brauchte die theatralische Pose des Bruderfeindes, um die «Betrachtungen» im begonnenen feierlichen Stil zu beenden. Kurz vorher hatte er der Kritikerin Ida Boy-Ed mitgeteilt, das Bruderproblem sei «das eigentliche, jedenfalls das schwerste Problem» seines Lebens. So diktierte ihm der Rollenzwang die unversöhnliche Antwort:

«Lieber Heinrich,
Dein Brief trifft mich in einem Augenblick, wo es mir physisch unmöglich ist, ihn im eigentlichen Sinn zu beantworten (...) Ich frage mich aber auch, ob es einen Sinn hätte, die Gedankenqual zweier Jahre noch einmal in einen Brief zu pressen, der notwendig viel länger ausfallen müßte, als der Deine. Ich glaube Dir aufs Wort, daß Du keinen Haß gegen mich empfindest. Nach dem erlösenden Ausbruch des Zola-Aufsatzes und wie sonst Alles für Dich steht und liegt, zur Zeit hast Du gar keinen Grund dazu. Das Wort vom Bruderhaß war auch mehr ein Symbol für allgemeinere Diskrepanzen in der Psychologie des Rousseauiten (...) Daß mein Verhalten im Kriege ‹extrem› gewesen sei, ist eine Unwahrheit. Das Deine war es und zwar bis zur vollständigen Abscheulichkeit. Ich habe aber nicht zwei Jahre lang gelitten und gerungen, meine liebsten Pläne vernachlässigt, mich zum künst-

lerischen Verstummen verurteilt, mich erforscht, mich verglichen und behauptet, um auf einen Brief hin, der begreiflicher Weise – Triumph atmet, mich nach letzten Argumenten suchend (...) Dir auf diesen in keiner Zeile von etwas anderem als sittlicher Geborgenheit und Selbstgerechtigkeit diktierten Brief hin schluchzend an die Brust zu sinken (...) Laß die Tragödie unserer Brüderlichkeit sich vollenden. Schmerz? Es geht. Man wird hart und stumpf. Seit Carla sich tötete und Du fürs Leben mit Lula brachst, ist Trennung für alle Zeitlichkeit ja nichts Neues mehr in unserer Gemeinschaft. Ich habe dies Leben nicht gemacht. Ich verabscheue es. Man muß zu Ende leben so gut es geht. Lebe wohl.

T.»

Das Band war zerschnitten. Zwar machte Heinrich sich noch einmal systematisch Notizen für eine Antwort und formulierte auch einen Brief, schickte ihn aber nicht ab. Er hatte erkannt: die Zeit war nicht reif für eine Versöhnung. Aus dem Briefentwurf spricht allerdings seine Hoffnung, daß das Zerwürfnis nicht für immer sein werde. Es dominierte der souveräne, teilweise auch arrogante Ton des Älteren, der sich überlegen fühlte: «Ich will Dir nach Kräften helfen, die Dinge später, wenn alles vorbei ist, gerechter zu sehen (...) Aber ich trenne mich niemals vorsätzlich u. für immer (...) Was mich betrifft, ich empfinde mich als durchaus selbständige Erscheinung u. mein Welterlebnis ist kein brüderliches, sondern eben das meine. Du störst mich nicht (...) Bezieh nicht länger mein Leben u. Handeln auf Dich, es gilt nicht Dir, u. wäre ohne Dich wörtlich dasselbe (...) Die Stunde kommt, ich will es hoffen, in der Du Menschen erblickst, nicht Schatten, u. dann auch mich.»

Das Ende des Jahres 1918 brachte für Heinrich endlich den lang ersehnten, großen literarischen Triumph. Der bereits im Krieg geschriebene «Untertan» erschien im Dezember als Buchausgabe und erreichte eine sensationelle Auflage. Die vernichtende Satire auf das wilhelminische Deutschland war unmittelbar nach der Kapitulation «das richtige Buch im richtigen Augenblick». Des Bruders «Betrachtungen eines Unpolitischen», die zwei Monate zuvor herausgekommen waren, stießen dagegen auf Unverständnis beim Leser. Aus Thomas Manns Tagebuchaufzeichnungen jener Tage sprechen Neid und Selbstmitleid eines Autors, die die veränderte politische Lage und den für ihn unerwarteten Erfolg des Bruders nicht akzeptieren wollte. Er hatte den Kontakt zu Heinrich vollständig abgebrochen.

Die unentwegten, rührend-hilflos anmutenden Vermittlungsversuche der Mutter richteten sich in den Jahren 1918 und 1919 nur noch an Heinrich. Sie war zu der Auffassung gelangt, daß Thomas «es nicht für nötig hält, wieder dauernd brüderlich neben- oder miteinander zu leben». Im Januar 1918 schrieb sie an Heinrich: «Nun glaube ich auch nicht mehr, dasz mein Tod Euch alle wieder vereinigen wird, da es Carla's nicht einmal vermocht; nun musst Du, sowie ich, uns mit dem Gedanken abfinden, dasz das, was nun noch von Deiner Seite geschah, das Letzte, deutlich Gutes wollende war. Nun bitte ich Dich recht herzlich, alles, auch in Schriften, ruhen zu lassen, u. nicht die Spur einer Kritik den Augen Unberufener, die nur Sensation aus dem Zwist zweier grosser Brüder machen, auszusetzen. Mit Dir sprach ich nun zuletzt über diese für mich so traurige Sache, mit T. nicht mehr, so lieb ich ihn habe. Ich hätte doch erwartet, dasz er auf gegenseitige Verzeihung hin, Versöhnung willkommen heissen werde. Also, lieber guter Heinrich, ich bleibe Dir was ich war, u. nie aufgehört habe zu sein u. hoffe, Dich bald wiederzusehen. Mit herzlichen Grüßen! Deine Mama.»

Ein freundlicher Artikel Ludwig Ewers' zum 50. Geburtstag von Heinrich Mann war für Thomas eine «unangemessene Ehrung», die ihn zu einer Desavouierung des Bruders veranlaßte. In seinem Brief an Ewers vom 6. April 1921 heißt es: «Ich halt ihn für einen gesättigten, mit der Welt und sogar mit dem Vaterlande versöhnten Menschen, der Deine Freundschaft heute im Grunde seiner Seele derjenigen seiner jüdisch-radikalen Galoppins und Verkünder vielleicht wieder vorzieht. Wie es zwischen uns Brüdern steht, wirst Du wissen. Der Krieg mußte die Gegensätze zwischen uns akut machen.»

Im Januar 1922 erkrankte Heinrich schwer: Zu einer Grippe

mit Bronchialkatarrh und Lungenkomplikation kamen zusätzlich Blinddarm- und Bauchfellentzündung. «Drei, vier Tage lang war die Lage sehr ernst», heißt es in einer Notiz von Thomas. Katia Mann besuchte Heinrichs Frau Mimi, und der gemeinsame Freund Maximilian Brantl bewegte Thomas zu einem Zeichen der Anteilnahme. Am 31. Januar erhielt Heinrich von seinem Bruder Blumen und ein Billett mit den Zeilen: «Es waren schwere Tage, die hinter uns liegen, aber nun sind wir über den Berg und werden besser gehen – zusammen, wenn Dir's ums Herz ist wie mir.»

Eine echte Versöhnung war auch das nicht. Wie Thomas wirklich über die Perspektiven einer brüderlichen Wiederannäherung dachte, ist seinem Brief zu entnehmen, den er zwei Tage später an Ernst Bertram schrieb: «Freudig bewegt, ja abenteuerlich erschüttert, wie ich bin, mache ich mir doch keine Illusionen über die Zartheit und Schwierigkeit des neu belebten Verhältnisses. Ein modus vivendi menschlich-anständiger Art wird alles sein, worauf es hinauslaufen kann. Eigentliche Freundschaft ist kaum denkbar. Die Denkmale unseres Zwistes bestehen fort.» Die wichtigsten «Denkmale» wurden immerhin frisiert. In seiner Rede «Von deutscher Republik», mit deren Niederschrift Thomas im Juni 1922 begann, korrigierte er «eine gewisse antiliberale Tendenz» seiner anrüchigen «Betrachtungen», und Heinrich strich für die Neuauflage seines Zola-Aufsatzes jene von Thomas als persönliche Beleidigung empfundene Prophezeiung, daß er «früh vertrocknen» werde. Fortan blieben die Brüder im Gespräch, auch wenn es oft nur im unverbindlichen Rahmen geschah. Es sieht so aus, als ob sie beschlossen hätten, ihr Verhältnis für die Außen- und Nachwelt harmonisch zu stilisieren. Für den Betrachter ergab sich ein Bild der Bemühung um «stillschweigende gegenseitige Duldung, Schonung, Neutralität, Burgfrieden, Höflichkeit, herzliche Zurückhaltung, tiefere Differenzen verbergend nach dem Prinzip ‹quieta non movere›» (André Banuls).

In Wirklichkeit blieben die inneren Rivalitäten bestehen. Bereits 1925, in Heinrichs Schlüsselroman «Der Kopf», geht es wieder um die alte Problematik. Hier spielen die Romanfiguren Terra und Mangolf die Rollen der Brüder. «Uns trennt», heißt es da gleich zu Beginn, «ein einziges Wort, das er anbetet: Erfolg.» Obwohl Thomas den Roman noch nicht gelesen hatte, vermutete er «aber im Voraus, daß das Prinzip der Arbeitsteilung zwischen uns Brüdern gewahrt bleibt». Und als Thomas Mann 1929 den Nobelpreis für sein Jugendwerk «Die Buddenbrooks» erhielt, mischten sich in Heinrichs Laudatio unüberhörbar kritische Zwischentöne. Der Bruder sei damals, als er die «Buddenbrooks» schrieb, «ein alleinstehender, innerlich noch nicht gefestigter junger Mensch gewesen», erklärte Heinrich. Auch die Dotierung des Preises schien ihn zu wurmen: «Der Nobel-Preis für Literatur beträgt dieses Jahr 200 000 Mark. In den meisten Ländern Europas ist dies ein mittleres Vermögen. Einen ohnedies erfolgreichen Schriftsteller versetzt es unter die Reichen.» Das hinzugefügte «So soll es auch sein» klang nicht überzeugend.

Neuen Konfliktstoff bargen dann die Probleme der 1926 gegründeten Sektion der Dichtkunst der Preußischen Akademie der Künste. Obwohl Thomas ihm Zurückhaltung empfahl, übernahm Heinrich 1931 Vorsitz und Titel eines «Präsidenten der Dichterakademie». Und als man etwas später Thomas − wie schon einmal im Jahre 1927 − als Nachfolger von Max Liebermann zum Präsidenten der Gesamtakademie vorschlagen wollte, intervenierte Heinrich. Er warnte den Bruder schriftlich, mit Erfolg, vor seiner Beteiligung an einer «Intrige» gegen den alten Liebermann.

EXIL UND «VERFALL EINER FAMILIE»

Auch nach Machtantritt der Nationalsozialisten veränderte sich zunächst nicht viel in der Bruderbeziehung. Eine Notiz vom 27. Oktober 1936 im Tagebuch von Thomas Mann enthüllt das tiefsitzende psychologische Trauma: «Geschlafen und schwer geträumt, zornig, von Heinrich, der eine bleiche Mischung mit Papa einging.» Das offizielle Bild der im Alter versöhnten und sich gegenseitig mit Komplimenten versorgenden Mann-Brüder täuscht. Zumindest für den Jüngeren blieb das Verhältnis bis zuletzt belastend. Die von Freud als klassisch analysierte Übertragung der ödipalen Ängste vom Vater auf den älteren Bruder schien selbst noch beim Sechzigjährigen wirksam. Einschränkend muß angemerkt werden, daß bei Thomas Manns Traum-Notiz vermutlich auch der für ihn typische Drang zur Selbststilisierung (hier als Freud-Verehrer) die Feder mit führte. 1936 war das Jahr des 80. Geburtstages von Freud, und Thomas hat in diesem Zusammenhang mehrere Essays und Reden verfaßt. In seinem Vortrag «Freud und die Zukunft» erklärte er, er sei erstaunt, «daß er, bei so starker allgemeiner und persönlicher Disponiertheit, so spät der sympathischen Beziehungen seiner Existenz zur psychoanalythischen Forschung und dem Lebenswerke Freuds gewahr wurde».

Wenige Monate vor seinem ödipalen Alptraum hatte Thomas den älteren Bruder öffentlich in den höchsten Tönen gelobt. «Der Fünfundsechzigjährige ist wahrhaft zu beglückwünschen», lautete im März 1936 seine Geburtstagslaudatio für Heinrich. Er nannte ihn einen «großen Künstler», dessen Leben «eine klare Einheit» bilde, «großes Format» habe und den «immer noch unvergleichlichen Genuß des Anblicks einer Persönlichkeit» gewähre. Heinrich bedankt sich artig dafür, daß Thomas «liebevoll und tief» seiner Existenz gedacht habe und zu einem «glücklichen Ergebnis» gekommen sei: «Ja, zuletzt wird alles in Ordnung sein.» Was dem Älteren gefallen hatte, waren nicht so sehr die lobenden Worte, sondern der Umstand, daß Thomas Mann sie für die als Propagandaorgan der Volksfront geltende «Neue Weltbühne» verfaßt hatte, «Ja, ich habe es wohl bemerkt, Du hast das erste Mal ein Emigrantenblatt benutzt», lauteten Heinrichs anerkennende Zeilen aus Nizza. Und auch Klaus Mann bemerkte erfreut: «Was für ein schöner Übermut vom Vater, in der Weltbühne zu schreiben!»

Das Jahr 1936 bedeutete im Leben von Thomas Mann eine entscheidende Zäsur. Bis dahin hatte er es vermieden, direkte Angriffe gegen das NS-Regime zu richten und sich öffentlich mit Aktionen der Exilierten zu solidarisieren. Für den Entschluß Thomas Manns, sich eindeutig auf die Seite des «anderen Deutschlands» zu stellen, war ganz sicher der moralische Druck des bereits seit über drei Jahren im Exil publizierenden Heinrich mitentscheidend. Der ältere Bruder hatte den Nobelpreisträger offensichtlich davon überzeugen können, daß eine weitere unentschiedene Haltung gegenüber Hitler-Deutschland sich schädlich auf sein internationales Ansehen auswirken würde.

In den ersten Jahren des Exils war Heinrich die treibende Kraft. Er engagierte sich in der Volksfrontinitiative und verfaßte Hunderte von Artikeln, die überwiegend in der «Neuen Weltbühne», dem «Pariser Tageblatt» und in der «Dépeche de Toulouse» erschienen – dann als Sammelbände unter dem Titel «Der Haß» und «Mut». In politisch-moralischer Hinsicht übte Heinrich wieder – wie schon zu Zeiten des Zola-Konfliktes – die Funktion des Lehrmeisters aus. Im Juni 1938, anläßlich einer Veranstaltung in Budapest, bekannte sich Thomas in öffentlicher Rede erstmals auch zum «militanten Humanismus», einer für Heinrichs Ideenpolitik im Exil zentralen Kategorie. Die durch moralischen Druck erzwungene Annäherung an politische Positionen Heinrichs war vermutlich verantwortlich für Thomas' ödipalen Gespenstertraum vom Oktober 1936.

Thomas lernte schnell, sich im Exil flexibler als Heinrich zu bewegen. Während der Ältere sich bis zuletzt an die Illusion Europa klammerte, setzte Thomas sofort auf seine Chance in der Neuen Welt. Bereits 1938 sprach er vor zwanzigtausend Zuhörern im New Yorker Madison Square Garden. Im amerikanischen Exil hatte er schnell die Rolle des «praeceptor Germaniae» übernommen. Wie vorher Heinrich in Frankreich eilte Thomas nun in den USA von Kongreß zu Kongreß, wurde von Roosevelts empfangen, «broadcastete» (wie er es nannte) nach Deutschland und war gleichzeitig literarisch erfolgreich. Die scheinbare Umkehrung ihrer politischen Rollen veranlaßte Heinrich, der im Oktober 1940 aus dem besetzten Frankreich nach Amerika geflohen war und hier nicht Tritt fassen konnte, gelegentlich zu sarkastischen Kommentaren. Während einer Autofahrt mit Erika Mann soll er geäußert haben: «Mit deinem Vater verstehe ich mich politisch jetzt wirklich recht gut, nur etwas radikaler ist er als ich.»

In Wirklichkeit bemühte sich der Nobelpreisträger um deutliche Rücksichtnahme auf die Interessen des Gastgeberlandes.

Wenn er sich öffentlich äußerte, gab er sich alle Mühe, seine politischen Ansichten weder als Zustimmung zu einem deutschen Exilpatriotismus noch als Unterstützung einer kommunistischen oder sowjetischen Aktion erscheinen zu lassen. Im Streit zwischen Bertolt Brecht und Thomas Mann über die Frage, ob man den Nationalsozialismus als Verkörperung des politischen Willens der Deutschen ansehen müsse, war Heinrich mit dem Herzen auf der Seite von Brecht, der sich für eine Differenzierung zwischen Nationalsozialismus und deutschem Volk aussprach. Heinrich wagte es aber nicht, wie die Exilgefährten Lion Feuchtwanger und Alfred Döblin, offen Partei zu ergreifen. Einen Streit mit Thomas hätte er sich auch nicht leisten können, da er materiell von ihm abhängig war.

Während Thomas sich den «hanseatischen Wunsch» nach einer würdigen und repräsentativen Existenz im festen, persönlichen Lebensrahmen erfüllen konnte und als «Goethe in Hollywood» residierte, wie der «New Yorker» schrieb, beschloß Heinrich sein letztes Lebensjahrzehnt in Armut, Vergessenheit und Einsamkeit. Er konnte und wollte sich nicht mit dem amerikanischen Literaturmarkt arrangieren. Der inzwischen über Siebzigjährige war stets in Geldsorgen, auch wenn er nicht unmittelbar Hunger litt, wie die Polemik Bertolt Brechts gegen Thomas Mann suggeriert oder wie seine Frau Nelly in hilfesuchenden Briefen behauptet. Der monatliche Scheck, den Heinrich nach der Kündigung seiner Beschäftigung bei der Filmgesellschaft «Warner Brothers» und dem Ausbleiben der Tantiemen des sowjetischen Staatsverlages vom Bruder erhielt, reichte nur für das Notdürftigste. Immer wieder mußte er um einen Zuschuß betteln, manchmal wartete er auch vergeblich auf eine zugesagte Summe: «Ich bin voll Dankbarkeit für die erhaltenen Checks und in Sorge um den zuletzt abgegangenen, der nicht angekommen ist. Von Montag bis heute wäre er fünf Tage unterwegs: da bleibt nicht viel zu hoffen (...) Inzwischen schulden wir die Miete und öffnen die Tür nur, wenn kein Gläubiger dahinter steht. So war es bestimmt, und wäre ohne Eure Güte noch schlimmer.»

In seiner isolierten Situation war für Heinrich der Kontakt zu Thomas sehr wichtig. Er war nicht nur finanziell, sondern auch

Ein aufmerksamer Beobachter der «vergleichenden Brüderforschung» hat konstatiert, daß der «Wettlauf» zwischen den Gelehrten und ihrem Gegenstand dem zwischen Hase und Igel gleiche: Die Brüder Mann sind mit ihrer Selbstinterpretation immer schon da. Die größten Übereinstimmungen zwischen Thomas und Heinrich Mann finden sich in der ganz frühen und in der späten Phase. Heinrich Mann bei seiner Ankunft in New York am 13. Oktober 1940.

emotional abhängig. Man sehe sich «zu selten», klagte er, «obwohl ich immer Zeit hätte». Thomas brachte oft fadenscheinige Gründe vor, um eine Einladung zu umgehen: «Wir haben große Personalnot, unsere Dunkeln verlassen uns und neue sind teils unerschwinglich, teils unerträglich. Aber einmal werden wir ja wieder in Ordnung kommen und hoffen, dann Nelly und Dich recht bald einen Abend bei uns zu haben.» Wenn sie sich trafen, ging es sehr förmlich zu. Teegespräche der Brüder verliefen wie der höchst gelehrte und steife Disput zweier «Universitätsprofessoren, die einander gerade vorgestellt worden sind», so die Beschreibung des Sekretärs von Thomas Mann.

Alfred Döblin beschreibt die Feier zu Heinrichs 70. Geburtstag im Hause von Salka Viertel als ein groteskes Ritual: «Th. Mann zückte ein Manuskript und gratulierte daraus. Dann zückte der

Bruder sein Papier und dankte auch gedruckt daraus.» Haupthinderungsgrund für zu häufige Begegnungen war offensichtlich die Abneigung von Thomas und seiner Familie gegen Heinrichs Frau Nelly, der man die «Verbreitung trunkener Lügen» vorhielt. Dann kam das Jahr 1944, für Heinrich Mann der Tiefpunkt seiner bedrückenden Exilzeit in Amerika: Hilflos mußte er dem rasch fortschreitenden Zerstörungs- und Selbstzerstörungsprozeß seiner geliebten Frau zusehen, der im Dezember des Jahres mit ihrem «freiwilligen» Tod endete. Thomas betrachtete den Tod Nellys als eine Erlösung für Heinrich, und der Neffe Golo Mann fällte später das harte Urteil: «Alles wurde besser, unvergleichlich besser, nachdem Nelly Manns letzter Selbstmordversuch geglückt war.»

In Wirklichkeit wurde alles noch trauriger. Die Geldsorgen stiegen und mit ihnen die Anhänglichkeit an den Bruder. Doch Heinrich wurde nicht selbstmitleidig, er wahrte Fassung, Würde und auch seinen Sarkasmus. «Alter Schriftsteller ersten Ranges, im Ruhestand», so lautete seine Selbstcharakterisierung Ende 1945. Fast scheint es, als ob er sich mit seinem letzten Romanentwurf noch einmal gegen die übermächtige Vormachtstellung des Bruders aufbäumen wollte. Thematisch knüpft «Die traurige Geschichte von Friedrich dem Großen», an der Heinrich bis 1948 arbeitete und die er als Fragment hinterließ, an den großen Zola-Streit mit dem Bruder an, den damals die Gestalt des preußischen Königs selbst zu einem Essay angeregt hatte. Für Thomas war das «letzte, ganz große Unternehmen» Heinrichs dann auch eine «überraschende Stoffwahl». Wie ernst es dem Jüngeren mit dem oft zitierten Kompliment des «Greisen-Avantgardimus» für den Älteren wirklich war, weiß man nicht. Doch ganz offensichtlich machte Thomas sich 1944 noch einmal unnötige Sorgen über einen Popularitätszuwachs Heinrichs in bestimmten Exilkreisen: «Zu denken, aufs neue, über die Verherrlichung des Bruders durch das nur hier siedelnde aktivistische Literatentum auf meine Kosten. Auferstehung alter Qual.»

Im Juni 1945, als Thomas seinen 70. Geburtstag beging, würdigte Heinrich ihn mit dem Vorabdruck seines «Zeitalter»-Kapitels «Mein Bruder». Bezeichnend für die Seelenverfassung des Älteren war, daß der Text mit der Erinnerung an den gemeinsamen

«Buddenbrook»-Plan aus der Jugendzeit endete: «Unser Vater hätte in unserer Zusammenarbeit sein Haus wiedererkannt.» Der Untertitel des berühmten Romans, «Verfall einer Familie», wurde für den alten Heinrich zum traumatischen Signal der Realität. «Schmerzliche Wochen, diese Trauer ist beständig», schrieb er an Karl Lemke, als der jüngste Bruder Viktor im April 1949 in München starb. Und als Klaus Mann sich einen Monat später in Cannes das Leben nahm, war Heinrich erschüttert: «Mein Neffe Klaus lebte nicht mehr gern; was ihn eigentlich tötete, war die vertane Zeit, der er angehörte (...) Geschwächt wird die Familie; wir waren zahlreich und hatten Einfluß.»

Die Klage, daß die Familie Mann ihren «Einfluß» verloren habe, gilt nicht in erster Linie dem Verlust patriarchalischer Strukturen, sondern eher dem Versiegen der rebellischen Tradition, die von Carla bis Klaus reichte. Das bohemehafte Auftreten des Geschwisterpaares Klaus und Erika hat Heinrich in vielem an seine Münchner Zeit mit Carla erinnert. Kein Zufall sind auch die literarischen Parallelen. 1932 erschien Heinrichs Roman «Ein ernstes Leben», in dem das Zwillingspaar Kurt und Vicky eindeutig nach Klaus und Erika gestaltet wurde. Im gleichen Jahr beendete Klaus Mann seinen «Treffpunkt im Unendlichen», dessen Thematik und Kulisse in auffälliger Weise Heinrichs «Jagd nach Liebe» gleichen.

Bei Klaus Mann bestand, wie man weiß, schon vor dem Exil eine «Affinität» zum Tod. Mut für den Lebenskampf erhielt er oft nur durch das Vorbild Heinrich Manns. In zahlreichen öffentlichen und privaten Äußerungen hat der Neffe bekundet, daß er in Leben und Werk seines Onkels eine erstrebenswerte Verbindung von Zivilisation, Ästhetizismus und Fortschritt sehe. Zu Heinrich Manns «schöpferischer Phantasie und zum erzählerischen Elan» komme als wichtige Ergänzung «der geistig-moralische Ertrag eines langen, bewußt und leidenschaftlich gelebten Lebens». Im amerikanischen Exil fühlten sich Neffe und Onkel durch die gemeinsame Erfahrung der Resignation verbunden.

In seinem letzten Roman, «Der Atem» (1949), sprach Heinrich auch noch einmal zu seinem Bruder Thomas. Die sterbende Maria Theresia von Traun, Baronin Kowalski, sagt zu ihrer Schwester, der im Leben erfolgreicheren Marie-Louise, Duchesse de Vigne: «Marie-Lou, hasse mich nicht, weil ich lebte, oder weil ich sterbe. Ich weiß, du haßtest mich nur mit Selbstverleugnung, wir waren doch Schwestern.» Und weiter: «Mußt du allein sein, dann wärest du es gern mit mir, bevor es endet. Wir dürfen uns wieder lieben. War es doch von Haus aus, mit allem, was uns bevorstand, daß wir uns liebten so gut wie haßten.» Es scheint so, als ob am Ende beide Brüder – Heinrich und Thomas – ihre «repräsentative Gegensätzlichkeit» als unabwendbares Schicksal akzeptierten, als Bestimmung «von Haus aus».

MAX UND ALFRED WEBER

von Christa Dericum

I

Alfred singt für sein Leben gern – Max um keinen Preis.» Sie seien sehr verschieden, bemerkte die Mutter, und ein Vetter ergänzte: «So grundverschieden wie die beiden wird man nicht leicht Brüder finden».

Vier Jahre Altersunterschied. Der älteste von vier Söhnen des nationalliberalen Reichstagsabgeordneten und Stadtrates von Erfurt und Charlottenburg, Max Weber, benannt nach dem selbstisch seine Würde genießenden Vater, kam am 21. April 1864 auf die Welt. Als Alfred, das zweitälteste der sechs Kinder, am 30. Juli 1868, ebenfalls in Erfurt, geboren wurde, hatte Max seine erste schwere gesundheitliche Krise zu bestehen, Meningitis; er blieb bis ins Erwachsenenalter hinein zart, scheu, leicht ermüdbar, verschlossen und zurückgezogen. Er spielte Klavier, sammelte Münzen und las. «Ich schwärme nicht, ich dichte nicht, was soll ich also anfangen als lesen, und das besorge ich gründlich», schrieb er der Mutter. Er las Geschichtsbücher, griechische Klassiker, Philosophen, Luthers Schriften, Goethe und Cicero, von dem er fand, er entbehre «alle Feurigkeit und Entschiedenheit».

Beides, Feurigkeit und Entschiedenheit, suchte Max. Ein Schüler, dem die Schule nichts antat, mit dem Konfirmationsspruch: «Der Herr ist mein Geist, wo aber der Geist Gottes ist, da ist Freiheit.» Max nahm sich die Freiheit, Menschen und ihr Verhalten aus der Distanz zu sehen, ein Einzelgänger, der dennoch nicht gern allein blieb. Er freute sich an den Geräuschen, die die spielenden kleinen Geschwister machten, er ging mit dem Vater auf Reisen, besuchte die Heidelberger Verwandten, klagte aber über einen Ball, den die Mutter ihm abverlangte, daß er zwölf Stunden und mehr durch die Tanzerei verloren habe; in der Zeit hätte er das Reichsstrafgesetzbuch ganz durcharbeiten können.

Alfred wird als «einfach» beschrieben, «viel jubelnd, viel jaulend». Er lachte gern, spielte mit den Kleinen. Seine Tobereien mit dem Bruder Karl entlockten dem Älteren kaum ein Lächeln. Alfred zürnte der Schule, in der er nicht vorankam. Er verabscheute den Lehrer, der die Pausenbrote der Schüler kontrollierte und sich den guten Belag selbst in den Mund stopfte. Er erhielt Prügelstrafen und fühlte sich durch die Wiederholung einer Klasse nach langer Krankheit gedemütigt.

«Tief von Gemüt» sei er, sagte die Mutter, und wie Max geistig rege. Beide wuchsen in Berlin auf. Im Elternhaus verkehrten Politiker, Gelehrte und Künstler. Bismarcks letzte Jahre, sein Sturz und der Beginn der wilhelminischen Ära weckten in ihnen erste politische Phantasien. Die nationalliberalen Freunde des Vaters sahen Bismarcks Unberatenheit mit Sorge. Max Weber erinnerte sich an die Stimmung der Jahre 1870 / 71: der Krieg gegen Frankreich und die Reichsgründung waren durchaus nicht im Sinne dieser Bildungsbürger, die als Patrioten den Kampf für die Einheit und die Großmachtstellung Deutschlands geführt hatten. Bismarcks Selbstherrlichkeit ließ sie zu lautstarken Kritikern der neuen Reichspolitik werden, in der sie keine Aufgabe mehr hatten.

Max Weber dachte über andere Staatsformen nach. Machiavellismus, Antimachiavellismus, gar die «Gemeinde der freien Seelen» des Philantropen und Predigers von Selbstbestimmung und Frieden, William Ellery Channing, beschäftigten ihn mehr als der strenge Protestantismus der Mutter, der beide Brüder wie auch die anderen Kinder hart bedrängte. Max hatte Alfred noch zur Konfirmation geschrieben, sich «nicht vom Christentum zu lösen, bloß weil der Verstand vor unlösbaren Problemen steht».

Seine eigenen Zweifel räumte er mit rigider Gedankenarbeit beiseite. Tolstois Ideen eines Lebens nach dem Evangelium der Brüderlichkeit gefiel ihm, zweifellos. Das Christentum als Religionssystem schien ihm jedoch von unerbittlicher Ethik, der sich der einzelne zu fügen hatte. Die von der Mutter in hugenottischer

Max, Alfred und der 1870 geborene dritte Bruder Karl in einer Aufnahme von 1879. Während sich zwischen Max und Alfred ein bis zur Gespanntheit riva-lisierendes Verhältnis entwickelte, in dem die Überlegenheit des Älteren außer Zweifel stand, empfand Max den Abstand zu den sechs beziehungsweise drei-zehn Jahre jüngeren Brüdern Karl und Arthur offenbar als unüberbrückbar.

Familientradition geforderte Selbstüberwindung bedeutete für Max emotionale Enthaltsamkeit, nicht aber rationale Anerkennung des Bestehenden.

Die Mutter sorgte sich um beide Söhne. Max verschloß seine Seele vor ihren Angeboten zu seiner Bildung. Er brauche eine «Führergestalt», so die Mutter, ein Vorbild, einen Menschen, zu dem er aufschauen könne. Doch Max war, wie es schon im Mittelalter von den ausziehenden Knaben hieß, «ein selbstredend Kind»; «er mag nicht aufschauen». Statt dessen suchte er als Student der Jurisprudenz und Nationalökonomie, wenn auch ohne Mensur, in einer Burschenschaft «Dressur und Schneidigkeit»; dies hinderte ihn aber nicht, sich über den Heidelberger Philosophen Kuno Fischer zu beklagen, der sein Kolleg morgens um 7 Uhr hielt: «Ich hasse den Menschen, der mich zwingt, so früh aufzustehen.»

Alfred, als Heranwachsender endlich selbstbewußt und dem Bruder näher, war lebensbejahend, musischer, spontaner als Max. Sein Temperament litt die Grenzen nicht, die die häusliche Erziehung ihm steckte. Er studierte Kunstgeschichte, richtete dann aber sein Interesse zunehmend auf politische und soziale Probleme und Fragen der Gerechtigkeit. Gespräche in der Familie hatten dem Elend der Masse der Industriearbeiter gegolten. Die Mutter empfand Besitz als Unrecht, solange die Masse sich für den Wohlstand einzelner abrackern müsse. Auch dachte sie über die Stellung der Frau in Familie und Gesellschaft nach; so äußerte sie zum Beispiel, der Mann müsse bei der Geburt des Kindes anwesend sein, um nachvollziehen zu können, was die Frau erleide. Der Vater hatte kein Ohr für solche Gedanken; in den Arbeiten der Söhne kehrten sie wieder.

II

Wie sein Bruder Max studierte Alfred Weber schließlich doch Jura, dann Nationalökonomie. Deutlich empfand er die Enge der preußisch-wilhelminischen Politik, die in der Reaktion auf Bismarcks allzu starre Reformversuche verharrte. Mehr noch als seinen Bruder interessierte ihn die Geschichte als Möglichkeit, die Ursachen der gegenwärtigen Zustände zu erkennen. Sie fesselte ihn aber auch, weil sie den weiteren Verlauf der Entwicklungen ahnen ließ und so der Politik ihre Dynamik gab.

Die Wissenschaft der Geschichte hatte sich an der Berliner Universität mit der ganzen Breite der Bildung des 19. Jahrhunderts seit Humboldt, Hegel und Ranke etabliert. An Heinrich von Treitschke und Theodor Mommsen, bei dem Alfred Weber promovierte, an Ulrich von Wilamowitz-Möllendorf und den Berliner Archäologen schieden sich die Geister. Bismarcks Kulturkampf und die Sozialistengesetze, der Rückgang der national-liberalen Mandate im Reichstag, das Gothaer Programm der Sozialistischen Arbeiterpartei Deutschlands wirkten in die Universität hinein. Die Wissenschaften waren in dieser Stadt mehr als anderswo in den nationalen Sog geraten.

Doch die Atmosphäre des Fin de siècle, der «Umbruch», wie Alfred Weber später sagte, hatte die geistige, die soziale und die politische Sphäre in Bewegung und näher zueinander gebracht. Max Weber stellte zu der Zeit «Einseitigkeiten, Leidenschaftlichkeit des Kampfes gegen andere Meinungen» fest. Auch er hatte als Protestant seine Meinung, die er ein paar Jahre später mit großer Bestimmtheit präzisierte: Er halte es für ein Gebot der Menschenwürde, mit aller Kraft gegen die zwei Mächte, die die Zukunft bedrohten, anzugehen – den Bürokratismus im Staat und die virtuose Maschinerie der katholischen Kirche.

Um 1890 begegneten beide Weber dem Theologen und links-liberalen Politiker Friedrich Naumann, dem Vorsitzenden der Demokratischen Partei. Beide verehrten Theodor Mommsen, hatten zu dessen Bitternis über die Unfähigkeit der Deutschen zur Politik allerdings eine andere Meinung. Es komme, so hatte Wilhelm von Humboldt einst gesagt, stets auf «die in Tätigkeit zu setzenden Männer» an. Es scheint, Max und Alfred Weber waren von Jugend an von Humboldtschen Figuren umgeben.

Immer wieder trafen die Fäden im Elternhaus zusammen, wo sich beide Söhne bis nach der Habilitation aufhielten. Im Hause Weber fand sich auch Else Richthofen ein. Sie studierte Jura in Berlin, arbeitete im Seminar von Gustav Schmoller mit, beraten von Max Weber, den sie aus Heidelberg kannte. Alfred sah sie als einen «scheinbar ganz ins Sachliche versunkenen Mann». Mit beiden Brüdern verband sie lebenslange Freundschaft, in die auch ihr späterer Mann, Edgar Jaffé, und ihre Schwester, Frieda Richthofen, die Lebensgefährtin des Romanciers D. H. Lawrence, einbezogen waren.

Max Webers Neugierde dieser frühen Gelehrtenjahre war durch Vernunft gelenkt. Alfred ließ Blicke und Sinne schweifen. Er entdeckte den plötzlichen Aufschwung der Germanistik, die eigenartige Wirkung der Musik Richard Wagners als ein «zeitgemäßes deutsches Phänomen», das die verschiedenartigsten Elemente künstlerischen, nationalen und autoritären Geistes vereinigte, konstruktiv und zugleich destruktiv, elitär im Anspruch und suggestiv in der Massenwirkung, mit dem gleichen pompösen Aufwand, den auch die Architektur und die übrigen Künste zeigten. Das theoretische Rüstzeug der historischen Schule, die Zeichen der Zeit aus ihren Ursprüngen zu deuten, reichte ihm nicht aus. Max Weber konnte damit weiterarbeiten; Alfred schloß sich den Historikern nur mit halbem Herzen an. Ihr Postulat, daß der geschichtliche Prozeß etwas objektiv Existierendes sei, das sich außerhalb des denkenden Geistes bewege, leuchtete ihm nicht ein. Er war vielmehr, wie viele seiner musischen Altersgefährten, von der subjektivistischen Erkenntnistheorie Henri Bergsons beeindruckt, dessen metaphysische Geschichtsauffassung den Betrachter nicht aus dem Prozeß entläßt, sondern ihn hineinnimmt.

«Das Ganze hat doch überhaupt keinen Sinn», pflegte Max Weber zu sagen, oder: «Das schwebt ja alles völlig in der Luft», oder auch: «Schlimmer als Hegel!» Beide stützten sich auf Johann Gustav Droysens «Historik», in der es heißt: «Das Wesen der historischen Methode ist, forschend zu *verstehen*. Die Möglichkeit des Verstehens besteht in der uns *kongenialen* Art der Äußerungen, die als historisches Material vorliegen.» Die Erkenntnis des Bestehenden beruht auch für Alfred Weber auf dem «Nachvollziehen des Erlebten», wie Wilhelm Diltheys Lehre vom Verstehen sagt. Bergson fügt dem die Philosophie des Bewußtmachens durch Intuition hinzu, die mit dem Gedächtnis zusammenhängt, mit Wie-

derholung und Wiedererkennen, wie in dem Essay über das Lachen schlüssig dargelegt ist.

Bergsons Philosophie des Bewußtmachens durch Intuition
stand, wie alle Phänomenologie jener Zeit, im Gegensatz zur
deutschen Geschichtsphilosophie. Aber sowohl die subjektive wie
die objektive Perspektive verlor die Tatsache aus dem Blick, daß
der Prozeß der Geschichte ein *Denkprozeß* ist und insofern das
Subjektive *und* das Objektive zu individueller Erkenntnis miteinander verbindet.

III

In den Konflikt dieser konträren Auffassungen sind die Brüder
Weber bald geraten.

Zu Beginn der neunziger Jahre wurden beide Mitglieder des
Vereins für Socialpolitik, der 1872 aus einer politischen Versammlung in Eisenach hervorgegangen war. Gustav Schmoller, Natio-
nalökonom und Vorsitzender des Vereins, forderte damals eine
größere Teilnahme des Volkes an allen höheren Gütern der Kultur, an Bildung und Wohlstand als das größte Ziel der Weltge-
schichte. Die Mitglieder des Vereins, vorwiegend Wissenschaftler,
als «Kathedersozialisten» häufig öffentlich geschmäht, versuchten,
politische Argumente mit fundierten Untersuchungsergebnissen
zu untermauern. Der Verein vergab Forschungsaufträge. Es entstanden statistische Arbeiten, zum Beispiel über die Wohnver-
hältnisse in Arbeitergegenden, über das Leben von Frauen im Ar-
beitermilieu – unter anderem forschte Else Richthofen auf diesem
Gebiet mit –, Gutachten zu einzelnen sozialen Fragen, Berichte
über das, was im Reichstag verhandelt wurde. Die Kritik richtete sich gegen den wirtschaftlichen Liberalismus genauso wie gegen die offizielle konservative Sozialpolitik.

Max Webers Untersuchungen der Lebens- und Arbeitsbedin-
gungen der Landarbeiter im ostelbischen Deutschland erschien
1892 in den Schriften des Vereins. Damit war der Anfang einer
Serie wissenschaftlicher Studien über die sozialen Verhältnisse
nichtstädtischer Arbeiter gemacht. Alfred Weber schrieb über die

Zustände in der Hausindustrie in Deutschland, an deren Beispiel er die Rückständigkeit der auf Heimarbeit angewiesenen Gebiete feststellte. Er machte Vorschläge, wie die Ausbeutung der Arbeitskräfte verhindert werden könne, und plädierte für eine gesetzliche Regelung, die Abhilfe schaffen und überhaupt diesem überholten Erwerbszweig ein Ende bereiten sollte. Er sah die Frage als Teil eines großen und komplizierten Zusammenhanges, den es zu erkunden galt.

Ob Deutschland den Charakter eines Agrarlandes behalten oder sich zu einer Industrienation entwickeln würde, ob die Entwicklung mit Hilfe der Handelspolitik oder durch Privatinitiativen vorangebracht werden solle, wie mit den Zöllen zu verfahren sei, beschäftigte die Runde. Alfred Weber witterte in dem allgemeinen Optimismus eine Gefahr für die Entwicklung der Industrie in Deutschland wie im übrigen Europa. Er hatte an Hand der Bevölkerungsstatistik festgestellt, wie notwendig eine gesunde Agrarbasis für die Volkswirtschaft war, ein Aspekt, der von der Wirtschafts- und Sozialpolitik vernachlässigt war. Die florierende Schwerindustrie hatte die Kleinbetriebe ins Abseits gedrängt, und die zunehmende Bürokratisierung erstickte jede vernünftige Organisation. Mit seinem Bruder empfand er den bürokratischen Apparat als Autoritätssystem, das sich der Mentalität aller bemächtigte, der Verwalter ebenso wie der Verwalteten.

Als Alfred Weber solche Überlegungen im Verein für Socialpolitik 1909 vorbrachte, trat trotz solcher Gemeinsamkeiten der Gegensatz zum älteren Bruder deutlich zutage. Max Weber hatte kurz zuvor seinen Aufsatz über «Die Objektivität sozialwissenschaftlicher und sozialpolitischer Erkenntnis» veröffentlicht und die Trennung von Politik und Wissenschaft gefordert, die Wertfreiheit der Erkenntnis. Deswegen wandte er sich auch gegen Schmoller, der 1899 gesagt hatte: «Wir aber, wir Gelehrten, wir sollen an diesen Leidenschaften nicht teilnehmen, wir wollen die leidenschaftslosen, ruhigen, objektiven Beobachter und Beurteiler bleiben, und damit ist zugleich, wie ich glaube, unsere Aufgabe bezeichnet, unser Recht auf Existenz, auf Wirkung bewiesen. Indem wir den Tageskämpfen immer mehr nur von ferne zusehen, indem wir nicht persönlich an ihnen beteiligt sind, mögen wir im einzelnen dies oder jenes übersehen, dadurch in Kleinigkeiten und Nebenfragen irren, aber im großen und ganzen, glaube ich, können wir sagen, spricht die Wahrscheinlichkeit dafür, daß wir die großen Linien der Bewegung in Vergangenheit und in Zukunft mit einer gewissen Objektivität, mit einer gewissen Klarheit übersehen und daß wir deswegen auch befähigt sind, praktische Ratschläge für die Wege der Reform zu erteilen.»

Diese halbdistanzierte, halbaktive, vermittelnde Haltung genügte Max Weber nicht mehr. Die wissenschaftliche Erkenntnis war ihm etwas ganz anderes als das auf wissenschaftlichem Denken beruhende politische Wirken. Darum mißfiel ihm auch die Emphase, mit der sein Bruder Alfred argumentierte.

Alfred ging es jeweils um eine bestimmte Sache, die ihm Sorgen machte, um eine Entwicklung, die er voraussah und die er verurteilte. Er fürchtete «Knechtschaft, wo wir Freiheit herbeiführen wollten». Wohl stimmte er mit Max überein, daß die wissenschaftliche Untersuchung der sozialen Phänomene Grundlage jeglicher Diskussion sein müsse, doch lag ihm die asketische Objektivitätshaltung, die Reduktion auf die pure Erkenntnis nicht: «Was ich für meine Person, da ich anders nicht reden könnte (...) aufrechterhalten möchte, ist, beim Reden auch emotional zu arbeiten. Wir wollen wirken. Wir müssen, wenn wir Gelehrte sind, bei unseren Arbeiten unzweifelhaft das Kämmerlein zumachen, in dem unsere Gefühle schlummern. Wenn wir aber einen bestimmten Standpunkt bekommen haben, wenn wir uns der hypothetischen Form, in der wir alle unsere Fragestellungen vorzunehmen haben, bei unserer Arbeit bewußt gewesen sind, so müssen wir nachher, wenn wir wirken wollen, diese hypothetische Fragestellung abstreifen.»

Das Bewußtsein der hypothetischen Form aller Forschung hat Alfred Weber nie verlassen. Seine Äußerungen waren spontan, so wie sein Verhältnis zur Geschichte spontan war. Max reflektierte kühler, distanzierter. Er suchte die Abstraktion. Bei der gemeinsamen Arbeit verschoben sich bald die Perspektiven. Auch das Interesse, das eine Sache weckte, war bei Alfred ein anderes als bei Max. So hatte der Verein für Socialpolitik eine Untersuchung unter dem Titel «Auslese und Anpassung der Arbeiter in den verschiedenen Zweigen der Großindustrie» in mehreren Teilen anfertigen lassen. Max Weber fragte nach der Psychophysik der Arbeit, während Alfred etwas über die Vorgänge und Motive der Berufswahl, über Gründe für Berufswechsel und über das Berufsschicksal der Industriearbeiter wissen wollte. Die Menschen in ihren konkreten Bedingungen interessierten ihn mehr als Strukturen. Von der Aufgabe als solcher freilich waren beide so erfüllt, daß Gustav Schmoller am Ende einer Tagung erklären mußte: «Für die nächste Beratung bedürfen wir einer Geschäftsordnung, in deren Paragraph 1 bestimmt wird, daß innerhalb einer Stunde die beiden Weber nicht mehr als 55 Minuten sprechen dürfen.»

IV

Alfred Weber habilitierte sich 1899 als Privatdozent für Nationalökonomie. Max Weber war inzwischen Professor in Freiburg und seit 1896 in Heidelberg. Er genoß die Stadt, seine Ehe mit Marianne Schnitger und die neuen Begegnungen. 1904 folgte Alfred Weber einem Ruf nach Prag, wo er zum ordentlichen Professor für Nationalökonomie ernannt wurde. In einer autobiographischen Skizze beschreibt er, wie befreiend auf ihn die Atmosphäre Prags gewirkt und als wie unfrei er im Vergleich dazu das wilhelminische Berlin empfunden habe. Vor allem beeindruckte ihn «die Begegnung mit dem außerordentlich begabten Prager Judentum».

«Ich liebte die schöne, großgeformte Stadt, von der aus diese Existenz einen geistigen, politisch-praktischen Sinn zu haben schien», schrieb er. Tschechen, Deutsche und Juden trugen gemeinsam zur geistigen Regsamkeit bei, die ihre Wurzeln in der einzigartigen Geschichte des Königreichs Böhmen hatte und aus Traditionen neue Ideen speiste. Weber machte mit seinem Kollegen Tomas G. Masaryk, dem späteren Präsidenten, große Ausflüge mit dem Fahrrad, und während sie durch anmutige Gegenden streiften, entwarf ihm Masaryk seine Pläne zur Neugliederung Österreich-Ungarns, eine Neugliederung, in der die Probleme zwischen Tschechen und Deutschen aufgehoben sein sollten.

Drei Jahre voller Leben, unterbrochen nur durch die Mitarbeit im Verein für Socialpolitik, verbrachte Alfred Weber in Prag. Dann erhielt er einen Ruf nach Heidelberg, wo sein Bruder Max, schwer depressiv, keine Vorlesungen mehr hielt.

Heidelberg nahm ihn sogleich gefangen: «Die Atmosphäre dieser kleinen Stadt war ganz und gar nicht bürgerlich eng oder gesättigt. Sie war vollgesogen und wurde durchströmt von Neuem, das in Deutschland auf merkwürdige Weise seit der Jahrhundertwende sich zu entwickeln begonnen hatte (...) Jener ‹Geist Heidelbergs›, wie ihn Friedrich Gundolf zu bezeichnen pflegte, war für den, der als neu Hinzugekommener an ihm teilnahm, wie eine Offenbarung. Er zog die Geschichte, er zog die philosophische Existenz, zog alle alte Tradition vor seinen Richterstuhl. Und das Besondere war, er war zugleich gesättigt von einer Skepsis gegenüber allem, was als Durchschnittliches dem Tag sein Gepräge gab. Er suchte nach neuer Tiefe, nach neuen tieferen Fundamenten überall. Und für mich ergab sich alsbald, daß ich naturgemäß von ihm hingezogen wurde zu der Frage: wo stehen wir als Fragende eigentlich geschichtlich gesehen? Eine Frage, die ich nach dem Charakter des hier herrschenden Geistes gar nicht anders als universell, erdumfassend zu stellen vermochte.»

Die historischen Dimensionen, die den jungen Gelehrten in der Kulturweite Prags fasziniert hatten, fanden in der geistigen Regsamkeit Heidelbergs ihre begriffliche Vertiefung. Was Max Weber als «Typos» beschrieb, interessierte Alfred als «Phänomen», kultursoziologisch in seiner tatsächlichen Bewegung. Wenn das Denken mit der menschlichen Ordnung nicht fertig wurde, so deshalb, weil «Übersicht» fehlte. Noch 1909 beschränkte sich der vierzigjährige Alfred in seinem ersten großen wissenschaftlichen Werk zwar auf die reine ökonomische Theorie: «Über den Standort der Industrien: Reine Theorie des Standorts». Das Buch hatte auch nachhaltige Folgen; Lenin zog es heran, als er sich aufmachte, Rußland zu modernisieren.

Die phänomenologische Ausweitung der Perspektive aber war hier schon deutlich. In seine eigentliche wissenschaftliche Disziplin bezog er nun die Geschichte, die Philosophie, die Psychologie und die praktische Politik mit ein. Das lenkte bei der damaligen strengen Abgrenzung der Fächer voneinander die Kritik und die Mißgunst der Kollegen auf ihn, ebenso wie auf Max.

Beide lehrten auf dem nationalökonomischen Katheder «Soziologie». Dietrich Schäfer, der Historiker auf dem Heidelberger Lehrstuhl, hatte für die neuen Betrachtungsweisen der Brüder, so verschieden sie waren, wie für die Soziologie insgesamt nichts übrig. Er protestierte auch heftig gegen die Berufung von Georg Simmel, für den Max Weber sich intensiv einsetzte. Wie andere Gelehrte sah Schäfer in der Analyse der gesellschaftlichen Strukturen eine Gefahr und hielt es für einen verhängnisvollen Irrtum, die Gesellschaft als «maßgebendes Organ» für menschliches Zusammenleben an die Stelle von Staat und Kirche zu setzen. Solche Argumente waren freilich eher politischer als wissenschaftlicher Natur.

Alfred Weber schürte den Streit. Er hielt mit seinem Urteil über die Historiker nicht zurück. Als Erich Marcks den ersten Band seiner Bismarck-Biographie vorlegte, sagte Max Weber anerkennend: «Er hat den Griffel des Historikers»; Alfred aber platzte in die Diskussion hinein, nachdem Eberhard Gothein über das Buch referiert hatte: «Marcks hat Bismarck für den Weihnachtstisch der deutschen Jungfrau zurechtgemacht.»

V

Eng verbunden fühlten sich Max und Alfred Weber mit einigen Professoren der juristischen Fakultät, so mit dem zehn Jahre jüngeren Rechtsphilosophen Gustav Radbruch und mit Georg Jellinek, dem Ordinarius für öffentliches Recht. Jellinek galt in der saturierten Rechtswissenschaft als revolutionär. Er erkannte die Grenzen des juristischen Urteilsvermögens und relativierte die Rechtsprechung auf subjektive Rechtsfindung. Der Soziologie schrieb er eine entscheidende Rolle zu, weil sie Kategorien zur Erkenntnis sozialer Phänomene liefere, die außerhalb der anderen Wissenschaften lägen.

Die Soziologie liege «quer» zu allen anderen Wissenschaften, so verteidigte Alfred Weber die neue Forschungsrichtung, die sein

Bruder Max und er entwickelten: zeitgleich, am selben Ort und doch unabhängig voneinander, gleichwohl in Reichweite und in geistiger Verwandtschaft.

Der Lehrstuhl, den Max und Alfred Weber nacheinander innehatten, war der Nationalökonomie gewidmet, und von den in dieser Disziplin erarbeiteten Grundlagen gingen beide aus. Noch in hohem Alter, als er ein soziologisches Colloquium über England anbot, verlangte Alfred Weber von seinen Studenten zuerst gründliche ökonomische Kenntnisse. (Als Zweitsemester hatte ich bereits ein Referat über «Richard Cobden und das Manchestertum» zu halten. Ich erschrak. Unvergeßlich sein Augenzwinkern: «Das müssen wir uns zumuten», sagte er. Ich weiß bis heute nicht, ob er meinte, er sich meine Ahnungslosigkeit oder ich mir die Bürde des Stoffes oder beides.) In eindrucksvoller Weise hat Alfred Weber seinen Forschungsgegenstand vor der Eingrenzung durch universitäre Disziplinen gerettet.

Diese Suche nach Antworten von allen Seiten hatte er mit Max Weber und Georg Simmel gemein. Doch seine dynamische Sicht auf den Geschichts*prozeß* – zweifellos auch von Hegel, Marx und insbesondere Engels angeregt – hatte etwas Visionäres, und sein «elan vital» (Bergson) beflügelte alle, die mit ihm zusammenkamen. Ernst Bloch erzählte, in Prag habe es überall «gewebert». Und von Max Brod hieß es, «sein Mund floß über vor Alfred-Weber-Begeisterung».

Max Weber ging davon aus, daß «sinnhaftes Handeln» rationales Handeln sei und Handlungsorientierung «zweckrational», «wertrational», «affektuell», «traditional». Er sah Rationalismus als besonderes Kennzeichen der okzidentalen Kultur an und hielt die Entwicklung von affektueller «Vergemeinschaftung» zu rationaler «Vergesellschaftung» für erwiesen. Bestimmte Herrschaftstypen wurden erkennbar, Regelmäßigkeiten, die er in «Idealtypen» zu erfassen suchte. Der Idealtypus als Konstruktion oder Übersteigerung, als Mittel, um Strukturen und Formen wiederzuerkennen, bezieht sich auf Werte, die in Sprache zu bringen fast übermenschlicher Anstrengung bedarf.

Max Webers Werk ist gekennzeichnet von dieser Anstrengung sprachlicher Formung, der strenge Enthaltsamkeit zugrunde lag, persönliche Bescheidenheit. «Webers Positivismus selber war temporär und sicher nicht kanonisch (er hat ihn übrigens nur ungern, nämlich schmerzlich, generalisiert). Aber sein anderer, sein gleichsam charakterologischer Positivismus (...) verband sich auf strenge, eifernde, selbstentsagende Art mit einem Kierkegaardschen, das Sein statt Schein verlangt. Auch in nicht-religiösem und doch wieder sehr protestantischen Sinn, nämlich gegen jedes Dekorative, jeden aufgedonnerten, selbst sentimentalen Ersatz. Nicht das Politische und zum Teil nur das Methodische, gewiß aber die argumentatio ad hominem wird der Wissenschaft und ihrer Praxis zu bleiben haben.» So Ernst Bloch. Karl Jaspers bezeichnete Max Weber einfach als den «größten Repräsentanten des Wissens in unserer Zeit».

Er selbst forderte von sich und der Wissenschaft «Hingabe an die Sache», statt an den romantischen «Götzen der Persönlichkeit» zu glauben. Die zunehmende Intellektualisierung und Rationalisierung bedeute keineswegs auch eine zunehmende Kenntnis der Lebensbedingungen, sondern nur «das Wissen davon oder den Glauben daran: daß man, wenn man nur wollte, es jederzeit erfahren *könnte*, daß es also prinzipiell keine geheimnisvollen unberechenbaren Mächte gebe». Das heißt, Weber hielt prinzipiell die Dinge für erkennbar, «durch Berechnen» für beherrschbar und die «Entzauberung der Welt» für notwendig.

«Die protestantische Ethik und der Geist des Kapitalismus» von 1904/05 riß in der Tat den Schleier von manchen mythisierten Strukturen von Herrschaft und Kontrolle. Hierarchie und Eigenständigkeit, Selbstbestimmung und «Macht, hinter der Gewaltsamkeit steht», und die bis heute verinnerlichte Säkularisierung rituellen Verhaltens verbergen sich in der Spannung der beiden Begriffe «Zweckrationalität» und «Wertrationalität». Auch Luther hielt Max Weber «pseudoethische Rechthaberei» vor, denn der nahm «die ethische Verantwortung für den Krieg dem einzelnen ab und wälzte sie auf die Obrigkeit, der zu gehorchen in anderen Dingen als in Glaubenssachen niemals schuldhaft sein konnte».

Der Konflikt zwischen Gesinnungsethik und Verantwortungsethik liegt hier zutage.

Max Weber 1917/18. Seine Werke zu studieren gilt heute weltweit, vor allem in den USA, als Pflichtübung in sozialwissenschaftlichen Seminaren. Von ihm geprägte Begriffe wie «Idealtypus», «Wertfreiheit», «Werturteil», «zweckrational», «Gesinnungsethik», «Verantwortungsethik» sind inzwischen fester Bestandteil der intellektuellen Debatte – mitunter bis zur Floskelhaftigkeit.

Auch Alfred Webers «Kultursoziologie» nahm Formen an, offener und metaphorischer als die Lehre seines Bruders. Er verarbeitete verschiedenartige Einflüsse, suchte Gespräche mit den Repräsentanten nationaler Minderheiten, mit Russen, die um 1910 schon in Heidelberg auf eine Wende in ihrem Land warteten.

Im Kreis um Max und Marianne Weber traf man Ernst Troeltsch mit seinem Postulat der «Überwindung des Historismus», Friedrich Gundolf, Friedrich Naumann, Friedrich Meinecke, Karl Jaspers, Emil Lask, Helmuth Plessner, auch Georg Lukács und Ernst Bloch. Nach Plessner beherrschten Lukács und Bloch das Gespräch, wo sie auftauchten, Lukács «sehr kultiviert, intelligent und von seltsamer Monotonie des Vortrages». Max Weber mochte Blochs Mystizismus nicht; seine Äußerungen entlockten ihm, wie Paul Honigsheim beobachtete, «dräuendes Stirnrunzeln und Griffe in seinen Assyrerbart», die Honigsheim wie ein «reines Werturteil» vorkamen. Auf die Frage, wer sind die vier Evangelisten, habe man damals geantwortet: Markus, Matthäus, Lukács und Bloch.

Toleranter und weniger reizbar als sein Bruder, genoß Alfred den Umgang mit diesen Leuten. Und wie schon in Prag empfand er die starken Impulse, die solche Begegnungen und die internationalen Verknüpfungen dem Geist des Ortes brachten, den er als «klar begrifflichen Teil» der weltgeschichtlichen Entwicklung deutete.

Als ganz und gar nicht klar begrifflich dagegen werteten beide Webers das Auftreten Stefan Georges in dieser Stadt Heidelberg. Gerade in dem lebhaften intellektuellen Austausch, von dem Heidelbergs Ruhm zehrte, schien ihnen der elitäre Anspruch bedenklich. Alfred sah in Georges Erscheinung eine Gefahr, weil er «gegenüber den klaren demokratischen Notwendigkeiten der Zeit einen romantischen Heroenkult nicht bloß des Meisters, sondern der eigenen Gemeinschaft mit sich brachte, welcher als lebenspraktischen Kern eine Selbstbespiegelung der in die Lehre Eingeweihten enthielt, einen ausgesprochenen Snobismus der auserlesenen Schar». Das Gespräch war sogleich zu Ende.

Max und Marianne Weber hingegen sahen den Dichter gern in ihrem Kreis, wiewohl befremdet von der Arroganz der Gesten, der Selbststilisierung und den schlechten Manieren. «Kreaturvergötterung» sei das, was Stefan George betreibe. Max Weber, stets um Bescheidenheit bemüht, war gegen jede «Überhöhung». Geistige Freiheit bedeutete für ihn auch «lautere Persönlichkeit». Weder Georges Suche nach Erfüllung der Welt noch die «Erlösung der Welt», von der Georg Lukács träumte, konnten ihm genügen.

Die Überzeugung der «demokratischen Unentrinnbarkeit» festigte sich bei Alfred Weber durch das Erlebnis des Ersten Weltkrieges, den er als Freiwilliger mitmachte, während Max, der es bedauerte, wehruntauglich zu sein, sich als Kommandant des Heidelberger Lazaretts meldete. Zunächst erscheint Alfreds Haltung durchaus zwiespältig. Über die Politik Wilhelms II. erregte er sich nicht so heftig wie sein Bruder, der viel intensivere Beziehungen nach außen hatte; auch war er Bismarck und seinen Anhängern gegenüber immer kritischer gewesen. Aber ebenso wie Max sah er in dem Krieg, nachdem er einmal ausgebrochen war, eine «nationale Aufgabe». Max Weber glaubte, der Krieg habe einen Sinn, obwohl es im Inneren Deutschlands so hoffnungslos schlecht aussah: «Keinen Schuß Pulver würde ich tun und keinen Pfennig Kriegsanleihe zeichnen, wenn dieser Krieg ein anderer als ein nationaler wäre, wenn er die Staatsform beträfe, womöglich ein Krieg dafür, daß wir diese unfähige Dynastie und das unpolitische Beamtentum behalten. Die Staatsform ist mir völlig wurst, wenn nur Politiker und nicht dilettierende Fatzkes, wie Wilhelm II. und seinesgleichen, das Land regieren. Ich sehe jetzt keinen Weg als rücksichtslose Parlamentarisierung quand même, um die Leute kaltzustellen.»

Alfred Weber dagegen erhoffte vom Krieg eine weiträumige Neuordnung, nicht nur Deutschlands. Er glaubte an eine tiefgreifende Europäisierung, bei der Deutschland eine besondere Rolle zu spielen habe. Der Krieg sei vorauszusehen gewesen, alle Argumente der Vernunft hatten nichts gefruchtet. Die Verwunderung, die die Heidelberger Professoren bei seinem tatsächlichen Ausbruch ergriff, verstand der weitsichtige Skeptiker nicht, und er fing an, an der Realität des «Heidelberger Geistes» zu zweifeln: «Die Grenze der Heidelberger Geistigkeit lag darin, daß man überhaupt durch dieses Resultat einer dummen und leichtfertigen auswärtigen Politik überrascht werden konnte. War nicht diese gesamte Geistigkeit letztlich ein Mummenschanz, jedenfalls etwas in sich Unwirkliches, wenn sie sich an diesem und ähnlichen Abgründen abspielte und von ihm keine Notiz nahm?»

Der Krieg griff einschneidend in das Leben und Denken der Brüder ein. Alfred, jetzt aller Illusionen bar, schrieb sich in resignierten «Briefen aus dem Felde» das Entsetzen von der Seele.

Max kämpfte für menschliche Bedingungen im Heidelberger Lazarett, heftig erzürnt über den lähmenden Bürokratismus, der seine Arbeit behinderte. Der dringend gebrauchte Telefonanschluß wurde hinausgezögert, weil der Beamte eine schriftliche Begründung für die Notwendigkeit verlangte. Max Webers Antwort: «Jeder normale Mensch weiß, wozu ein Telefon nötig ist.»

Der Krieg, die «Welt der Männer», schien ihm kein lebenswertes Leben mehr. Der unendliche Tod – auch sein Bruder Karl und Emil Lask waren gefallen – bedrängte ihn. Sein nationaler Liberalismus wandelte sich. Er erkannte «vorrationales Herrschaftsgebaren» und Metaphysik auch in der eigenen Haltung.

Reisen in Europa vor dem Krieg, Reisen in Deutschland während des Krieges bestärkten beide Weber, daß die Verantwortung des Wissenschaftlers auch die politische Verantwortung mit einschloß. Max Weber setzte nach dem Krieg auf den Parlamentarismus, wie er in der Weimarer Verfassung festgelegt war. Er war nicht Demokrat im idealtypischen Sinn; mit Alexis de Tocqueville, dem Kritiker des Ancien régime im 19. Jahrhundert, hielt er die Masse für unreif, sich demokratisch zu verhalten. Tocqueville hatte gesagt, die Menschen müßten *lernen*, sich selbst zu regieren. Max Weber hoffte auf «Führerpersönlichkeiten», die sie zur Urteilsfähigkeit erziehen; einmal sprach er auch von «plebiszitärer Führerdemokratie».

Darin mag mitschwingen, was er bei der Begegnung mit Schwabinger Intellektuellen, darunter den Schriftstellern Ernst Toller und Erich Mühsam, empfunden hatte. Er reiste nach Ascona und wurde vertraut mit der neuen Lebensweise gegenseitiger Hilfe, die er praktisch sofort auch selbst zu geben bereit war. Nur von der «Revolution» der Münchner Räterepublik hielt er wenig. Er war gegen die «sterile Aufgeregtheit», wie er in «Politik als Beruf» ausführte, gegen die Verwechslung von Politik mit der Bergpredigt, das heißt gegen den Pazifismus von Carl von Ossietzky oder Erich Mühsam. Ernst Toller sagt Max Weber «intellektuelle Rechtschaffenheit» nach; «er haßt alle Staatsromantik, er attackiert (...) die deutschen Professoren, die vor lauter Gespinsten die Wirklichkeit nicht sehen (...) In abendlichen Gesprächen enthüllt sich die kämpferische Natur dieses Gelehrten. Mit Worten, die seine Freiheit, sein Leben gefährden, entblößt er die Schäden des Reichs.»

Alfred Weber dachte über das Phänomen der Kriegsbegeisterung von 1914 / 15 und seinen eigenen Irrtum nach: Nicht nationale Ehre oder gar die Erweiterung des nationalen Raumes konnten das Ziel deutscher Politik sein, sondern nur europäische Einigung in einem Friedensschluß. Das Verhältnis Deutschland – Europa beschäftigte ihn seitdem; er arbeitete an gesellschaftlichen und wirtschaftlichen Entwürfen kontinentalen Ausmaßes und beteiligte sich, zusammen mit Max Weber, an der Gründung der Demokratischen Partei.

Der Erste Weltkrieg hatte den Brüdern deutlich gemacht, wie sehr das europäische Gleichgewicht, das dem 19. Jahrhundert leidliche Ruhe gegeben hatte, gestört war. Der Krieg selber unterschied sich gänzlich von allen Machtkämpfen der bisherigen Geschichte:

Er war, in Alfred Webers Worten, «nicht mehr Kampfprinzip, das seit 1200 vor Christi Geburt geherrscht hatte, sondern ein systematisches Sich-Gegenseitig-Vernichten». «Der alte, freie, souveräne Rivalitätsstaat bisheriger Art mit seinem Gemengsel großer und kleiner, frei nebeneinander stehender Machtgebilde ist, wie die Geschichte auch laufen mag, jedenfalls als allgemeiner politischer Formungstyp zu Ende.»

Alfred Weber nahm schwer Abschied von der Alten Welt, doch tat er es beherzter als sein Bruder Max, und seine Konsequenzen waren radikaler. Er folgerte, das Prinzip der freien Rivalität müsse in eine neue Weltorganisation, ein Weltaggregat, umgewandelt werden. Die Chance dazu sah er in einem «dynamischen, geistig offenen Sozialismus».

VII

Zur Analyse der Situation, in der sich Europa in diesem Augenblick befand, zeichnete Alfred Weber die großen Linien der abendländischen Entwicklungen. Danach hat Europa in seiner Stufenfolge verschiedener Sozialstrukturen einen Dynamismus gezeigt, der in anderen Kulturbereichen in diesem Maße entweder nicht vorhanden war oder nicht zum Ausdruck kam. Weber erklärte dies aus der geschichtlichen Wucht, mit der junge und alte Völker aufeinanderprallten, etwa Germanen und Römer, aus der Tatsache also, daß junge, strukturell noch nicht festgelegte Gruppen in eine «dogmatisch festgelegte Intellektualität» geschleust wurden und mit ihrer frischen Kraft aus dem Prozeß der Anpassung einen Umwandlungsprozeß machten.

Entscheidend hat dann das Christentum gewirkt, das mit seiner dogmatischen Unbedingtheit alle Kräfte, die geistigen, die seelischen und die triebhaften, für sich in Anspruch nahm. Die innere Dynamik, die sich durch dieses Umbiegen der Kräfte, vor allem der triebhaften, ergab, machte sich in gewaltigen, explosiv religiösen Bewegungen bemerkbar, in den Kreuzzügen, in all den Spannungen, die, wie Alfred Weber formuliert, «der Fruchtboden jener ersten paradoxen Antithese zwischen jugendlich geradliniger Ungebrochenheit und zur Askese tendierenden Umbiegungs- und Brechungstendenzen der vitalen Triebe» waren. Daneben brach gegen Ende des Mittelalters der intellektuelle Forschertrieb durch und entdeckte die Antike. Ihre Menschen waren auf das Diesseits gerichtet, ihr Leben verlief in der Bedingtheit der staatlichen Erfordernisse, als Erfüllung des Rates der Götter auf Erden. Ihre Kräfte drängten nach Schönheit, geistige und körperliche Disziplin dienten der irdischen Vollendung. Diese Harmonie im Diesseitigen suchte die Renaissance aufs neue zu verwirklichen.

Aus der Diskrepanz der beiden Lebenshaltungen leitete Alfred

Weber den «Zwiespalt der abendländischen Seele» ab, die sich seitdem zwischen christlichem Jenseitsglauben und antikisch genährter Diesseitsfreude bewegt. Das eine oder das andere erscheint ihr immer wieder als «fremder Denkbehang». Die Schwierigkeit des Europäers, eine eigene Lebensform zu finden, dauert nach Ansicht Alfred Webers noch an. Der Durchbruch zum Undogmatischen in neuerer Zeit sei die eigentliche europäische Leistung, doch bleibe er den Völkern meist noch unheimlich und nicht verstehbar. Dieses Mißverhältnis mache die Intellektuellen in Europa einsam, wie es im alten Griechenland kein einziger Denker gewesen sei.

Von der Erkenntnis solcher Zusammenhänge erwartete Alfred Weber neue Durchbrüche. Er lehrte die heimkehrenden Studenten von 1919 die Macht des Geistes, der sich in einzelnen Menschen verwirklichen mochte, welche dann die anderen überzeugten oder führten. Theodor Haubach, Henry Goverts, Carlo Mierendorff, Carl Zuckmayer waren unter seinen Schülern, aber auch spätere, «konservative Revolutionäre». Weber besprach mit ihnen die *demokratischen* Voraussetzungen.

Die Wirklichkeit im Europa der Nachkriegszeit sah wenig hoffnungsvoll aus. Die Idee vom Führertum, die ja nicht neu war, hatte von der Mitte der zwanziger Jahre an in Verbindung mit einem unzähmbar hochmütigen Nationalismus fatale Konsequenzen. Das Gehorsam gewöhnte Volk wurde mit der Demokratie von Weimar ebensowenig fertig wie seine zaudernden, kurzsichtigen Politiker, die einer traditionalistischen Bürokratie gegenüberstanden und den Wirtschaftsinteressen erlagen.

Ganz Europa wurde mit der Situation nicht fertig, die der Erste Weltkrieg geschaffen hatte. Auch Alfred Weber fiel in tiefe Zweifel.

VIII

Max Weber griff aktiv in die Politik ein, um Frieden bemüht. Er äußerte sich gegen den verschärften U-Boot-Krieg und für Friedensverhandlungen. Jetzt konnte er auch Gesinnungsethik und

Verantwortungsethik in *einen* Zusammenhang stellen, nach dem Lutherwort: «Hier steh ich, ich kann nicht anders.» Die Folgen des Handelns könne niemand von sich abwälzen, postulierte er. «Insofern sind Gesinnungsethik und Verantwortungsethik keine absoluten Gegensätze, sondern Ergänzungen, die zusammen erst den echten Menschen ausmachen, den, der den ‹Beruf zur Politik› haben kann.»

Mit geschärften Sinnen betrachtete Max Weber alle politischen Programme nach dem Krieg. Er hatte einen Ruf an die Universität München angenommen, nahm Stellung zu politischen Ereignissen wie der Revolution in Rußland und der Räterepublik, der er, wie Thomas Mann auch, keine Chance gab. Die Verfassung von Weimar schien ihm ein brauchbares Instrument gerechter Ordnung des öffentlichen Lebens, ohne die epigrammatische Theatralik, die er in amerikanischen und französischen Verfassungen, auch in der Erklärung der Menschen- und Bürgerrechte feststellte: «Bestimmte Axiome über den Inhalt von Rechtssätzen werden hier nicht in die Form nüchterner Rechtsregeln, sondern in postulatartige Spruchformen gebracht mit dem Anspruch, daß ein Recht nur dann wirklich legitim sei, wenn es jenen Postulaten nicht zuwiderlaufe.»

Max Webers moralische Unbeugsamkeit folgte gewonnenen Einsichten. Zweifellos hätte sich auch, wäre er länger am Leben geblieben, seine latent antidemokratische Haltung geändert, so wie der latente Antisemitismus seines Herkunftsmilieus sich auflöste. Immerhin hat er dem Volk schließlich doch Urteilsfähigkeit zugetraut, denn er forderte, der Reichspräsident solle vom Volk gewählt werden.

IX

Von Jugend an war Alfred Weber mit Else Richthofen befreundet. Sie heiratete Professor Edgar Jaffé, mit dem sie zwei Kinder hatte, fühlte sich aber bald heftig in den Bann des Psychoanalytikers Otto Groß gezogen, mit dem sie eine Zeitlang lebte. Else Richthofen war auffallend schön, sensibel, klug, angesprochen von

Alfred Weber nach dem Krieg. Er überlebte seinen Bruder um vierunddreißig Jahre, bewahrte sich bis ins hohe Alter die Leichtigkeit, um die ihn Max immer beneidet hatte, und gehörte nach dem Zweiten Weltkrieg in Heidelberg zu jenen charismatischen Figuren, an denen sich das erwachende intellektuelle Leben der Bundesrepublik orientierte.

dem, was um 1910 «erotische Bewegung» hieß und Befreiung aus den bürgerlichen Zwängen puritanischer Erziehung bedeutete, Hinwendung zum eigenen Ich mit seinen Bedürfnissen und zu anderen. Freundschaft und Liebe waren in der bürgerlichen Gesellschaft bis dahin weitgehend tabuisiert. Alfred Weber war dem längst entwachsen. Er holte Else Jaffé ab, wartete auf sie, reiste mit ihr, war, wie sie später schrieb, einfach «zauberhaft» und von großer «gentilezza».

1919, in München, wagte auch Max Weber die Liebe zu ihr. Er widmete ihr den dritten Band seiner Religionssoziologie. Mit Marianne Weber, die sie achtete, saß Else Richthofen-Jaffé am Sterbebett Max Webers, am 14. Juni 1920.

Danach kehrte sie nach Heidelberg zurück, wo alle sie vermißt hatten, ihre beschwingende, vermittelnde Art, und wo Alfred Weber sie ihr ganzes weiteres Leben liebevoll begleitete.

Beide blieben Marianne Weber nahe. Alfred setzte Max ein respektvolles Denkmal in der «Einführung in die Soziologie» von 1931. Seine Schroffheit Nazistudenten gegenüber, die auf dem Dach seines Instituts eine Hakenkreuzfahne hißten, stand den Unwillensäußerungen des Bruders in nichts nach: «Holt den Lappen herunter!» Als das nicht erfolgte und er weder von der Universität noch von der Regierung Schutz erhielt, ließ er sich sofort emeritieren.

Zwölf Jahre lang hat Alfred Weber die Heidelberger Universität nicht mehr betreten. Er lebte zurückgezogen mit Else Jaffé in Handschuhsheim. «Haben wir nach 1945 versagt?» fragte er später, als er mit der Generation der Kriegsteilnehmer und den jüngeren Studenten der fünfziger Jahre einen Plan zur Friedenssicherung entwarf, damit von Deutschland nie mehr ein Krieg ausgehe: «Neutralisierung und Sozialisierung der Ruhr». Leidenschaftlich stellte er die Gegenwart als Ergebnis geschichtlichen Werdens dar, die «Affektzeiten der Geschichte», ihre Irrwege und die falschen politischen Entscheidungen. Bei jeder politischen Entscheidung gehe es, so sagte er, um jenen festen Punkt, von dem Archimedes gesagt hatte, er werde mit ihm die Welt aus den Angeln heben, so er ihn hätte. Alfred Webers Buch «Abschied von der bisherigen Geschichte», 1946, ist eine Vision, wie die Diskrepanz zwischen der Fähigkeit des Intellekts und der Unfähigkeit, Situationen human und integer zu bestehen, überwunden werden kann.

Alfred Weber starb am 2. Mai 1958 in Heidelberg; Else Jaffé hat ihn überlebt, Marianne Weber war vier Jahre zuvor gestorben.

Längst ist der jüngere Bruder aus dem Schatten des älteren herausgetreten. Beide haben in bewundernswerter Weise die Verantwortung «für die Sache» über alle Querelen gestellt. «Die Soziologie ist eine Tochter der Krise, der größten Lebenskrise, die das Abendland bis dahin durchgemacht hatte», schrieb Alfred Weber. Die Soziologien der Brüder ergänzen einander, so wie sie sich in Großmut ergänzt haben.

ABY WARBURG UND SEINE BRÜDER

von Horst Günther

EIN LETZTES BILD

Fünf Herren vor einer Bücherwand zum Gruppenbild versammelt. Jeder von ihnen ist eine ausgeprägte Persönlichkeit und trägt seinen Teil öffentlicher Verantwortung. Vier von ihnen vertreten bedeutende Bankhäuser, zwei davon haben in entscheidenden Momenten mit Finanzierungen Politik gemacht. Jeder hat seine eigene Geschichte. Und sie haben eine gemeinsame Geschichte, denn sie bilden nicht irgendein Kuratorium, zu welchem Herren in wichtiger Stellung allenthalben versammelt werden, sondern sie sind Brüder, und der älteste von ihnen, der selbst nicht ins Bankfach ging, nötigte sie liebevoll, die Aufgabe, vor die er sich selbst gestellt sah, auch als die ihre anzuerkennen. So ist auch die Bücherwand nicht irgendeine, die Bildung vortäuschen soll, sondern es ist eine nach Gesichtspunkten der Forschung aufgebaute und angeordnete «Problembibliothek»: die durch die Veröffentlichung ihrer «Vorträge» und «Studien» damals längst international angesehene «Kulturwissenschaftliche Bibliothek Warburg».

Sichtbar im Mittelpunkt sitzt Max (*1867), der Zweitälteste und eigentliche Erbe des väterlichen Bankhauses M. M. Warburg & Co. in Hamburg. Daß er im Zentrum sitzt und nicht Aby, wie man erwarten sollte, ging auf ein Ereignis ein halbes Jahrhundert zuvor zurück, das immer wieder wie eine Gründungslegende erzählt wird. Als Dreizehnjähriger offerierte Aby dem zwölfjährigen Max das Recht des Erstgeborenen. «Aber nicht für ein Linsengericht», wie Max sich erinnerte, sondern für «die Zusage, daß ich ihm immer alle Bücher kaufen würde, die er brauch-

254

Die fünf Brüder Warburg am 21. August 1929 als Mitglieder des Kuratoriums der «Kulturwissenschaftlichen Bibliothek Warburg» im Lesesaal. Von links nach rechts, sitzend: Paul (1868–1932), Max (1867–1946) und Aby (1866–1929), stehend: Felix (1871–1937) und Fritz (1879–1964).

te. Hiermit erklärte ich mich nach sehr kurzer Überlegung einverstanden. Ich sagte mir, daß schließlich Schiller, Goethe, Lessing, vielleicht auch noch Klopstock von mir, wenn ich im Geschäft wäre, doch immer bezahlt werden könnten, und gab ihm ahnungslos diesen, wie ich heute zugeben muß, sehr großen Blankokredit.»

Max Warburg war der Politiker unter den Bankiers. Seine Generation wuchs mit dem Kaiserreich auf, er war ganz selbstverständlich nationalliberal und wirkte als Finanzmann in die deutsche Außen- und Kolonialpolitik. Er hatte Kaiser Wilhelm II. bei Auslandsanleihen und Investitionen beraten, sollte nach dem verlorenen Krieg im Kabinett des Prinzen Max von Baden Finanzminister werden, was er weise ausschlug, war 1919 im Finanzausschuß der deutschen Abordnung bei den Versailler Friedensverhandlungen und seit 1924 Mitglied im Generalrat der Reichsbank. Er hatte seinen Platz in vielen Kuratorien wissenschaftlicher und sozialer Institutionen, und von seinem Vater war ihm die Sorge für die Hamburger Talmud-Tora-Schule und das Jüdische Waisenhaus übertragen worden.

Zu seiner Rechten sitzt der nächstjüngere Bruder Paul, wiederum nur ein Jahr später zur Welt gekommen. Paul vertrat wie der hinter ihm stehende Felix die amerikanisch gewordene Seite der Familie. Beide waren Teilhaber der New Yorker Bank Kuhn, Loeb und Co. Unter den vielen erfolgreichen Bankiers der Familie war Paul Warburg der analytische Kopf und der Schöpfer von Finanzinstitutionen. Als er das unkoordinierte und trotz seiner Macht deshalb besonders krisenanfällige amerikanische Bankwesen genauer kennenlernte, wurde ihm im Vergleich zu den europäischen Ländern der Mangel einer Zentralnotenbank deutlich. Er arbeitete 1910 einen Vorschlag aus, der in den folgenden Jahren die gesetzliche Grundlage erhielt. 1914 ernannte Präsident Wilson ihn zum Mitglied des ersten «Federal Reserve Board» und 1916 zu dessen Vizegouverneur. Um diese Stelle anzunehmen, hatte er gewissenhaft seine bisherigen Posten in Bankhäusern aufgegeben und damit auf etwa 97 Prozent seines früheren Einkommens verzichtet. Bei Amerikas Eintritt in den Ersten Weltkrieg 1917 lehnte er eine Wiederwahl strikt ab, seiner familiären Bindungen mit Deutschland wegen. Zur gegenseitigen Gewährleistung internationaler Anleihen gründete er nun die «International Acceptance Bank, Inc.» und übertrug damit den Gedanken der nationalen Zentralbank auf die internationale Ebene. Als genauer Beobachter und scharfer Kritiker der «Orgien ungehemmter Spekulation» im Finanzwesen sagte er den drohenden Börsenkrach und eine allgemeine Wirtschaftskrise mehrfach, deutlich noch im März des Jahres 1929, ein halbes Jahr vor ihrem Eintreffen, voraus.

Auch er ist in vielen politischen, kulturellen und humanitären Organisationen mit bedeutenden Stiftungen tätig.

Pauls ernster und Felix' strahlender Blick waren nicht Sache des Augenblicks, sondern konstitutiv. Felix Warburg, weltoffen, liebenswürdig und musikalisch begabt, hatte sich vom genießerischen Lebemann bald und verstärkt unter dem Eindruck des Ersten Weltkriegs zu einem der tatkräftigsten Philanthropen entwickelt. So bewirkte er den Zusammenschluß der zahlreichen, zuvor unkoordinierten jüdisch-amerikanischen Hilfsorganisationen. Obwohl er den Zionismus ablehnte, ließ er sich durch Chaim Weizmann 1923 zu einer Reise nach Palästina bewegen und gewann dort Achtung vor der Arbeit der jüdischen Siedler. Er steuerte zum Aufbau der Universität Jerusalem eine außerordentliche Summe bei, beharrte aber gegen Weizmann und auch Einstein darauf, daß sie eine allgemeine jüdische Forschungsstätte und kein politisches Institut des Zionismus werde. Entschieden, aber vergeblich wird er sich 1937 kurz vor seinem Tode gegen eine Teilung des Landes Palästina zur Vorbereitung einer jüdischen Staatsgründung aussprechen. Seine musikalischen Neigungen führten dazu, daß er im privat organisierten amerikanischen Musikleben wichtige fördernde Stellungen einnahm, so zeitweise als Direktor der Juilliard School of Music.

Zur Linken von Felix steht der Jüngste, Fritz Warburg, der mit einigem zeitlichen Abstand nach der Schwester Olga (* 1873) als Zwilling mit Louise 1879 geboren wurde. Schwach und kränklich zur Welt gekommen und mit der Schwester nur durch die liebevolle Pflege des Kindermädchens gerettet, stand er lange ein wenig abseits von den älteren Brüdern, bis er durch seine besonderen menschlichen Fähigkeiten als Personalchef des Hamburger Bankhauses und als ein integrierendes Mitglied der großen Familie Ansehen gewann. Er war es, der jeden einzelnen Mitarbeiter persönlich kannte und sich für alle Sorgen Zeit nahm. Selbstverständlich war auch er sozial und kulturell fördernd tätig. Er hatte unter den Brüdern wohl die stärkste Bindung zur jüdischen Tradition, war im Vorstand der Hamburger jüdischen Gemeinde und verantwortlich für das dortige Israelitische Krankenhaus.

Zur Linken von Max sitzt der Erstgeborene, Aby Warburg

(* 1866), der für die Nachwelt der bedeutendste der Brüder ist. Er öffnet, wohl im letzten Augenblick, ehe der Fotograf die Aufnahme auslöst, die Hände zu einer uralten symbolischen Geste des Empfangens der höchsterwünschten Gaben, über welche die Brüder befanden. Die besonderen Kosten einer halbjährigen Reise nach Rom und Neapel zur Beförderung der Arbeit am «Mnemosyne»-Bilderatlas waren zu rechtfertigen, und zugleich wollte Aby Warburg durch Aufstockung der Mittel die Zukunft der Bibliothek sichern. Nicht ganz ohne Sorge rief er in einer Eintragung seines Arbeitstagebuchs seine Leitmotiv-Heilige an: «Nympha hilf!» Am Bildwandel dieser bewegten weiblichen Figur, die mit vom Wind gebauschten Gewändern in die sonst stillen Räume der Renaissancemaler eintritt, wollte er den Brüdern, vor allem den «amerikanischen», von deren Finanzkraft die Bibliothek seit dem Ende des Ersten Weltkriegs wesentlich abhing, die Bedeutung dieses Unternehmens anschaulich vor Augen führen.

Die 1929 entstandene Fotografie der «Famous Five», der fünf Brüder Warburg vom Hamburger Mittelweg, war die letzte gemeinsame Aufnahme. Was nach Aktivität, neuen Plänen und Zukunftssicherung aussah, bedeutete Abschied für die einen, Ruhe vor dem Sturm für die anderen. Aby Warburg hatte während des ersten Halbjahres in Rom mit einem Abstecher nach Neapel eine intensive, fruchtbare Forschungszeit verbracht. Sein Bilderatlas «Mnemosyne» schien Gestalt anzunehmen, und er hatte die Gelegenheit, einen thematischen Ausschnitt davon unter dem Titel «Die römische Antike in der Werkstatt des Domenico Ghirlandajo» im Deutschen Kunsthistorischen Institut, der Bibliotheca Hertziana im Palazzo Zuccari, vorzustellen. Damit kehrte er äußerlich zu Studien zurück, die er ein Menschenalter zuvor in Florenz betrieben hatte, gab dem Bildwandel aber ein methodologisches Fundament, das ihn hoffen ließ, aus den Bildwerken die Autobiographie der europäischen Seele zu entschlüsseln.

Aby Warburg war in dieser Zeit gesundheitlich angegriffen. Er sprach am 19. Januar 1929 zur Eröffnung des großen Saales der Hertziana, den er auf drei Seiten mit etwa hundert Fotografien von Kunstwerken auf schwarzer Sackleinwand illustriert hatte. Es blieb nicht bei einem knappen Vortrag, wie man ihn bei solchen Anlässen gern hört. Warburg holte aus, das ganze Projekt stand ihm vor Augen, und er las nur teilweise aus einem Manuskript, während er dazwischen an den Bildern Erläuterungen gab. Dem Direktor war das (wohl mehr als zwei Stunden) zu lang, und er war so kühn, über Gertrud Bing, Warburgs Assistentin, auf Kürzung zu dringen. Die wehrte das tapfer ab. Der tiefe Eindruck ging über die augenblickliche Begeisterung und Erschöpfung weit hinaus; Warburg schöpfte aus seiner Lebensarbeit und war mit allen Kräften dabei. Ins Tagebuch notiert er: «Böse Herz Attacke im Anfang ca. 12 Minuten lang», und die hatte er zu bezwingen.

Der Erfolg lag nicht darin, daß der höchst einflußreiche Adolf von Harnack, Kirchenhistoriker, ehemaliger Generaldirektor der Preußischen Staatsbibliothek und erster Präsident der Kaiser-Wilhelm-Gesellschaft (die heute Max-Planck-Gesellschaft heißt), einen sehr positiven Eindruck hatte und möglicherweise mit dem Gedanken umging, die Kulturwissenschaftliche Bibliothek Warburg in ein Kaiser-Wilhelm-Institut umzuwandeln. Der Max-Planck-Gesellschaft ist es bis heute nicht gelungen, ein interdisziplinäres kulturwissenschaftliches Institut zu schaffen. Der Erfolg lag auch nicht darin, daß junge Gelehrte tags darauf zu Besuch kamen und versicherten, daß sie den Vortrag «ihr Leben lang nicht vergessen werden». Viel bedeutsamer war es, daß einer dieser jungen Gelehrten, Ernst Robert Curtius, Warburgs Verfahren als Leitfaden nahm, den Wandel literarischer Bilder, Topoi und Motive von der Antike über das Mittelalter hin in die Moderne zu verfolgen. Zwei Jahrzehnte später legte er ein in schwerer Zeit und unter schwierigen Bedingungen geschriebenes Werk vor, das die Einheit der literarischen Überlieferung neu sehen lehrte und auf seiner Widmungsseite den Namen Aby Warburgs trug: «Europäische Literatur und lateinisches Mittelalter» (1948).

Ein jüngerer Zuhörer legte zwei Jahrzehnte später das Bekenntnis ab, daß dieser Vortrag sein Leben verändert habe; einzelne seiner Schriften, besonders das Kapitel «Pathos» (aber auch «Energie» und «Ekstase») in dem wundervollen Buch «The Nude. A Study in Ideal Art» (1956), seien «entirely Warburgian». Kenneth Clark hat sein Buch sinnigerweise seinem Lehrer Bernard

Berenson gewidmet, von dessen bloßer Kennerschaft ihn Warburg an diesem Abend befreit hatte, indem er ihn zu einem anderen Anschauen von Kunst bekehrte. Kenneth Clark und seine Frau wurden ihrer nicht ganz vollkommenen Deutschkenntnisse wegen vom Direktor der Hertziana in die erste Reihe gesetzt, und Aby Warburg, der gern einen einzelnen Hörer ansprach, richtete seinen ganzen Vortrag an ihn. Tief beeindruckt war Kenneth Clark aber auch von der Gabe der Mimesis, die Warburg besaß; er konnte in eine Figur hineinschlüpfen, wenn er sie zitierte, so daß man Savonarolas Stimme zu hören glaubte oder sich in der Eleganz und Künstlichkeit des Mediceerkreises sah, wenn er eine Stelle von Poliziano las. Der damals siebenundzwanzigjährige Clark wurde nicht nur ein bedeutender Museumsleiter und Kunstschriftsteller, er arbeitete nach den Verwüstungen des Zweiten Weltkrieges auch als einer der ersten an der Kultivierung des Fernsehens und führte in einer auch an Warburg geschulten Verantwortung ein großes Publikum in seinen Sendungen «Civilization» zum Verständnis von Kunst.

Aby Warburg liebte es, seine wissenschaftliche Arbeit mit Formeln aus dem Geschäftsleben zu beschreiben. So notierte er nach den Semesterferien ins Tagebuch: «Am 29. September 1929 begann unser Jahr als freiwillige aufsichtführende Verwaltungsräte des Mittelmeerbeckenerbes.» Und er forderte, gerade weil er institutionell so wenig gesichert war, höchsten Ernst und höchste Achtung von den manchmal etwas angestrengten Familienmitgliedern und den Mitarbeitern der Bibliothek. Von Goethe stammt das Wort über Bibliotheken: «Man fühlt sich wie in der Gegenwart eines großen Kapitals, das geräuschlos unberechenbare Zinsen spendet» (Tag- und Jahreshefte, 1801). Die Mitlebenden haben es eilig, können es nicht erwarten, sehen das Reifen nicht und glauben, durch ihr Drängen Gutes zu tun.

Aby Warburgs Brüder hatten großes Vertrauen zu ihm, trotz seiner fragilen Gesundheit und den wenigen Schriften, die er veröffentlichte. Sie wünschten gewiß mehr Vorzeigbares und größere öffentliche Anerkennung des Privatgelehrten, der von ihnen finanziert wurde. Er selbst hatte sich dieses Modell der Abhängigkeit ja ersonnen, um sie in fortwährender Verpflichtung zu

260

halten, statt sich, wie es Alexander von Humboldt ein Jahrhundert zuvor getan hatte, zur Finanzierung seiner südamerikanischen Forschungsreise sein Erbe auszahlen zu lassen. Im Vergleich zu den eingangs erwähnten Stiftungen der Brüder scheint die Bibliothek ein eher bescheidener Etatposten gewesen zu sein, und es soll nicht der Eindruck entstehen, es habe der vereinten Finanzkraft der damals größten deutschen Privatbank und eines der mächtigsten amerikanischen Bankkonsortien bedurft, um die Bücher zu bezahlen, die Aby Warburg für seine Studien brauchte. Umgekehrt zeichnen sich Finanzleute gerade dadurch aus, daß sie im einzelnen genau sind. So notierte Aby Warburg zu dem Gespräch mit den Brüdern über Finanzen im August 1929: «die 50 000 RM für die Mnemosyne-Reise schrecken sie besonders.»

Für Aby Warburgs Brüder wurde das Jahr 1929 wie für viele Zeitgenossen zu einem Alptraum. Der 25. Oktober ist der «Black Friday» an der New Yorker Börse, am Tag darauf stirbt in Hamburg Aby Warburg. Die weltweite Wirtschaftskrise ist für die deutsche Warburg-Bank sehr viel gefährlicher als für die amerikanischen Bankhäuser der Familie. Max gerät mit seiner an der deutschen Regierung orientierten Wirtschaftspolitik ins Schlingern und verliert nicht nur viel Geld – dafür springen die amerikanischen Brüder, vor allem Paul, mit enormen Summen ein –, sondern, was schlimmer ist, er verliert das Vertrauen der Brüder in seine Geschäftsführung. Mit der Wirtschaftskrise wird die politische Situation in Deutschland für einen jüdischen Bankier, der entschieden keine jüdische Politik machen will, immer schwieriger. Die Bibliothek wird in den folgenden Jahren wesentlich aus Amerika finanziert. Aber die Gesundheit der amerikanischen Brüder ist nicht so robust, wie man von dem Bild her denken möchte. Paul wird Ende 1931 vom Schlag getroffen und stirbt Anfang 1932. So liegt in der Zeit der nationalsozialistischen Machtergreifung und des Umzugs der Bibliothek eine große Verantwortung auf Felix, der seinerseits an Herzstörungen, Diabetes und schwerer Arthritis zu leiden beginnt und 1937 stirbt. Aber werfen wir einen Blick zurück auf die Anfänge.

Im Durchschnitt waren die Warburg-Brüder so alt oder jung wie das deutsche Kaiserreich. Sie waren Erben der jüdischen Emanzipation nach den Befreiungskriegen, wobei in manchen deutschen Provinzen das nötige Ortsbürgerrecht nur zögernd, bis zu zwei Generationen nach dem Staatsbürgerrecht gewährt wurde. Sie waren privilegiert als Söhne einer in Hamburg alteingesessenen Bankiersfamilie. Man erhielt eine religiöse Unterweisung im jüdischen Glauben, wie die Schulkameraden sie in evangelischer oder katholischer Konfession erhielten. Kulturell war man Deutscher, und diese Identität wurde stärker, aber auch politisch instrumentiert. Im preußisch dominierten Deutschland war der Protestantismus sozusagen Staatsreligion, seine Intoleranz gegenüber Katholiken konnte fast ebenso stark sein wie gegenüber den Anhängern «mosaischen Glaubens». Mischehen waren auch zwischen den christlichen Konfessionen lange problematisch. Der Eintritt in den Staatsdienst setzte die Taufe voraus, so daß Juden, die dazu nicht bereit waren, häufig in den freien Berufen tätig wurden, als Anwälte und Ärzte.

Aby Warburgs geistige Emanzipation vollzog sich so wie die anderer junger Deutscher, ganz gleich welcher Konfession, als Befreiung von den Banden der väterlichen Religion. In seinem Fall war der Glaube der Väter nicht besonders stark oder gar unerbittlich verkörpert. Der Vater Moritz Warburg, der mit seinem Bruder Siegmund zusammen die Bank leitete, wobei es regelmäßig zu lautstarken Auseinandersetzungen kam, war in der Familie sanft und überließ dort das Regiment und die Aufsicht über die Erziehung der Kinder seiner Frau Charlotte, geborene Oppenheim. Wohl unterstützte er das jüdische Waisenhaus und die Talmud-Tora-Schule, und bei seinen christlichen Berufskollegen machte er sich dadurch beliebt, daß er bei den Zusammenkünften der Hamburger Bankiers die unkoscheren Hummer und Austern auf den Teller des Nachbarn spedierte.

Der Vater also setzte dem eigensinnigen Streben seines Ältesten keinen Widerstand entgegen. Und der starke Einfluß der Mutter beschränkte sich auf die frühe Kindheit, wo diese lebhafte, stets tätige Frau bis ins einzelne mahnte, riet, förderte und kritisierte, was die Kinder taten, und das sogar brieflich, wenn sie zur Erholung mußte. In der Rivalität zu ihrer Schwägerin Théophilie am Alsterufer, die wohl den stärkeren Gatten besaß, aber genau umgekehrt fünf Töchter und zwei Söhne zur Welt brachte, setzte Charlotte auf das Kapital, das ihre Söhne darstellten. Diese waren davon durchdrungen, daß man etwas Besonderes von ihnen erwartete, und das mag auf die mütterliche Einwirkung zurückgehen.

Den unglaublichen Wirbel, all die kleinen Leidenschaften, Schmerzen und Besänftigungen, die sieben lebhafte Geschwister hervorbringen, Wetteifer und Absonderung, Dominanz und Gegenwehr, Vorpreschen und Hinterherlaufen, kann man sich heute kaum mehr vorstellen. Bei so verschiedenen und einander ergänzenden Charaktereigenschaften und Talenten prägt stark und anhaltend das Glück, so viele zu sein und zusammenzugehören. Mit den beiden geliebten Schwestern bildeten die «Famous Five» ein Siebengestirn wie am nächtlichen Himmel der Große Wagen, den Felix später oft ausdrücklich als Emblem verwendete.

Ein behütetes Familienleben in jener Zeit langen Friedens und prosperierender Wirtschaft war von anderen Mächten bedroht als heute. Die Epidemien waren noch nicht gebändigt. Als Sechsjähriger hatte Aby Typhus, und später erinnerte er sich der grotesken Illustrationen aus Balzacs «Die kleinen Leiden des Ehestands», die durch seine Fieberphantasien geisterten. Wenige Jahre später, nach dem fünften Kindbett, ist die Mutter schwer krank. Man verbringt den Sommer in Bad Ischl, die Kinder sind trostlos, weil sie nicht helfen können und das mit ansehen müssen. Aby, der schon damals eine Leseratte war, verschlingt Indianer-Romane aus der Leihbibliothek «in ganzen Haufen». Fast fünfzig Jahre später notiert er für den Kreuzlinger Vortrag, der ja von Indianern handelt, er habe «dadurch offenbar das Mittel gefunden, mich von einer erschütternden Gegenwart, die mich wehrlos machte, abzuziehen (...) Die Schmerzempfindung reagierte sich ab in der Fantasie des Romantisch-Grausamen. Ich machte da die Schutzimpfung gegen das aktiv Grausame durch.»

Die «Famous Five» um das Jahr 1890, von links nach rechts in der Reihen-

folge ihres Alters: Aby, Max, Paul, Felix und Fritz.

Das ist ein Beispiel der unersättlichen Lektüre. Aby zog aus der frühen Krankheit und der Erregbarkeit, die er zeigte, das ärztlich approbierte Privileg, daß man ihm nichts heftig versagen durfte und daß die jüngeren Brüder, wenn er sie einmal schlug, sich nicht zu wehren hatten. Er kam insistierend an manches Buch, das man noch als unpassend für sein Alter empfunden haben mag. In diesem Alter liest man, wenn man leidenschaftlich liest, alles und jedes, und auch wohl ein Konversationslexikon von A bis Z. Auf die Wahl der Schule hatte diese frühe Orientierung keinen Einfluß. Aby besuchte die Lateinklasse eines Realgymnasiums und erwarb sich dann in einem zusätzlichen Jahr die nötigen Griechischkenntnisse.

Prägende Lektüre, soweit sich das sagen läßt, oder doch ein Buch, auf das er stets zurückkam, war Lessings «Laokoon». Lessings Methode ist zunächst ein fragendes Forschen, ein In-Zweifel-Ziehen des Geltenden. Dann erst handelt er von einem Kunstwerk der Antike, vom Ausdruck des Pathos und vom Unterschied von Bild und Wort. Daran kann man, wenn man will, den Aufbau der Bibliothek Warburg knüpfen. Aber so schnell geht es im Leben nicht. Die Bücher brachten ihn nicht zur Philologie und auch nicht dazu, sich als Schriftsteller verstehen zu wollen. Für eine jüdische Großmutter lag es nahe, daß ein Kind, das zu den Büchern neigt, ein Rabbi wird. Auch das lag Aby völlig fern. Aber daß er nicht Jura oder Medizin studierte, sondern ausgerechnet Kunstgeschichte, die es mit heidnischen und christlichen Bildwerken zu tun hat, war für die Familie dann doch ein wenig befremdlich.

Zwar ist Aby Warburg nicht der einzige jüdische Bankierssohn, den es zur Kunstgeschichte zog, auch sein späterer Freund Adolph Goldschmidt und Max J. Friedländer, Bodes Mitstreiter und Nachfolger beim Aufbau der Berliner Sammlungen, stammten aus diesen Kreisen. Aber gewöhnlich lagen musikalische und literarische Bildung näher. Die drei nächstjüngeren Brüder bildeten ein Klaviertrio mit Violine und Cello. Von Aby geht das Gerücht, daß er, wenn er ein paar Zentimeter größer als Napoleon gewesen wäre, sich gern als Schauspieler versucht hätte. Jedenfalls hat er später, im Naturtheater der Kösterbergvilla, wo sich im Sommer

die große Familie versammelte, zum Vergnügen aller hinge-
bungsvoll chargiert.

Abys Befreiung ist keine Absonderung und auch kein Bruch
mit der Familie. In Briefen läßt er sie teilhaben, fordert er ihr Interesse an seinen Studien ein. Zugleich erklärt er dem Vater einigermaßen kategorisch, daß er seine Vorlesungen nicht nach den
Zeiten der koscheren Restaurants, sondern nach der Qualität seiner Dozenten wähle und daher die jüdischen Speisegebote nicht
länger beachten könne. Es widerstrebte ihm, in religiösen Fragen
etwas vorzutäuschen, was für ihn keine Bedeutung mehr hatte. Da
waren die Brüder konzilianter, wie es auch ihrer Berufswahl entsprach.

Bevor die Wege der fünf Brüder sich trotz aller Verbindung, die
sie zur Familie hielten, trennen sollten, hat ein Fotograf sie vor einer hellen Wand plaziert und ein weißes Tuch so gespannt, daß
nur die Köpfe der fünf in der Reihenfolge ihres Alters sichtbar
sind. Aby hat in Florenz seine Studien zur italienischen Renaissance vertieft, war ein Kenner geworden und hatte mit einer Arbeit über Botticelli promoviert. Max, den keine Studien lockten,
hatte seinen Militärdienst eigens in Bayern abgeleistet, weil man
dort auch als Jude Offizier werden konnte. Und obwohl er im ersten Banklehrjahr in Frankfurt und Amsterdam schon Erfolge für
die väterliche Bank erzielt hatte, schrieb er seinem Vater allen
Ernstes einen ellenlangen Brief, um ihm zu erklären, daß er als
Kavallerieoffizier Karriere zu machen gedenke. Mit einem einzigen Wort «Meschugge! Dein Dich liebender Vater», antwortete
der dem lieben Max und vermittelte ihm eine Stelle bei der
Banque Impériale Ottomane in Paris, dessen schöne Frauen, wie
die Legende sagt, sich gleich reihenweise von ihm erobern ließen.

Die zweite Hälfte des Bildes teilen sich die drei jüngeren Brüder. Der scheue und introvertierte Paul neigte eher zur Theorie
als zum Geschäft, interessierte sich eigentlich gar nicht für Geld
und wurde vielleicht gerade deshalb zum Finanzgenie der Familie. Felix ist noch in der Adoleszenz und sollte bald aufblühen zu
dem eleganten und geselligen Welt- und Lebemann, der in Musik und Heiterkeit getaucht schien. Für das Bankfach sozusagen

überzählig – denen vom Alsterufer war schon Paul als weiterer Teilhaber zuviel –, lernte er in der Familie seiner Mutter in Frankfurt den Perlenhandel. Im Charakter schien er Max am ähnlichsten, während Paul, der in allem das Gegenteil war, mit diesem gerade deshalb ein ideales Gespann für die Bank bildete. Fritz ist noch ganz Kind auf diesem Bild.

Aby wird nach seiner kunstgeschichtlichen Dissertation ein Jahr lang in München Medizin studieren, um für seine psychologischen und anthropologischen Interessen festeren Grund zu legen. Danach leistet auch er, nicht ungern, wie es heißt, den Militärdienst ab, wobei es ihm nicht ganz leicht fiel, die großen Kavalleriepferde zu erklimmen. Max sollte bald von Paris nach London wechseln, zu N. M. Rothschild & Sons, wo man ihn mit dem britischen Brauch des Wochenendes bekannt machte, so daß er sich weiterhin seinen Pariser Eroberungen widmen konnte. Sehr bald wurde er aber in die Verantwortung der väterlichen Bank gezogen. Siegmund Warburg war 1889 gestorben, eine St. Petersburger Bank, der man das ungeheure Darlehen von sieben Millionen Goldmark gewährt hatte, schien zahlungsunfähig, und im gleichen Krisensommer wütete zudem die Cholera in Hamburg. Eine für Max geplante Weltreise mußte ersatzweise Paul antreten, der viel Gewinn daraus zog.

Außenseitern mag es zunächst befremdlich erscheinen, daß es in Bankiersfamilien Liebesheiraten geben soll, an welche sich Vermögen knüpfen. Die Sozialisierung ist ja nicht einfach und verengt, wie anderswo ein Stammbaum, die Auswahl. Erstaunlich ist, daß Liebe bei den Warburgs 1895 gleich zu zwei amerikanischen Hochzeiten führt. Felix geht, wie es seinem Temperament entspricht, voran. Während seiner Frankfurter Lehrjahre lernt er die Bankierstochter Frieda Schiff aus einer deutsch-jüdischen New Yorker Familie kennen; er wird ihr als der attraktivste junge Mann der Stadt angekündigt. Jacob Schiff, ein Fürst der Wall Street, dem es gelungen war, die Bank Kuhn, Loeb und Co. in das lukrative Eisenbahngeschäft zu bringen, hütete seine Tochter eifersüchtig, ließ sich aber doch nach einem Jahr der Prüfung erweichen. Die Hochzeit fand statt, aber sowohl Vater Moritz wie Bruder Max fanden Ausreden, um den Atlantik nicht überqueren zu müssen. So vertrat Paul mit Olga die Familie. Er kam als Brautführer und fand Nina Loeb, die er von seiner Weltreise kannte und die durch einen Generationensprung als Mittzwanzigerin Friedas Tante war, als Ehrenjungfrau; bei diesen Rollen sollte es nicht bleiben. So brachte schon im Herbst eine zweite Liebesheirat erneut Bewegung in die Familie. Die Hamburger wogen Gewinn und Verlust und reimten:

Felix hin, Nina her,
Sieben sind wir wie vorher.

«D'ANIMA FIORENTINO»
IM GEISTE EIN FLORENTINER

Aby war unterdessen südlich der Alpen heimisch geworden. Eigentlich beschäftigte er sich dort wissenschaftlich mit eben den Fragen, die er im Norden zurückgelassen hatte: Bankhäuser als Kunstmäzene, Fernhandel und weitsichtige Familienpolitik im 15. Jahrhundert. Er stieß auf die gleiche dichte Familienatmosphäre sorgfältiger Ausbildung, hoher Erwartung an den einzelnen und frühzeitig delegierter Verantwortung.

Die Renaissance ist eine Erfindung des 19. Jahrhunderts. Zuvor hatte man ihre erste Hälfte als Ende des Mittelalters angesehen, und «Mittelalter», vor allem das finstere, nannten die Humanisten von Petrarca an die Zeit, die sie hinter sich lassen wollten. So war in einzelnen Bereichen seit Dante oder Petrarca, in der allgemeinen Geschichte und in der künstlerischen Darstellung des Menschen das späte 15. und vor allem das 16. Jahrhundert der Beginn der modernen Zeit. Sie war mit ihren Bezügen auf das heidnische und künstlerisch vollkommene Altertum ein erster Klassizismus, an den sich andere, in Frankreich, in Holland, in England und schließlich von Winckelmann und Lessing zu Goethe und Humboldt auch ein deutscher Klassizismus anschlossen.

Nach der romantischen Reaktion und ihrer Verklärung eines christlichen Mittelalters konnte die Renaissance neu entdeckt werden, und der früher so selten gebrauchte Name wurde zu einem Schlagwort. Jules Michelet machte damit gegen das inzwischen den Reaktionären in die Hand gefallene Mittelalter liberale Politik, und Jacob Burckhardt suchte sich am Leitfaden der schriftlichen Quellen, der Biographien und Städtechroniken ein Bild des handelnden und leidenden Menschen jener Epoche zu machen. Seine «Kultur der Renaissance in Italien» (Basel 1860) erzählt dem höher gebildeten Europäer aller Nationen, Stände und Konfessionen die gemeinsame Jugendgeschichte. Die antike Mythologie und das Festwesen der italienischen Stadtrepubliken und Fürstenstaaten greifen in tiefe Schichten der Seele, aber ihre Evozierung ist selbst ein Akt der Befreiung: Kultur ist nicht das, was einmal gewesen ist, sondern das, was zumindest der Möglichkeit nach bleibt.

Aby Warburg hat stets in Jacob Burckhardt den Vorläufer, den «Pfadfinder» anerkannt, der diese Region eröffnete. Seine eigenen Forschungen schließen sich mehr als einmal an eine Andeutung Burckhardts an und heben Material aus den Archiven, um das Bild zu differenzieren. Andererseits war die Renaissance langsam in Mode gekommen, und Aby Warburg spottete oft sarkastisch über den «Reisetypus des Übermenschen in den Osterferien, mit Zarathustra in der Tasche seines Lodenmantels», der sich «zum Kampf ums Dasein, selbst gegen die Obrigkeit», neuen Lebensmut einrauschen läßt. Der andere Typus war nicht besser: «der moderne müde Kulturmensch auf seiner italienischen Erholungsreise», der Ruskin gelesen hatte.

Ausgehend vom Thema seiner Botticelli-Dissertation, dem «bewegten Beiwerk» in Gewändern und fliegendem Haar, das von hellenistischen Sarkophagen stammte, ließ sich Aby Warburg von einer eigentümlichen Gestalt faszinieren, die zuerst mit einem Fruchtkorb auf dem Kopfe oder auch als Dienerin einer Salome oder Judith auftritt. Wie aus einer anderen Welt. Die übrigen haben daran nicht teil und müssen sich doch an der Stilentwicklung messen lassen. Ghirlandajo ist ein ausgezeichneter Maler, und seine Frau Tornabuoni, hinter welcher, von ihr unbemerkt, die «Nympha» eintritt, hält den Oberkörper und die Hände ganz ähnlich wie Leonardos «Mona Lisa». Aber sie verkörpert «noch die spießige, herbe Abgeschlossenheit der Honoratiorenfrau, die auf gute Formen zu halten hat und nur kennt, was ihr vorgestellt ist».

Konnte das Bildnis der ruhig stehenden Figur überboten und aus seiner ständischen Gebundenheit zu einer allgemeinen Menschlichkeit befreit werden, so verwandelte sich die «Nympha» in vielerlei Gestalten. Sie wird zu Salome oder Judith selbst, zum Engel der Verkündigung, zum kleinen Tobias, zur Brautjungfer bei dem Sposalizio oder zur fliehenden Mutter in einem bethlehemitischen Kindermord. In einem ironischen Briefwechsel mit dem befreundeten niederländischen Kunsthistoriker André Jolles scherzt man über Deutungsmöglichkeiten: «Auch ich bin in Platonien geboren und möchte mit Dir auf einer hohen Bergspitze dem kreisenden Flug der Ideen zuschauen, und wenn unsere laufende Frau kommt, freudig mit ihr wirbelnd fortschweben.» Zu solchem Aufschwung glaubt Aby sich aber nicht berechtigt: «mir ist es nur gegeben, nach rückwärts zu schauen und in den Raupen die Entwicklung des Schmetterlings zu genießen.»

Mit dem Genuß ist es nicht getan. Aus dem, was begeistert oder fasziniert, muß Erkenntnis werden, und diese Erkenntnis kann nur eine geschichtliche sein. Das ist nicht lediglich die Verlockung heidnischer Schönheit am Ende des christlichen Mittelalters, da kommt mit Macht etwas aus der Antike, das noch nicht vorbei ist, das auch uns anrührt, so wie es damals sich den Künstlern und ihren Auftraggebern unausweichlich, stilbildend aufgedrängt hat. Aby geht erst einmal spürend und forschend um den merkwürdigen Eindruck herum. Dabei spielt er mit vertrauten Assoziationen: «Das ist Familienkunst eines Renaissancebankiers, dabei kommt die Religion und die Kunst schlecht, die Familie aber sehr gut ab.» Dann stellt er beim «Opfer des Zacharias«, um welches Ghirlandajo die Familie Tornabuoni und Gestalten der Gesellschaft und führende Gelehrte versammelt hat, den biblischen Vorgang in Frage. «Man würde denken, da ist offizielle Familiengesellschaft, in einer Renaissanceloggia ist ein alter Haushofmeister an einem echt antiken Buffet beschäftigt, den Familienpunsch fertig zu machen, zu dem ihm ein junger Diener eiligst die längst erwartete Zitrone bringt.»

271

Das Aktualisieren, das Ironisieren sind hermeneutische Tricks, um die Ferne zu überwinden, die Fremdheit und falsche Andacht abzubauen. Was man dem Werk so antut, muß man ihm freilich dann wieder abbitten. Vor allem darf man sich nicht durch die lockere Vertrautheit zu historischen Fehlschlüssen verleiten lassen: «Das wäre der Augenblick, wo der nordische Übermensch in den Osterferien die heidnische göttliche Freiheit des Renaissanceindividuums empfindet.» Das liegt aber fern, dem Bild sowohl in seinem Ernst wie den Mitteln und Mühen des Auftraggebers, das Kirchenpatronat zu erlangen. Von «bewußter Profanierung» kann also keine Rede sein. Ein anderer Florentiner Großkaufmann und Auftraggeber Ghirlandajos, Francesco Sassetti, scheute nicht einen heftigen Konflikt mit den Dominikanern eben dieser Kirche Santa Maria Novella, als er zu Ehren seines Namensheiligen Szenen mit Franz von Assisi auf den Fresken seiner Kapelle sehen wollte und damit schließlich nach Santa Trinità auswich.

Eine gesteigerte künstlerische Wahrnehmung und eine lang anhaltende Arbeit im Florentiner Archiv bewahrten Aby Warburg vor zu kurz gegriffenen Alternativen. Florenz war für Aby Warburg das erste Ziel einer Studienreise auf den Spuren Jacob Burckhardts. In Florenz fand er nicht nur Spuren des Wirkens von Bankiersfamilien, das ihm vertraut vorkam, hier lernte er auch eine junge Hamburger Künstlerin kennen, Mary Hertz, die er einige Jahre später heiratete. Mit ihr ließ er sich für längere Zeit in Florenz nieder, das mit einer englischen, einer amerikanischen und einer deutschen Kolonie – um den Bildhauer Adolf Hildebrand, den Maler Hans von Marées und den Kunstschriftsteller Konrad Fiedler – in diesen Jahren ein Zentrum der Kultur geworden war. Warburg nahm Anteil an der Arbeit des Deutschen Kunsthistorischen Instituts, dessen Komitee er angehörte. Davidsohn, der Historiker der Stadt Florenz im Mittelalter, wurde ein Freund, und Berenson wohnte nicht weit in seiner Villa «I Tatti». Warburg mit seinem mimetischen Talent sprach ein vollkommenes Florentiner Toskanisch. Er fand, was Hamburg nicht oder noch nicht war, einen Tauschplatz der Ideen und der künstlerischen Anregungen, der geistigen Lebendigkeit und vielleicht noch immer eine Spur jener herben und doch so nötigen Kritik, die in der Renaissance eine Eigenart dieser Stadt gewesen war. Aber Warburg hatte zwischendurch den Eindruck, er müsse selbst eine archaische Kultur kennenlernen, um seiner historischen Anthropologie sicher zu werden. Dazu schien die zweite amerikanische Hochzeit im Familienkreis den erwünschten Anlaß zu bieten.

DIE «AMERIKANISCHEN BRÜDER»

Es war nicht Familiensentimentalität, die Aby Warburg dazu bewog, sich im September 1895 auf der «Fürst Bismarck» nach New York einzuschiffen. Gewiß stand er dem Bruder Paul nahe und hat ihm manche seiner Gedanken in wichtigen Briefen erläutert. Und er gewann in Ninas geliebtem Bruder Jim (James) Loeb einen Freund, der ernsthafte Kenntnisse und Interessen in Archäologie und Kunstgeschichte hatte und ebenso wie Aby, aber gegen heftigeren väterlichen Widerstand, dem Bankfach entflohen war. Außer für eine bedeutende Antikensammlung setzte er sich als Sponsor für die wunderbare «Loeb Classical Library» ein, die im handlichen Format griechische und lateinische Texte mit englischer Übersetzung verfügbar machte, 360 Bändchen zu seinen Lebzeiten. Und sie blüht weiter.

Pioniere der Eingeborenen-Forschung hatten ihm «die Augen für die weltumfassende Bedeutung des prähistorischen und ‹wilden› Amerika» geöffnet. Den «festen Rückhalt» gab das jüngst erschienene Werk des Anthropologen Gustav Nordenskjöld, «The Cliff Dwellers of the Mesa Verde» (Stockholm 1893): Der «romantische, visionäre Zielpunkt, der die Lust zu Abenteuern weckte, war ein sehr schlechter Buntdruck in großem Format, der einen Indianer vorstellte, wie er vor einer Felsspalte mit einem solchen eingebauten Dorf steht». In der Smithsonian Institution in Washington holte er sich bei erfahrenen Forschern Informationen und las sich in die Literatur ein, ehe er sich mit einem Freifahrtschein der «Mexican Central Railway Company» versehen auf die Reise machte.

Bei den Tänzen der Indianer, in ihren Ornamenten wird ihm zum Greifen deutlich, wie sie die Außenwelt zwingen und zugleich sich ihrer zu erwehren suchen. Die Geburt der Tragödie geschieht immer von neuem. Der Blitz, der den Regen ankündigt, ist übermächtig und ungreifbar. Als geschlängelte Linie wird er in der gegenständlichen Schlange faßbar, und im rituellen Umgang mit ihr, im Schlangentanz mit giftigen Klapperschlangen, wird symbolisch der Blitz erregt, der ersehnte Wasserguß herbeigezwungen. Im Antilopentanz kriechen die Jäger in das Tier, das sie erjagen wollen. Die Feierlichkeit des Tanzes des wachsenden Kornes, der den ganzen Tag anhält, wird durch ein paar andere Tänzer unterbrochen, die «eine überaus derbe Persiflage der Chorbewegungen» aufführen, «über die aber kein Mensch lachte». Tragischer Chor und Satyrspiel gehören zusammen, um ein fruchtbares Kornjahr zu bewirken.

Am 27. Januar 1896 notiert Warburg ein Schema verschiedenartiger Formen der «Verleibung» und – einen Seufzer der Erleichterung (Santa Fé, Palace Hotel): «Ich glaube, ich habe den Ausdruck für mein psychologisches Gesetz endlich gefunden; seit 1888 gesucht.» Jetzt hat er das Festwesen in der Kultur der Renaissance, den Tanz, das Opfer, aber auch die kostspielige Repräsentation im sakralen Bild, nicht mehr als kniende Stifterfigur, sondern als Person, die mit den Ihren anwesend ist und den augenblicklichen Wohlstand und Frieden für die Zukunft sichernd bannen will, in eine Formel gebracht.

Über seine Reiseeindrücke sollte Warburg erst Jahrzehnte später berichten, in einem Vortrag in der Kreuzlinger Heilanstalt Bellevue von Ludwig Binswanger im April 1923. Mit diesem Vortrag wollte er sich und seine Ärzte nach langer Leidenszeit davon überzeugen, daß er wieder zu wissenschaftlicher Arbeit in der Lage war und sich durch rationales Denken von den Dämonen, die ihn plagten, befreien konnte. Das vollzog sich in tiefer menschlicher Solidarität mit den «Wilden», in deren Denken «der Mensch noch mit der Welt auf *einem* Stamme geimpft blühte», wie er es mit einem Wort Jean Pauls («Vorschule der Ästhetik», § 50) zu sagen liebte. Dieses Denken war auch der Renaissance nicht fremd. Montaigne hat mit großer Sympathie alles, was er durch Augenzeugen und von brasilianischen Indios direkt erfahren konnte, seiner Anthropologie einverleibt, um die klassische Antike besser zu verstehen und ein Modell natürlichen Lebens zu konzipieren, worüber er einen Essay «Des Cannibales» schrieb.

Seit 1888, dem dritten Studienjahr, hatte Aby Warburg «Grundlegende Bruchstücke zur Psychologie der Kunst» aufgezeichnet, über das Symbol, über das Verhältnis von Religion und Kunst, über Kunst und Wirklichkeit, Antike und Renaissance, Nachahmung und Identifikation und viele andere Themen. Man kann darin den Versuch erblicken, die verschiedenen Anregungen seiner wichtigsten Lehrer, Useners Religionswissenschaft, Lamprechts Universalgeschichte mit der eigentlichen Kunstwissenschaft zu verbinden. Das Ziel war eine Anthropologie der Kunst oder, allgemeiner, des Ausdrucks, der sich in verschiedenen Formen und Lebensbereichen niederschlägt, von deren Zeugnissen man auf den «duldenden, strebenden und handelnden Menschen, wie er ist und immer war und sein wird» (Jacob Burckhardt), schließen kann. Dieses Studium erfordert den unablässigen Widerstand gegen die «Grenzwächter» der Wissenschaften, ein ständiges Überschreiten der falsch gezogenen Fächergrenzen und dazu die richtige Bibliothek.

DIE KULTURWISSENSCHAFTLICHE BIBLIOTHEK WARBURG

Wie jeder begabte Student hatte Aby Warburg bemerkt, daß man von einem Institut und einer Fachbibliothek zur anderen wandern muß, wenn man einem intelligenten Thema auf der Spur ist. Die Antike, die Kultur der Renaissance, die Poesie des Mediceerkreises und die neuplatonische Philosophie, die Warburg für seine schmale Botticelli-Dissertation zu erkunden hatte, finden sich nicht in einer, sondern in ebensoviel verschiedenen Bibliotheken. Aus dem anregenden Wintersemester 1888/89 in Florenz schreibt er an die Mutter, mit der Bitte um 500 Francs, die sein Vater ihm senden möchte: «Ich muß hier den Grundstock zu meiner Bibliothek und Photographien legen, und beides kostet viel Geld und repräsentiert bleibenden Werth.»

Das war am 7. Januar 1889, als in der Umwelt der Florentiner Bankiers und Kaufleute der Gedanke einer auf Arbeitsthemen bezogenen Bibliothek Gestalt annahm. Er spricht von Creditiven, von Capital und Zins. Er sieht es und erklärt es nicht nur der Familie als sinnvolle Investition. Selbstverständlich ist ihm nicht fremd, daß Bücher und Bauten die beiden großen Leidenschaften der Renaissance waren, daß Bibliotheken zu gründen und auszubauen auch schon von Cosimo de' Medici als eine Investition angesehen wurde, die dauerhafter ist als der stets bedrohte politische Einfluß, die Fragilität eines bedeutenden Vermögens oder die nicht weniger von Neid und Konkurrenz bedrohte gesellschaftliche Stellung eines Patriziers in einer Stadtrepublik.

Ein gutes Jahrzehnt später, nicht finanziell unabhängig, wie er manchmal gehofft hatte, aber als etablierter Gelehrter und Forscher, voller wissenschaftlicher Pläne und glücklich verheiratet, schreibt er, wieder aus Florenz, an den Bruder Max, dem er die «colossal interessante» neue Arbeit erläutert mitsamt den Büchern, ganzen Reihenwerken, die er dafür braucht: «Wir sind doch eigentlich alle furchtbare Zinsenmenschen. So etwas wie eine Bibliothek muß eben mit Opfern gegründet werden (...) Ich würde mich nicht einen Moment besinnen, meine Bibliothek dem Geschäft, der Firma geradezu auf's Conto zu setzen. Wenn ich nicht vorher abkratze, dann ist mein Buch noch nicht das schlechteste gewesen, was die Firma fertig gebracht hat. Lache nur nicht.» Jacob Burckhardt, der einen klaren Blick für die materiellen Bedingungen geistiger Arbeit hatte, ist auch hier Vergil, der durch Hölle und Purgatorium der Selbstrechtfertigung des jungen Gelehrten führt. Würde Warburgs Buch «später» neben der «Kultur der Renaissance» «ergänzend» genannt, «dann ist's schon compensiert, was ich und Ihr gethan habt» (30. Juni 1900).

Hier ist sie schon deutlich zu sehen, die Bibliothek für das Buch. Wichtiger noch als das Buch, konkreter, auf Dauer und Wachstum geplant, ein Instrument für viele, das ist die Bibliothek. Während der Sommerferien trifft er den Bruder und notiert in das Tagebuch: «Mit Max die Idee einer Warburg-Bibliothek für

Kulturwissenschaft besprochen; er war nicht dagegen.» Fehlte es in Florenz völlig an modernen Bibliotheken, so erlebt er bei einer Reise nach Paris empört, daß die Bibliothèque Nationale ein wichtiges Buch nicht besitzt. Das regt seine Energien mächtig an, seine Forderungen werden kühner, die Überzeugungsarbeit konkreter.

Adressat ist die Familie, vertreten durch den Bruder Max, der für die anderen handelt. Ihm gesteht Aby: «ich verliere einfältiger Weise immer wieder den Glauben an die Rentabilität meiner Begabung und markiere zeitweise den kleinen Beamten und den bescheidenen Professor anstatt den nationalökonomischen Wagemut des unabhängigen Privatgelehrten zu bethätigen.» Dann kehrt er die Taktik um, versetzt sich mit dem kaufmännischen Gedanken in die Seele der Brüder und fordert sie heraus: «Ihr müßtet mich eigentlich als praktische und weitsichtige Kaufleute direkt zur Rücksichtslosigkeit in Anschaffungen encouragieren» (28. Oktober 1900). Die Familie läßt sich überzeugen. Die Mittel sind berechenbar. Aby hat seit 1889 alle größeren Rechnungen aufgehoben. 10000 Goldmark hat er hineingesteckt, die letzten Jahre jährlich ca. 2500–3000. «Mit 3000 M. kann ich es machen, mit 4000 bin ich frei und mit 5000 kann ich etwas wirklich Gutes und Außergewöhnliches fertig bringen.»

Das scheint für einen «bescheidenen Professor» viel. Burckhardt hatte die Foliobände von Muratoris italienischen Geschichtsschreibern und die Chroniken und Biographien, die seit dem 16. Jahrhundert gedruckt wurden, für seine «Kultur der Renaissance in Italien» Band um Band aus der Bibliothek entliehen, nach Hause getragen und mit der Feder ausführlich exzerpiert. Die nach Gesichtspunkten und dann jeweils chronologisch geordneten Exzerpte bilden das durch Komposition und Stil gut verkleidete Gerüst seines Buches. Diese Zeit schien vorbei. So ein Buch schreibt sich nicht ein zweites Mal. Die vielfältigen, ineinandergreifenden Gesichtspunkte, um deren Vereinigung Warburg rang, ließen sich nicht an einen Faden reihen. Wie später die Bilder seines «Mnemosyne»-Atlas zeigten, kam es auch bei den Büchern nicht nur auf «gute», sondern auf problemorientierte Nachbarschaft der Bücher in einer Forschungsbibliothek an.

277

Für den «unabhängigen Privatgelehrten» ist es eine vergleichsweise bescheidene und für die Bank eine übersehbare Investition.
Gewiß, es waren Goldmark, und man warf damit nicht um sich.
Als der Hamburger Bankier Bromberg dem Vater Moritz Warburg die Kösterbergvilla für eine runde Million anbot, lachte der
ihn aus. Kurz darauf erwarb er das Haus, das im Sommer der
großen Familie mit nach und nach einundzwanzig Enkelkindern
Raum bot, für 240000 Mark. Das Problem war eher Aby Warburgs Identität. War er ein Gelehrter, der doch noch auf eine akademische Karriere wartete? Man bot ihm die Habilitation an, er
erhielt Rufe. Aber es waren für ihn beziehungslose Orte wie
Breslau oder Halle, und wenn man an eine Institution denkt, wie
es seine Bibliothek werden sollte, so sucht man dafür die richtige
Stadt und zieht nicht beliebig um.

Zu den Büchern und Fotografien, die langsam das für ihn er-
worbene Haus in der Heilwigstraße füllten, kam das Bedürfnis
nach wissenschaftlichem Personal. Es gab interessante und hoff-
nungsvolle junge Wissenschaftler, die kürzere Zeit dort arbeiteten, und andere, die sich mit Warburgs Forschungen identifizieren sollten und die Institution nach seinem Tode weitertrugen. Zu
den ersteren gehörte zum Beispiel Wilhelm Waetzold; die Bibliothek hatte zu seiner Zeit bereits so viel öffentliche Anerkennung
erworben, daß ihm die dort verbrachten Jahre bei seinem späteren Eintritt in den preußischen Staatsdienst als Jahre im öffentlichen Dienst angerechnet wurden. Zu den letzteren gehörte vor
allem Fritz Saxl, der über seine Studien mittelalterlicher astrologischer Handschriften in die Bibliothek geriet und dort hängenblieb;
in der Zeit von Warburgs Krankheit baute er die Bibliothek zu einem Forschungszentrum aus und rettete sie nach der nationalsozialistischen Machtergreifung schließlich nach London. Er war es
auch, der während Warburgs Krankheit Gertrud Bing als Assistentin einstellte, die sich zur idealen Mitarbeiterin Warburgs in seinen letzten Lebensjahren und zur Seele des immer größer werdenden Instituts entwickeln sollte und schließlich Direktorin wurde.

Es war von vornherein abzusehen, daß Aby Warburg nicht lediglich eine Büchersammlung anlegen und verwalten wollte. Seine nicht immer einfache, aber mächtig ausstrahlende Persönlich-

keit zog andere an, die sich für immer oder zeitweise der Bibliothek oder seinen Themen verbunden wußten. Er selbst schrieb schwer, aber stetig, in Notizen, deren komprimierte Sprache von dem gewaltigen Druck zeugt, unter dem er stand. Die Fragen, die er stellte, waren hoch angesetzt und ließen sich kaum auf einzeln lösbare Arbeitsschritte herabstufen. So waren es weniger «große» Bücher oder spektakuläre Entdeckungen in der Kunstgeschichte, sondern ein Blick für Zusammenhänge, ein Arbeitsstil und ein Ethos der Verantwortung, das die Publikationen prägte, die im Umkreis der Bibliothek Warburg erschienen.

Ikonologie aus dem Geist der Sternkunde

Was Aby Warburg faszinierte, waren die Wanderwege der Kultur. So wie er den Kunstaustausch antiker und italienischer Formen nach Norden und den Import des flandrischen Realismus «alla franzese» im Süden verfolgt hatte, so fand er nun in den Ost-West-Wanderungen und Rückwanderungen der astrologischen Traktate und ihrer Bildmotive eine neue Herausforderung. In der politisch gespannten Atmosphäre der letzten Jahre vor dem Ersten Weltkrieg lag hier ein Arbeitsfeld mit Grenzüberschreitungen. Die Hilfe der Astrologiehistoriker wie seines Freundes Franz Boll gab wichtige Impulse, die Orientalistik war gefordert, die klassische Philologie mußte ihre Berührungsfurcht überwinden, und es ging wieder einmal von den hohen Werken der Kunst bis zu den Hirtenkalendern. Den Anlaß gab der Internationale Kongreß für Kunstgeschichte 1912 in Rom, an dessen Vorbereitung Warburg mitwirkte und dem er an einem anschaulichen Beispiel die ganze Mühe und weitverzeigte Forschungsarbeit rechtfertigen wollte.

Die Gelegenheit hätte nicht günstiger gewählt sein können, und zugleich war es die letzte Chance internationalen Austauschs bei wachsenden Spannungen und auf lange hin der letzte internationale Kongreß. Es galt, ein Rätsel zu lösen, eine mit den bisherigen Mitteln kunstwissenschaftlicher Interpretation unerklärbare

Figur auf einem der Fresken im Palazzo Schiffanoja, dem Sommerschloß der Este in Ferrara. Bei der Lektüre des Traktats von Abu Ma'schar (9. Jahrhundert), der sich auf einen indischen Gewährsmann (Varahamihira, 7. Jahrhundert) bezieht, waren Warburg die «seit vielen Jahren vergeblich befragten Rätselfiguren von Ferrara» eingefallen, und es stellte sich heraus, daß es indische Dekane sind und daß der besonders rätselhafte schwarze Mann im weißen, von einem Strick umgürteten Gewand, der erste Dekan des Widders, ein orientalisch verfremdeter Perseus ist. Die arabische «Große Einleitung» des Abu Ma'schar war von Pietro d'Abano ins Lateinische übersetzt worden und diente zu Prognostica oder zu Bildprogrammen wie dem Salone in Padua. Pellegrino Prisciani, der Hofastrolog des Borso d'Este, hat im «illustrierten Hof- und Staatskalender» entsprechend zwischen den zwölf olympischen Göttern und den Monaten im mittleren Bildstreifen die indischen Dekane angeordnet, die dem Ikonologen endlich verrieten, «daß unter dem siebenfachen Reisemantel der vielgeprüften Wanderer durch Zeiten, Völker und Menschen ein griechisches Herz schlägt».

Das war nicht lediglich ein origineller Fund wie andere auch, die unser Wissen bereichern, hier sprang, wie aus dem Haupte des Zeus, Athene gewappnet ins Leben. Eine neue Wissenschaft, die Ikonologie, war geboren. Sie beginnt mit der Identifikation eines Motivs im Zusammenhang seines künstlerischen Umfelds und seiner kulturellen Funktion und wirft ein Licht auf die Geschichte im ganzen und unsere Fähigkeit, sie zu verstehen. Warburg hat gezeigt, «daß eine ikonologische Analyse, die sich durch grenzpolizeiliche Befangenheit weder davon abschrecken läßt, Antike, Mittelalter und Neuzeit als zusammenhängende Epoche anzusehen, noch davon, die Werke freiester und angewandtester Kunst als gleichberechtigte Dokumente des Ausdrucks zu befragen, daß diese Methode (...) die großen, allgemeinen Entwicklungsvorgänge in ihrem Zusammenhange beleuchtet». Die visuellen Eindrücke und die allgemeinen Ideen, die er zuvor vergebens zusammenzuzwingen versuchte, kamen nun in einzelnen Synthesen zusammen, worin jedes Wort geballte Lebenserfahrung und geschichtliche Einsicht in einem ist.

Erforscher der geschichtlichen Welt zeichnen sich durch Leidens-
fähigkeit aus, durch ein Vermögen, allgemeine Entwicklungen
wie ein persönliches Schicksal wahrzunehmen. Ob sie sich dessen
erwehren können, ob sie zu hellsichtigen Darstellern der Ereignisse oder ob sie von ihnen niedergedrückt werden, ist eine andere Frage. Wenn Aby Warburg bei ganz anderen Fähigkeiten und
Voraussetzungen hierin einem Generationsgenossen nahesteht, so
sehr viel mehr Max Weber als etwa Sigmund Freud. Die Spannung der letzten Vorkriegsjahre, das Schlittern in einen verhee-
renden Krieg unter zunächst allgemeinem Jubel und die bitteren
Erfahrungen, die folgen sollten, schlugen sich auch in seinen wissenschaftlichen Arbeiten nieder.

Die Dämonenfurcht der Reformation, der Sternglaube, ging so
weit, daß man unter gelehrten Reformatoren wider besseres Wissen Luthers wirkliches Geburtsdatum nicht anerkannte, das man
auf den 22. Oktober 1484 statt auf den 10. November 1483 legte,
weil an diesem Tag in einer besonderen Konjunktion der Plane-
ten im Hause des Skorpions eine neue Epoche der Religion ge-
waltsam anbreche. Das Zeitalter, das sich aus mittelalterlicher Unfreiheit zu lösen schien, war tief geprägt vom Sternglauben, von
Monstren und Wundern, von der Angst vor Kometen, Sintfluten
und Dämonen. Im gleichen Kreis «Ringen um den Denkraum
klaren historischen Bewußtseins» und «Durchbruch urtümlichen
totemistischen Verknüpfungszwanges», das Ineinander von Fortschritt und Barbarei, von technisch-rationaler Avanciertheit und
der Regression in würdelosen Atavismus. Man kann die Konflikte einer vergangenen Epoche nur verstehen, wenn man den inneren Widersprüchen der eigenen Zeit ins Auge zu sehen vermag.

Die Kriegsereignisse warfen die geordnete Forschung aus der
Bahn oder verwandelten sie. Die Bibliothek wurde zu einem In-
formationsbüro. Aby Warburg wollte begreifen, was keiner sich
mehr vorstellen konnte, und sammelte alle erreichbaren Nachrichten und stellte die Familienmitglieder dafür an, sie aus Zeitungen auszuschneiden und zu ordnen. 25000 Exzerpte und eine
militärische Spezialbibliothek entstanden dabei. Früh äußerte er,
daß man sich zu Tode siegen werde, während Max für die Bank
hohe Kriegsanleihen zeichnete. Am Ende des Krieges brach Aby

Warburg zusammen und suchte in verschiedenen Sanatorien Heilung, bevor er für längere Zeit in die Klinik Ludwig Binswangers in Kreuzlingen am Bodensee ging.

Das unter großen Schwierigkeiten zu Ende gebrachte Manuskript der Abhandlung «Heidnisch-antike Weissagung in Wort und Bild zu Luthers Zeiten» wurde so selbst zu einer Urkunde der «tragischen Geschichte der Denkfreiheit des modernen Europäers», eine weitgreifende einsichtige Studie, die man sich aber auch mit Texten und Bildern des expressionistischen Jahrzehnts veranschaulicht denken könnte. «Die Wiederbelebung der dämonischen Antike vollzieht sich dabei, wie wir sahen, durch eine Art polarer Funktion des einfühlenden Bildgedächtnisses. Wir sind im Zeitalter des Faust, wo sich der moderne Wissenschaftler – zwischen magischer Praktik und kosmologischer Mathematik – den *Denkraum der Besonnenheit* zwischen sich und dem Objekt zu erringen versuchte. Athen will eben immer wieder neu aus Alexandrien zurückerobert sein.»

Ganz persönlich hatte Aby Warburg diese Eroberung im Kampf gegen seine Krankheit zu führen, wobei er sich seiner in Amerika gewonnenen anthropologischen Erfahrungen bediente. Er arbeitete den Vortrag über das Schlangenritual der Pueblo-Indianer aus, denn nur durch zusammenhängende geistige Arbeit über das, was ihn niederdrückte, vermochte er wieder Herr seiner selbst zu werden. Von da an war er sich der Heilung, welche die Ärzte skeptisch beurteilten, gewiß, und er konnte in die inzwischen von Fritz Saxl geleitete Bibliothek zurückkehren.

VOM FAMILIENUNTERNEHMEN ZUR STAATLICHEN INSTITUTION

Im Auftrage der Brüder hatte Saxl, als er von seinem österreichischen Kriegsdienst zurückkehrte, die private Bibliothek in ein Forschungszentrum verwandelt. Die Stadt Hamburg schuf nach dem Krieg eine Universität, und die Kulturwissenschaftliche Bibliothek wurde mit der Kunsthalle und dem Seminar für Kunstgeschichte, das Erwin Panofsky, um eine Vergütung zu erhalten, als «Hilfsarbeiter» aufbaute, zu einer idealen Forschungsstätte. Die Mittel der amerikanischen Brüder gaben im verarmten Nachkriegsdeutschland viel her, und so konnte man Gelehrte zu Vortragsreihen gewinnen und, neben den jährlichen Bänden «Vorträge», eine eigene Buchreihe «Studien der Bibliothek Warburg» gründen. Ernst Cassirer wurde für die Ziele der Bibliothek gewonnen und eröffnete die «Studien» mit der «Begriffsform im mythischen Denken», der bald «Sprache und Mythos» und, 1926 zu Warburgs 60. Geburtstag, «Individuum und Kosmos in der Philosophie der Renaissance» folgen sollten. Saxl schrieb mit Panofsky die Studie zu Dürers «Melencolia I», Panofsky seine Studie zur Geschichte der Kunsttheorie «Idea», und so folgte ein bedeutendes und die Augen öffnendes Buch auf das andere. Antike, Orient, Mittelalter und Renaissance sind auf einmal in nachbarlicher Nähe auf hohem Niveau klarer und zusammenhängender erschlossen als je zuvor.

Bei der Leitung der Bibliothek wurde deutlich, daß ihr Gründer und ihr Organisator aneinander hingen, ohne sich doch in die Verantwortlichkeiten teilen zu können. So schickte Warburg Saxl zur Vollendung seines Corpus astrologischer Handschriften auf Reisen und ließ wiederum ihn die Bibliothek verwalten, wenn er selbst unterwegs war. Doch zunächst brauchte die aus allen Nähten platzende Bibliothek im Privathaus eine räumliche Erweiterung, und so baute man an; Magazinraum für 120 000 Bände und die modernste technische Ausstattung machten sie zu einer musterhaften Forschungseinrichtung. Auf diese Weise konnte die Nachbarschaft der Bücher als Prinzip der Problembibliothek entwickelt werden. Und wer sich mit seinem Thema angemeldet hatte, fand nicht nur die gesuchten Bücher, sondern eine Bibliographie und alles, was für ihn wichtig sein konnte, an seinem Platz im Lesesaal. Der Lese- und Vortragssaal war nicht, wie man es bei einem Renaissanceforscher vermutet hätte, ein kreisrunder Zentralbau, sondern, entsprechend der Grundform der Planetenbewegung, als Ellipse gebaut.

Warburg «redux», wider Erwarten zurückgekehrt, sah sein zweites Leben als ein Geschenk und als ein Wunder an. Er war

sanfter als zuvor, aber die alle temporäre Schwäche überwindende Intensität und Energie, die er jedem einzelnen Besucher seiner
Bibliothek und in Seminaren den Studenten widmete, verfehlten
ihren Eindruck nicht. So waren die letzten Jahre erstaunlich reich
an Wirkung und Ausbreitung seiner Denkanstöße. Seine Schüler,
Fritz Saxl und Edgar Wind, stellten in Aufsätzen seine Gedanken
dar. Die Bibliothek war Gastgeber und Ideengeber bei Kongressen von Psychologen, Orientalisten und Amerikanisten.

Aby Warburg war sich seines bedrohten Gesundheitszustands
bewußt und sprach öfter vom «Ende meiner Existenz». Ein Herzinfarkt ereilte ihn am 26. Oktober 1929. Die Bibliothek arbeitete
weiter, seine «Gesammelten Schriften» wurden bald sorgfältig
herausgegeben, während der «Mnemosyne»-Atlas die Nachlaßverwalter vor unabsehbare Schwierigkeiten stellte. Infolge der
Depression in den USA schwanden die Mittel von einem Tag auf
den anderen um die Hälfte (1931), die Bibliothek entfaltete sich
nur noch langsam. Bei der Machtergreifung der Nationalsozialisten am 30. Januar 1933 war es Fritz Saxl und manchen Freunden
der Bibliothek deutlich, daß ihre Werte und Ziele wissenschaftlicher Arbeit bedroht waren. Man wußte noch nicht wohin, aber
man machte sich keine Illusionen darüber, daß die Forscher und
möglichst auch die Bibliothek sich ins Ausland retten mußten.

Man dachte an Amerika, der Mittel wegen, an Italien, der Themen wegen, aus Holland kam ein Angebot, aber bald richteten
sich die Bemühungen nach England. Auf verschiedenen Ebenen
und unter verschiedenen Gesichtspunkten wurden Kontakte geknüpft, Besuche gemacht und Gutachten erstellt. Neben den Wissenschaftlern selbst war es die Agilität und Energie von Lord Lee
of Fareham, der als Politiker in seinem Ehrgeiz enttäuscht und als
Kunstsammler wenig glücklich war, der aber dem etwas zögerlichen Wohlwollen der anderen den Schwung gab und die glückliche Formel fand, eine ganze Bibliothek «auszuleihen», zunächst
für zwei Jahre. So hatte man eine Verhandlungsgrundlage, um das
Privateigentum, das Felix durch den Konsul der USA schon vorausschauend als amerikanisches hatte reklamieren lassen, aus
Deutschland ohne Schwierigkeiten auszuführen. Im Dezember
1933 verließen zwei kleine Dampfschiffe, «Hermia» und «Jessica»,

Aby Warburg mit seinem Sohn Max (1902–1974) am 14. August 1925. Auf keinem anderen Bildnis spricht sich die Erfahrung des von schwerer Krankheit Genesenen so menschlich aus wie hier mit dem Sohn, der sensibel zwischen künstlerischen Neigungen und in ihn gesetzten wissenschaftlichen Erwartungen schwankte. Die rechte Bildhälfte wird oft weggeschnitten, was dem Foto die ganze Spannung nimmt.

den Hamburger Hafen und brachten 60 000 Bücher, die Fotografien und technischen Einrichtungen nach London.

Zunächst ging es darum, sich in England heimisch zu machen, den anderen die eigenen Forschungen zu erläutern und ihnen nützlich zu sein. So wurde das Warburg Institute zu einer englischen kulturellen Einrichtung, lange ehe es einen dauerhaften Status und eine feste Behausung erhielt.

Im Kriegsjahr 1944 meldeten britische Zeitungen, daß das größte Weihnachtsgeschenk diesmal aus Deutschland stamme. Die Familie Warburg hatte die Bibliothek dem britischen Steuerzahler übereignet. Sie wurde Bestandteil der Universität London, eine Einrichtung der Lehre und Forschung, ein Tauschplatz der Ideen, eine höchst lebendige und hilfreiche Institution und nicht zuletzt ein Mythos und eine Legende.

Paul und Ludwig Wittgenstein

von Matthias Kroß

Die Erinnerung bewahrt von berühmten Personen oft nur den Nachnamen auf. Der konkrete Mensch wird auf diese Weise in ein Monument verwandelt, seine oft alltäglichen Daseinsbedingungen werden ausgeblendet. Allenfalls bewahrt das kollektive Gedächtnis Lebensdetails als kauzige Anekdote oder zu hagiographischen Zwecken. Daß der Kult, der sich auf diese Weise um den berühmten Namensträger bildet, fast zwangsläufig zu einem Zerrbild seiner Persönlichkeit führen muß, ist an vielen Beispielen bis hin zur Absurdität belegt. Wenig Beachtung findet hingegen eine weitere, mehr indirekte, jedoch ebenso folgenreiche Verzerrung, die in der Fokussierung der öffentlichen Aufmerksamkeit auf die *eine* Person besteht. Je heller deren Berühmtheit ausgeleuchtet wird, in desto tieferes Dunkel versinken die Menschen um sie herum. Die historische Ungerechtigkeit, die denen, die im Schatten stehen, damit widerfährt, mag in der Regel läßlich ein. Im Falle der Brüder Ludwig (26. 4. 1889– 28. 4. 1951) und Paul Wittgenstein (5. 11. 1887–3. 3. 1961) hingegen wiegt sie schwer.

Für die Nachwelt fällt der Glanz des *nomen singulare* ohne Frage auf Ludwig, den Philosophen. Die Zahl der populärwissenschaftlichen oder fachphilosophischen Publikationen zu seinem Leben und Werk gehen in die Zehntausende. Alljährlich findet

Ich danke Herrn Michael Nedo, Direktor des Wittgenstein-Archives in Cambridge, sowie Herrn Prof. Fred Flindell, Berlin, für ihre großzügige Unterstützung meiner Arbeit durch zahlreiche Hinweise und die Überlassung von Dokumenten.

im niederösterreichischen Kirchberg das renommierte Wittgen-
stein-Symposium mit Philosophen aus aller Welt statt. Die Faszination, die Ludwig bis heute auf Schriftsteller, Filmemacher und
sogar Musiker ausübt, dürfte für einen Philosophen einzigartig
sein. Henry Miller schreibt im «Wendekreis des Steinbocks»:
«Lange bevor ich Wittgensteins ‹Tractatus logico-philosophicus›
las, komponierte ich die Musik dazu.» Die Amerikanerin Elisa-
beth Lutyens hat eine Motette mit dem Titel «Excerpta Tractati
Logici-Philosophici» komponiert; Bernd Alois Zimmermann
arbeitete Textstücke aus Ludwigs «Philosophischen Untersuchungen» in seine Komposition «Requiem für einen jungen
Dichter» ein; die Schriftsteller Ingeborg Bachmann und Thomas
Bernhard ließen sich wesentlich von Ludwigs Werk inspirieren
und haben ihm mit ihren Texten ein literarisches Denkmal gesetzt. Der Regisseur Derek Jarman hat 1993 den Lebensweg des
Philosophen eigenwillig verfilmt, und vor kurzem mußte Ludwig
sogar als Namenspatron für den Science-fiction-Thriller «Das
Wittgenstein-Programm» von Philip Kerr herhalten. Als Stephen
Toulmin und Alan Janik vor zehn Jahren ein Buch über «Wittgensteins Wien» schrieben, bedurfte es keines besonderen Hin-
weises darauf, daß *Ludwigs* Wien gemeint war.

Die Bücher und Veröffentlichungen über Paul hingegen lassen
sich an den Fingern einer Hand abzählen. Sicher: Paul lebte
zurückgezogen und suchte sein Privatleben vor der Öffentlichkeit
zu verbergen, auch über seinen Tod hinaus. Doch auch sein Leben verlief spektakulär genug. Nicht Ludwig, der Philosoph, sondern Paul, der Musiker, spielte im kulturellen Leben Wiens eine
bedeutende Rolle. Bereits als junger Pianist war Paul über die
Grenzen der Stadt hinaus bekannt; er verfügte über enge Kontakte zu den bedeutendsten Musikern und Komponisten seiner
Zeit. Daß er, der Klavierspieler, während des Ersten Weltkrieges
einen Arm verlor und dennoch mit der linken Hand eine glanzvolle Solistenkarriere durchlief, zählt zu den erstaunlichsten Phänomenen der Musikgeschichte und ist ein Zeichen für seine herausragende Persönlichkeit. Und während Ludwig im englischen
Cambridge die Protektion der berühmtesten Philosophen seiner
Zeit genießen durfte, mußte Paul 1938 nach der Besetzung Öster-

reichs durch die Nationalsozialisten für sich und seine Familie um das nackte Leben fürchten, die geliebte Heimat verlassen und in den USA ein neues Leben beginnen. Mit einem Wort: Bei einem Vergleich zu Lebzeiten hätte man die Frage, welcher der beiden als *der* Wittgenstein zu gelten habe, wohl zu Pauls Gunsten beantworten müssen.

Daß sich die Waagschale des historischen Nachruhms so schnell dem im April 1951 verstorbenen Philosophen Ludwig zugeneigt hat, verlangt gerade angesichts der Berühmtheit seines Bruders eine genauere Untersuchung. Wie ist es zu begreifen, daß Ludwig, der noch kurz vor seinem Tod überzeugt war, eine Schule weder gründen zu wollen noch zu können, und der außer seiner «Logisch-philosophischen Abhandlung» aus dem Jahre 1921 kein einziges philosophisches Buch veröffentlichte, eine stetig wachsende Anhängerschaft gewann, während der Glanz des «Pianisten der linken Hand» nach 1961 so schnell stumpf wurde? Oder umgekehrt gefragt: Wodurch zeichnete sich Ludwig aus, daß er trotz der Prominenz Pauls den Anspruch auf «historische Größe» erheben darf und deshalb heute zu Recht als *der* Wittgenstein gilt?

Die Antwort auf diese Frage ist sicher nicht durch den Verweis auf historische Zufälle oder Schicksalsschläge zu geben, die so häufig von Biographen bemüht werden, um den Nachruhm des einen und das historische Verschatten des anderen zu erklären. Sie ist vielmehr in der inneren Logik ihrer entgegengesetzten Lebensentwürfe zu suchen, die sie mit der ihnen eigenen Willenskraft und Kompromißlosigkeit bis an ihr Lebensende zu verwirklichen suchten. Paul stemmte sich mit aller ihm zur Verfügung stehenden Kraft gegen den Untergang des ästhetischen Lebensideals des 19. Jahrhunderts; Ludwig dagegen wandte seine Kräfte darauf, den Untergang dieses Ideals philosophisch zu begreifen und das Denken auf die Konsequenzen dieses Untergangs auszurichten. Paul verkörpert, aus heutiger Sicht, den Typus des rückwärtsgewandten Menschen, der sich blind stellt für den Wandel; Ludwig hingegen erscheint uns zugewandt. Sein Werk ist wie ein Spiegel, in dem sich auch unsere Gegenwart wiederzuerkennen vermag.

I

Die Startbedingungen ins Leben waren für die Brüder fast gleich: Beide wurden mit nur zwei Jahren Abstand in die Sicherheit und den Wohlstand eines großbürgerlichen Hauses hineingeboren, das neben den Residenzen und Salons der Bösendorfer, Wertheimsteiner und Arnsteiner zu den Zentren des kulturellen Lebens der Stadt zählte. Die Kindheit verlief für beide unter fast identischen Bedingungen. Im Gegensatz zu den älteren Geschwistern, die von zeitweise bis zu sechsundzwanzig Privatlehrern erzogen wurden, besuchten Paul und Ludwig öffentliche Schulen und konnten sich dadurch dem Druck des übermächtigen Vaters zumindest zeitweise entziehen. Als der Vater im Jahre 1913 starb, hinterließ er beiden ein gewaltiges Vermögen, das sie aller materiellen Sorgen enthob. Vom Vater erbten sie auch einige Charakterzüge: einen unbezwingbaren Willen zur Eigenständigkeit, einen unstillbaren Drang zur Selbstvervollkommung, einen fast manischen Zwang zur Bewältigung selbstgestellter Aufgaben sowie eine beträchtliche Rücksichtslosigkeit gegenüber sich selbst und der Umwelt. Für beide war es daher selbstverständlich, daß sie in ihrem Leben stets nach Erstrangigkeit strebten: «Meine Arbeit ist (...) entweder ein Werk ersten Ranges, oder sie ist kein Werk ersten Ranges. Im zweiten (...) Falle bin ich selbst dafür, daß sie nicht gedruckt werde», schrieb Ludwig 1920 an Bertrand Russell über seine «Logisch-philosophische Abhandlung». Und Paul übte mit nie versiegender Energie, geradezu mit Versessenheit, die verbliebene linke Hand, um sie zur Virtuosität «ersten Ranges» zu vervollkommnen. Selbst aufmerksame Zuhörer verstand er in der Illusion zu halten, er spiele mit zwei Händen.

Bei beiden Brüdern scheint sich zudem ein wenig von jener Mentalität des *Selfmademan* erhalten zu haben, die der Vater Karl geradezu beispielhaft verkörperte. Karl entstammte einer ursprünglich in Korbach beheimateten jüdischen Familie. Sein Vater Hermann Christian hatte während der französischen Besatzung Westfalens den Namen Wittgenstein angenommen und sich taufen lassen. Später zog die Familie nach Leipzig. Seit 1857 lebten die Wittgensteins in Wien. Karl war von Kindesbeinen an ein selbstbewußtes und eigenständiges Kind. Er mußte das Gymnasium vorzeitig verlassen und verabscheute den Privatunterricht, der ihn zur Matura bringen sollte. Im Januar 1865 verschwand er kurzerhand aus dem Haus und ließ länger als ein Jahr nichts von sich hören.

Aus den Notizen, die Karl gegen Ende seines Lebens seiner Tochter Hermine diktierte, kann man die Jahre seiner Wanderschaft rekonstruieren: Mit 200 Gulden und einer Geige im Gepäck hatte er sich nach Amerika eingeschifft und sich dort mit Unterrichtsstunden und Gelegenheitsarbeiten durchgeschlagen. Als er nach zwei Jahren zurückkehrte – mit «Geld und neuen Kleidern», wie er schreibt –, hatte er zwar nicht den Traum des Tellerwäschers verwirklichen können, jedoch jenen *rugged individualism* verinnerlicht, der Männer wie Rockefeller oder Carnegie zu märchenhaftem Reichtum verhelfen sollte: «Jeder Einwanderer macht in den ersten Jahren eine Schule durch, wie sie für die Erziehung des Menschen nicht glücklicher gedacht werden kann; er unterliegt dem Zwang, seine Kräfte bis aufs äußerste anzuspannen, um überhaupt nur leben zu können», schrieb Karl 1888 in der Wiener «Neuen Freien Presse».

Karls atemberaubender wirtschaftlicher und gesellschaftlicher Aufstieg begann 1872, als ihm ein entfernter Verwandter die Stelle eines technischen Zeichners beim Bau der Teplitzer Walzwerke in Böhmen anbot. Fünf Jahre später war Karl bereits deren Direktor und Hauptaktionär. Kurz darauf gründete er das erste österreichisch-ungarische Schienenkartell, dem er im Jahre 1878 den Alleinauftrag zum Bau der kriegswichtigen russischen Eisenbahnverbindung Bender–Galatz verschaffte. Durch die Sicherung des Patents auf das Thomas-Verfahren für Österreich und Eröffnung eigener Hütten (Poldihütte, Rudolfshütte) baute er seine Vormachtstellung in der österreichischen Stahlindustrie systematisch aus. 1884 übernahm er sämtliche Aktien der Böhmischen Montangesellschaft. Zwei Jahre später fusionierte er die Teplitzer Werke mit der Prager Eisenindustriegesellschaft. Damit kontrollierte er praktisch die gesamte böhmische Montanindustrie. Innerhalb von nur zwanzig Jahren war Karl zu einem der einflußreichsten und reichsten Männer der Habsburger-Monarchie aufgestiegen.

Im Alter von 52 Jahren legte er alle seine Ämter nieder und zog sich völlig aus dem Geschäftsleben zurück. Der Grund dafür lag wohl kaum in seinem «Bedürfnis nach Entlastung von seiner übermäßigen Tätigkeit», wie Georg Günther in seinem Nachruf auf Karl behauptet hat. Seinem Rücktritt ging vielmehr eine massive öffentliche Kritik an seinem hemdsärmeligen Geschäftsgebaren voraus. Aus Enttäuschung transferierte Karl sein gesamtes Privatvermögen ins Ausland, erwarb Grundstücke und Wertpapiere in der Schweiz, in Holland und vor allem in den USA. Er sicherte auf diese Weise – sicherlich unbeabsichtigt – die Familie nicht nur gegen den Wertverlust durch die Inflation nach dem Ersten Weltkrieg, sondern vermehrte den Wert des Devisenvermögens gegenüber der Krone um ein Vielfaches. Nach vorsichtigen Schätzungen dürfte der Besitz der Wittgensteins bereits vor dem Ersten Weltkrieg mehrere Milliarden Dollar betragen haben.

Ähnlich zielstrebig wie seine geschäftlichen Angelegenheiten versuchte Karl auch seine Familie zu steuern, wenn auch mit weit geringerem Erfolg. 1873 heiratete er Leopoldine Kalmus, die Tochter eines wohlhabenden Wiener Geschäftsmanns. Aus der Ehe gingen acht Kinder hervor: außer Paul und Ludwig, den beiden jüngsten, Hermine (1874–1950), Helene (1879–1956), Margarethe (1882–1958), Hans (1877–1902), Kurt (1878–1918) und Rudolf (1881–1904). Karls Erwartungen, unter den Söhnen einen geeigneten Nachfolger zu finden, erfüllten sich nicht; alle Kinder zeigten eine ausgeprägte musische Begabung, jedoch keinerlei Neigung für die Kaufmannslaufbahn. Und je unerbittlicher er die ältesten Söhne in den väterlichen Betrieben auf den Kaufmannsberuf hinzuziehen versuchte, desto erbitterter leisteten sie Widerstand. Hans war auf dem besten Wege, ein großer Musiker zu werden; bereits als Vierjähriger beherrschte er Klavier und Geige und begann zu komponieren. Vor dem despotischen Vater floh er nach Amerika, wo er wahrscheinlich Selbstmord beging. Auch Rudolf flüchtete vor dem Vater und versuchte in Berlin eine Karriere am Theater. Als im Mai 1904 einer seiner Liebhaber starb, schluckte er in einer Bar unter den Klängen seines Lieblingsliedes Zyankali und brach tot zusammen.

Die beiden Jüngsten, Paul und Ludwig, mit den Schwestern Margarethe, Helene und Hermine. Drei ältere Brüder schieden schon früh auf tragische Weise aus dem Leben.

Karls Versagen als Vater erscheint um so unverständlicher, als er selbst ein musisch veranlagter Mensch war und mit seiner Gattin Poldi, die er stets um sich haben mochte, häufig musizierte. Auch machte er sich in der Wiener Gesellschaft einen Namen als Kunstmäzen und vor allem als Sammler hochrangiger Kunstwerke. Er finanzierte den Bau des Sezessionshauses, vergab Aufträge an namhafte Künstler und legte eine der bedeutendsten Privatsammlungen der Zeit an: «Aus der Wiener Sezessionsbewegung sammelte er hauptsächlich Landschaften und Porträts von Gustav Klimt. Die frühen Werke von Puvis de Chavannes, Mestrovic und Segantini schmückten seine Wände zusammen mit Meistern der Münchner Schule. Monet und andere Impressionisten waren in einer ausbalancierten Sammlung vorhanden, die die Jahre 1870 bis 1910 umfaßte. Auch die Skulpturen Max Klingers, Rodins und Mestrovics erschienen in Karls Villen (...) Eine bekannte Porzellansammlung, Totenmasken und kostbare Geigen, eine Stradivari und Guadagnini, grüßten das Auge des Besuchers», schreibt Fred Flindell, der wohl beste Kenner der Sammlung.

Es ist verständlich, daß die Kinder, die in großbürgerlichem Ambiente gleichsam unter der musikalischen Ägide von Bach, Beethoven und Mozart in wahrhaftigen Schatzhäusern der zeitgenössischen Kunst aufwuchsen, an Fragen der Wohlstandssicherung und -steigerung kaum Interesse zu entwickeln vermochten. Im Gegenteil. Bereits das alltägliche Leben im Palais in der vornehmen Alleegasse 16 glich einem immerwährenden Kunstfest. Poldi, die Mutter, war eine begabte Pianistin, und sie führte das Haus wie ein musikalisches Zentrum. «Brahms, Clara Schumann und Mahler waren häufige Gäste des Hauses. Richard Strauss spielte gewöhnlich Duette mit Paul. Sie entwickelten dieselbe Begeisterung für die Kammerwerke von Louis Spohr. Karl unterstützte Schönberg; Bruno Walter, das Joachim-Quartett, Erica Morini und Pablo Casals konnten an einem Abend im Gespräch und beim Spielen gehört werden. In ihren ersten privaten Aufführungen spielte R. Mühlfeld Brahms' Klarinettensonaten (...) Großartige Autographen der Wiener Klassiker konnte man gelegentlich aufgeschlagen daliegen sehen, wenn man im Gespräch mit Hanslick oder Kalbeck umherging» (Flindell).

II

Zunächst wurden auch Paul und Ludwig nach den ausgeklügelten Plänen des Vaters von Privatlehrern erzogen. Ludwig fiel in der Familie vor allem dadurch auf, daß er im Gegensatz zu seinen Geschwistern weder eine besondere musikalische Begabung verriet noch die für die älteren Söhne charakteristische, unbändige Eigensinnigkeit an den Tag legte. In Wahrheit jedoch verfügte er über eine feine, reflektierte Musikalität, und seine späteren philosophischen Aufzeichnungen verraten eine umfassende musikalische Bildung. Seinem Cambridger Schüler Drury erzählte er, daß er nicht in Worte fassen könne, welch große Rolle die Musik in seinem Leben gespielt habe. Allerdings lernte er erst während seiner Ausbildung zum Volksschullehrer Klarinette spielen. Aus Erinnerungen weiß man zudem, daß er außergewöhnlich schön zu pfeifen verstand. Es spricht einiges dafür, daß Ludwig von dem überragenden Spiel seiner Mutter und seiner Geschwister so tief beeindruckt war, daß er glaubte, nicht mithalten zu können.

Ludwig behauptete später, eine unglückliche Kindheit durchlebt zu haben. Doch findet sich in den Aufzeichnungen der Familie davon kaum eine Spur. Die Schwester Hermine schildert ihn in ihren «Familienerinnerungen» als ein heiteres, freundliches und vor allem gehorsames Kind. Allerdings könnte Ludwig bereits damals seine Unfähigkeit gespürt haben, sich spontan und gemäß den eigenen Bedürfnissen zu verhalten und seine Gefühle und Wünsche anderen Menschen mitzuteilen. Jedenfalls hielt er sich bereits als Kind für einen «unaufrichtigen», «unwahrhaftigen» und moralisch verwerflichen Menschen. Zwei häusliche Erlebnisse, die Ray Monk in seiner Biographie über Ludwig Wittgenstein mitteilt, sind dafür aufschlußreich: «Ludwig erinnerte sich daran, daß sein Bruder Paul krank im Bett lag und auf die Frage, ob er nicht lieber aufstehen würde, geantwortet hatte, lieber im Bett bleiben zu wollen. ‹Während ich im gleichen Fall›, so Ludwig, ‹die Unwahrheit sagte (ich wollte lieber aufstehen), weil ich die schlechte Meinung meiner Umgebung fürchtete›.» Und: «Als Paul und er in einen Wiener Turnverein eintreten wollten, sagte man ihnen, daß (wie damals in den meisten Vereinen) nur ‹Arier› aufgenommen würden. Er selbst sei sofort bereit gewesen, seine jüdische Herkunft zu verleugnen, um aufgenommen zu werden, Paul aber nicht.» Zwischen 1903 und 1906 besuchte Ludwig die Realschule in Linz. Auch hier gelang es ihm nicht, mit seinen Mitmenschen eine «ehrliche» Beziehung herzustellen. Er siezte seine Mitschüler; diese betrachteten ihn wie ein Wesen von einem anderen Stern. Nur mit einem einzigen Schulkameraden schloß er Freundschaft.

Ludwigs Suche nach moralischer Integrität und sein Streben nach Vollkommenheit fielen in eine Zeit, in der die überkommenen Lebensstile und die festgefügten moralischen Maßstäbe des

Bürgertums zu zerfallen begannen. Der Liberalismus, zur Gründerzeit die geeignete Ideologie für die selbstbewußte Bourgeoisie und die assimilationswillige Judenschaft, wurde zunehmend von antirationalistischen Strömungen einer Lebensphilosophie verdrängt, die sich als Überwinderin der Aufklärung verstand. Die Ludwig prägenden philosophischen Autoren, unter ihnen Schopenhauer, Nietzsche, Kierkegaard und vor allem Otto Weininger, begriffen die Lösung philosophischer Probleme vor allem als eine Frage der persönlichen Erlösung. Ihre teils religiöse, teils metaphysische, in jedem Falle ethische Deutung und Sinnbestimmung philosophischer Tätigkeit hat Ludwig zweifellos am stärksten beeindruckt. Sie dürfe zudem seine schon früh ausgeprägte Fragehaltung und Disposition zum Selbstzweifel mit dem Streben nach Selbstheiligung verquickt haben. Ludwigs philosophische Radikalität und ethischer Rigorismus haben hier ihre Wurzeln: Er begann die Auseinandersetzung mit der Philosophie als Passion zu betrachten, als *via dolorosa* zur Selbsterlösung des Daseins.

Wien hatte sich um die Jahrhundertwende in ein gigantisches Experimentallabor verwandelt, war erfüllt von einer tiefen Verunsicherung und zugleich von einem vagen, wenn auch verlockenden Traum von einem neuen, befreiten und auf sicherem Fundament errichteten «höheren Leben». Es galt, den Menschen von allen schädlichen Eigenschaften zu befreien, ihn physisch, psychisch und sozial, in seinem Alltag ebenso wie in seiner ästhetischen Humanität zu analysieren, um ihn in seiner reinen Möglichkeit hervortreten zu lassen und dann mit einer neuen Wirklichkeit auszustatten. Wie kein zweiter hat Robert Musil in seinem Roman «Der Mann ohne Eigenschaften» die Ambivalenz einer Zeit zwischen Erstarrung und Neuerung, zwischen Haltlosigkeit und Experimentierfreude, zwischen Krisenbewußtsein und Lebensgenuß zum Ausdruck gebracht.

Von den politischen, wirtschaftlichen und sozialen Verwerfungen, die das Wien der Jahrhundertwende erschütterten und schließlich zur Selbstzerstörung der Habsburger Doppelmonarchie führen sollten, waren die Wittgensteins sicherlich kaum betroffen; allenfalls löste das antijüdische Ressentiment, das von Politikern wie dem Wiener Bürgermeister Karl Lueger und den

Anhängern der Deutschnationalen Partei geschürt wurde, in der Familie Unruhe aus. Um so intensiver jedoch dürfte man im Salon der Wittgensteins das Problematischwerden der bisherigen Lebensform und die Unruhe registriert haben, mit der die Kunst auf den Modernisierungsschub der Jahrhundertwende reagierte.

Auch an Paul gingen die kulturellen Krisenerscheinungen des Gärungsprozesses nicht spurlos vorbei. Doch im Gegensatz zu Ludwig, der die Krise der Zeit zunächst als Verunsicherung seines eigenen Daseins erlebte und später philosophisch zu bewältigen suchte, lösten die Veränderungen bei ihm Mißtrauen und Ablehnung aus. Er flüchtete sich in den musikalischen Ästhetizismus des 19. Jahrhunderts, den er vor allem an seiner Mutter wahrnehmen konnte, und suchte es dem Mäzenatentum seines Vaters gleichzutun. Zunächst trat er auf dessen Wunsch nach der Matura am Wiener Gymnasium in eine Bank ein. Er spürte jedoch schnell Widerwillen gegen die geregelte Tätigkeit und rang dem Vater die Erlaubnis ab, sich zum Pianisten auszubilden. Zu seinem Lehrer wurde die Assistentin Theodor Leschetitzkis, Malvine Brée, bestellt. Als junger Mann spielte er bereits Duette mit dem berühmten Geiger Joseph Joachim, dem Stiefkind der Wittgensteins. Später nahm er bei Leschetitzki selbst und dem blinden Organisten Josef Labor Klavier- und Kompositionsunterricht. Es spricht für sein großes technisches Können und mehr noch für seine enorme künstlerische Selbstsicherheit, daß er sein Debüt am 1. Dezember 1913 im Großen Musikvereinssaal Wien und nicht in einer Konzerthalle in der Provinz wagte. Das Konzert wurde ein durchschlagender Erfolg. Max Kalbeck äußerte sich im «Neuen Wiener Tageblatt» begeistert. Er bezeichnete Paul als einen «ernsthaften Künstler». Der Grundstein für eine glänzende Karriere in den großen Konzertsälen der Welt war gelegt.

Doch spürten die Familienmitglieder trotz des selbstgewissen Gestus und Lebensstils des jungen Mannes, der unter den sieben Konzertflügeln des Hauses wählen konnte und das Leben eines *bon vivant* führte, einen Mangel an Authentizität. Es wurde bald deutlich, daß hinter Pauls Karriereplänen nicht nur ein echter musikalischer Drang, sondern vor allem auch das Bedürfnis nach äußerer Anerkennung steckte. Für ihn bot offensichtlich allein das

Klavierspiel eine Möglichkeit, dieses Bedürfnis zu befriedigen. In den «Familienerinnerungen» der Schwester Hermine heißt es: «Wir Kinder standen der Mutter eigentlich verständnislos gegenüber, aber auch sie hatte kein wirkliches Verständnis für die acht sonderbaren Kinder, die sie geboren hatte.» Hermine erinnert sich vor allem an «ihre große musikalische Begabung». So konnte Paul mit dem Klavierspiel sowohl die Aufmerksamkeit zumindest der Mutter erringen als auch durch seine Erfolge sich vor dem autoritären und ungestümen Vater rechtfertigen.

Allerdings war nicht zu übersehen, daß Paul, anders als der ältere Bruder Hans, keineswegs über eine außergewöhnliche musikalische Begabung verfügte. Wohl besaß er Talent und eignete sich dank seines außerordentlich starken Willens und der Förderung durch die besten Lehrer der Stadt die erforderlichen spieltechnischen Fertigkeiten an; er verfügte zudem über ein untrügliches Gedächtnis für Partituren. Doch je stärker er sich abmühte, durch sein Spiel Achtung und Zuwendung zu erhalten, desto gezwungener und gewalttätiger klang es in den sensiblen Ohren seiner Familie. «Man muß das Piano ja nicht *bearbeiten*», pflegte die Mutter über Pauls Spielweise zu sagen – ein grausames Urteil, das ihn zugleich niederschmettern wie zu verzweifelten Übungsanstrengungen anspornen mußte. Wie sehr die Ablehnung der Familie Paul bedrückte, wird an einem Vorfall deutlich, den Ludwig berichtet. Paul habe ihm gegenüber einmal geäußert, daß er nicht üben könne, wenn Ludwig auch nur im Nebenzimmer sei. Er würde dessen Skepsis gleichsam unter der Tür hindurchsickern sehen. Und wie auf seinen Bruder gemünzt, notierte Ludwig im Jahre 1942 in sein Tagebuch: «Bring den Menschen in die unrichtige Atmosphäre und nichts wird funktionieren, wie es soll. Er wird an allen Teilen ungesund erscheinen. Bring ihn wieder in das richtige Element, und alles wird sich entfalten und gesund erscheinen.»

Freilich sollte auch Ludwig immer wieder die Erfahrung der «unrichtigen Atmosphäre» machen, und nur selten in seinem Leben fühlte er sich im «richtigen Element». Doch im Gegensatz zu Paul war er stets bereit, sein Leben und seine Haltung zur Welt immer dann radikal zu verändern, wenn er spürte, daß er auf dem eingeschlagenen Weg nicht würde weiterkommen können.

Ludwig und Paul beim Studieren von Noten. «Man muß das Piano ja nicht be-arbeiten», pflegte die Mutter über Pauls Spielweise zu sagen – ein grausames Urteil, das ihn zugleich niederschmettern wie zu verzweifelten Übungsanstren-gungen anspornen mußte. Paul habe ihm gegenüber einmal geäußert, berichtete Ludwig Wittgenstein später, daß er nicht üben könne, wenn Ludwig auch nur im Nebenzimmer sei; er würde dessen Skepsis gleichsam unter der Tür hin-durchsickern sehen. Auch in Ludwigs Leben spielte die Musik eine große Rol-le, und aus Erinnerungen ist bekannt, daß er außergewöhnlich schön zu pfeifen verstand.

Nach seiner Matura in Linz schrieb sich Ludwig 1906 an der Technischen Universität in Berlin-Charlottenburg für das Fach Maschinenbau ein; 1908 wechselte er auf Anraten seines Vaters an das College of Technology in Manchester. In der Außenstelle des College in Glossop, einem kleinen Ort am Rande der Moore von Derbyshire, arbeitete er als *research student* an der Entwicklung ei-nes «motorlosen» Flugmotors, der Vorstufe des Düsenantriebs. Ludwig gelang eine Lösung der zentralen aeronautischen Probleme, die er 1910 zum Patent anmeldete. Doch mehr als die technischen Probleme fesselten ihn Grundsatzfragen der Mathematik und der Logik. Er studierte die wichtigsten Arbeiten Bertrand Russells zur philosophischen Logik, beispielsweise die 1903 erschienenen «Principles of Mathematics» und die zusammen mit A. Whitehead 1910 verfaßten «Principia Mathematica», sowie Gottlob Freges ebenfalls 1910 erschienenen zweiten Band der «Grundgesetze der Arithmetik». Ludwig faßte schließlich den Plan, bei Russell in Cambridge Philosophie zu studieren und die vom Vater gewünschte, aber ungeliebte Ingenieurausbildung abzubrechen. Wie Hermine berichtet, arbeitete Ludwig bereits im Jahr 1910 an einer Lösung für Russells Antinomien. Auf der Rückreise nach Wien 1911 besuchte er Frege in Jena und trug ihm seine Gedanken zur Logik vor. Frege, so berichtete er später seinem Freund Drury, sei fachlich mit ihm «Schlitten gefahren», habe ihn aber ermuntert, bei Russell zu studieren.

Im Herbst 1911 übersiedelte Ludwig nach Cambridge. Die Universität war in jenen Jahren von einer außergewöhnlichen geistigen Aktivität erfüllt und verfügte mit Russell und George E. Moore, dem berühmten Autor der «Principia Ethica» und bekanntesten Vertreter des *common-sense*, zweifellos über die bedeutendsten Philosophen des Landes. Allerdings hatte Russell den Höhepunkt seiner philosophischen Kreativität bereits überschritten. Er konzentrierte sich bereits auf die Popularisierung seiner Ideen und engagierte sich auf dem Gebiet der Politik. Für Russell wurde der «unbekannte Deutsche, der kaum Englisch sprach» und der behauptete, «eine tiefe Leidenschaft für die Philosophie der Mathematik entdeckt» zu haben, schnell zum Meisterschüler, von dem er sich den krönenden Abschluß seines Lebenswerkes erhoffte: «Wittgenstein», schrieb er bereits 1912, «ist *der* junge Mann, auf den man hoffen kann.» Er sei «das beste mir bekannte Beispiel eines Genies im traditionellen Sinne – leidenschaftlich, tiefgründig intensiv und dominant». Russells tiefe Bewunderung und fachliche Förderung gaben für Ludwig den Ausschlag, sich endgültig von der Luftfahrttechnik abzuwenden und sich ganz der Philosophie zu verschreiben.

Die Hinwendung zur Philosophie bewirkte bei Ludwig eine

grundlegende Änderung der Gesamtrichtung seines Lebens, und man wird ohne zu übertreiben feststellen können, daß Russells Einwilligung, ihn zum Februar 1912 ins Trinity College aufzunehmen, auf ihn wie die Berufung wirkte. Seitdem zeigte er, so Russell, die Besessenheit eines genialischen Künstlers: «Sein Temperament ist intuitiv und launisch, wie das eines Künstlers. Jeden Morgen geht er hoffnungsvoll an die Arbeit, und abends beendet er sie stets voller Verzweiflung.» Und einige Zeit später notierte er: «Heute dachte ich, er würde mein ganzes Mobiliar zertrümmern, so sehr erregte er sich.»

Mit dem Genie zusammenzuleben war nicht einfach. Ludwig war streitsüchtig, ließ niemanden ausreden und beharrte hartnäckig auf seinen Ansichten. Auch Russell bekam seine Unerbittlichkeit zu spüren. Unbarmherzig wies Wittgenstein auf Ungenauigkeiten und Fehler in den «Principia» hin; Russell ließ deprimiert sein bereits weit gediehenes Buch über Erkenntnistheorie unfertig liegen, als es vor den Augen des Schülers keine Gnade fand. Er war dem Selbstmord nahe. Doch auch in Ludwig gärte und brodelte es. Ebenso hart wie mit der Umwelt ging er auch mit sich selbst ins Gericht. «Russell tat im Laufe unserer Gespräche oft den Ausspruch: ‹Logic's hell!› Und dies drückt *ganz* aus, was wir beim Nachdenken über die logischen Probleme empfanden; nämlich ihre ungeheure Schwierigkeit, ihre Härte und Glätte», notierte er 1937 in der Rückschau. Wohl hatte Ludwig das Bekenntnis zur Philosophie nach Jahren der inneren Zerrissenheit als eine Erlösung empfunden und glaubte seine eigentliche Bestimmung gefunden zu haben, nun aber sah er sich erneut in eine Hölle der Zweifel, der Unsicherheiten und Ängste gestürzt. Ludwig hatte die Lösung der logischen Probleme, vor denen die intellektuelle Kraft Russells und Freges versagt hatte, zu seiner ganz persönlichen Lebensaufgabe erhoben. Weihnachten 1913 schrieb er aus Wien an Russell: «Hier geht es mir jeden Tag anders: Einmal glaube ich, ich werde verrückt, so stark gärt alles in mir; den nächsten Tag bin ich wieder ganz phlegmatisch. Am Grunde meiner Seele aber kocht es fort und fort wie am Grunde eines Geisirs. Und ich hoffe immer noch es werde endlich einmal ein endgültiger Ausbruch erfolgen, und ich kann ein anderer

Mensch werden. Über Logik kann ich dir heute nichts schreiben. Vielleicht glaubst du, daß es Zeitverschwendung ist über mich selbst zu denken: aber wie kann ich Logiker sein, wenn ich noch nicht Mensch bin! *Vor allem* muß ich mit mir selbst in's Reine kommen.»

In der Tat wußte Russell oft nicht, ob Ludwig über seine Sünden oder über Fragen der Logik nachdachte – für Ludwig gehörte beides untrennbar zusammen. Er konnte die philosophischen Fragen nach den Ursprüngen und den Grenzen der Erkenntnis, nach den fundamentalen Unterscheidungen zwischen wahr und falsch nicht wie ein Werkstück «bearbeiten». Vorläufige Antworten oder halbe Lösungen verboten sich von selbst. An der Grenze des Denkbaren und der Logik stehen die Gesetze des Denkens und der Logik selbst zur Debatte, versagen alle festen Maßstäbe. Woher, wenn nicht aus der eigenen Selbstgewißheit, sollte Ludwig also das Kriterium nehmen, mit dem er die Richtigkeit seiner Gedanken hätte beurteilen können? Deshalb bedeutete die Klarheit über die richtige Art, «Mensch» zu sein, eine unerläßliche Voraussetzung für die Klarheit über die richtige Art, über Logik zu sprechen. Das Scheitern bei der Erforschung der Logik wäre ihm wie ein fundamentales Scheitern seiner Persönlichkeit vorgekommen, wie umgekehrt das Gelingen der philosophischen Bemühungen als ein untrüglicher Indikator für die Erlangung von Vollkommenheit gesehen werden durfte.

III

Der Kriegsausbruch 1914 bot Ludwig eine sicherlich willkommene Gelegenheit zur Flucht aus der verzweifelten Lage, in die er nicht ohne eigenes Zutun geraten war. Die Universität Cambridge hatte ihm, der als der kommende Vollender des Werkes von Bertrand Russell gehandelt wurde, den Magister-Titel verweigert. Es hieß, sein Text über Logik, den er George Moore ausgehändigt hatte, erfülle nicht die akademischen Standards. Ludwig war außer sich und verfiel in tiefe Depressionen. Der intellektuelle Kampf um Klarheit schien kaum noch zu gewinnen; der Dienst an der Front hingegen stellte eine vergleichbare radikale existentielle Herausforderung dar. So meldete er sich als einfacher Kriegsfreiwilliger, obwohl er wegen eines doppelten Leistenbruches als untauglich ausgemustert worden war.

Für Paul bedeutete die Einberufung hingegen eine unangenehme Unterbrechung der so vielversprechend begonnenen Solistenlaufbahn. Er hatte 1908/09 seinen regulären Militärdienst im Rang eines Leutnants beendet und wurde nun als Offizier eines Dragonerregiments eingezogen. Das Unvorstellbare ereignete sich bereits kurz nach Ausbruch der Feindseligkeiten. Oberst Alfred Rettich informierte in einem Brief vom 11. November 1914 die Mutter Leopoldine über die Ereignisse. «Gnädige Frau, ich habe Ihre Anschrift durch Emil Schaffgohre erhalten, und als ehemaliger Oberst des 6. Regiments möchte ich Ihnen meine aufrichtige Anteilnahme in bezug auf die schwere Verwundung Ihres Sohnes aussprechen. Sie können stolz auf ihn sein, weil dank seiner Aufklärungen in seiner Eigenschaft als Spähtruppführer die Versuche der Russen, uns bei Famorz anzugreifen, zunichte gemacht wurden. Er hat Außerordentliches geleistet, und ich hoffe aufrichtig, daß er dafür eine offizielle Auszeichnung erhalten wird. Das wird *gegenwärtig* jedoch noch nicht möglich sein, weil, obwohl er gefangengenommen worden ist, aufgrund seiner Verwundung erst noch bewiesen werden muß, daß er seine Gefangennahme nicht selbst herbeigeführt hat. Da dieser Umstand bereits geklärt ist, sollte es in dieser Hinsicht keine weiteren Hindernisse geben, wenn er heimkehrt. Ich habe erfahren, daß die Heilung seiner Wunde befriedigend verläuft.»

Es ist nicht überliefert, wie Paul auf den Verlust seines rechten Arms reagierte. In den Wittgenstein-Archiven findet sich lediglich folgender von ihm selbst verfaßter, knapper Bericht: «Ich hatte im Winter 1913/14 meine ersten beiden Konzerte in Wien gegeben, im Sommer eingerückt, noch beim ersten Vormarsch in Russisch-Polen verwundet, mit dem Spital in Krasnostar in russische Gefangenschaft geraten, nach dem Transport durch verschiedene Spitäler hindurch im Spital in Omsk und dann im Gefangenenlager in Omsk gelandet (...) Im Oktober 1915 über Schweden nach Österreich ausgetauscht (...) Nach Wien zurückgekehrt mußte ich mich einer kleinen Nachamputation unterziehen, konnte mich aber gleich darnach wieder dem Klavierspielen widmen. Ich hatte sofort den Plan, mich zum einarmigen Klavierspieler auszubilden, mindestens es zu versuchen.»

Vermutlich war dieser Entschluß, den Paul mit der familientypischen Unbeirrbarkeit und Rücksichtslosigkeit gegen sich selbst und seine Umgebung verwirklichte, für ihn die einzige Alternative zum Selbstmord. Ludwig jedenfalls hatte das katastrophale Ausmaß des Vorgangs sofort erfaßt. Er notierte in sein Tagebuch: «Immer wieder muß ich an den armen Paul denken, der so plötzlich um seinen Beruf gekommen ist. Wie furchtbar. Welcher Philosophie würde es bedürfen, darüber hinwegzukommen. Wenn dies überhaupt anders als durch Selbstmord geschehen kann.» Doch Paul brachte es fertig, seine gesamte Lebensenergie auf das neue Ziel zu lenken. Bereits in russischer Kriegsgefangenschaft hatte er an einem alten Klavier mit der Ausbildung der linken Hand begonnen. Erna Otten Attermann, eine von Pauls Klavierschülerinnen, berichtet, daß er bereits Ende 1916 wieder Konzerte gab. Bei insgesamt fünf Auftritten spielte er Werke von Josef Labor, die dieser eigens für seinen ehemaligen Schüler komponiert hatte. Paul war allerdings, so Erna Otten Attermann, mit seinen Leistungen noch nicht zufrieden. Deshalb zog er sich in das Familienpalais in der Alleegasse zurück und verordnete sich ein Übungspensum von sieben Stunden täglich. Sein Musiklehrer Leschetitzky war 1915 gestorben; er sah sich also nunmehr mit den technischen und musikalischen Problemen des einarmigen Spiels ganz auf sich selbst gestellt. Trotz seiner Verletzung kehrte er 1917 noch einmal für ein Jahr in die Armee zurück, aus der er 1916 hochdekoriert entlassen worden war.

Auch Ludwig stürzte der Krieg in eine erneute existentielle Krise. Wie die Schwester Hermine in den «Familienerinnerungen» schreibt, hatte er bei seiner Rückkehr den «intensiven Wunsch, etwas Schweres auf sich zu nehmen und irgend etwas Anderes zu leisten als geistige Arbeit». Doch wurde ihm als einfacher Soldat auf dem Wachschiff «Goplana» auf der Weichsel schnell klar, daß er die Monate an der Front und die «Dummheit, Frechheit und Bosheit» seiner Kameraden nur mit philosophischer Arbeit würde überleben können. Auch gelang es ihm irgendwie, den Kontakt nach Cambridge nicht gänzlich abreißen zu lassen, obwohl England Kriegsgegner war. Über seine philosophische Entwicklung und seine Kriegserlebnisse geben die Tagebücher 1914–1916 Auskunft, die der von Ludwig später angeordneten Vernichtung durch Zufall entgangen sind. Einige Teile dieser Tagebücher, in einer leicht zu entschlüsselnden Geheimschrift abgefaßt, sind erst vor wenigen Jahren von Wilhelm Baum veröffentlicht worden.

Die Tagebucheintragungen zeigen dem Leser eine erneute Wandlung Ludwigs unter dem Eindruck der Kriegserlebnisse. Offenkundig war er anfangs von der Erfahrung des Kriegseinsatzes fasziniert; selbst für seine philosophischen Bemerkungen gebrauchte er ein bellizistisches Vokabular. Doch recht bald nach den ersten Kampfeinsätzen veränderte sich die Sprache. Die erhoffte Katharsis verwandelte sich in eine Hölle, das Dasein wurde ihm zu einer einzigen Qual. Einen Ausweg aus den tiefen Depressionen und häufigen Selbstmordabsichten fand Ludwig im Studium der Schriften Tolstois, insbesondere in dessen «Kurzen Erläuterungen des Evangeliums». Es ist, als ob Ludwig in dieser Zeit erneut ein Bekehrungserlebnis hatte. Seine Notizen dokumentieren für den Sommer 1916 eine intensive Beschäftigung mit dem Gottesbegriff, durch die ihm auch die logischen Probleme plötzlich in einem anderen Licht erschienen. Ludwig erkannte, daß man mit den Mitteln der Logik nicht über die Grenze der Logik hinausgelangen könne und daß deshalb die Frage, ob den logischen Symbolen, wie von Russell und Frege angenommen, eine Realität außerhalb der Logik entspreche, gar nicht zu beantworten sei. Die Abbildungsfunktion der Logik könne sich vielmehr nur zeigen. Sie ist unaussprechlich und daher vom Logiker-Philosophen lediglich in einem Akt der mystischen Schau zu registrieren. Im Traktat heißt es dazu: «Es gibt allerdings Unaussprechliches. Dies *zeigt* sich, es ist das Mystische.» Mit diesem religiös inspirierten Gedanken hatte Ludwig den seit Jahren verzweifelt gesuchten Ausweg aus den Antinomien der Logik gefunden.

Doch konnte er die «Logisch-philosophische Abhandlung» erst zwei Jahre später während eines Heimaturlaubes 1918 im Hause seines Onkels Paul vollenden. Mit dem fertigen Manuskript im Tornister ging er an die Alpenfront, wo er am 3. November 1918 in italienische Kriegsgefangenschaft geriet. Von Januar 1919 an war er im Kriegsgefangenenlager bei Monte Cassino interniert. Seine Mitgefangenen nannten ihn bald «den mit dem Evangelium», weil er ihnen erklärte, er wolle Dorfschullehrer werden und seinen Schülern die Bibel vorlesen. Die Abhandlung, aus der er einem kleinen Kreis von ausgewählten Zuhörern vortrug, weckte bei ihnen Assoziationen mit dem Neuen Testament.

Nach seiner Rückkehr aus der Kriegsgefangenschaft unterrichtete Ludwig die Familie von seinem Entschluß, Lehrer zu werden. Zugleich verzichtete er notariell auf sein Erbteil, das ihm 1913 nach dem Tode des Vaters zugefallen war. Es dürfte sich um einen gewaltigen Betrag gehandelt haben – Paul allein hatte Werte in Höhe von 200 Millionen Dollar (nach heutiger Kaufkraft etwa 2 Milliarden Dollar) geerbt. Die Familie war über Ludwigs Beschluß entsetzt. Daß er sich vor dem Krieg als Kunstmäzen betätigt und dem Herausgeber der Literaturzeitschrift «Der Brenner», Ludwig von Ficker, 100 000 Kronen hatte zukommen lassen, die dieser unter Schriftsteller und Künstler wie Georg Trakl, Rainer Maria Rilke, Elke Lasker-Schüler oder Adolf Loos aufteilte, war für die Familie selbstverständlich. Auch daß er während des Krieges 1 Million Kronen für die Entwicklung und den Bau einer neuartigen Haubitze bereitgestellt hatte, erschien tolerabel. Aber in der wirren Zeit nach dem verlorenen Krieg auf ein milliardenschweres Vermögen zu verzichten – das kam einem finanziellen Selbstmord gleich.

Doch was zählte für Ludwig der Genuß eines unverdienten Luxus, wenn es eigentlich darum ging, endlich ein «anständiger Mensch» zu werden und sich wie die Helden in den Romanen Tolstois oder Dostojewskis von «ehrlicher Arbeit» auf dem Lande zu ernähren? In Ludwigs Briefen aus jener unsteten Zeit nach seinem Auszug aus der Alleegasse ist häufig von äußerster Seelennot und Selbstmord die Rede. Er fühlte sich «tief gesunken» und moralisch verkommen. Ob es sich dabei um Schuldgefühle handelte, die ihn aufgrund seiner uneingestandenen, aber zweifellos vorhandenen Homosexualität peinigten, oder aber um eine grundlegende Orientierungskrise nach Abschluß der philosophischen Arbeit, ist heute kaum zu entscheiden. Vermutlich wirkten zahlreiche Faktoren zusammen: der Tod seines Cambridger Freundes David Pinsent, der gegen Kriegsende bei einem Testflug abgestürzt war, der Untergang des Habsburger-Reiches und die tiefe geistige und körperliche Erschöpfung durch die Kriegserlebnisse und die Zeit der Gefangenschaft.

Zu allem Überfluß stieß auch die Veröffentlichung seiner «Abhandlung» auf größte Schwierigkeiten, obwohl Russell eigens ein Vorwort für das Buch verfaßt hatte. Frege, für Wittgenstein neben Russell sicherlich die größte Autorität in Fragen der Logik, hatte sich zurückhaltend über den Text geäußert und in ihm mehr ein Kunstwerk als einen ernst zu nehmenden Beitrag zur Lösung logisch-philosophischer Probleme gesehen. Die englischen Freunde, Russell eingeschlossen, zeigten sich von den mystischen und dunklen Passagen am Schluß des Buches irritiert. Gerade das, was Ludwig als sein eigentliches Verdienst betrachtete und seinen Verlegern euphorisch mitteilen zu müssen meinte, daß er nämlich auf 60 Seiten das habe darstellen können, wofür andere Philosophen tausend Seiten benötigten, und daß das Wesentliche des Buches in seinem nicht geschriebenen und undarstellbaren Teil bestehe, ließ diese – begreiflicherweise – vor einer Veröffentlichung zurückschrecken.

Als der Text endlich 1921 als letzter Band in Ostwalds «Annalen der Naturphilosophie» unter dem Titel «Logisch-philosophische Abhandlung» erschien (ein Jahr später in deutsch-englischer Version im Verlag Kegan Paul unter dem Titel «Tractatus logicophilosophicus»), war sein Verfasser bereits aus Wien abgereist und steckte als Volksschullehrer in Niederösterreich «in ganz ländlichen Verhältnissen» fern aller Philosophie.

IV

Die herausragende Bedeutung des Mystischen für die Gesamt-
komposition der «Abhandlung» ist in der philosophischen Forschung lange Zeit zu wenig beachtet worden. Freilich hat Ludwig
in die Endfassung des Textes auch nur wenige karge Hinweise
eingefügt. Blättert man das schmale Büchlein durch, so gewinnt
man den Eindruck, als handele es sich in erster Linie um eine
Abhandlung über Logik. In der Tat hat Ludwig mit dem Traktat
vor allem einen Lösungsvorschlag für die Antinomien der Rus-
sellschen Typentheorie vorgelegt. Diese lassen sich laut Traktat
vermeiden, wenn man davon ausgeht, daß zwischen der die Welt
betrachtenden menschlichen Logik und der aus Tatsachen bestehenden Wirklichkeit eine Isomorphiebeziehung besteht. Der
Struktur der Logik korrespondiert die Struktur der Wirklichkeit.
Zwar ist es unmöglich, den Punkt anzugeben, an dem die
«Fühler» der Logik diese Wirklichkeit berühren. Doch macht unter diesen Voraussetzungen die gegenteilige Annahme, daß die
Logik kein getreues Abbild der Wirklichkeit zu geben vermöchte, kaum einen Sinn. Aufgrund der anzunehmenden Isomorphiebeziehung zwischen Logik und Welt lassen sich Aussagesätze über
die Tatsachen der Welt, nämlich die Sätze der Naturwissenschaften, mit Hilfe übersichtlicher Wahrheitstafeln klassifizieren; die
Sätze der Logik selbst sind Tautologien oder Kontradiktionen, die
über die Welt, das heißt über das Bestehen oder Nichtbestehen
von Tatsachen, selbst nichts aussagen. Die logischen Probleme
sind damit, so Ludwig in der Vorrede, im wesentlichen gelöst.

Freilich hat unsere Sprache, heißt es im Traktat, die Tendenz,
«den Gedanken zu verkleiden», so daß es schwerfällt, ihre logische Struktur zu erkennen. Indem sie das Operieren mit abstrak-
ten Termini, logischen oder philosophischen Begriffen gestattet,
erweckt sie den Anschein, als ob ihnen außerhalb des Tatsachen-
raums eine eigene Realität zukäme. Das ist nach den Voraussetzungen des Traktates jedoch logisch auszuschließen, denn eine
solche «Realität» wäre, da sie der Logik vorausgesetzt sein soll,
dieser selbst unzugänglich. Die herkömmliche Philosophie der
formalen Logik begeht also einen der mittelalterlichen Theologie

vergleichbaren Fehler, wenn sie, so wie jene aus dem Bestehen des Ausdrucks «Gott» auf die Existenz Gottes in der Wirklichkeit geschlossen hat, aus dem Bestehen logischer Termini in der Sprache auf eine ihnen zukommende Realität außerhalb der Sprache schließt. Die Isomorphie zwischen der logischen Struktur der Gedanken beziehungsweise der Sprache und der Struktur der Welt kann sich laut Traktat hingegen nur zeigen, aber nicht selbst ausgesagt werden. Diese Unterscheidung zwischen dem «Sagbaren» und «Unsagbaren», weil nur zu «Zeigendem», durchzieht den gesamten Text und mündet in dem berühmten Schlußsatz: «Wovon man nicht sprechen kann, darüber muß man schweigen.»

Was alles unter das Schweigegebot fällt, läßt sich mit Mitteln der Sprache *per definitionem* nicht angeben. Es handelt sich, in der Sprache der vor-traktarianischen Philosophie ausgedrückt, um alle Transzendentalia, Ausdrücke also, die das Bestehen von nichtempirischen Sachverhalten behaupten. Diese Bezeichnungen sind schlicht unsinnig. Im Vorwort des Traktates heißt es: «Das Buch will dem Denken eine Grenze ziehen, oder vielmehr – nicht dem Denken, sondern dem Ausdruck der Gedanken: Denn um dem Denken eine Grenze zu ziehen, müßten wir beide Seiten dieser Grenze denken können (wir müßten also denken können, was sich nicht denken läßt). Die Grenze wird also nur in der Sprache gezogen werden können, und was jenseits der Grenze liegt, wird einfach Unsinn sein.» Der Traktat bezieht diesen Unsinnigkeitsverdacht vor allem auf die traditionelle Philosophie. «Der Zweck der Philosophie ist die logische Klärung der Gedanken. Die Philosophie ist keine Lehre, sondern eine Tätigkeit. Ein philosophisches Werk besteht wesentlich aus Erläuterungen. Das Resultat der Philosophie sind nicht ‹philosophische Sätze›, sondern das Klarwerden von Sätzen. Die Philosophie soll die Gedanken, die sonst gleichsam trübe und verschwommen sind, klar machen und scharf abgrenzen» (Satz 4.112). Der Grund für diese Ablehnung der Philosophie als einer «Lehre» liegt auf der Hand: Den philosophischen Sätzen können nämlich keine Tatsachen innerhalb der Wirklichkeit entsprechen; sie werden gar nicht als «falsch» zu widerlegen sein, weil sie gar nicht «wahr» sein können.

Eine der größten Verständnisbarrieren des Traktates besteht

darin, daß er keinerlei Argumente für die Richtigkeit seiner Thesen anzuführen vermag. Auch läßt sich der Traktat im Unterschied zu herkömmlichen philosophischen Texten nicht von vorn nach hinten durchlesen, sondern erscheint in seiner numerischen Gliederung wie ein hochkomplexes Gitterwerk, das durch vielfältige Verstrebungen und Querverbindungen «vernetzt» ist. Je intensiver sich der Leser in den Text vertieft, desto stärker fühlt er sich in ein Labyrinth versetzt, aus dem es nur durch Abbruch der Lektüre ein Entrinnen zu geben scheint. Vor allem wird er immer wieder gerade dann auf das Phänomen des Sich-nur-noch-Zeigens stoßen, wenn er bei seiner Lektüre nach einem erhellenden Begründungszusammenhang sucht.

Zu den schwierigsten Passagen des Buches zählen sicherlich seine letzten Sätze, beginnend mit dem Eintrag 6.4. In ihnen thematisiert Ludwig jenes «Unaussprechliche», das den eigentlichen Angelpunkt darstellt, um den sich die Sätze der «Abhandlung» im ganzen drehen: um die Frage nach der Möglichkeit einer philosophisch begründbaren Ethik, Religion und Ästhetik. Diese Möglichkeit muß kategorisch ausgeschlossen werden; Ethik, Religion und Ästhetik sind «transzendent». Allerdings deutet der Umstand, daß überhaupt über sie gesprochen werden kann, auf etwas, freilich Unaussprechliches, hin: auf das «Mystische». Mit diesem nicht weiter beschreibbaren «Mystischen» versucht die «Abhandlung» dem Umstand Rechnung zu tragen, daß es für jede Logik «unfaßbar», weil ihr denknotwendig vorausgesetzt sein muß, *daß* es überhaupt die Welt und die Tatsachen, die Logik und ihr Vermögen zur Abbildung der Welt, daß es Kunst, Religion und Ethik gibt – und nicht vielmehr nichts. «Nicht *wie* die Welt ist, ist das Mystische, sondern *daß* sie ist» (Satz 6.44).

«Mystisch» erscheint schließlich auch die Abhandlung selbst, spricht sie doch aus, was sich eigentlich nur zeigen können soll. Der Traktat ist, gemessen an seinen eigenen Maßstäben, sicherlich ein «unsinniger» Text, der seine Rechtfertigung allenfalls daraus beziehen kann, daß er die notwendige «Klärungsarbeit» vornimmt, durch die die «philosophischen Probleme im wesentlichen endgültig gelöst» werden, wie es im Vorwort heißt. *Nach dem Traktat soll und kann es keine Philosophie mehr geben:*

«Der, welcher mich versteht (...) muß sozusagen die Leiter weg-
werfen, wenn er auf ihr hinaufgestiegen ist. Er muß diese Sätze
überwinden, dann sieht er die Welt richtig» (Satz 6.54). Die Lösung der philosophischen Probleme besteht also in ihrem endgül-
tigen Verschwinden – ganz so, wie sich die Lösung des Problems
des Lebens durch dessen Verschwinden anzeigt (Satz 6.521).

V

Während Ludwig nach Fertigstellung seines Buches konsequent
in philosophisches Schweigen verfiel und ein ganz neues, «an-
ständiges» Leben als Volksschullehrer begann, arbeitete Paul nach
seiner Rückkehr aus dem Krieg im August 1918 rastlos an der
Fortsetzung seiner so abrupt unterbrochenen Karriere. Um die
Strapazen des täglichen, siebenstündigen Übungspensums bewältigen zu können, entwickelte er ein ausgeklügeltes Trainingspro-
gramm für Körper und Geist, das er penibel einhielt. Dazu zählten tägliche Boxübungen, durch die er eine ebenso straffe
Haltung gewinnen wollte wie ein Zweiarmiger. Er zwang sich,
über Stacheldrahthürden zu springen, um mit dem Schmerz als
Zuchtmeister seinem Leib die durch die Amputation gestörte Ba-
lance und Feinmotorik zurückzugeben. Der psychischen Entspan-
nung wie der körperlichen Fitneß gleichermaßen dienten seine
gewaltigen, einsamen Fußmärsche, auf denen er einen Band Livi-
us sowie botanisch interessante Pflanzen bei sich zu tragen pflegte. Die geistige Geschmeidigkeit erhielt er sich durch die ausgie-
bige Lektüre von philosophischen und belletristischen Werken,
die er passagenweise auswendig lernte und stets korrekt zu zitieren verstand. Und unablässig schulte er sein musikalisches Gedächtnis: Er besaß schließlich die Fähigkeit, «nach kurzem Blick
auf zwei oder drei Takte sofort anzugeben, wer der Komponist ist,
um welches Stück es sich handelt, in welchem Satz des Stückes
und wo in diesem Satz die betreffende Stelle vorkommt», berichtete Ludwig später über seinen Bruder.
  In den Jahren 1918 bis 1920 verzichtete er auf öffentliche Auf-
tritte. Statt dessen machte er sich auf die systematische Suche nach

geeigneter Spielliteratur. In Bibliotheken, Archiven, Museen und Antiquariaten entdeckte er Werke unterschiedlicher Qualität. Die Arbeiten Dreyschocks aus der Mitte des 19. Jahrhunderts oder die Arrangements des Grafen Géza Zichys (1849–1924), der im Alter von 14 Jahren bei einem Jagdunfall einen Arm verloren hatte, erschienen ihm musikalisch minderwertig. Die kleineren Arbeiten von Saint-Saëns («Sechs Etüden für die linke Hand, op. 135»), Regers «Vier Studien für die linke Hand» oder Skriabins «Stücke für die linke Hand, op. 9» erwiesen sich hingegen als brauchbar. Wie seine Geschwister war er ein glühender Verehrer von Brahms, einem häufigen Gast im Palais Wittgenstein. Also zögerte er nicht, Brahms' Bearbeitung von Bachs Chaconne in d-Moll für die linke Hand erneut tiefgreifend umzuarbeiten. Besonders schätzte er die Kompositionen Leopold Godowskys, unter anderem dessen Bearbeitung von neunzehn Chopin-Etüden für die linke Hand.

Darüber hinaus begann Paul, geeignete Stücke aus Opern- und Konzertpartituren für die linke Hand zu transkribieren. Natürlich war er sich der technischen und musikalischen Grenzen solcher Arrangements bewußt. Sein Spielhunger und seine musikalische Bildung verlangten bald nach neuen, möglichst originalen Kompositionen für die linke Hand. «Ich konnte die klassischen Konzerte nicht spielen; ich mußte, wenn ich mit Orchester spielen wollte, neue Konzerte haben; ich war auf neue Werke angewiesen», erklärte er dazu 1958 in einem Vortrag im New York Austrian Institute über «Einarmiges Klavierspiel». Paul verfügte über ausreichende finanzielle Mittel, um die bedeutendsten Gegenwartskomponisten beauftragen zu können. So bestellte er bei dem von ihm besonders hoch geschätzten Komponisten Franz Schmidt (1874–1939) zwischen 1923 und 1934 insgesamt fünf Werke, darunter ein «Konzert für Klavier und Orchester in Es-Dur», für die er jeweils zwischen drei- und sechstausend Dollar zahlte. Paul Hindemith gehörte ebenfalls bald zu Pauls Auftragnehmern. Mit dem Dollar-Honorar für die «Klaviermusik mit Orchester, op. 29» wollte Hindemith im Inflationsjahr 1923 «einen alten Wartturm als Wohnung einrichten» lassen.

Freilich: Mit Geld allein hätte Paul wohl keinen der berühmten Komponisten zur Arbeit inspirieren können. Die Besonderheiten des Komponierens für die linke Hand mußten für sie eine Herausforderung darstellen. Zudem schätzten sie Pauls große Liebe zur Musik und bewunderten sicherlich die Virtuosität seines Spiels. Paul wiederum setzte mit seinen Kompositionsaufträgen jene Mäzenatentradition des Hauses Wittgenstein fort, die sein Vater begründet hatte. Rudolf Klein schreibt in seiner Laudatio zu Pauls 70. Geburtstag dazu entwaffnend: «Paul Wittgenstein war reich. Reichtum ist an und für sich ein lobenswerter Zustand, dessen Tendenz zur Konsolidierung und womöglich Vermehrung kaum zu bestreiten ist. Geld (...) richtig auszugeben, ist da schon eher eine Kunst. Wittgenstein hat auch diese Kunst beherrscht: und wie er sie beherrschte, das hat ihm einen Platz, und keinen unbedeutenden, in der Musikgeschichte gesichert.»

Allerdings verstand Paul unter Mäzenatentum keineswegs die bloße finanzielle Förderung autonomer künstlerischer Tätigkeit. Er suchte vielmehr die Diskussion mit den Komponisten und wollte auf den Fortgang der Komposition direkt Einfluß nehmen. Mit Richard Strauss führte er harte Auseinandersetzungen über den Klavierpart des «Parergon», bis Strauss schließlich enerviert nachgab, die gewünschten Änderungen vornahm und 1928 aus eigenem Antrieb ein weiteres, von vornherein besser auf Pauls Wünsche abgestimmtes Klavierkonzert, den «Panathenäenzug», komponierte. Größere Probleme ergaben sich auch bei der Zusammenarbeit mit Sergei Prokofjew im Jahre 1931. Prokofjew brachte nach einigen brieflichen Auseinandersetzungen die Schwierigkeiten, die wohl viele der von Paul beauftragten Komponisten mit ihm hatten, aber wahrscheinlich nicht offen auszusprechen wagten, auf den Punkt: «Ich hoffe, daß Sie das Konzert vom Standpunkt des Pianisten und auch in Hinsicht auf die Verbindung von Klavier und Orchester zufriedenstellt. Ich habe mir den Kopf darüber zerbrochen, welchen Eindruck meine Musik wohl bei Ihnen hervorrufen könnte. Wie schwierig! Sie sind ein Musiker des 19. Jahrhunderts – ich des 20. Ich habe so einfach wie möglich zu komponieren versucht; bitte urteilen Sie nicht übereilt, und wenn Ihnen bestimmte Griffe auf den ersten Blick zu schwer erscheinen, zögern Sie einen Augenblick, Ihre Ansicht zu äußern, und überlegen Sie einen Moment. Falls Sie Verbesse-

Paul Wittgenstein, «der Pianist mit der linken Hand», Foto seiner New Yorker Konzertagentur. Seinen Welterfolg verdankte er vor allem seiner illusionistischen Spieltechnik, die er 1957 in einem dreibändigen Lehrbuch «Die Schule für die linke Hand» ausführlich erläuterte. Das Lehrbuch ist eine grandiose Anleitung zur perfekten Täuschung des Publikums, denn das erklärte Ziel besteht darin, beim Zuhörer die Illusion der Beidhändigkeit zu erzeugen.

rungsvorschläge für das Konzert haben, zögern Sie nicht, sie mir mitzuteilen.» Paul gab später zu, daß er mit dem Werk nicht viel anfangen konnte, er hat es niemals gespielt. Erst 1956 wurde es mit dem einarmigen Pianisten S. Rapp in Berlin uraufgeführt.

In der Tat erwies sich Paul künstlerisch immer wieder als ein «Musiker des 19. Jahrhunderts», er hielt unbeirrbar an den klassischen Kompositionsidealen fest. Noch kurz vor seinem Tod schrieb er 1960 dem Komponisten Leonard Kastle: «Es reicht nicht aus, daß das Orchester den Solisten nicht ertränkt. Der Kontrast zwischen dem Orchesterklang und dem Soloinstrument darf auch nicht zu groß werden.» Das bekannteste von Paul in Auftrag gegebene Stück ist ohne Frage Ravels Klavierkonzert aus dem Jahre 1929. Paul hatte Ravel eigens nach Wien eingeladen, um die Einzelheiten mit ihm durchzusprechen. Ravel versprach ein Konzert, dessen Klavierpart wie für zwei Hände komponiert wirken sollte. Doch auch diesmal gab es Auseinandersetzungen über das stimmliche Gewicht des Soloinstruments. Erst als Ravel anmerkte, daß die von Paul geforderten Änderungen das Konzert insgesamt verderben würden, gab Paul nach. Er spielte es erstmals 1933 in unveränderter Fassung in Paris unter Leitung des Komponisten. Freilich konnte Paul seinen Groll über Ravel nicht gänzlich verbergen. In seinem Vortrag über «Einarmiges Klavierspiel» fünfundzwanzig Jahre nach der Uraufführung stellte er die Wiener Komponisten Labor, Schmidt und Richard Strauss über Ravel: Ihre Arbeiten seien «musikalisch wertvoller, niveauvoller und daher auf lange Sicht dauerhafter» als Ravels Komposition.

Erst drei Jahre nach seiner Rückkehr aus dem Krieg, Ende des Jahres 1921, fühlte sich Paul reif für einen Neuanfang in den Konzertsälen. Die Liste der Orchester und Dirigenten, mit denen er während der folgenden vierzig Jahre seiner erstaunlichen Pianistenkarriere zusammen spielte, liest sich wie ein Kompendium des europäischen Musiklebens. Er spielte unter Bruno Walter, Wilhelm Furtwängler und Erich Kleiber, unter Richard Strauss, Eugene Ormandy und Hans Knappertsbusch, unter Fritz Busch und Karl Böhm. Zu den namhaften Orchestern zählen das Amsterdam Concertgebouw-Orchester ebenso wie das Philharmonische Orchester Berlin, die Staatskapelle Dresden und das Gewandhausorchester Leipzig, praktisch alle großen Orchester der USA und die Wiener Philharmoniker. Pauls Konzertreisen kamen Triumphzügen gleich; die Kritik war begeistert. Besondere Bewunderung erregte seine Fähigkeit, den Eindruck hervorzurufen, als ob er eigentlich zweihändig spielte. Erna Otten Attermann berichtet über Pauls Spieltechnik in einem Brief: «Ich war vielleicht 12 Jahre alt, als ich das erste Mal Paul Wittgenstein spielen hörte. Ich saß zusammen mit meinem Vater auf unseren

Abonnementsplätzen hinten im Wiener Musikverein Saal. Nach dem Ende des Konzerts fragte mich mein Vater, ob ich an dem Klavierspieler etwas Ungewöhnliches bemerkt hätte. Ich hatte nichts bemerkt. Darauf erzählte er mir, daß der Klavierspieler mit nur einer Hand gespielt habe. Ich konnte es nicht fassen!»

Paul verdankte seinen Welterfolg vor allem seiner illusionistischen Spieltechnik, die er immer wieder zu verfeinern wußte und die er 1957 in einem dreibändigen Lehrbuch «Die Schule für die linke Hand» ausführlich erläutert hat. Das Lehrbuch zählt zu den umfassendsten und bedeutendsten Arbeiten auf seinem Gebiet; doch wie Pauls heroisches Musikerleben insgesamt erscheint es wie eine grandiose Anleitung zur perfekten Täuschung des Publikums. Denn das erklärte Ziel auch der «Schule» besteht darin, den Schüler mit allen erdenklichen technischen Mitteln und Spieltricks auszustatten, so daß er beim Publikum die Illusion der Beidhändigkeit erzeugen kann. So sei beispielsweise der Baßton unmittelbar nach dem Akkord zu spielen, während der Akkord selbst mit dem Pedal gehalten werden solle; dadurch wird der Eindruck erweckt, als ob beide gleichzeitig gespielt würden. Zur Steigerung des Klangvolumens sollte eine Note mit zwei Fingern angeschlagen werden; komplizierte Sprünge galt es durch geschickte Halbpedalierung zu kaschieren.

Seit seiner Rückkehr aus der Gefangenschaft richtete sich Pauls Ehrgeiz allein auf das Ziel, die Tatsache seiner Verstümmelung rückgängig und auf diese Weise das Trauma seiner Verwundung vergessen zu machen: «Der Pianist der linken Hand braucht zweimal soviel Talent und Energie, um denselben Eindruck beim Zuhörer hervorzurufen wie ein Pianist mit zwei Armen», erklärte er 1959 in einem amerikanischen Radiointerview. Daß ihm *dies* gelungen sei, habe ihm stets die größte Befriedigung verschafft. Statt also die Ungeheuerlichkeit der seelischen Verwundung, welche die brutale körperliche Verkrüppelung für den hoffnungsvollen und bereits erfolgreichen Pianisten bedeuten mußte, in eine eigene künstlerische Form zu bringen und auf diese Weise die Barbarei des Krieges sichtbar zu machen, nahm Paul seinen widerstrebenden Körper, sein gesamtes künstlerisches Talent und seine gewaltige psychische Energie für das Projekt in den Dienst, ein in den Schützengräben des Krieges zerfetztes Kulturideal wiederherzustellen.

Pauls spieltechnische Anleitungen, die ein sicher geniales System der Abrichtung zur Virtuositiät bereitstellen, sind bestenfalls als eine List der ästhetischen Vernunft zu bezeichnen, die das Publikum über die Einarmigkeit des Virtuosen hinwegtäuscht, um das Trugbild klassischer Vollkommenheit zu erzeugen. Eine solche Kunst droht unfreiwillig zur Karikatur ihrer selbst zu werden, und man wird Ludwig beipflichten müssen, wenn er sein Mißfallen an Pauls öffentlichen Auftritten mit den drastischen Worten kundtut, daß das Publikum sich an den Künsten eines Krüppels delektiere, als «wäre es eine Zirkusnummer.»

Die Strapazen der Selbsttäuschung forderten ihren psychischen Tribut. Paul eignete ein schroffer und verschwiegener Zug – erst durch einen Zufall kam Jahre später ans Tageslicht, daß er heimlich geheiratet hatte. Darauf gedrillt, seine persönlichen Gefühle ganz seinem beruflichen Ehrgeiz unterzuordnen und vor anderen zu verbergen, fiel es ihm schwer, den sicherlich sentimentalen Wunsch seiner Schwestern zu respektieren, nach dem «Anschluß» Österreichs 1938 weiterhin im Lande zu bleiben. Das Berufsverbot und die Diskriminierungen der Juden im täglichen Leben ließen ihn um sein Lebenswerk fürchten. Die Schwester Hermine erinnert sich: «Er ging herum wie einer, dem man die Grundlagen seines Lebens zerstört hat, und er sprach nur immer davon, daß er nicht in Österreich bleiben könne.» Als er im Juli 1938 seinen Entschluß verwirklichte und nach heftigen Auseinandersetzungen mit der Familie über die Schweiz nach New York übersiedelte, fühlten sich die in Wien verbliebenen Geschwister von ihm im Stich gelassen. Die ohnehin gespannten Beziehungen Pauls zum Rest der Familie zerbrachen endgültig, als er 1940 zunächst seine Zustimmung verweigerte, das Devisenvermögen der Familie – und damit einen großen Teil seines Erbes – als Gegenleistung für die Arisierungserklärung der Schwestern an das Deutsche Reich zu übertragen. Von den «ziemlich harten und scharfkantigen Brocken», als die Ludwig einmal die fünf Geschwister beschrieb, «die sich darum schwer aneinander schmiegen können», war Paul wohl der härteste.

Von 1930 an erteilte Paul Privatunterricht, seit 1931 lehrte er auch am Neuen Wiener Konservatorium. Nach seiner Übersiedlung in die USA, deren Staatsbürgerschaft er 1946 annahm, setzte Paul seine Unterrichtstätigkeit an verschiedenen Musikschulen fort, zuletzt am New Yorker Manhattanville College of the Sacred Heart Convent. Die Schüler beschreiben ihn als streng, zuweilen als brüsk und abrupt. Offensichtlich war es für ihn wichtiger, geachtet, vielleicht sogar gefürchtet zu werden, als die Zuneigung seiner Mitmenschen zu erringen. Er ahnte wohl, daß im Zeitalter der Zwölftonmusik, des Swing oder des Free Jazz sein Kunstideal allenfalls Respekt, seine Virtuosität allenfalls handwerkliche Bewunderung, seine umfangreichen Kenntnisse der Musikgeschichte allenfalls sachliche Neugierde, sein aristokratischer Lebensstil allenfalls vornehme Scheu hervorrufen würden. «Auf seine Schüler wirkte seine *Weltanschauung* faszinierend. Sie gewährte einen bezaubernden Einblick in eine eigenartige, ja vielleicht schrullig zu nennende Welt von gestern», bemerkt Fred Flindell.

Paul Wittgenstein starb am 3. März 1961 dreiundsiebzigjährig in einem New Yorker Krankenhaus. Die Welt, der er sich zugehörig fühlte, war indes bereits mit den Habsburgern 1918 untergegangen. Nur durch die Anspannung aller seiner Kräfte und dank seiner großbürgerlichen Herkunft vermochte er seinen heroischen Lebensentwurf, ein weltberühmter Pianist zu werden, und sein rückwärtsgewandtes Kunstideal jahrzehntelang unbeschädigt zu bewahren. Nicht im engen, durch Krieg, Revolution, Diktatur und Rassenhaß geschundenen Europa des 20. Jahrhunderts, sondern in den weiträumigen und individualistischen USA fand Paul schließlich die Bedingungen, um diesem für ihn nach dem Verlust des Armes sicher überlebenswichtigen Ideal ungestört zu leben. In Amerika hatte der Vater Karl die Grundlagen für den ökonomischen und gesellschaftlichen Aufstieg der Familie gelegt; in Amerika wurden mit Paul endgültig die Werte und Ideale zu Grabe getragen, an denen sich Vater und Sohn orientiert hatten.

VI

Hatte nicht auch Ludwig mit seinem Projekt, die Fragen der Philosophie in seiner «Abhandlung» endgültig zu lösen, einen heroischen Kampf geführt, der auch ihn häufig an den Rand der Verzweiflung gebracht und zur Anspannung aller Kräfte gezwungen hatte? Und worin besteht der psychologische Unterschied zwischen Pauls Idealisierung der klassischen Ästhetik und Ludwigs mystischer Gottesschau? «Den Sinn des Lebens, d. i. den Sinn der Welt, können wir Gott nennen. Und das Gleichnis von Gott als einem Vater daran knüpfen. Das Gebet ist der Gedanke an den Sinn des Lebens», heißt es in Ludwigs Tagebuch am 11. Juni 1916. Ludwigs Religiosität erscheint dem Ästhetizismus seines Bruders durchaus vergleichbar. Im Gegensatz zu Paul betonte Ludwig allerdings in seinen Formulierungen stets das Ungenügen der Wirklichkeit gegenüber dem Ideal, die Kluft zwischen den «nackten» Tatsachen und den Sinngebungen der Menschen, die Unmöglichkeit, die Sätze der Religion, der Kunst, der Ethik oder der Philosophie mit Sätzen über die Beschaffenheit der Tatsachen zu verknüpfen: «Der Sinn der Welt muß außerhalb ihrer liegen. In der Welt ist alles wie es ist und geschieht alles, wie es geschieht; es gibt *in* ihr keinen Wert (...) Alles Geschehen und So-Sein ist zufällig (...) Darum kann es auch keine Sätze der Ethik geben. Sätze können nichts Höheres ausdrücken. Es ist klar, daß sich die Ethik nicht aussprechen läßt. Die Ethik ist transcendental. (Ethik und Aesthetik sind Eins.)» – «*Wie* die Welt ist, ist für das Höhere vollkommen gleichgültig. Gott offenbart sich nicht *in* der Welt», heißt es in Sätzen 6.41–6.421 und 6.432 der «Abhandlung».

Nach Abschluß der Lehrerausbildung 1920 hatte sich Ludwig zunächst mit dem Gedanken getragen, in ein Kloster einzutreten, und auch eine Zeitlang im Stift Klosterneuburg als Gärtner gearbeitet. Dann beschloß er jedoch, in dörflicher Abgeschiedenheit «anständige Arbeit zu leisten». Die Schwester Hermine hätte lieber einen «glücklichen Bruder als einen unglücklichen Heiligen gehabt», und in der Tat sollte Ludwig als Volksschullehrer in Niederösterreich nicht die erhoffte Erlösung finden. Offensichtlich mühte er sich redlich, den Menschen, mit denen er zusammenlebte und die den philosophisch-moralischen Hintergrund seines zuweilen skurrilen und abweisenden Verhaltens kaum verstehen konnten, gerecht zu werden. Doch bereits nach kurzer Zeit wuchsen die Spannungen zwischen dem merkwürdigen Lehrer und seinen Schülern. Für Ludwig mußte stets alles «so klar sein wie eine Watschen» (Ohrfeige); schon bald traktierte er die Kinder mit Kopfnüssen oder zog sie an den Haaren, wenn sie seinen mathematischen Ausführungen nicht zu folgen vermochten. Der Unterricht stellte für die Kinder gewiß eine Überforderung dar; die Eltern begannen sich über den gewalttätigen Lehrer zu beschweren. Als schließlich ein Schüler nach einer körperlichen Züchtigung während des Unterrichts in Ohnmacht fiel, war seine ihm mittlerweile verhaßte Stellung unhaltbar geworden. Im April 1926 reichte Ludwig sein Entlassungsgesuch ein und kehrte nach Wien zurück.

Seine Schwester Margarethe plante zu der Zeit den Bau eines eigenen Palais in der Kundmanngasse. Mit der Bauleitung beauftragte sie den Architekten Paul Engelmann, mit dem sich Ludwig im Kriegsgefangenenlager Monte Cassino angefreundet hatte und der bereits für die Familie tätig gewesen war. Ludwig begann sich für das Projekt zu interessieren und nahm schließlich die künstlerische Ausgestaltung des Hauses mit der ihm eigenen Gründlichkeit in die Hand. Auf die Frage eines gereizten Schlossers, ob es ihm auf einen Millimeter denn ankomme, antwortete er mit einem barschen Ja. Er ließ sogar aus Gründen der Raumästhetik einen Fußboden nachträglich um drei Zentimeter anheben. Ludwigs Bau ist in der Tat eine Art «hausgewordene Logik», wie Hermine in den «Familienerinnerungen» bemerkte. Das Gebäude, das heute als bulgarische Botschaft dient, vermittelt zumindest von außen den Eindruck vollendeter Klarheit, Übersichtlichkeit und Strenge. Es gliedert sich in nackte Wohnwürfel unterschiedlicher Größe mit dichtem und regelmäßigem Fensterbesatz und strahlt in seinen Proportionen eine auf das Elementare konzentrierte Eleganz aus, die an die schlichte Schönheit der sieben Hauptsätze des Traktates erinnert.

Ludwig selbst mochte seine Arbeit nicht als «große Kunst» bezeichnen; ihr fehle, so schrieb er 1940, das «*ursprüngliche, das wil-*

de Leben, welches sich austoben möchte». Vielmehr sei das Haus
Ausdruck eines «reproduktiven» Geistes, der wohl zu Ordnung
und Übersichtlichkeit, aber nicht zu «Tiefe» und produktiver
«Gewalt» der Tat fähig sei. Ludwig bringt mit dieser Beschreibung
freilich nicht nur zum Ausdruck, daß er sich im Unterschied zu
seinem Bruder *nicht* für einen Künstler hielt. Er formuliert mit ihr
auch ein neuartiges Motiv seines philosophischen Denkens, das
wohl in seiner Abhandlung bereits angelegt war, aber erst später
klare Konturen angenommen hat. Da er die für ihn wichtigen
Probleme des «Lebens» weder mitzuteilen noch philosophisch zu
lösen vermochte, wollte er sich fortan auf die geordnete «Repro-
duktion», also die übersichtliche Darstellung, Gliederung und
Ordnung von «Phänomenen» beschränken. In Wahrheit nahm er
damit die Aufforderung am Schluß seiner «Abhandlung» ernst,
daß man «die Leiter» am Ende fortwerfen müsse, um die Welt
richtig zu sehen.

Gegen Ende des Jahres 1928 war Margarethes Haus vollendet, und
Ludwig beschloß, seinen bereits seit längerem gehegten Plan zu
verwirklichen, ein «paar Terms in Cambridge» zu verbringen.
«Gott ist angekommen. Ich traf ihn im 5.15-Zug.» Mit diesen
Worten beschrieb John Maynard Keynes Ludwigs Rückkehr am
18. Januar 1929. In Cambridge war der Traktat mittlerweile zu einem Kultbuch geworden, und es kursierten zahlreiche Gerüchte,
Anekdoten und Legenden über seinen eigenwilligen Autor.
   Ludwig hatte Cambridge 1913 voller Abscheu verlassen, und
auch nach seiner Rückkehr fühlte er sich an der Universität herzlich unwohl. Doch immerhin wurde ihm der Campus für fast
zwanzig Jahre zu einer Art Lebensmittelpunkt, wenn auch immer
wieder unterbrochen von längeren Aufenthalten in Irland,
Österreich und in seiner Hütte im norwegischen Skjolden, die er
sich 1914 hatte errichten lassen. Cambridge bot ihm zudem die
erforderlichen Anregungen und Diskussionsmöglichkeiten, um
seinen neuen philosophischen Ansatz auszuarbeiten, der postum
in den «Philosophischen Untersuchungen» 1953 veröffentlicht
wurde.
   Da Ludwig über keine regelmäßigen Einkünfte verfügte, muß-

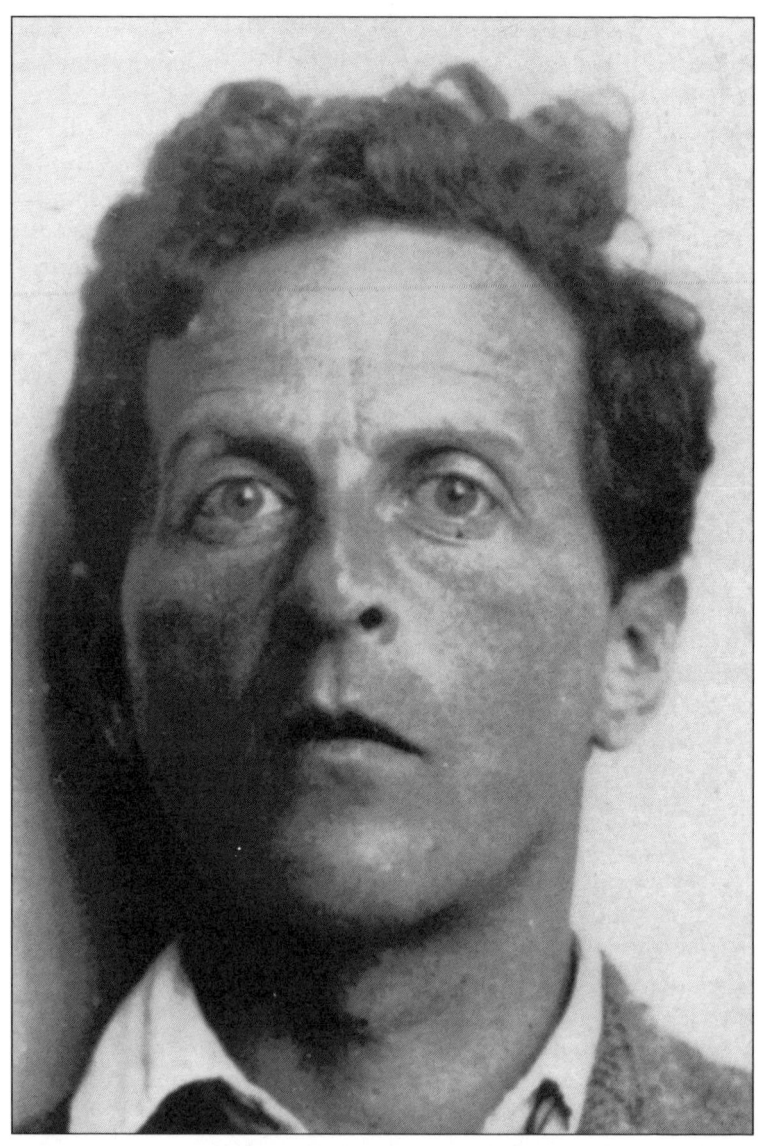

Wie kaum ein zweiter Philosoph unseres Jahrhunderts hat Ludwig Wittgenstein die Endlichkeit und Relativität von Philosophie überhaupt auf den Punkt gebracht. Mit seinem Denken wollte er der «Fliege einen Ausweg aus dem Fliegenglas» zeigen.

te er sich um Stipendien bewerben. Im Sommer 1929 wurde er von Russell und Moore mit dem Traktat promoviert. Er erfüllte damit die formale Qualifikation für ein Fellowship am College und für zeitlich befristete Lehraufträge, von denen er während der nächsten zehn Jahre lebte. 1939 berief ihn die Universität als Nachfolger George Moores auf einen regulären Lehrstuhl für Philosophie. «Wittgenstein den Lehrstuhl zu verweigern wäre gleichbedeutend damit, Einstein einen Lehrstuhl für Physik zu verweigern», schrieb W. Broad, ein erklärter Gegner Ludwigs, anläßlich der Berufung. Im selben Jahr nahm Ludwig die englische Staatsbürgerschaft an – wie sein Bruder Paul empfand er den «Anschluß» seiner Heimat und den Besitz eines deutschen Passes als eine persönliche Zumutung.

Die Ernennung zum ordentlichen Professor für Philosophie in Cambridge hätte für jeden anderen Wissenschaftler den glanzvollen Höhepunkt der beruflichen Karriere bedeutet. Nicht für Ludwig. Bald schon empfand er sein Amt und dessen Pflichten als eine Bürde und Behinderung für seine philosophische Tätigkeit. Ihm waren die Gepflogenheiten seiner Kollegen lästig; einzig mit Piero Sraffa, dem italienischen Ökonomen, schloß er engere Freundschaft. Das früher so innige Verhältnis zu Bertrand Russell war endgültig zerbrochen. In seiner intellektuellen Autobiographie schrieb Russell über Ludwig: «Der späte Wittgenstein scheint des ernsthaften Denkens müde geworden zu sein und hat eine Lehre erfunden, derzufolge ein solches Unterfangen überflüssig sein soll.» Die Thesen der «Philosophischen Untersuchungen» erschienen ihm «trivial» und «unbegründet».

Ludwigs ohnehin depressive Grundeinstellung während der dreißiger Jahre wurde durch zwei persönliche Enttäuschungen noch vertieft. Die erste erlebte er mit der Schweizer Studentin Marguerite Respinger, die er während des Hausbaus für seine Schwester Margarethe kennengelernt hatte. Marguerite war wohl die einzige Frau, in die sich Ludwig je verliebte, und ihre Entscheidung, die Verlobung zu lösen, hat ihn zutiefst verletzt. Die zweite betraf seinen Cambridger Studenten Francis Skinner, mit dem er über Jahre hinweg eine von starken Schuldgefühlen überschattete homosexuelle Beziehung unterhielt. Beide wohnten sogar eine Zeitlang zusammen. Offenbar vermochte Ludwig die körperliche Nähe und psychische Abhängigkeit des Freundes auf Dauer nicht zu ertragen; im Jahre 1940 brach er die Beziehung zu Francis schließlich ab.

Die deutschen Bombenangriffe auf englische Städte 1940/41 boten Ludwig endlich eine Gelegenheit, der Enge der Universität zu entkommen und neben der philosophischen Tätigkeit auch praktische Arbeit zu leisten. Er meldete sich als Kriegshelfer im Guy's Hospital in London. Dort befaßte er sich intensiv mit der Behandlung des Wundschocks. Seine Lehrtätigkeit in Cambridge beschränkte er weitgehend auf private Kurse, meist zu Themen, an denen er ohnedies gerade arbeitete. Seine Räume an der Universität hatte er aufgegeben; zumeist logierte er bei Rush Rhees in Swansea. Erst Ende 1944 kehrte er in seine Wohnung auf dem Campus zurück und nahm seine reguläre Vorlesungstätigkeit wieder auf. Aber bereits drei Jahre später war ihm Cambridge so unerträglich geworden wie 1913, und im Oktober 1947 faßte er den Entschluß, sein Amt zum 31. Dezember niederzulegen.

Das folgende Jahr verbrachte er größtenteils in Irland, aber wie so oft in seinem Leben fand er auch hier nur selten den inneren Frieden, der ihm für die Philosophie unerläßlich schien. In seinen Briefen häuften sich Klagen über körperliche Schwäche, bald auch über die Unfähigkeit zu konzentrierter Arbeit. «Obwohl ich noch gar nicht so alt bin, habe ich eine alte Seele», schrieb er dem Freund Drury.

Ende 1949 diagnostizierte der Cambridger Arzt Dr. Bevan Prostatakrebs. Eine quälende Hormon- und Röntgentherapie mußte im Frühjahr 1951 wegen fortgeschrittener Metastasenbildung abgebrochen werden. Ludwig war erleichtert: «Jetzt werde ich arbeiten wie noch nie in meinem Leben», soll er geäußert haben. In der Tat entstanden in den ihm verbleibenden zwei Monaten Notizen von außergewöhnlicher Klarheit und stilistischer Schönheit, die das Problem der Gewißheit betreffen. Sie zählen zu dem Besten, das ihm je gelang.

Am 28. April 1951, zwei Tage nach seinem 62. Geburtstag, erlag Ludwig Wittgenstein seinem Krebsleiden. Bevor er das Bewußtsein verlor, hatte er darum gebeten, seinen Freunden auszurichten, daß er ein wundervolles Leben gelebt habe. Die Beisetzung fand am 29. April auf dem St.-Giles-Friedhof in Cambridge statt.

VII

In dem Inauguralwerk der Spätphilosophie, den «Philosophischen Bemerkungen», hatte es 1930 geheißen: «Wenn der Ort, zu dem ich gelangen will, nur auf einer Leiter zu ersteigen wäre, gäbe ich es auf, dahin zu gelangen. Denn dort, wo ich wirklich hin muß, dort muß ich eigentlich schon sein. Was auf einer Leiter erreichbar ist, interessiert mich nicht.» Damit ist die entscheidende «Drehung der Betrachtungsperspektive», wie Ludwig in den «Philosophischen Untersuchungen» schreibt, vollzogen, um über das Schweigegebot des Traktates hinauszugelangen: Zwar hält er an dem dort formulierten Motiv einer *radikalen Sprachkritik* fest, doch er will nun nicht länger nach der transzendentalen Möglichkeit und den Grenzen der Weltabbildung durch sprachliche Zeichen fragen, sondern sich auf die Untersuchung des konkreten Funktionierens von Sprache beschränken. Im Traktat waren die Grenzen der Sprache und des Sprachsinns überhaupt bestimmt worden. Jetzt gilt: «Da in der Sprache alles ausgetragen wird, kann über die Sprache gar nichts ausgetragen werden.» Jede Philosophie *über* die Sprache wird damit in sich unsinnig, denn sie muß die Sprache, die sie beschreiben und reglementieren möchte, bereits voraussetzen. In dieser Hinsicht, so Ludwig jetzt, war auch der Traktat noch «dogmatisch» verfahren, denn in ihm und durch ihn sollte die Unmöglichkeit sinnvoller allgemeiner (oder philosophischer) Sätze über die Welt mit untauglichen Mitteln, nämlich unter Verwendung solcher allgemeiner Sätze, nachgewiesen werden. Statt solche allgemeinen Sätze über die Sprache zu formulieren, beschränkt sich die Analyse nunmehr auf die Betrachtung von sorgfältig ausgewählten, beispielhaften Einzelfällen, deren Untersuchung die Regeln des wirklichen Sprach*gebrauchs* erkennen lassen.

Diese Überlegungen mögen zunächst recht abstrakt erscheinen. Doch auf die traditionelle abendländische Philosophie übertragen, entfalten sie eine beträchtliche Explosionskraft. Denn wird die Philosophie ihres Privilegs beraubt, über die Geltungsansprüche des Denkens und die Wahrheitsansprüche von Diskursen zu entscheiden, und wird die von der herkömmlichen Philosophie behauptete Geltung formallogischer Verfahren als Ausdruck einer fehlgeleiteten, metaphysischen Bemühung um das «Wesen» der Beziehungen zwischen Sprache und Wirklichkeit durchschaut, dann beginnen sich unweigerlich alle Kriterien und Normen aufzulösen, mit denen über die Legitimität philosophischer Aussagen über die Welt entschieden werden kann. An der Stelle der einen Ordnung tritt die differentielle Beschreibung mehrerer divergierender Ordnungen. An die Stelle der einen Methode des Philosophierens tritt eine irreduzible Vielfalt von Methoden. Statt des Zwanges zur Letztbegründung von philosophischen Aussagen durch ihren Vergleich mit der ihnen angeblich entsprechenden Wirklichkeit ergibt sich die Freiheit, «das Philosophieren abzubrechen, wann ich will». Das Ziel der «Philosophischen Untersuchungen» besteht daher allein darin, die «philosophischen Probleme *vollkommen* verschwinden» zu lassen – wie die Symptome einer erfolgreich überstandenen Krankheit. Es ist leicht zu erkennen, daß die Philosophiekritik der «Philosophischen Untersuchungen» die Sprachkritik des Traktates fortführt und dieselbe Zielstellung verfolgt: die Probleme der Philosophie endgültig zu lösen, indem Philosophie als eine Schimäre erkannt und als gegenstandslos «aufgelöst» wird. Die gesamte bisherige Philosophie beruht dann nur noch auf einem grandiosen Mißverständnis der Sprache: «Woher nimmt die Betrachtung ihre Wichtigkeit, da sie doch alles Interessante, d. h. alles Große und Wichtige, zu zerstören scheint? (Gleichsam alle Bauwerke, indem sie nur Steinbrocken und Schutt übrig läßt.) Aber es sind nur Luftgebäude, die wir zerstören, und wir legen den Grund der Sprache frei, auf dem sie standen», heißt es prägnant an einer Stelle der «Philosophischen Untersuchungen». Die Analyse der Sprache ist daher «ein Kampf gegen die Verhexung des Verstandes durch die Mittel unserer Sprache».

In der Spätphilosophie erscheint denn auch die Sprache nur

noch als ein regelgeleitetes System von «Spielen», und die Aufgabe der Sprachspielanalyse besteht in erster Linie darin, ihren Gebrauch übersichtlich darzustellen beziehungsweise ihre Verwendungsregeln zu erläutern. «Die Regeln der Grammatik sind in demselben Sinne willkürlich, wie die Wahl einer Maßeinheit. Aber das kann doch nur heißen, daß sie von der Länge des Objekts der Messung unabhängig ist, und daß nicht die Wahl der einen Einheit ‹wahr›, der andern ‹falsch› ist, wie die Angabe der Länge wahr oder falsch ist.» Folgt man diesen Überlegungen zur Willkürlichkeit der grammatischen Festlegungen und ihrer Unabhängigkeit von «Wahrheit», dann wird man letztlich dahin gelangen, daß auch «(die) Gesetze der Logik willkürlich sind». Gemeint ist damit natürlich nicht die Behauptung ihrer Unverbindlichkeit, sondern die Einsicht, daß ihre Verbindlichkeit Resultat eines gemeinschaftlichen menschlichen Handelns, einer *Lebensform*, ist: «‹So sagst du also, daß die Übereinstimmung der Menschen entscheide, was richtig und was falsch ist?› – Richtig und falsch ist, was Menschen *sagen*; und in der *Sprache* stimmen die Menschen überein. Dies ist keine Übereinstimmung der Meinungen, sondern der Lebensform. Zur Verständigung durch die Sprache gehört nicht nur eine Übereinstimmung in den Definitionen, sondern (so seltsam dies klingen mag) eine Übereinstimmung in den Urteilen. Dies scheint die Logik aufzuheben; hebt sie aber nicht auf. – Eines ist, die Meßmethode zu beschreiben, ein Anderes, Messungsergebnisse zu finden und auszusprechen. Aber was wir ‹messen› nennen, ist auch durch eine gewisse Konstanz der Messungsergebnisse bestimmt.»

Wie kaum ein zweiter Philosoph unseres Jahrhunderts hat Ludwig Wittgenstein mit der von ihm vollzogenen «sprachphilosophischen Wende» zugleich die Endlichkeit und Relativität von Philosophie überhaupt auf den Punkt gebracht und damit die philosophische Geste als Moment einer gesellschaftlichen Rhetorik durchschaut: «Wir kämpfen jetzt gegen eine Richtung. Aber diese Richtung wird sterben, durch andere Richtungen verdrängt, dann wird man unsere Argumentation gegen sie nicht mehr verstehen; nicht begreifen, warum man all das hat sagen müssen.» Er wollte mit seinem Denken der «Fliege einen Ausweg aus dem Fliegenglas» zeigen, wie er in den «Philosophischen Untersuchungen» schreibt. Doch wußte er selbst, daß die Auflösung der Probleme der Philosophie letztlich von der «Veränderung der Lebensweise» abhängig sein wird, die «all diese Fragen überflüssig macht».

Die Destruktion des metaphysischen Denkens durch Ludwig Wittgenstein läßt den Menschen des 20. Jahrhunderts in «transzendentaler Obdachlosigkeit» (Georg Lukács) zurück. Alle hehren Ideen und wohlklingenden Ideale scheinen in Trümmer gelegt. Begriffe wie Aufklärung, Humanität, Fortschritt und Freiheit verlieren ihren zum Handeln spornenden Glanz; Sätze der Ethik, der Religion und der Kunst, so ihnen überhaupt Sinn zuzumessen ist, gerinnen zu bloßen, vergänglichen «Sprachspielen». Wenn die Bedeutung von Begriffen nur noch in ihrem sprachlichen Gebrauchszusammenhang besteht, wie die «Philosophischen Untersuchungen» verkünden, dann bleibt für die Philosophie in der Tat kein Ort mehr. Und doch – und entgegen Ludwigs eigener Vermutung, keine Schule gründen zu können – hat sich bald nach seinem Tod die schnell wachsende Gemeinde der «Wittgensteinianer» gebildet und besonders im angelsächsischen Raum einen Großteil der philosophischen Lehrstühle erobert. Bis heute übt sie einen maßgeblichen Einfluß auf die Entwicklung der Geisteswissenschaften aus. Aber wie so häufig in der Philosophie führt die Epigonalisierung und Professionalisierung eines philosophischen Programms schnell zu dessen Kanonisierung und zu geistiger Erstarrung.

Wittgenstein – wir kehren zum *nomen singulare* des Anfangs zurück – stand der akademischen Philosophie zeit seines Lebens distanziert gegenüber, wie er überhaupt «dem Strom der europäischen Zivilisation ohne Sympathie» zusah. Im Vorwort zu den «Philosophischen Bemerkungen» schrieb er 1930, daß er in einer «Periode der Unkultur» lebe, in der die «Künste verschwinden». Vor allem konnte er dem Fortschrittsoptimismus der Wissenschaften nicht folgen: «Unsere Zivilisation ist durch das Wort ‹Fortschritt› charakterisiert. Der Fortschritt ist ihre Form, nicht eine ihrer Eigenschaften, daß sie fortschreitet. Ihre Tätigkeit ist es, ein immer komplizierteres Gebilde zu konstruieren. Und auch die Klarheit dient doch nur wieder diesem Zweck und ist nicht Selbstzweck.» Indem Wittgenstein sein eigenes Denken unter das Motto *Klarheit als Selbstzweck* stellte, brachte er jenen Abstand zu den Zeitströmungen zum Ausdruck, der ihm für sein philosophisches Projekt unerläßlich schien. Die Faszination, die von seinem Denken bis heute ausgeht, besteht nicht zuletzt in dieser Distanz. *Klarheit als Selbstzweck* hieß für ihn: «Ich soll nur der Spiegel sein, in welchem mein Leser sein eigenes Denken mit allen seinen Unförmigkeiten sieht, und mit dieser Hilfe zurechtrückt.»

WERNER UND ADAM VON TROTT ZU SOLZ

von Wolfgang Matthias Schwiedrzik

Weithin sichtbar erhebt sich auf einer Anhöhe über den Wäldern Kurhessens, dicht bei Imshausen, dem Stammsitz der Familie von Trott zu Solz, ein ebenso schlichtes wie beeindruckendes Mahnmal für die Opfer des Widerstandes gegen das Hitlerregime: ein aus zwei mächtigen Lärchenstämmen gefügtes, hoch aufragendes Kreuz. Auf dem Steinsockel darunter der Name des am 26. August 1944 von den Nationalsozialisten wegen seiner Beteiligung an der Verschwörung vom 20. Juli gehenkten Adam von Trott zu Solz sowie die Inschrift: «Hingerichtet mit den Freunden im Kampfe gegen die Verderber unserer Heimat. Bittet für sie, beherzigt ihr Beispiel.»

Es war nicht die Bevölkerung von Imshausen, die dieses Mahnmal errichtete. Noch vor wenigen Jahren weigerte sich die evangelische Gemeinde des Ortes standhaft, den Namen Adam von Trotts – der hier getauft und konfirmiert worden war – auf die Gedenktafel für die im Zweiten Weltkrieg Gefallenen zu setzen. War er nicht ein Hochverräter? Gar ein Landesverräter? Die beiden anderen Trott-Brüder sollte man am besten gleich noch dazuhängen, hieß es im Dorf, als Werner und Heinrich von Trott kurz nach dem Krieg das große Holzkreuz errichteten. Die Querbalken des Kreuzes seien dafür hervorragend geeignet.

Das Kreuz auf den Hügeln Nordhessens ist ein Mahnmal des Widerstandes. Seine eindringliche Wirkung erschließt sich jedoch erst, wenn man es als Zeichen brüderlichen Schmerzes begreift: als Kreuz gewordener Schmerzensschrei der überlebenden Brüder, die erkennen, daß der Beste aus ihrer Mitte gerissen wurde. Dieses Kreuz hat nichts Tröstliches, sondern etwas Herausfor-

derndes, herausfordernd und verzweifelt, wie von Hiob errichtet:
Mein Gott, wie konntest du das zulassen! Unter dem Kreuz
schlossen sich die Brüder in ihrer Trauer zusammen und spürten
ihrerseits die Herausforderung, die der Opfergang Adams für sie
bedeutete. In einem Brief Werner von Trotts an Diana Hopkinson aus der unmittelbaren Nachkriegszeit heißt es: «Adam und ich
sind, obwohl einig in unserem Kampfwillen gegen das Regime
und nur von dem einen Gedanken beseelt, das gute und eigentliche Deutschland gegen die Dämonie seines Verfalls zu sammeln,
nicht immer dieselben Wege gegangen; unsere Freunde waren
nicht (immer) die gleichen. Aber Adam ist seinen Weg tapfer und
edel zu Ende gegangen und hat die Probe bestanden, eine Bewährung, die für mich noch in der Zukunft liegt, einer sehr direkten Zukunft voller großer Möglichkeiten, wie mir scheint,
und voll schwerer Forderungen für die wenigen, die bereit sind,
sich der Situation zu stellen. Der 20. Juli hat uns Männer genommen, die uns heute bitterlich fehlen. Sicherlich wird die Aktion,
gerade *weil* sie mißlungen ist, noch einmal in Deutschland zu einem wesentlichen Wendepunkt zur Wiedergeburt meines Vaterlandes werden.»

ZWEI WEGE

Tatsächlich war das Verhältnis Werner und Adam von Trotts alles
andere als harmonisch gewesen. Die Brüder waren – wie Werner
von Trott dies in seinem Brief andeutet – einig im Grundsätzlichen, «das gute und eigentliche Deutschland gegen die Dämonie
seines Verfalls zu sammeln». Aber über den Weg, der dabei zu beschreiten war, hatte es heftige Auseinandersetzungen gegeben.

«Keinen Gedankengang würde ich für gefährlicher, ja anrüchi-
ger halten, als durch Erreichung hoher Stellungen zu versuchen,
dem Zwang zu entgehen», schrieb Werner am 6. Februar 1934 an
Adam, als dieser erste Überlegungen anstellte, in welchem Beruf
er nach Abschluß seiner juristischen Ausbildung tätig werden
könnte. Adam von Trott hatte sich auf Anraten seines Vaters als

Regierungsreferendar in Kassel beworben. Gleichzeitig bestand –
das läßt sich zumindest dem Briefwechsel mit Werner entnehmen
– eine gewisse Chance, «in Görings Ministerium einzutreten»,
vorausgesetzt, Adam war bereit, Mitglied wenigstens der SA zu
werden. «Eine primitive Beschäftigung in der SA würde Dich gewiß nicht innerlich gefangen nehmen», schrieb Werner. Aber er
halte es für falsch, aus einer «gewissen räumlichen Abseitigkeit
herauszutreten».

Adam ging damals nicht nach Berlin, aber er war grundsätzlich
bereit, in die Uniform des Feindes zu schlüpfen, um diesen zu
bekämpfen. Man niste am sichersten in den Taschen der Vogel-
scheuche, äußerte er zehn Jahre später, als er bereits zum Kreis der
Verschwörer gehörte. Diese Möglichkeit des Handelns lehnte
Werner aus prinzipiellen Erwägungen ab. Er zog sich nach Imshausen, auf die elterlichen Güter zurück, suchte bewußt die «Abseitigkeit», um von hier aus an der Überwindung des Systems,
noch mehr aber an der Vorbereitung dessen zu arbeiten, was danach kommen würde. Während Adam sich auf das System einließ,
um es zu stürzen, ging Werner kompromißlos den Weg der inneren Emigration. «In kommenden Zeiten sind die Stillen im Lande immer noch die besten Förderer einer Sache», hielt er Adam in
demselben Brief vom Februar 1934 entgegen.

Die Auseinandersetzungen der Brüder nahmen oft scharfe,
verletzende Formen an. «Dein Brief wirkte wie ein Keulen-
schlag», beginnt ein Brief Adams vom 24. Juli 1940, in dem er sich
gegen heftige Vorhaltungen Werners zur Wehr setzt. Die «kalte
Sprache» im letzten Brief habe ihn schaudern gemacht. Als Werner dann mehrere Wochen nichts von sich hören läßt, beschwert
Adam sich über dessen Schweigen. «Unsere anhaltende Trennung
und drohende Entfremdung lastet wie ein dumpfer halbverstan-
dener Schmerz auf meinem Leben», heißt es etwa im April 1941.

Was die Brüder von Trott bei allen Differenzen miteinander
verbindet, ihre Rivalität zugleich aber auch verschärft, ist – ganz
ähnlich wie bei den Stauffenberg-Brüdern – das ausgeprägte Bewußtsein, eine historische Aufgabe zu erfüllen und einem verborgenen «Auftrag» zu folgen. Ihr ganzes Leben wird von ihnen
im Zeichen dieses Auftrags verstanden – bis sich schließlich die

Paradoxie des Jahrhunderts, in das sie hineingeboren wurden, dermaßen zuspitzt, daß dieser Auftrag nur durch Verrat erfüllt werden kann. In unterschiedlichen Varianten begegnet einem in den Briefen und Schriften aller Trott-Brüder (auch Heinrichs, des nachgebornen jüngsten) die Vorstellung, «die Besten zu sammeln» oder eine «demokratische Elite» zu bilden. Nur jene «absurd kleine Minderheit», die Hitler widerstanden habe, heißt es unmittelbar nach dem Krieg, sei zur Führung eines demokratischen Deutschland legitimiert. Der «Ritter» reitet nach verlorener Schlacht über das Schlachtfeld, um versprengte einzelne zu sammeln. «Spes contra spem» steht nicht zufällig als Motto über Werner von Trotts letztem Versuch, zusammen mit Heinrich Böll und Walter Warnach Anfang der sechziger Jahre durch die Zeitschrift «labyrinth» Einfluß auf die Entwicklung in Deutschland zu nehmen.

Sie können nicht verleugnen, daß sie aus einem der ältesten und angesehensten hessischen Adelsgeschlechter stammen. 700 Jahre lang haben die Trotten der Imshäuser Linie dem Staat und ihren Herren, den Landgrafen von Hessen und anderen Fürsten, wie dem Kurfürsten von Brandenburg, loyal gedient. Auch der Vater, August von Trott zu Solz, war ein treuer Diener seines Herrn, Kaiser Wilhelms II. Als Werner 1902 geboren wurde, wirkte sein Vater noch als Oberpräsident in Koblenz. Als Adam von Trott 1909 das Licht der Welt erblickte, war dieser (mit 53 Jahren) gerade zum Preußischen Kultusminister unter Reichskanzler Bethmann Hollweg ernannt worden. Die Familie zog von Potsdam, wo August von Trott zu Solz vier Jahre lang als Oberpräsident der Provinz Brandenburg gewirkt hatte, nach Berlin. 1911 gründete er zusammen mit dem Theologen Adolf von Harnack die «Kaiser-Wilhelm-Gesellschaft zur Förderung der Wissenschaften», gleichzeitig trat er für die Reform des allgemeinen Schulwesens ein. Er genoß hohes Ansehen, und man sagt, er habe in seiner Person «die ganze Hoheit des Staates verkörpert».

Der Sturz der Monarchie im November 1918 machte es den Trott-Söhnen unmöglich, an die Tradition der Familie einfach und ungebrochen anzuknüpfen. Obwohl der Vater nicht völlig abgeschoben wurde, niemand ausdrücklich Vorwürfe gegen ihn erhob und er sogar das Amt des Oberpräsidenten in Kassel übernehmen durfte, erlebten alle Mitglieder der Familie die Zeit des Umbruchs als große Bedrohung, als eine Krise, die die Grundlagen ihrer Existenz in Frage stellte.

Werner, ein höchst sensibles und waches Kind, erfährt diesen Absturz mitten in der Pubertät. Er rebelliert, verläßt 1919 kurz vor dem Abitur (mit 17 Jahren) die Schule und geht ins Ruhrgebiet, «um Arbeiter zu werden». Wie es heißt, habe er einige Monate bei Krupp in Essen gearbeitet. Einmal aus dem Gleis gesprungen, verlief Werners Leben fortan neben und quer zu den vorgegebenen Bahnen. «Ich suchte – halb Berufstätiger, halb Landstreicher – meinen eigenen Weg», schrieb er später über diese Phase, die (ohne daß man Dichtung und Wahrheit entwirren könnte) in das Dunkel heroischer Vorzeit getaucht ist. Glaubhaft erscheint jedenfalls, daß er damals demonstrativ seinen Adelstitel strich und als «Werner Trott» Möglichkeiten der Annäherung an die «Arbeiterschaft» suchte.

Der um sieben Jahre jüngere Adam mag die Umtriebe seines großen Bruders damals mit gemischten Gefühlen betrachtet haben. Er beobachtete, welche Sorgen sich die Eltern um Werner machten, und empfand Mitleid mit dem ruhelosen Wanderer. Dabei konnte er eine heimliche Bewunderung nicht verhehlen. Hatte er nicht auch Grund zur Rebellion? Den Umzug von Berlin nach Kassel hatte er wie alle Familienangehörigen als tiefen Einschnitt und Ausgangspunkt einer familiären Krise erlebt. Die Mutter, die damals, dreiundvierzigjährig, ihr siebtes Kind erwartete, war durch Krankheit und folgende Operationen geschwächt. Die Kinder waren «in der feindlichen Umgebung sich selbst überlassen und gerieten außer Rand und Band».

Als die Familie 1920 nach der Pensionierung des Vaters auf den Stammsitz der Familie in Imshausen umzog, mußte Adam, um eine höhere Schule besuchen zu können, nach einer kurzen glücklichen Phase auf dem Dorf allein nach Kassel zurückkehren. Er wurde bei einem alten Pfarrer untergebracht, fern von den Geschwistern oder anderen gleichaltrigen Kindern. (Von Ostern 1923 bis zum Abitur im Frühjahr 1927 wird seine Einsamkeit im Internat in Hannoversch Münden in noch zunehmen.) Seine

Schon früh deuten sich die unterschiedlichen Wege an, die die beiden Brüder beschreiten werden. Während Werner (rechts) sich immer mehr zum Einzelgänger entwickelt, die innere Logik dieser Existenzform konsequent entfaltet und schließlich ganz bewußt zum Außenseiter wird, ist Adam von Anfang an um den Zusammenschluß mit Gleichaltrigen bzw. Gleichgesinnten bemüht.

Briefe aus diesen Jahren sind geprägt von Verlassenheitsgefühl, Heimweh und wachsender Ungeduld. «Warum schreibst Du denn gar nicht mehr? Wenn Du nur wüßtest, wie unglücklich ich mich fühle», heißt es in einem undatierten Brief aus dem Jahre 1921 an die Mutter.

Ein rebellischer Unterton ist auch bei Adam unüberhörbar. In dieser Situation frühpubertären Umbruchs findet er Anschluß an die Jugendbewegung, und zwar an den Nibelungen-Bund, dessen Mitglieder «sich zu einer ritterlichen Lebenshaltung verpflichtet fühlen», wie es im Programm von 1921 heißt. Die «Nibelungen» knüpften an die Wandervogelbewegung der Vorkriegszeit an, kultivierten die romantische Verbundenheit mit der Natur, wollten sich aber nicht auf das Wandern «um seiner selbst willen» beschränken, sondern verbanden es mit dem Bemühen, «für die innere Wiedergeburt des Vaterlandes und damit für sein neues Blühen innen und außen zu arbeiten». Dabei grenzten sie sich von nationalistischen Tendenzen und einem «unreifen, immer unverständlicheren Patriotismus» ab, um «um so mehr dem Staate zur Verfügung zu stehen».

Adam von Trott war mehrere Jahre ein begeistertes Mitglied dieser Jungengemeinschaft, die sich 1928 auflöste. Er nahm an Wanderungen, Schulungen, sogar an einem Bundestag teil. Noch lange nach seinem Ausscheiden aus der Kasseler Ortsgruppe (im Jahr 1925) blieb die Nibelungenidee, wie Clarita von Trott bezeugt, für Adam ein «Geheimbegriff von magischer Bedeutung», der für ihn «die unklare, aber fest erwartete Hoffnung auf die Rettung Deutschlands» beinhaltete. (Gustav Ecke, der Gründer, der angesichts des Scheiterns seiner Hoffnungen resigniert nach China auswanderte, um dort die Suche nach der blauen Blume seiner romantischen Träume fortzusetzen, wird in einer späteren Phase noch einmal eine wichtige Rolle im Leben Adam von Trotts spielen: bei der Vorbereitung und Durchführung von dessen Ostasienreise in den Jahren 1937 / 38.)

Schon in diesen frühen Jahren deuten sich die unterschiedlichen Wege an, die die beiden Brüder beschreiten werden. Während Werner sich immer mehr zum Einzelgänger entwickelt, die innere Logik dieser Existenzform konsequent entfaltet und schließlich ganz bewußt zum Außenseiter wird, ist Adam von Anfang an um den Zusammenschluß mit Gleichaltrigen beziehungsweise Gleichgesinnten bemüht, setzt auf Freundschaft und erkennt, daß er seine Fähigkeiten am besten im Zusammenwirken mit anderen Menschen entfalten kann. Vera von Trott, die älteste (zwischen Werner und Adam geborene) Schwester, erinnerte sich, daß die unterschiedlichen Züge der beiden Brüder ihr schon früh deutlich gewesen seien. Habe Werner mit gleichaltrigen Kindern gespielt, dann sei er kommandierend und mit großem Ernst vorangelaufen – der Pulk der anderen Kinder in ehrfürchtigem Abstand hinterher. Demgegenüber sei Adam beim Spielen nie anders als mitten unter den Kindern, lachend und aufs engste mit ihnen verbunden gesehen worden.

ENTFREMDUNG

1924/25 studiert Werner von Trott (zunächst nur mit Kleiner Matrikel, die er durch Abendkurse erwirbt) in Marburg bei dem jungen Martin Heidegger, von 1925 an (nach Absolvierung einer Sonderprüfung, die ihn zum Studium der Geisteswissenschaften berechtigt) drei Semester in Köln bei Max Scheler, den er später als seinen «einzigen Lehrer» bezeichnet, danach wieder bei Heidegger und Jaensch in Marburg. In Köln lernt er Wilhelm Kütemeyer kennen, mit dem ihn eine langjährige Freundschaft verbinden wird. Scheler schlägt ihm vor, eine akademische Laufbahn einzuschlagen, aber Trott lehnt ab. «Scheler will mich partout zu einem Wissenschaftler und Gelehrten machen», schreibt er seiner Mutter 1927, «aber das wird ihm nie gelingen. Ich habe den wissenschaftlichen Leerbetrieb satt, mehr: ich habe einen direkten Abscheu davor. Die Universitätsphilosophie ist eine ganz sinnlose Angelegenheit.» Nach dem plötzlichen Tod Schelers im Mai 1928 bricht Werner von Trott sein Studium ab, ebenso wie Kütemeyer, der eine Dissertation über Kierkegaard in Arbeit hat.

Im Herbst 1928 gehen die beiden zusammen nach München-Schwabing und versuchen, als «freie Schriftsteller» Fuß zu fassen. Werner schreibt Rezensionen und andere kleine Beiträge für Münchener Zeitungen, aber auch für die «Preußischen Jahrbücher». Er nimmt Kontakt zu Karl Wolfskehl und zu Carl Muth vom «Hochland» auf und tritt in freundschaftliche Beziehungen zum «Brenner»-Kreis um Ludwig von Ficker in Innsbruck. Es sind schwere Jahre, immer am Rand des Existenzminimums. Die

Miete kann er meist nur durch die Zuwendungen bestreiten, die er – nebst Kleidungsstücken und Wurstpaketen – von seinen Eltern erhält.

Nach dem Abitur im Frühjahr 1927 stellte sich für Adam von Trott die Frage, welches Studium er nun beginnen sollte. Seit Generationen war es in der Imshäuser Linie der Familie üblich, daß der älteste Sohn die juristische Laufbahn einschlug. Diesen Weg hatte Werner verweigert. Was sollte Adam nun tun? Durfte er seinem alten Vater eine weitere Enttäuschung bereiten? Adam, der durchaus auch andere Fähigkeiten hatte, entschied sich für das Jurastudium. Und er tat ein übriges: er trat, dem Wunsch seines Vaters entsprechend, auch in dessen schlagende Verbindung, die Göttinger «Saxonia», ein. «Du hast, wie du mir schreibst, diese Pflicht aus Liebe zu mir übernommen; das fühle ich wohl und höre ich gern», heißt es in einem Brief des Vaters an Adam vom 4. Oktober 1930.

Adam, der Zweitgeborene, übernimmt also die Rolle desjenigen, der die Familientradition fortsetzt, die der Erstgeborene ausgeschlagen hat. Alle Hoffnungen und Erwartungen der Eltern konzentrieren sich nunmehr auf ihn. Dabei bildet sich eine deutliche Arbeitsteilung bei den Eltern heraus. Während der alternde Vater mit Wohlgefallen die Entwicklung seines Sohnes beobachtet, die er seinem «geistigen Erbe» verpflichtet weiß, übernimmt die um zwanzig Jahre jüngere Mutter, für die der Wechsel von der Großstadt in das Dorf eine drastische Einschränkung ihrer Möglichkeiten bedeutet, die Rolle des Förderers und Mentors. Sie gibt ihm Ratschläge, ermutigt ihn, knüpft Verbindungen. Sie ist es, die ihm die Türen beim Christlichen Verein Junger Männer (CVJM) und bei der Ökumene in Genf öffnet und die ihm mit dem Hinweis auf ihre amerikanischen Vorfahren – zu denen u. a. der erste Präsident am Obersten Bundesgericht John Jay zählte – das Bewußtsein verleiht, «neben gutem deutschem Blut etwas von den Bekämpfern der Sklaverei in Amerika» in den Adern zu haben. Und sie ist es schließlich, die ihm bei der schwierigen Suche nach einem geeigneten Beruf die langfristigen Ziele vor Augen hält. «Ich weiß, daß es eine harte, nervenaufreibende Zeit für Dich ist, denn kaum etwas ist schwerer, als zu warten», schreibt sie am 29. Mai 1934 an Adam. «Aber Du mußt durchhalten, denn ich fürchte, es kommt die Zeit, wo es an einsichtigen, zielbewußten Männern noch mehr mangeln wird als bisher – und auf diese Zeit mußt Du Dich in der Stille vorbereiten.»

Dies alles bedeutete keineswegs, daß Adam von Trott kreuzbrav jeden Ratschlag seiner Mutter befolgte. Nein, Adam hatte seinen eigenen Kopf und war von dem glühenden Drang erfüllt, sich zu bewähren, in die Welt hinauszugehen und eigene Erfahrungen zu machen. Es dauerte nicht lange, und er war – während er noch der Göttinger «Saxonia» angehörte – Mitglied sozialistischer Diskussionszirkel in Berlin und Göttingen (den wechselnden Stationen seines Jurastudiums). Als er bei den Wahlen von 1930 seine Stimme der SPD gab, machte sein Vater ihm Vorhaltungen. Adam verteidigte seinen Entschluß. Und der Vater beschied sich damit, daß das, was sie zur größten Freude seines Alters auf das innigste verbinde, «stärker ist als das, was zur Zeit zwischen uns steht».

Der Diplomat Albrecht von Kessel, der Adam 1929 in Berlin kennenlernte, hat eine treffende Beschreibung von dessen damaliger Zerrissenheit gegeben: «Er war noch sehr jung – Anfang 20 – und verbrachte seine Tage in einer düsteren, billigen ‹Studentenbude›, auf deren einzigem wackligen Tisch das ‹Kapital› von Marx, die Haarbürste, Hölderlins Gedichte und ein Butterbrot ein malerisches Stilleben bildeten. Er hatte es nicht sehr gern, wenn ich ihn besuchen kam, denn er schämte sich vor den sozialistischen oder kommunistischen Arbeitern, mit denen ich ihn in endlose Diskussionen verwickelt antraf, der Bekanntschaft mit mir. Weltschmerz, russische Literatur und extrem linksgerichtete politische Ideen waren die Fahnen, auf die er schwor, doch war er jung und leidenschaftlich genug, um diese Ideale auf Stunden zu vergessen, wenn er, schön wie ein junger Gott, abends die Berliner Salons in Erstaunen versetzte. Er war ein junges Genie, sensibel und reizbar, und niemand hat den Umgang mit ihm leicht gefunden.»

Durch die Tatsache, daß sein jüngerer Bruder Jura studierte und sich anschickte, die Familientradition fortzusetzen, konnte Werner sich eigentlich entlastet fühlen. Die erhaltenen Dokumente aus den Jahren 1927/28 zeigen vor allem Werners Bemühen, mit Adam einen intensiven Briefwechsel zu pflegen. Er beschreibt sein «Einsiedler-Dasein» als Schriftsteller und seine finanziellen Nöte, und er versucht, Adam dazu zu bewegen, ihm möglichst viel Konkretes aus seinem Leben, zum Beispiel über seine erste große Liebe zu Anneliese von Bodenhausen, mitzuteilen. «Ich habe immer das Gefühl als meintest Du, mir besonders ‹gedankenschwere› Briefe schreiben zu müssen. Aber da bist Du ganz im Irrtum», schreibt Werner im Frühjahr 1928 aus München. «Ich würde viel lieber mehr Alltägliches aus Deinem Leben hören, besonders auch über Deine Beziehungen zu Deiner Freundin.» Aber Adam, der das als zudringlich empfindet, sperrt sich.

Werner reagiert gereizt auf die Verweigerung brüderlicher Liebe und Unterordnung. War er seinem Bruder nicht stets mit Vertrauen und rückhaltloser Offenheit begegnet? War er nicht jahrelang sein geistiger Mentor gewesen? Hatte er ihm nicht geholfen, Hölderlins Oden und Hebbels Dramen tiefer zu verstehen? Er wirbt weiter um Adam. Als der sich aber widerspenstig zeigt, wird er ungehalten und spricht, in einem Brief am 7. August 1929, von einer «Entfremdung» zwischen ihnen, die nicht einfach zu beheben sei. «Entweder treten wir uns in Wahrheit wieder näher, oder wir wenden uns voneinander. Sonst entsteht eine widerliche, fade Situation, bei der mir nicht wohl ist.»

Aber weder durch Werben noch durch ein solches Ultimatum war das Problem zu lösen. Im August 1929 kam es zu einer scharfen Auseinandersetzung in Berlin, worauf Adam an seine Mutter nach Imshausen schrieb: «Dem armen Werner geht es wirklich nicht gut: Unser Zusammensein vorigen Sonntag war alles in allem traurig und unbefriedigend. Wir leben ein so verschiedenes Leben, dessen Grundsätze einander so widersprechen, daß die daraus natürlich entstehende Feindschaft nur durch großes Vertrauen und Liebe überwunden werden könnte. Die nach all den gegenwärtigen Umständen aufzubringen, scheint fast zu schwer.»

Der unmittelbare Anlaß dieser Auseinandersetzung ist unbekannt. Den Andeutungen in den wenigen erhaltenen Briefen ist zu entnehmen, daß es um die so ganz andere Lebensweise Adams ging: um seine Lebenslust, seine zahlreichen Liebschaften und seinen sonstigen «Umgang». Der tiefere Grund des Konfliktes aber lag wohl darin, daß Adam seine eigenen Wege ging. Die Phase seines Lebens, in der er voller Bewunderung zu seinem älteren Bruder aufblickte und den Vorteil des Nachgeborenen, sich im Windschatten des älteren Bruders entwickeln zu können, voll ausschöpfte, ist für ihn beendet. In den folgenden Jahren wechseln Phasen friedlicher Koexistenz mit heftigen Auseinandersetzungen. Beide versuchen – mit nur vorübergehendem Erfolg – sich an die Maxime zu halten, die Adam im Juli 1929 aufgestellt hatte: «Wir müssen Geduld miteinander haben.»

DER «EINZELNE»

Beiden Trott-Brüdern gemeinsam war das Bedürfnis nach philosophischer Legitimation ihrer Position. Sie waren nicht der Meinung, daß der Adel als gesellschaftliche Schicht noch zu einer Führungsrolle berufen sei. Mit romantischen Vorstellungen von der Wiedererrichtung eines vom Adel geführten Ständestaates hatten sie nichts zu tun. Der Adel hatte ihrer Meinung nach seinen ursprünglichen Auftrag verraten und war zu Recht als soziale Schicht von der Bühne der Geschichte abgetreten. Nur einzelne Angehörige der Aristokratie, einzelne «Ritter», die der Korrumpierung durch den spätfeudalen Obrigkeitsstaat und die bürgerliche Gesellschaft widerstanden, seien berufen, etwa im Bündnis mit der Arbeiterklasse eine historische Rolle zu übernehmen.

So verwundert es nicht, daß im Denken beider Brüder die Kategorie des «Einzelnen» im Kontext einer radikalen Kritik der bürgerlichen Gesellschaft eine zentrale Rolle spielt. Während sich Adam stärker an Hegel orientierte, ist bei Werner der Einfluß von Sören Kierkegaard und Friedrich Nietzsche, mit deren Werk er sich intensiv auseinandersetzte, unübersehbar. In der von Wilhelm Kütemeyer ab 1931 herausgegebenen Zeitschrift «Der Sumpf» veröffentlichte Werner von Trott mehrere Beiträge, darunter den Aufsatz «Von Nietzsche zum Marxismus». In immer neuen Wendungen versuchte er, die Rolle des «Einzelnen» oder «Aufrechten» zu beschreiben, die einen Gegenpol zum allgemeinen Nivellement der bürgerlichen Gesellschaft darstellten. Dabei stand fest: diese «Einzelnen» wirkten vom Rande, aus der Abseitigkeit.

In Briefen an den Bruder stellte Werner dar, wie er Kierkegaard, Nietzsche und die leninistische Partei auf einen Nenner zu bringen gedachte. Das Proletariat sei «kein unmittelbarer Begriff», schrieb er, «sondern die in der Praxis aufgegebene absolute ‹Idee›: die Entschränkung der Praxis von jeder bornierten Perspektive. Als gesellschaftliche Kategorie gefaßt: der Umschlag der Nivellierung ins Positive; als persönliche Kategorie: der ‹Einzelne› im Sinne Kierkegaards.» Die proletarische Organisation bedeute, den anarchistischen Kampf der Interessen zu überwinden und statt dessen eine Synthese der verschiedenen Tendenzen in einem Schwerpunkt zu erwirken, so daß alles organisch in einen Gesamtplan einbezogen sei. Das Ganze werde Adam aus Hegel geläufig sein: «Du brauchst nur an Stelle der Theorie die Praxis, an Stelle der Meditation die konkrete Existenz und Lebensführung zu setzen.»

Über «Hegels Staatsphilosophie und das Internationale Recht» hatte Adam in Göttingen promoviert. Die 1932 erschienene Dissertation ist ein beredtes Zeugnis für den Versuch des jungen Trott, ethisch begründete Maßstäbe für seine zukünftige Tätigkeit im Bereich der auswärtigen Politik zu finden. Adam hat darin das Kunststück vollbracht, die Voraussetzung für eine neue internationale Ordnung – jenseits einer Analyse der realen Bedingungen – in das ethische Bewußtsein oder «sittliche Gewissen» der beteiligten Subjekte zurückzuverlegen. Damit ist er gar nicht so weit entfernt von der Position seines Bruders. Die internationale Politik erscheint bei Adam von Trott ähnlich wie die Frage der inneren Verfassung bei Werner als eine Frage nach der Sittlichkeit des «Einzelnen».

«Deutsche Brüder»

Anfang der dreißiger Jahre entstand in Deutschland im Zusammenhang mit der Weltwirtschaftskrise eine Situation, in der die politischen und sozialen Widersprüche sich sprunghaft verschärften, der Zerfall des Weimarer Parteiensystems sich beschleunigte, auch unter Intellektuellen eine scharfe Polarisierung eintrat und insgesamt das Bewußtsein einer tiefgreifenden Krise wuchs. «Alles drängt auf die Katastrophe und eine Geschichtsepoche mit Riesenschritten auf ihr Ende hin», schrieb Werner von Trott im März 1931 an seine Eltern. «Jetzt hängt alles davon ab, daß in der Stunde der Entscheidung Männer da sind, die das Chaos verhindern, so daß unser zermartertes Volk nicht wieder Demagogen nach Art der Nationalsozialisten und vieler Kommunisten in die Hände fällt.»

Im April 1931 ging Werner nach Berlin und wurde – ebenso wie Wilhelm Kütemeyer – Mitglied der KPD, und zwar in jener legendären Parteizelle am Laubenheimer Platz, in der die Thälmann-KPD, die sonst streng auf die Durchsetzung des «bolschewistischen» Betriebszellen-Prinzips achtete, ihre Intellektuellen, Künstler und sonstigen schwierigen Fälle mit linientreuen Kadern zusammensperrte. Alfred Kantorowicz berichtet in seinem «Deutschen Tagebuch» über diesen ungewöhnlichen Club, in dem u. a. Arthur Koestler, Manès Sperber, Erich Weinert, Ernst Busch, Gustav Regler und der Maler Max Bronstein organisiert waren.

Werner von Trott, der «an drei Abenden in der Woche zu philosophischer Zusammenarbeit mit Arbeitern» ging, etwas später sogar «jeden Abend eine Sitzung» hatte, teilte seiner Mutter mit, daß die «Zeit des Privatisierens» jetzt vorbei sei. «Jedenfalls versichere ich Dir, daß ich viele vortreffliche Menschen kennengelernt habe und meine Isolation – so tief fundiert sie der bürgerlichen Welt gegenüber auch ist – auf einer Sinnestäuschung weitgehend beruhte und daß gerade Menschen meiner Art dort sehr gesucht werden, wo ich mich jetzt hinfinde. Nach zehn Jahren Einsamkeit endlich zu wissen, daß man mich braucht – vielleicht kannst Du ein wenig ermessen, was das für mich bedeutet.»

Trotz seiner (vorübergehenden) Euphorie war Werner von Trott aber nicht der Mann, der sich auf die Parteilinie der KPD verpflichten ließ. Während er Schulungssitzungen mit Arbeitern abhielt und hoffte, wenigstens eine geringe Summe dafür gezahlt zu bekommen, schrieb er an einem Buch, das er als «Anklage gegen die Geistlosigkeit des Kommunismus und seiner kritiklosen Imitation russischer Verhältnisse» verstanden wissen wollte. «Was ich und meine Mitarbeiter verhindern wollen», erklärte er, «ist, daß diejenige Partei, die mit zwangsläufiger Notwendigkeit eines Tages das Erbe der Vergangenheit übernehmen wird, nicht aus innerem Unvermögen das Chaos herbeiführt, weil sie nämlich z.Zt. nicht mehr ist als das, wogegen sie kämpft.»

Als Werner von Trott 1931 in Berlin der KPD beitrat, war Adam gerade dabei, in Göttingen sein Jurastudium abzuschließen. Seine ersten Verbindungen zu sozialistischen Gruppierungen hatte er bereits drei Jahre zuvor aufgenommen, als er auf dem Paukboden seiner schlagenden Verbindung noch Mensuren focht («weil es sich da wirklich zeigt, ob man sich zusammenreißen kann»). Er hatte bewußt den Kontakt «zu den Arbeitern» gesucht und bei dieser Gelegenheit sowohl in Berlin als auch in Göttingen eine Reihe wichtiger (und dauerhafter) Freundschaften mit sozialistisch orientierten Intellektuellen geschlossen. Im Juli 1929 schrieb er an seinen Vater: «Gestern abend war ich bei einem demokratischen Assessor am Handelsministerium zu einem ‹Aussprachabend› über das Thema ‹Arbeiter und Student›, der äußerst interessant war und bei dem ich zu meinem Erstaunen mich ganz natürlicherweise auf die Seite des ersteren gedrängt sah und so – besonders in der Eigenschaft eines ehemaligen Corpsstudenten – einiges Erstaunen erregte.» Zwei Jahre später wurde Adam durch eben diesen Assessor, Hans Muhle, in den Kreis um die «Neuen Blätter für den Sozialismus» eingeführt. Diese von August Rathmann und Eduard Heimann herausgegebene Monatsschrift war eines der lebendigsten und wirksamsten sozialistischen Organe am Rande der SPD, basierend auf einer Koalition von ehemaligen Hofgeismarer Jungsozialisten, Religiösen Sozialisten (um Paul Tillich) und linkem Flügel der Jugendbewegung. Sie kämpfte ge-

Werner von Trott zu Solz um 1933. Als er im Frühjahr 1931 nach Berlin ging und dort Mitglied der KPD wurde, schien der weitere Weg vorgezeichnet. «Jetzt hängt alles davon ab», schrieb er damals an die Eltern, «daß in der Stunde der Entscheidung Männer da sind, die das Chaos verhindern.» Als die Stunde der Entscheidung zwei Jahre später kam, zog sich Werner von Trott auf den Familienbesitz in Imshausen zurück: Die Aufgabe, eine neue Gesellschaft vorzubereiten, könne nur von Leuten gelöst werden, die sich aus den politischen Wirren der Zeit heraushielten.

gen die Erstarrung und Verbürgerlichung der SPD, trat für eine grundlegende Erneuerung der sozialistischen Theorie und Praxis ein und plädierte für ein Engagement der Linken in der «nationalen Frage». Carlo Mierendorff und Theodor Haubach, die 1931 in den Beirat der «Neuen Blätter» gewählt wurden, gehörten später zum «Kreisauer Kreis», und Adam hat sie ebenso wie Adolf Reichwein wahrscheinlich schon in Potsdam kennengelernt.

Curt Bley berichtet, daß Adam sich in diesen Jahren «als ein junger Konservativer mit sozialistischen Neigungen» bezeichnet habe. Einen Eintritt in die SPD habe er zwar erwogen, aber erst in der Zukunft für möglich gehalten. Als er aus England zurückgekommen sei, habe er sich dann zeitweise als einen Sozialisten britischen Typs vorgestellt. «Mit der Bezugnahme auf den britischen Typ wollte Adam etwas Mehrfaches ausdrücken: er wollte sich vom ökonomischen Marxismus distanzieren, der damals noch das Denken der Sozialdemokratie beherrschte, und sich auf die ethisch-religiösen Grundlagen des Fabiertums beziehen.» Auch das stark «personalistische Prinzip englischer Politik, bei der in allen Lagern Männer meist mehr als Programme besagen», habe Adam fasziniert.

Auseinandersetzungen zwischen den Brüdern über ihre sozialistische beziehungsweise kommunistische Option sind nicht belegt, wenn auch nicht ganz unwahrscheinlich. Zumindest kann man sagen, daß beide die jeweilige Option des anderen nicht für sich selbst vollzogen hätten. Werner tendierte zur leninistischen Kaderpartei, Adam dagegen hoffte anfangs auf die ethische Erneuerung der Sozialdemokratie. Andererseits sind gewisse gemeinsame Züge in ihrer Haltung nicht zu übersehen. Beide setzen auf das «personalistische Prinzip», das heißt, sie können sich eine Veränderung nur vorstellen durch das Wirken einzelner beziehungsweise kleiner entschlossener Minderheiten. Und sie selbst fühlen sich berufen, dabei mitzutun. Beide bewegen sich im Spannungsfeld von konservativem Erbe einerseits und Einsicht in die Notwendigkeit zur Lösung der «sozialen Frage» andererseits. Deshalb suchen sie nach Möglichkeiten der Verbindung des Adels mit der Arbeiterklasse. Daß sie sich dabei auf Oswald Spenglers 1919 veröffentlichtes Buch «Preußentum und Sozialismus» stützten, ist nicht auszuschließen.

Die Notwendigkeit eines Bündnisses von Adel und Proletariat war in Werner von Trotts politischen Überzeugungen ein zentraler Punkt, der ihn mit Wilhelm Kütemeyer, aber auch mit Leuten aus dem Lager des konservativen und nationalrevolutionären Widerstands, wie zum Beispiel Ewald von Kleist-Schmenzin und Ernst Niekisch, verband. Nach Auffassung Werners konnte das vom Kapitalismus hervorgebrachte Proletariat einer Verbürgerlichung (zum Beispiel in Form der Sozialdemokratie) nur entgehen, wenn es sich mit den besten Elementen «vorkapitalistischer, nichtbürgerlicher Formationen» verbündete.

Zeitgenossen, die beide Brüder erlebten, beschreiben Adam als einen weltläufigen, nach außen gewandten, offenen Mann, während Werner eher verschlossen und auf viele Menschen auch unnahbar gewirkt habe. «Das Stärkste in meiner Erinnerung an Adam von Trott ist die Atmosphäre, die entstand, sobald er da war», schreibt Margaret Boveri: «Heiterkeit, Weltweite, Licht – das sind wohl die Hauptattribute dieser Atmosphäre.» Curt Bley, der einige nächtelange Diskussionen der Brüder in Berlin und auch in Imshausen miterlebte, meinte, man könne die Verschiedenheit der beiden in den Schlagworten «angelsächsisch» und «deutsch» zusammenfassen. Adam sei – wie die Angelsachsen – vom Gegenstand ausgegangen. Der Erfolg sei in seinen Augen ein Kriterium der Überzeugung gewesen. Andere Menschen und Meinungen habe er gelten lassen. Demgegenüber sei Werner vom Gedanklichen ausgegangen und habe Dogmen entwickelt.

Das ist sicher ungerecht, da es Adam auf Kosten seines Bruders zu stark hervorhebt. Und es ist auch schematisch, denn es zeigt nur das Trennende, nicht das Gemeinsame, das auch vorhanden war. Sie waren beide sehr «deutsch» in dem Sinne, daß ihr Handeln stark vom Gedanklichen und Grundsätzlichen bestimmt war. Werner war zwar der Meinung, daß sein Bruder zuwenig «Tiefgang» habe, aber Adams englische Freunde sahen das ganz anders. Sie mokierten sich zum Teil über seine «Hegelei» und verstanden ihn nicht immer, wenn er seine verschlungene, an Hegel geschulte Ausdrucksweise ins Englische zu übertragen suchte. Aber eines ist sicher richtig an Curt Bleys Einschätzung: der Hinweis auf das «angelsächsische» Element. Adam ist während seines Studiums in Oxford (1931–33) stark geprägt worden durch angelsächsisches Denken und angelsächsischen Lebensstil. Er kann insofern als ein «angelsächsisch geläuterter» Deutscher gelten.

JAHRE DER ENTSCHEIDUNG

Das Jahr 1933 bildete einen tiefen Einschnitt für beide Brüder. Werner wurde – ebenso wie Wilhelm Kütemeyer – nach der nationalsozialistischen Machtübernahme in «Schutzhaft» genommen und in der Prinz-Albrecht-Straße verhört. An ein weiteres

Erscheinen des «Sumpfes» war nicht mehr zu denken. Adam, der in Oxford studierte, flog sofort nach Hause: um Werners willen, den er für besonders bedroht hielt, und um sich ein genaues Bild von der Lage in Deutschland zu machen. Als er in Berlin ankam, waren Werner von Trott und Wilhelm Kütemeyer bereits wieder auf freiem Fuß. Rudolf Diels, Leiter der Abteilung IA der Preußischen Staatspolizei, hatte sie – wie auch eine Reihe anderer Intellektueller – laufen lassen. Er war Abonnent des «Sumpfes» und kannte die beiden Redakteure aus ihrer gemeinsamen Marburger Studienzeit. Er riet ihnen, falls sie vorhätten, an ihren Überzeugungen festzuhalten, doch lieber einige Jahre in der Versenkung zu verschwinden. (Nach dem Krieg revanchierte sich Werner von Trott. Als der tief gestürzte Diels ihn um Hilfe bat, stellte er ihn für einige Zeit als Gutsverwalter ein.)

Angesichts der Bedrohung durch das NS-Regime rückten die Brüder zunächst wieder enger zusammen. Was die Rolle der Linken und die Perspektiven des Sozialismus anging, war zumindest Werner nach dem Verbot der Gewerkschaften völlig ernüchtert. «Alles, was links steht, hat sich als überaus minderwertig erwiesen», schrieb er am 3. Mai 1933 an Adam. «Ich komme mir z. Zt. auf sehr verlorenem Posten vor, nachdem auch der Schein einer Wendung nach links völlig erloschen ist. Wer außer uns hält noch den Schild hoch?» Nach dem Scheitern der Linken sei eine öffentliche Gegenposition nicht mehr vorhanden, schreibt er im November 1933 an Adam: weder materiell noch geistig. Eine «öffentliche Sammlung der Einzelnen» sei auf viele Jahre unmöglich. «So stehen wir sehr isoliert. Aber in dieser Isolation müssen wir ausharren.»

Adam von Trott reiste zunächst zur Beendigung seines letzten Studienabschnitts nach Oxford zurück. Er bemühte sich um eine Dozentur am All Souls College und überlegte, für eine kurze Frist in England zu bleiben, um noch eine Atempause zu haben. Er stand nun vor der Frage, ob er nach Deutschland zurückkehren oder in England bleiben sollte. Viele seiner englischen Freunde legten ihm nahe, zu bleiben. Adam zögerte. «Emigrant zu sein ist demütigend», schreibt er an Sheila Grant Duff. «Und ich glaube, das ist das Letzte, was ich möchte.»

Sein Zögern wurde Adam von Trott von einigen Leuten in England ebenso übelgenommen wie seine Versuche, positive Aspekte der Entwicklung in Deutschland – etwa die Anstrengungen zur Revision des Versailler Vertrages – zu verteidigen. Man erwartete von Adam einen «klaren Trennungsstrich»: Ein guter Deutscher konnte nur einer sein, der sich klar distanzierte und gegebenenfalls emigrierte. Seine Versuche, zwischen Deutschland und den Nationalsozialisten zu unterscheiden, fanden in England schon in dieser Zeit kaum Gehör.

Als sich schließlich die Hoffnung auf eine Dozentur am All Souls College in Oxford zerschlagen hatte – er hatte seine Abschlußprüfung als B. A. nur mit einer Zwei bestanden –, kehrte er im August 1933 zurück und setzte, dem Vater zuliebe, seine juristische Ausbildung fort. Der Ausgang dieses Unternehmens war ungewiß. Wie sollte er sich den neuen Machthabern gegenüber verhalten? Wie weit würde er sich anpassen müssen? Welche Konzessionen konnte man machen, ohne seine Prinzipien zu verraten? «Es gibt so viele Fragen, die gelebt werden müssen, bevor man sie ausdrücken kann», schrieb er an Diana Hopkinson. «Und manchmal glaube ich noch, daß mein Leben die Antwort zu einer von ihnen sein wird.» Unverdrossen kämpfte er sich in den nächsten Jahren (1934–36) durch die verschiedenen Stationen seiner juristischen Referendariatszeit in Rotenburg, Hanau und Kassel, später in zwei Anwaltskanzleien in Berlin und Hamburg.

Werner, der sich nach Imshausen zurückgezogen hatte, setzte Adam mit seiner Kritik und seinen Forderungen schwer zu. Nur wer «mit dem Alltag dieser Gesellschaft keine Kompromisse» schließe, werde eines Tages vielleicht fähig sein, «auch ihre Ideen zu stürzen und eine neue Ordnung vorzubereiten», schrieb er am 16. November 1933 an Adam. «Jetzt liegt der Schwerpunkt auf dem Privatleben, gerade jetzt, wo alles in der Politik aufgeht, eben weil ein unabhängiges, charakterfestes, asketisches Privatleben heute so ungeheuer schwer ist. Die gigantische Aufgabe, einer neuen Gesellschaft geistig und praktisch den Weg zu bereiten, kann nur von denen gelöst werden, die heute ‹absurd unpolitisch› sind.»

Doch Werner scheint sich seiner Sache auch nicht ganz sicher

*Adam von Trott zu Solz zur Zeit seines Referendariats in Berlin. Nach Ab-
schluß seiner Ausbildung unternahm er eine ausgedehnte Reise in den Fernen
Osten, von der er Ende 1938 zurückkehrte, um sich aktiv in die Bemühungen
zur Verhinderung eines Krieges einzumischen. Über die gefährliche Vielfalt sei-
ner Aktivitäten pflegte Adam von Trott, der gleichsam zum außenpolitischen
Sprecher der jüngeren Generation des Widerstands wurde, später zu sagen:
«Man darf die Vorsicht nicht so weit treiben, daß man damit den Anlaß zur
Vorsicht aufhebt.»*

gewesen zu sein. Jedenfalls hielt er es in der Abgeschiedenheit Imshausens nicht aus und lebte monatelang in Berlin, wo er sich wieder nur mit Unterstützung seiner Eltern über Wasser halten konnte. Ende 1936 erlebte er eine schwere Krise, als er sich – um einer anderen Frau willen, die er plötzlich heiratete – von seiner langjährigen Geliebten Tamara Osborn trennte, die kurz darauf mit ihrem jüdischen Mann, dem Pianisten Osborn, nach England emigrierte. Er schrieb Briefe tiefster Verzweiflung und Ratlosigkeit an Adam: «Ich lebe im Inferno. Morgen bin ich verheiratet.»

Adam schloß seine juristische Ausbildung am 22.Oktober 1936 ab. Der Vater zeigte sich «tief innerlich befriedigt». Doch die Frage der Berufswahl war damit noch immer nicht gelöst. Vor die Entscheidung gestellt, zwischen der Laufbahn eines Syndikus in der Wirtschaft und einer wissenschaftlichen Tätigkeit als Staats- und Völkerrechtler zu wählen, entschied sich Adam von Trott für eine dritte Möglichkeit, die alle Optionen offenhielt, darüber hinaus von der Cecil-Rhodes-Stiftung finanziert wurde und einem geheimen Wunsch entsprach: eine mehrjährige Studienreise in den Fernen Osten.

Werner äußerte auch gegen diesen Plan starke Vorbehalte. Adam setze bei seinem Denken in großen politischen Zusammenhängen eine Wirklichkeit der Universalität Europas voraus, die in der alten, eurozentrischen Gestalt nicht mehr zu retten sei, sondern nur noch *gegen* Europa gefunden werden könne. Das aber bedeute, so Werner, daß es nicht mehr möglich sei, «sich in gesellschaftliche Gefüge einzureihen». Folglich müsse man sich – wie er – «vorerst auf einen möglichst kleinen Raum zurückziehen». Wenn Adam glaube, in China Elemente einer Tradition finden zu können, die in einer Dialektik zur Modernität stünden, wie er sie brauche, «um im politischen Haus der Gegenwart leben zu können, ohne (seine) Traditionen zu verraten», dann täusche er sich. Vielleicht sei es auch «die vielversprechende Vitalität, die alles Fremde und Wilde an sich hat», die Adam nach China ziehe wie alle, «die noch Ritterliches im Blut haben». Aber das sei nicht mehr als ein romantischer Traum. Darum sehe er mit größter Sorge in Adams Zukunft, «die Zukunft eines modernen Don Quichote».

Adam ließ sich nicht beirren. Vielleicht war er ein moderner Don Quichote. Vielleicht dachte er fälschlicherweise «in Analogien Deutschland–China». Aber war es nicht eine gute Tradition, in die Ferne zu gehen, um Distanz zu den eigenen engen Verhältnissen zu gewinnen? Hatte nicht auch sein Vater – zusammen mit einem der Hohenzollern-Prinzen – eine Weltreise unternommen? Adam bereitete sich gewissenhaft vor auf die Asienreise, lernte – so gut es ging – Chinesisch und fuhr los, als auch noch Gustav Ecke sich bereit erklärte, ihm in Peking mit Rat und Tat zur Verfügung zu stehen. Tatsächlich wurde diese «Bildungsreise», die ihn über die USA und Kanada nach Hongkong, China, Japan und die Mandschurei führte, zu einer der wichtigsten Stationen in Adams Leben. Vor allem seine Begegnung mit China, dessen Zerrissenheit zwischen Tradition und Moderne, seine Versenkung in die Lehren des Konfuzianismus, aber auch seine wache Beobachtung der chinesischen Gegenwart verhalfen ihm nicht nur zur Weitung seines Horizontes, sondern trugen auch dazu bei, einige grundlegende Fragen, die für ihn in bezug auf Deutschland und Europa wichtig waren, besser zu verstehen.

«Im Laufe der Monate formte sich bei Adam das chinesisch bestimmte Ideal eines zukünftigen deutschen Volks- und Staatslebens», berichtete Gustav Ecke später. «Weit über Leibnizens philosophische Bekanntschaft mit dem Konfuzianismus hinausgehend wurde ihm der Gedanke der Verantwortung von Mensch zu Mit-Mensch, der gegenseitigen Verantwortung von Volk und Regierung und der waltenden Regierung dem waltenden Himmel gegenüber zum Prinzip einer von ihm ersehnten patriarchalisch-volkstümlichen (nicht ‹demokratischen›) Neugestaltung Deutschlands.» Gleichzeitig habe sich bei Adam aus tiefer Sorge über die Entwicklung in Deutschland ein «gemütsbestimmter tragischer Patriotismus» herausgebildet.

Als Adam von Trott – wegen des Todes seines Vaters – Ende 1938 aus China zurückkehrte, war die Spannung in Europa unerträglich geworden. Wie aus einem Brief, den Adam noch aus Peking an Werner schrieb, hervorgeht, sah er die Katastrophe unweigerlich kommen. «Als Volk befinden wir uns in einem Fieber, das durch die bewußte Einengung und Niederhaltung nach dem Kriege auf die Dauer kaum anders als radikal ausbrechen mußte und das, wenn man ihm heute ähnlich begegnet, wieder zu einer – nunmehr verschlimmerten – Totalkatastrophe führen muß. Ich glaube, daß unsererseits ein Krieg vermieden werden soll, daß sich aber andererseits die Herde einer möglichen Explosion immer stärker aufladen.»

Die Situation, die Adam von Trott bei seiner Rückkehr vorfand, war höchst unerquicklich. Beruflich kam er zunächst keinen Schritt weiter, und in Imshausen bahnten sich nach dem Tode des Vaters schwere Konflikte an, weil Werner bereit war, den seit Generationen ungeteilten und unteilbaren Besitz – ca. 1500 ha Wald – entsprechend den neuen, 1938 verfügten Bestimmungen über die Auflösung adliger Stiftungen unter den verschiedenen Zweigen der Familie aufzuteilen, wogegen Adam sich heftig wehrte. Zwar ergaben sich im Zusammenhang mit der China-Reise einige Möglichkeiten zu Vorträgen und Veröffentlichungen, die er auch nutzte. Aber was sein eigentliches Ziel, Einfluß auf die politische Entwicklung in Deutschland zu nehmen, betrifft, gelangte er zu dieser Zeit noch nicht einmal in die Korridore der Macht. Um so erstaunlicher (und ihn kennzeichnend) sind die beiden Initiativen, die er im Jahr 1939 ergriff: seine drei Reisen nach England und seine Teilnahme an der Konferenz des «Institute of Pacific Relations» in den USA. Ohne eine Funktion im Staatsapparat zu haben, lediglich mit einem vagen Auftrag des Auswärtigen Amtes ausgestattet – zu dem sich die Verbindung eigentlich ganz zufällig, über entfernte Verwandte ergeben hatte –, führte er im Juni 1939 eine erste Friedensmission in England durch. Vermittelt durch die ihm befreundete Familie Astor, erhielt er die Gelegenheit, auf deren Landsitz Cliveden mit dem britischen Außenminister Lord Halifax und anderen hochrangigen englischen Politikern über Möglichkeiten zur Verhinderung eines Krieges zu sprechen. Adam, damals knapp dreißig Jahre alt, hatte zum erstenmal die politische Bühne betreten: in der doppelten, nicht einfach zu trennenden Funktion eines halboffiziellen Unterhändlers des NS-Regimes und eines Vertreters des «anderen Deutschland». Bei der anschließenden dreimonatigen USA-Reise, die er ebenfalls

dazu nutzte, in Gesprächen und einer Denkschrift die Möglichkeiten zur Wahrung des Friedens auszuloten, wurde er bereits als
Spion verdächtigt und genoß das Vergnügen, gleich von mehreren Agenten des FBI Tag und Nacht beschattet zu werden. Doch
über seinem «Auftrag» sah er stets einen guten Stern. «Man darf
die Vorsicht nicht so weit treiben, daß man damit den Anlaß zur
Vorsicht aufhebt», pflegte er später zu sagen, als seine Tätigkeit
ein noch wesentlich höheres Risiko beinhaltete.

BRUTUS

Mit dem Ausbruch des Krieges beginnt der letzte Abschnitt in
Adams Leben, der letzte Akt einer Tragödie. Das Beispiel der Verschwörer, die sich dazu durchringen, den Tyrannen zu ermorden,
widerlegt die These, es gebe in der nivellierten Massengesellschaft
keine Tragödie mehr. Denn die Männer, um die es hier geht,
bringen alles mit, was die Tragödie erfordert: den Anspruch (und
wie sich zeigen wird: auch die Fähigkeit), sich auf der Königs-
ebene zu bewegen, einen Begriff der Sittlichkeit, ein tiefes Verständnis der Dialektik von Individuum und Gesellschaft, dazu
Mut, Verschwiegenheit und die Fähigkeit zur Freundschaft. Sie
sind miteinander verbunden, ohne organisiert zu sein. Und sie
trauen sich zu, die Folterstrecke einsamer Gewissensentscheidung,
von Zweifel und Anfechtung, später auch Hohn und Demütigung
durchzustehen. Franz Josef Furtwängler, der alte Gewerkschafter,
Indien-Spezialist und Mitarbeiter Adams im Auswärtigen Amt,
hatte ein feines Gespür für die Dimension der Tragödie, als er
Adam die Rolle des «Brutus mit dem Nazarenergemüt» zuschrieb.
    Wenn der Vorhang zum letzten Akt aufgeht, stehen unsere
Hauptfiguren noch in der zweiten Reihe. Noch haben sie ihre
Lehrjahre nicht abgeschlossen. Der Auftritt der «Jungen» findet –
das ist das Besondere dieses Falles – erst kurz vor dem Ende statt,
als schon nichts mehr zu retten ist als Ehre und Gewissen.
Zunächst stehen die «Alten» auf dem Proszenium und bestimmen
das Geschehen.

Was den Unterschied zwischen «Jungen» und «Alten» kennzeichnet, hat Adam von Trott gegenüber dem Botschafter a. D.
Ulrich von Hassell so formuliert: Man müsse «nach innen und
außen jeden Anstrich von ‹Reaktion›, ‹Herrenclub›, ‹Militaris-
mus› vermeiden. Daher spreche er sich, obwohl selbst Monar-
chist, gegen die Monarchie als Übergangslösung aus. Andernfalls
würde jedes Echo im Volk fehlen und im Ausland kein Vertrauen
erworben werden.»

Das war im Dezember 1941. Adam war im Auswärtigen Amt,
in das er hinter dem Rücken Ribbentrops zunächst als «wissenschaftlicher Hilfsarbeiter» eingerückt war, inzwischen zum Lega-
tionsrat und Leiter des Indien-Referates in der Informationsab-
teilung aufgestiegen. Er bewegte sich – wenn man so will – in den
Vorzimmern der Macht, genoß das Vertrauen des Staatssekretärs
Ernst von Weizsäcker, hatte von den «Alten» nicht nur Ulrich von
Hassell, sondern auch General Ludwig Beck und den früheren
preußischen Finanzminister Johannes Popitz kennengelernt,
wußte von gescheiterten Versuchen, Hitler 1938 / 39 in der Phase der Kriegsvorbereitung abzusetzen. Andererseits war er mit
Helmuth von Moltke, Peter Yorck von Wartenburg, Fritz-Dietlof
von der Schulenburg und anderen Männern seiner Generation
verbunden und spielte eine maßgebliche Rolle unter denjenigen
«Jungen», die sich 1942 / 43 im «Kreisauer Kreis» versammeln
sollten, um Pläne für die Neuordnung Deutschlands auszuarbeiten.

Als Adam sich am 21. Dezember 1941 mit Ulrich von Hassell
traf, der die Haltung der «Jungen» ausloten wollte, war er bereits
weit entfernt von den sozialistischen Positionen, die er noch zehn
Jahre zuvor in Berlin und Oxford vertreten hatte. Entscheidend
dabei waren die Diskussionen gewesen, die er mit Curt Bley nach
dem Scheitern des «Roten Stoßtrupps» (einer massenhaften, sozialistisch orientierten Form des Widerstands in Berlin, die Ende
1933 aufflog) geführt hatte. «Wenn Hitler überhaupt überwunden
werden sollte, dann nur durch eine kleine, in den Machtpositio-
nen befindliche Schar entschlossener Männer», faßte Curt Bley
später den Kernpunkt ihrer Diskussionen zusammen. Adam wußte, daß ein Sturz Hitlers nur möglich war, wenn man sich auf das

Militär stützte. Das hatte er schon gegenüber Paul Scheffer geäußert, als er 1939 mit diesem zusammen in New York sein erstes Memorandum ausarbeitete, und bei Vorträgen in kleinen Zirkeln in den USA, wie im Yale Club, worüber Paul Schwarz berichtet hat. «Da das Volk waffenlos und Massenbewegungen unter Terrorregimen nicht organisierbar seien, müsse die erste Phase dieser Revolution unter Führung der Generalität verlaufen», habe Adam damals ausgeführt. «Danach sei es das erste Anliegen – nach Ausmerzung der Nazis – Deutschland wieder zum Rechtsstaat zu machen. Das werde in zwei Phasen erfolgen müssen. In der ersten Phase würde die Regierungsautorität bei den Generälen liegen. In der zweiten Phase müsse die Regierung alle Volkskreise umfassen, und die Gewerkschaften würden sozusagen das Knochengerüst des Ganzen bilden.» Die Ablösung eines totalitären Regimes war nicht anders möglich als durch ein mehr oder weniger diktatorisches Übergangsregime. Aber welchen «Anstrich» mußte man diesem Übergangsregime geben, damit es innen und außen eine Chance hatte?

Adam respektierte Werners Entschluß, sich in die «Abseitigkeit» Imshausens zurückzuziehen, und ging den Weg der Verschwörung, ohne seinen Bruder einzuweihen. Für ihn habe keine Möglichkeit bestanden, sich am 20. Juli zu beteiligen, sagte Werner von Trott nach dem Kriege. Kann man das anders verstehen, als daß Adam von einem bestimmten Zeitpunkt an (wohl ab 1942 / 43) darauf verzichtete, seinem Bruder alle Überlegungen offenzulegen, oder besser gesagt: die praktische Konsequenz seiner Überlegungen und seine eigene Rolle mitzuteilen? (Denn die grundsätzlichen Diskussionen gingen weiter, sooft sich die Brüder trafen.) Die Verschwörer mußten schweigen lernen, das heißt abwägen, was sie mitteilen konnten und was nicht. Selbst die Ehefrauen und engsten Verwandten konnten nicht oder nur ganz pauschal eingeweiht werden, zumal da jedes Wissen nicht nur die geplante Aktion, sondern auch sie selbst gefährdete. Unbedingtes Vertrauen herrschte nur zwischen wenigen, im innersten Kreis sozusagen, und aus dem war Werner nun ausgeschlossen.

Was hätte es auch genutzt, ihn noch einzuweihen? War er nicht in allen entscheidenden Fragen anderer Meinung? Es sind zwar keine Briefe oder andere Dokumente aus den Jahren 1942–44 erhalten, die das sicher belegen könnten. Fast alles wurde nach dem 20. Juli vernichtet. Aber Carl Friedrich von Weizsäcker beispielsweise hat bezeugt, daß Werner sich ihm gegenüber eindeutig negativ zur Frage eines möglichen Attentats geäußert habe. «Durch einen Staatsstreich oder ein Attentat ist doch nichts Grundlegendes mehr zu ändern», habe Werner gesagt. «Nur eine unbeschönigte, totale Niederlage kann das deutsche Volk aus seiner Selbstbelügung retten.» Diese Mischung aus christlich begründetem Defaitismus und der Vorstellung eines Strafgerichts, die auch Helmuth von Moltke vertrat, teilte Adam keineswegs. Was half solcher Fundamentalismus, wenn man hoffte, noch etwas retten zu können? War das «Hoffen wider alles Hoffen» nicht ein Teil des «Auftrages», den sie übernommen hatten? Adam ging den Weg der Verschwörung und stemmte sich gleichzeitig mit Nachdruck gegen die Linie der «bedingungslosen Kapitulation»: nicht weil er die angemaßte Machtposition des Dritten Reiches verteidigte, sondern um «der Bewahrung der geschichtlichen Kontinuität Deutschlands» willen.

Werner von Trott ist, wie er später schrieb, «zwischen den Widerstandsgruppen des Dritten Reiches mit Freunden einen eigenen Weg» gegangen. Nach dem Ausbruch des Krieges hatte es auch ihn nicht mehr in Imshausen gehalten. Er war seit Ende 1939 mehrfach für längere Zeit nach Berlin gezogen, um dort Verbindungen zwischen konservativen, christlichen und kommunistischen Kräften des Widerstands herzustellen. Er war sowohl mit Reinhold Schneider befreundet, der jede gewaltsame Form des Widerstands ablehnte, als auch mit Nikolaus von Halem, der mit Hilfe von Beppo Römer ein Attentat auf Hitler vorbereitete. Er traf sich mit Harro Schulze-Boysen von der Roten Kapelle, war aber auch mit Klaus Bonhoeffer und anderen bekannt. Es blieb jedoch bei Diskussionen. An irgendwelchen Aktionen war Werner niemals beteiligt.

Während der Ermittlungen gegen die Rote Kapelle wurde Werner – ebenso wie seine Freunde Curt Bley und Hugo Buschmann – 1943 festgenommen und verhört, aber aus Mangel an Beweisen wieder laufengelassen. In seiner Familie galt Werner wegen seiner kompromißlosen Haltung gegenüber dem Nationalsozialismus nach wie vor als wesentlich gefährdeter als der so viel umgänglichere Adam. Hatte dieser sich nicht als anpassungsfähig erwiesen und war 1940 sogar der NSDAP beigetreten? Hatte er nicht täglich Umgang mit Leuten von der Partei? Hatte er nicht in offiziellen Organen publiziert?

Für Adam stellte sich die Frage umgekehrt: War der Kampf gegen den Leviathan überhaupt möglich, ohne zugleich auch für den Leviathan zu arbeiten? War es möglich, den Leviathan zu stürzen, ohne sich die Hände schmutzig zu machen? «Die Sache war die, daß der Leviathan eine besonders üble Form angenommen hatte», schrieb Paul Scheffer, der mit Adam in New York sehr ausführlich diskutiert hatte. «Wenn man ihn nicht untätig gewähren lassen wollte, mußte man sich seiner Fangarme bemächtigen, um ihm entgegenzuwirken (...) Es kommt alles auf ein Wettrennen heraus: Gewinne ich mehr Vorteile für einen kommenden Sturz der Nazis durch das, was ich *gegen* sie tue, als ich der Erhaltung des Systems durch meine *Mitarbeit* damit Vorschub leiste.» Der Staat sei ein Monstrum, er sei übermächtig, habe Adam gesagt. «Er bestimmt die Spielregeln. Man muß sie befolgen, um sie gegen ihn zu benutzen.»

DAS SCHEITERN

Wer die Berichte und Zeugnisse aus Adams letztem Lebensjahr (zum Beispiel die «Berliner Tagebücher» der Missie Wassiltschikow) liest, gewinnt den Eindruck eines ebenso rastlosen wie intensiv geführten Lebens. Eine Unzahl unterschiedlicher Verabredungen und Aktivitäten am Tag und in der Nacht, auf verschiedenen, miteinander verschlungenen Ebenen: im Amt, auf Reisen, in offizieller Funktion und – als Verschwörer. Dazwischen kurze Ruhepausen: in Imshausen, an den märkischen Seen und einmal, ganz kurz, in Venedig. Oder ein paar Seiten Lektüre. Es ist unglaublich, wie viele Bücher Adam in den letzten Monaten seines Lebens noch gelesen hat: Berdjajew, Jünger, Tolstoi, Silone. Dann wieder rastloses Arbeiten, kurzfristig angesetzte Reisen nach Genf, nach Stockholm und in die Türkei, als gäbe es keine Erschöpfung, keine Krankheit, als wüchsen seine Kräfte zehnfach im Kampf.

Aber dieser Kampf war schon verloren. Was zunächst wie eine Freisetzung von Kräften aussieht, ist nichts als ein verzweifelter Versuch, eine Lawine aufzuhalten, ein letztes Aufbäumen gegen den Untergang des Vaterlandes. Es ist alles schon vergeblich. Als Adams Sekretärin im Bombenhagel unter ihrem Haus verschüttet wird, gräbt er bis an den Rand des Zusammenbruchs in den rauchenden Trümmern mit.

Zu lange hatten die «Alten» gezögert, zu viele Bedingungen waren gestellt worden. Einmal schien es zu früh, weil Hitler gerade siegte und die «Massen» ihm zujubelten. Das andere Mal schien es unmöglich, weil die deutschen Truppen auf dem Rückzug waren und die «Alten» nichts mehr fürchteten als eine Neuauflage der «Dolchstoßlegende». Nein, die Honoratioren um Ludwig Beck hatten nichts ausgerichtet, denn sie hatten – wankelmütig, unentschlossen und kraftlos – nicht mit letztem Einsatz gekämpft. Darauf fixiert, eine Stillhaltegarantie (wenn nicht mehr) von den westlichen Alliierten zu erlangen, hatten sie übersehen, daß auch die beste Garantie die Tat nicht ersetzt.

Inzwischen hatte das deutsche Heer – zuletzt bei Stalingrad – vernichtende Niederlagen erlitten, der Zusammenbruch mehrerer Fronten war nur noch eine Frage der Zeit. Die Alliierten hatten sich in Casablanca auf die Linie der «bedingungslosen Kapitulation» festgelegt. Nun traten – im Herbst 1943 – die «Jungen» auf. Es waren keine Honoratioren um die sechzig, sondern tatkräftige Männer zwischen dreißig und vierzig. Es gab auch unter ihnen Leute, die zögerten, vor einem Attentat zurückschreckten und sich darauf verlegten, Pläne für den Tag X zu schmieden. Die Mehrzahl von ihnen war jedoch bereit, einen letzten Versuch zu wagen. Adam von Trott war einer der aktivsten unter ihnen. Er wußte, daß keine Zeit mehr zu verlieren war.

Adam war in das Netzwerk der Freundschaft fest eingewoben: mit Hans Bernd von Haeften, Peter Yorck von Wartenburg, Helmuth von Moltke, Eugen Gerstenmaier, die wie er zum Kern des «Kreisauer Kreises» zählten, verband ihn eine enge Freundschaft, nicht minder intensiv war die Beziehung zu Julius Leber, Fritz-Dietlof von der Schulenburg, Peter Bielenberg, Curt Bley und anderen. Die Beziehung aber, die für Adam von Trott «die menschliche Erfüllung seines Lebens» wurde (so sein Bruder Werner), war diejenige, die er als letzte schloß: die Freundschaft mit Claus Schenk von Stauffenberg. In ihnen trafen sich – zumal nach der Verhaftung Helmuth von Moltkes – die beiden aktivsten Vertreter der «Jungen» aus den Nachwuchsrängen des Generalstabs und aus dem «Kreisauer Kreis». Zusammen mit Julius Leber und Fritz-Dietlof von der Schulenburg bildeten Stauffenberg und Trott den neuen Kern der Verschwörung. Die beinahe schon abgeschriebenen Umsturzpläne erhielten durch sie einen neuen, letzten Impuls.

Die «Jungen», eine Phalanx junger Adliger, nationalrevolutionärer Offiziere, sozialistischer und christlicher Gewerkschafter, waren nicht nur bereit, den Tyrannenmord auf sich zu nehmen, sondern sie strebten auch eine Umwälzung an: keine sozialistische Revolution im Sinne einer Massenerhebung, eher eine «Revolution von oben», stark orientiert an den Selbstverwaltungsvorstellungen des Freiherrn vom Stein. «Hier steht ja alles, was wir brauchen», soll Adam ausgerufen haben, als Götz von Selle ihm die «herrliche Denkschrift Altensteins von 1807» zu lesen gab.

Im «Kreisauer Kreis» waren Pläne zur Erneuerung der Rechtsordnung und des Schulwesens, der Wirtschaftsordnung und des staatlichen Aufbaus ausgearbeitet worden. Diese Pläne als sozialistisch darzustellen verfehlte ihren Charakter ebenso wie Margret Boveris Versuch, sie als Teil der «konservativen Revolution» zu interpretieren. Es war eine Verbindung von beidem. Angesichts der ungeheuren Verbrechen, die das deutsche Volk in diesen Jahren verübte, trachtete man danach, nicht nur mit dem Ungeist des Nationalsozialismus zu brechen, sondern die Grundlagen des Denkens und der Moral überhaupt zu erneuern. Das schien nur möglich durch Rückbesinnung auf die Fundamente des christlichen Glaubens. Neuordnung durch Rückbesinnung: so könnte man die Grundgedanken der Kreisauer Neuordnungspläne zusammenfassen. Es ist sicher kein Zufall, daß in den Entwürfen Helmuth von Moltkes und Alfred Delps aus dem Jahr 1943 zunächst von den «Fünf großen *Wiederherstellungen*» (des Rechtsbewußtseins, der Staatsordnung, der Sozialordnung, der Familie usw.) und kurze Zeit später an derselben Stelle von den «Fünf der *Erneuerung* bedürftigen Lebensbereichen» die Rede ist.

Was die «Jungen» bei allen zutage tretenden Widersprüchen miteinander verband, war die Front gegen das Bürgertum: die entschieden antibürgerliche, antiliberalistische Haltung. Es war die Überzeugung, daß das Bürgertum abgewirtschaftet und insbesondere der Liberalismus seine Unfähigkeit bewiesen habe, die Probleme der modernen Massengesellschaft zu meistern. Dabei begriff man das Dritte Reich nicht als «Ausrutscher», sondern als barbarische Steigerungsform des Kapitalismus, die den wölfischen Charakter der bürgerlichen Gesellschaft hatte offenbar werden lassen. Von dieser Position aus wollten die «Jungen» auch nicht zurück nach Weimar, nicht zurück zur bürgerlichen Demokratie. Denn diese war in ihren Augen ebenfalls nur eine, wenngleich mildere politische Form der nivellierten und nivellierenden Massengesellschaft, die es zu überwinden galt. Daher die Vorstellung eines Bündnisses von Adel und Arbeiterschaft, einer Verbindung von proletarisch-sozialistischem und aristokratischem Denken.

Das Hauptfeld von Adams Tätigkeit im Widerstand war freilich die Außenpolitik. Von den ersten Gesprächen in Cliveden im Juni 1939 bis zur letzten Reise nach Stockholm im Juni 1944 gibt es eine ununterbrochene Kette von Versuchen Adam von Trotts, Möglichkeiten eines Friedensschlusses beziehungsweise Stillhaltens der Alliierten im Falle eines Umsturzes zu erkunden. Diese Sondierungen bedeuteten - obwohl getarnt – ein hohes Risiko. «Mit jeder Reise lege ich meinen Kopf in die Schlinge», sagte er zu seiner Frau, als die ihn bat, sich etwas vorzusehen.

Adam von Trotts Sondierungen waren genauso vergeblich wie diejenigen Carl Goerdelers und anderer Emissäre. Zwar gab es sowohl in England als auch in den USA, in der Schweiz und in Skandinavien Menschen, die sich zu engagierten Anwälten seiner Botschaften machten: von David Astor in London über Willem

A. Visser't Hooft in Genf bis zu schwedischen und englischen Bischöfen und anglo-amerikanischen Gemeindienstagenten. Aber keiner dieser Versuche drang durch. Möglicherweise spielte dabei eine gewisse Rolle, daß Adam in England mit den «falschen» Leuten in Kontakt stand, nämlich mit dem «Cliveden-Set» der «Appeaser» um Lord Astor, und daß die Hardliner im britischen Außenministerium glaubten, ihn als einen «Nazi-Spion» abtun zu können. Doch der entscheidende Grund war, daß Roosevelt und Churchill sich auf die Linie der «bedingungslosen Kapitulation» Deutschlands festgelegt hatten und nicht nur das NS-Regime beseitigen, sondern Deutschland samt seiner politischen Klasse so gründlich zerschlagen oder zumindest schwächen wollten, daß es als Unruheherd in Europa ein für allemal ausgeschaltet war.

Adam, der für Stauffenberg der wichtigste außenpolitische Berater wurde, war aufgrund seiner Herkunft und seiner Studienzeit in Oxford eher westlich orientiert und in gewisser Weise anglophil. Seine puritanische Mutter hatte ihn in diesem Sinne erzogen. Und Adam selbst bekannte seiner Frau, wie sehr er gespalten war: «Du kannst dir nicht vorstellen, was es bedeutet, ständig die deutsche und die englische Position in mir vereinen bzw. gegeneinander austragen zu müssen!» Seine außenpolitischen Analysen zeigen, daß er nichts mehr wünschte als eine Einigung zwischen Deutschland und England. Selbst für den ostasiatischen Raum sah er in einer Achse Berlin–London einen stabilisierenden Faktor (obwohl er gleichzeitig den Zusammenbruch des britischen Empire voraussah). Von Margret Boveri auf die Sowjetunion angesprochen, sagte er, darüber müsse man mit seinem Bruder Werner sprechen. Er selber fühlte sich eher zuständig für den Westen.

Wahrscheinlich hatte er am Beginn des Krieges noch Illusionen über die Möglichkeit einer Einigung mit der politischen Klasse Englands und der USA. Er wußte ja nichts von den hämischen Bemerkungen, die in Washington und London auf seine Denkschriften geschrieben wurden. Aber die Erfahrungen, die er im Laufe des Krieges mit den Westmächten hatte machen müssen, ließen ihn seine Position revidieren. Es wurde ihm immer klarer, daß Roosevelt und Churchill gewillt waren, den deutschen Widerstand «verhungern» zu lassen. «England hat schuld», soll er schließlich voller Enttäuschung und Verbitterung geäußert haben.

Je mehr er die weltpolitischen Zusammenhänge begriff, in die Deutschland gestellt war, desto mehr löste er sich von seiner einseitigen Fixierung auf den angelsächsischen Raum. Er hatte keine Illusionen über den Charakter der Sowjetunion. «Was sich bei uns als schmutzig-braune Brühe darstellt, das tritt uns in Moskau in asiatischer Härte und Brutalität entgegen», sagte er zu Helmuth Conrad im März 1944. Aber er sah, daß hier eine Weltmacht erstarkte, die das Kräftegleichgewicht weltweit veränderte. Frucht all dieser Überlegungen war eine Denkschrift, die Adam von Trott im Frühjahr 1944 zusammen mit Franz Josef Furtwängler verfaßte. Sie trug den Titel «Deutschland zwischen Ost und West». Da eine dauerhafte Ordnung in Europa nur möglich sei, wenn Deutschland darin seinen Platz finde, komme es auf die besondere «Berufung des deutschen Geistes (an), zwischen Osten und Westen substantiell zu vermitteln». Wir kennen diese Schrift nur in Auszügen aus den Protokollen des Volksgerichtshofs.

Soviel kann als gesichert gelten: Am 16. Juli 1944, einen Tag nach einem kurzfristig abgeblasenen Anschlagsversuch Stauffenbergs, trafen sich in seinem Haus in Berlin-Wannsee die Brüder Claus und Berthold von Stauffenberg mit Adam von Trott, Fritz-Dietlof von der Schulenburg und anderen Mitverschwörern. Sie beratschlagten, welche Möglichkeiten es überhaupt noch gebe. Drei denkbare Lösungen wurden durchgespielt: die Ostlösung, die Westlösung und eine vermittelnde Lösung. Da die Alliierten an der Forderung nach bedingungsloser Kapitulation unverändert festhielten, blieb nur die «vermittelnde Lösung», für die Adam sich einsetzte. Doch auch hierbei handelte es sich nur um eine Fiktion. Die Verschwörer mußten sich eingestehen, daß sie über keinerlei außenpolitischen Spielraum verfügten. Sie handelten «außenpolitisch ins Nichts», wie Adam vor Freisler ausführte.

So blieb – als Gewissensentscheid von einzelnen – nur der Tyrannenmord, der für den Kriegsausgang keine grundlegende Bedeutung mehr hatte, aber helfen konnte, die Zahl der Opfer zu verringern. Es war ein Akt von symbolischer Bedeutung. Der Untergang des Vaterlandes war nicht mehr zu verhindern, es

Adam von Trott am 15. August 1944 vor Freislers Volksgerichtshof. Elf Tage später wurde er in Plötzensee gehenkt.

konnte nur ein Zeichen gesetzt werden – auch für künftige Generationen. Von den acht an diesem Abend versammelten Männern hat keiner überlebt. Adam von Trott zu Solz wurde nach dem Prozeß vor dem Volksgerichtshof am 26. August 1944 im Alter von 35 Jahren in Berlin-Plötzensee gehenkt.

SCHAM

Als Werner von Trott nach dem Ende des Krieges das große Holzkreuz über Imshausen errichtete, mögen ihn nicht nur Schmerz und Empörung bewegt haben, sondern auch ein Anflug von Scham. «Adam ist seinen Weg tapfer und edel zu Ende gegangen und hat die Probe bestanden, eine Bewährung, die für mich noch in der Zukunft liegt», heißt es in dem eingangs zitierten Brief an

Diana Hopkinson. An anderer Stelle spricht Werner von Trott von dem «Opfergang», den sein Bruder auf sich genommen habe. Nicht derjenige war gehenkt worden, der das NS-Regime grundsätzlich und kompromißlos abgelehnt hatte, sondern derjenige, der sich auf das System eingelassen hatte, um es zu stürzen. Werner hatte diesen Weg, dessen Abgründigkeit sich ihm verschloß, stets kritisiert und als Kollaboration verdächtigt. Erst im nachhinein wurde ihm klar: dieser «Auftrag» konnte in letzter Konsequenz nur erfüllt werden um den Preis des Verrats.

Knapp drei Jahre nach der Hinrichtung Adam von Trotts trafen sich im August 1947 auf Schloß Imshausen etwa zwei Dutzend namhafte Persönlichkeiten, Publizisten, Professoren und Politiker. Sie kamen aus allen vier Besatzungszonen und aus verschiedenen politischen Lagern: Konservative und Kommunisten, Adlige und Gewerkschafter, Christen und Sozialisten, allesamt Überlebende aus dem Widerstand und einige Emigranten. Eingeladen hatte Werner von Trott. Es war der Versuch, «die unter dem Druck des Hitlerregimes eingeleitete Annäherung und Aktivierung verantwortlicher Deutscher und ihrer Freunde in anderen Ländern weiterzuführen, um die neue Form unseres geistigen, gesellschaftlichen und politischen Lebens aus der besten Tradition der europäischen Widerstandsbewegung zu entwickeln». Gesprochen wurde über Möglichkeiten der Erneuerung Deutschlands und über die Aufgaben einer «demokratischen Elite». Man diskutierte das Verhältnis von Christentum und Sozialismus und suchte nach einer «Synthese zwischen Westen und Osten». Um der Initiative einen organisatorischen Rahmen zu geben, wurde die «Gesellschaft Imshausen» gegründet, deren Vorsitz der frühere Zentrumsabgeordnete Dr. Carl Spiecker übernahm.

Noch zweimal traf man sich im größeren Kreis, im Dezember 1947 und im Mai 1948. Dann mußte man das Scheitern der Initiative bekennen. Der Kalte Krieg begann und wirkte bis in die Versammlungen ehemaliger Hitlergegner hinein. Die Einheit der «Antifaschisten» zerbrach, und es erwies sich – wie Werner von Trott später formulierte –, daß mehr und mehr Deutsche «sich in der Sprache ihrer jeweiligen Besatzungsmacht bekämpften und in der eigenen sich immer weniger zu verständigen vermochten».

CARL FRIEDRICH UND RICHARD
VON WEIZSÄCKER

von Martin Wein

Im Herbst 1939, kurz nachdem Adolf Hitler den Krieg vom Zaun gebrochen hat, wird der siebenundzwanzigjährige Atomphysiker Carl Friedrich von Weizsäcker dem Heereswaffenamt in Berlin zugeteilt, um, gemeinsam mit anderen deutschen Forschern, die Nutzung der Kernspaltung für militärische Zwecke zu untersuchen. Zehn Monate zuvor hatte der Chemiker Otto Hahn die Möglichkeit der Spaltung des Urankerns experimentell nachgewiesen und damit den ersten Schritt zur Freisetzung ungeheurer nuklearer Energie getan. Von Weizsäcker ist, wie er sagt, «fasziniert», bei der Arbeit an einer Superwaffe von Anfang an mit dabeizusein. Er beschwört Otto Hahn – der ihn abblitzen läßt – sowie seinen Duzfreund und früheren Vorgesetzten, den Nobelpreisträger Werner Heisenberg in Leipzig, sich ebenfalls für das Projekt einzusetzen. Ist der schwäbische Freiherr womöglich ein fanatischer Nationalsozialist? Mitnichten. Von Weizsäcker erwartet 1939, wie er später bekundet, «etwas unaussprechbar Außerordentliches von den Ereignissen»: das Ende aller Kriege unter dem Zwang der Atombombe. Durch die neue Waffe, «über die mit mir zu verhandeln niemand verhindern kann», will er «an einen Schalthebel politischen Einflusses» kommen. Er denkt daran, «eine bessere Zukunft einem Manne wie Hitler verständlich zu machen», den Diktator, «weiß der Himmel wie», zur Beendigung des Krieges zu zwingen. Die tödliche Illusion zerplatzt, eine deutsche Kernwaffe kommt nicht zustande – für den Physiker im nachhinein «eine göttliche Gnade».

Im Mai 1944 besucht Hauptmann Richard von Weizsäcker, Jahrgang 1920 und an der Ostfront mit dem Eisernen Kreuz beider Klassen dekoriert, am Ende eines Heimaturlaubs seinen Ersatztruppenteil, das Infanterieregiment 9 in Potsdam, das wegen der vielen Blaublütigen in seinen Reihen auch «Graf Neun» genannt wird. Auf dem Weg zum Bahnhof begleitet ihn der achtzehn Jahre ältere Oberleutnant d. R. Fritz-Dietlof Graf von der Schulenburg, der ihn zur Mitwirkung im Falle eines bevorstehenden Umsturzes auffordert; Einzelheiten eines Attentats auf den «Führer» werde er bald erfahren. Richard von Weizsäcker weiß von solchen Plänen: Ein Freund, der Hauptmann Axel von dem Bussche, hatte, bevor er schwer verwundet wurde, Vorbereitungen getroffen, sich gemeinsam mit Hitler in die Luft zu sprengen. Richard von Weizsäcker sagt seine Unterstützung zu.

Als der ihm ebenfalls bekannte Claus Graf Schenk von Stauffenberg am 20. Juli 1944 den Bombenanschlag auf den Diktator ausführt, befindet sich Richard von Weizsäcker mit den Resten seines Regiments auf dem Rückzug nach Lettland. «Ich war nicht dort, wo es gekracht hat», räumt er später in bezug auf seinen Widerstand gegen das NS-Regime ein. Immerhin besorgte er einem Stabszahlmeister, dessen Vater wegen Wehrkraftzersetzung hingerichtet worden war, einen Posten in der Heimat, «weil Sie wohl nach allem Ihren Kopf nicht für dieses Schwein hinhalten wollen». Als eines Tages sechs junge Offiziere in der Schreibstube über Politik stritten und einer mit seiner Pistole auf das Hitlerbild an der Wand feuerte, tat es ihm von Weizsäcker nach: «Schießen wir alle auf das Bild, damit es nicht nur einer war.»

Die Episoden sind typisch für Carl Friedrich von Weizsäcker, den Physiker, Philosophen und Friedensforscher, und seinen Bruder Richard, von 1984 bis 1994 sechster Präsident der Bundesrepublik Deutschland. Aus dem Wunsch nach Frieden und Freiheit und aus Abscheu vor den Greueltaten des Regimes trachteten beide danach, Hitlers Treiben Einhalt zu gebieten, der Wissenschaftler aufgrund einer paradoxen Spekulation, sein acht Jahre jüngerer Bruder durch sein Mitwissen bei an einer Tat, die fehlschlug.

Ein ähnlicher Kontrast in der Beurteilung politischer Konstellationen tut sich immer wieder auf, zum Beispiel 1968 in der unterschiedlichen Einschätzung der Studentenunruhen durch die

Brüder Weizsäcker. Der Ältere begrüßte zwar gewisse Ideen der Außerparlamentarischen Opposition als Ansätze zu gesellschaftsverändernden Reformen, warnte indes vor zu hohen Erwartungen. Angesichts der drohenden Gewalteskalation konnte er «nur mit äußerster Selbstbeherrschung den ruhigen Atem behalten», das Geschehen insgesamt nahm er «fast als ein Todeserlebnis» wahr. Richard von Weizsäcker dagegen zeigte Verständnis dafür, daß «aktive Teile einer neuen Generation» keinen Grund mehr sahen, «in kritikloser Dankbarkeit hinzunehmen, daß sie über weit mehr Freiheit und Wohlstand verfügten als ihre Vorfahren. Nach ihrem Empfinden hatte sich der Wiederaufbau in eine allzu einseitige, materiell orientierte, selbstsüchtige Leistungsgesellschaft hineinentwickelt.»

Bezeichnend war schließlich, wie verschieden sich Carl Friedrich und Richard von Weizsäcker bei Kandidaturen für das höchste Staatsamt verhielten. Der parteilose Philosoph, der die Nominierung durch die Sozialdemokraten und Liberalen zur Bundespräsidentenwahl 1964 ausgeschlagen hatte, wurde fünfzehn Jahre darauf von denselben Parteien überstürzt als Walter Scheels Nachfolger ausersehen. Im Hinblick auf die zu erwartenden Gegenstimmen von CDU und CSU sagte er nach zwei Tagen Bedenkzeit ab; wegen der absehbaren Krisen der achtziger Jahre stehe er nur dann für das hohe Amt zur Verfügung, «wenn der Antrag gemeinsam von allen Parteien käme». Dieses kaum verhüllte Nein sei «eine bewußt überlegte politische Handlung» gewesen, betonte Carl Friedrich von Weizsäcker später.

Ganz anders sein Bruder als christdemokratischer Kandidat. Weder durch eine Schlappe Mitte November 1968 bei einer Probeabstimmung im Wahlmännergremium der CDU noch durch sein Scheitern bei der Bundespräsidentenwahl fünf Jahre danach und schon gar nicht durch düstere Zukunftsaussichten ließ sich Richard von Weizsäcker entmutigen, 1983 erneut die Villa Hammerschmidt anzusteuern. Neun Monate lang ertrug er die Verzögerungstaktik des CDU-Vorsitzenden Helmut Kohl bei der Nominierung sowie leidige Diskussionen über ihn und seine Konkurrenten. Am 23. Mai 1984 wurde er in Bonn als Nachfolger von Karl Carstens mit 832 von 1028 abgegebenen Stimmen gewählt, mit dem besten Ergebnis, das ein Bundespräsident bisher erreicht hat. Der Ältere ertrug es «mühelos», daß sein Bruder Staatsoberhaupt geworden war: Für den sei «dieses Amt wie geschaffen», versicherte er.

Das Verhältnis zwischen Carl Friedrich und Richard von Weizsäcker zeichnete sich nach außen hin stets durch Harmonie und Zuneigung aus. Tatsächlich verfügen beide über viele Gemeinsamkeiten. Die inneren Gegensätze aber waren von Anfang an beträchtlich. Der Ältere, oft ein unbequemer Zeitgenosse, stellte komplizierte, manchmal quälende Analysen an, ohne seine Emotionen verbergen zu können, dem Jüngeren fiel es meist leicht, Menschen für sich zu gewinnen, vorteilhafte Orientierung zu finden und seine Gefühle zu kontrollieren. Skrupel und die Scheu vor Konflikten beengten nicht selten den Wirkungskreis des Gelehrten, politischer Biß und Machtinstinkt leiteten hingegen den rational bestimmten Staatsmann. «Ich bin kein Organisator; ich regiere nicht gerne gegen Widerstand», gab Carl Friedrich von Weizsäcker zu und attestierte sich eine «als Liberalität getarnte Bequemlichkeit». An seinem Bruder lobte man von der Potsdamer Kaserne des I. R. 9 bis zur Villa Hammerschmidt eine ebenso konsequente wie diplomatische Art bei der Lösung von Problemen.

I

Ähnliche Grundmuster des brüderlichen Dualismus finden sich schon bei den Vorfahren, unter denen es gleichfalls einige illustre Brüderpaare gab. Mitte des 17. Jahrhunderts war die Familie, deren Name vermutlich auf den mittelalterlichen Ranzenhersteller, den «wâtsacker», zurückgeht, aus der Rheinpfalz in das Hohenloher Land eingewandert. Während der folgenden hundert Jahre hatte sie sich in zwölf Linien aufgeteilt, deren Angehörige heute zwischen Buffalo und Bukarest leben, mit Schwerpunkten in Württemberg. Viele waren Müller gewesen. Die gut protestantische Öhringer Linie, aus der Carl Friedrich und Richard von Weizsäcker kommen, war von dem fürstlich-hohenlohischen

Mundkoch Gottlieb Jacob Weidsäcker (1736–1798) begründet worden.

Sein Enkel Carl, Ende 1822 in einem Pastorat zu Öhringen geboren, erhielt mit 38 Jahren vom württembergischen König Wilhelm I. für Verdienste als Hofprediger den persönlichen Adelstitel. Als Theologieprofessor in Tübingen schrieb er Standardwerke über das Frühchristentum und schuf eine in zwölf Auflagen verbreitete moderne Übersetzung des Neuen Testaments. 1890 stieg Carl von Weizsäcker zum Universitätskanzler auf und zog damit in die Stuttgarter Abgeordnetenkammer ein, wo er als «schlauer Fuchs» galt und neun Jahre, bis zu seinem Tod, die kleindeutsche Reichsidee verfocht. Sein sechs Jahre jüngerer Bruder Julius dagegen, der als Historiker in München und Erlangen, Tübingen und Straßburg, Göttingen und Berlin wirkte, versank mit der Zeit immer tiefer in Melancholie. Seit seinem 32. Lebensjahr war er an der Herausgabe spätmittelalterlicher Reichstagsakten beteiligt und erledigte dabei unter der Leitung seines gefeierten Kollegen Heinrich von Sybel die eigentliche, zeitraubende Arbeit. Ihr opferte er den Ruhm, der ihm prophezeit worden war. «An den kleinen Aufgaben eines zeitlich engen Gebietes zerarbeitet», so sein Schwiegersohn, starb der «Preußenfreund» schon 1889.

Persönlich liberal, politisch konservativ dachte und handelte in der nächsten Generation Karl Weizsäcker, der Sohn des Tübinger Theologen. Im April 1900 ernannte König Wilhelm II. von Württemberg den siebenundvierzigjährigen zielstrebigen Staatsbeamten zum Minister für das Kirchen- und Schulwesen, sechs Jahre später zum Außenminister und abermals fünf Monate darauf zum Regierungschef in Stuttgart. Als «besondere Anerkennung und Auszeichnung sowie einen Beweis der persönlichen Dankbarkeit und Wertschätzung» verlieh der Monarch dem Ministerpräsidenten, einem erklärten Gegner des Parlamentarismus, am 5. Oktober 1916 den erblichen Freiherrnstand. Obwohl er sich früh für die Eindämmung des Ersten Weltkriegs engagiert hatte, mußte Karl von Weizsäcker kurz vor der Novemberrevolution 1918 unter dem Druck des württembergischen Landtags abdanken.

Auch die Lebenswege seiner überlebenden Söhne – der älteste

war 1914 in Frankreich gefallen – nahmen nach dem politischen Umsturz eine neue Richtung. Der 1882 geborene Ernst wechselte von der Kriegsmarine in den auswärtigen Dienst und machte Karriere. 1938 zum Staatssekretär im Berliner Außenamt bestellt, glaubte der traditionell denkende Diplomat durch List und Konspiration den Frieden in Europa retten zu können. Durch das Ausharren auf seinem Posten – 1943 wurde er Botschafter am Vatikan – verstrickte sich Ernst von Weizsäcker in Schuld und wurde nach Kriegsende im sogenannten Wilhelmstraßenprozeß zu sieben Jahren Haft verurteilt, die in der Revision auf fünf Jahre abgemildert wurden. Sein vier Jahre jüngerer Bruder Viktor gab 1919 als Professor der Medizin in Heidelberg die rein mechanistische Deutung von Krankheiten auf und wandte sich einer Heilmethode zu, die außer dem Körper auch Gefühle, Affekte und Triebe einbezog. Für viele Ärzte galt der Neurologe bald als Außenseiter. Später untersuchte er soziale Ursachen von Leiden und entwickelte eine Theorie über das Wechselspiel von Wahrnehmen und Bewegen. Vom Nationalsozialismus rückte er nach kurzer Begeisterung ab. 1946 gründete er mit Alexander Mitscherlich die erste deutsche psychosomatische Klinik.

Sowohl der Vater, Ernst, als auch Onkel Viktor, der seine eigenen beiden Söhne im Krieg verlor, prägten die Weizsäckers der nächsten Generation nachhaltig. Ersterer war seinen Kindern ein Beispiel an Prinzipientreue und natürlicher Autorität, an Pflichtgefühl und guten Manieren. Letzterer vertrat, auch in der Funktion des Mentors, seinen Bruder, wenn der durch Verpflichtungen verhindert war. Carl Friedrich von Weizsäcker empfand sich «geistig fast als Sohn» seines grüblerischen Onkels, und Richard meinte, der Mediziner sei «der geistig Belangreichste der Familie» gewesen und habe ihm über den Sinn der Jurisprudenz «mehr zu erklären gewußt als alle anderen».

In ihrem Elternhaus fühlten sich die Söhne nach einer Bemerkung des Ältesten freilich nicht nur «in der vollendeten Liberalität des Vaters», sondern ebensosehr in «der heißen Liebe der Mutter» geborgen. Marianne von Weizsäcker, Tochter des württembergischen Generalmajors Friedrich von Graevenitz, 1889 geboren und mit 22 Jahren verheiratet, war eine willensstarke, kluge und beherrschte Frau. «Sie widmete sich in einer unbedingten Stetigkeit dem Wohl der Familie», wie er es bei niemandem sonst erlebt habe, entsann sich Richard von Weizsäcker. Jedes ihrer vier Kinder habe gespürt, «sie nimmt an meinem Schicksal existentiellen Anteil». Sein Bruder fügte hinzu, sie habe den drei Söhnen und der Tochter Adelheid, entsprechend der jeweiligen Begabung, viel Freiheit gelassen; allerdings seien sie alle «ein bißchen zu sehr verherrlicht» worden. Die Mutter sorgte dafür, daß ihre Kinder in einem festen, verinnerlichten Protestantismus aufwuchsen und daß das Musische in der Familie nicht zu kurz kam.

Alles in allem praktizierten Ernst und Marianne von Weizsäcker eine offene Erziehung. Sie unterhielten sich viel mit den Kindern und ermutigten sie, Fragen zu stellen. Wenn offizielle Gäste kamen, wurden die Söhne und die Tochter in die Vorbereitungen einbezogen, manchmal durften sie auch an der Tafel Platz nehmen, ohne daß ihnen der Mund verboten war. So lernten die Weizsäcker-Kinder, sich darzustellen und konziliant aufzutreten, jedoch zugleich Distanz zu wahren.

Tradition als das Bewußtsein, dieselben Maßstäbe wie die Ahnen zu besitzen, die Vernunftethik als Richtschnur und die unterschiedslose, umfassende Fürsorge: ein solches familiäres Klima fördert das Entstehen gleicher Charakterzüge, Anschauungen und Verhaltensweisen. Im Stolz auf ihre Vorfahren, auf die Müller und Seelsorger, die Staatsbeamten und Gelehrten, stehen Carl Friedrich und Richard von Weizsäcker einander nicht nach. Im Familienverband, einem Zusammenschluß der gegenwärtigen Weizsäckers, und bei etwa alle fünf Jahre stattfindenden Familientagen gehen sie den Ursprüngen ihres Geschlechts nach. Die wissenschaftliche Leistung des Tübinger Urgroßvaters zum Beispiel schätzen die Brüder gleichermaßen hoch ein, und mit Vorliebe lesen sie dessen Übersetzung des Neuen Testaments. Aber auch die Appelle ihres Großvaters im Ersten Weltkrieg, vor allem die kompromißlosen Warnungen des württembergischen Regierungschefs vor dem uneingeschränkten U-Boot-Krieg im Januar 1917, steigern in der Rückschau die familiäre Selbstachtung.

Wie eng der Zusammenhalt zwischen den Generationen ist, zeigte sich 1947, als Ernst von Weizsäcker von den Amerikanern

in Nürnberg angeklagt wurde, als Staatssekretär im Auswärtigen
Amt von April 1938 bis April 1943 an der Vorbereitung eines An-
griffskrieges mitgewirkt und Verbrechen gegen die Menschlichkeit begangen zu haben. Der ältere Sohn, inzwischen Physikpro-
fessor in Göttingen, setzte alle Hebel in Bewegung: Nicht nur,
daß er den vierunddreißigjährigen Rechtsanwalt Hellmut Becker
aus Kreßbronn, mit dem er seit 1933 befreundet war, als Verteidi-
ger gewann, er bat auch Papst Pius XII. und Mitglieder des europäischen Hochadels in einer Briefaktion um Ehrenerklärungen
für seinen Vater, bemühte sich um eine günstige Presse, suchte in
aller Welt Entlastungszeugen, regelte die Finanzierung und ließ
sich vor Gericht ins Kreuzverhör nehmen. Richard von Weizsäcker wiederum beschloß sofort nach der Verhaftung des Vaters
am 25. Juli 1947, sein Jurastudium in Göttingen am Ende des Se-
mesters – es war sein fünftes – zu unterbrechen, um als Assistent
der vierköpfigen Verteidigung vor dem Nürnberger Militärge-
richt tätig zu werden und auf diese Weise auch eine ständige Verbindung zwischen dem Angeklagten und seiner Familie aufrecht-
zuerhalten. Zwar durfte er in dem fünfzehn Monate dauernden
Wilhelmstraßenprozeß – so benannt nach der Adresse des früheren Auswärtigen Amtes in Berlin – das Wort nicht ergreifen, aber
er stellte im Hintergrund Dokumente zusammen, diktierte Berge
von Schriftstücken und bereitete Zeugen auf die ihnen meist un-
gewohnte angelsächsische Prozeßführung vor. «Die offene und
ernste Art des jungen Juristen erweckte im Gerichtssaal manche
Sympathie», beobachtete der Hauptankläger Robert Kempner.
Anwalt Becker über Richard von Weizsäckers Leistung: «In der
gedanklichen Aufbauarbeit der Verteidigung, in der Vorbereitung
des Beweismaterials und in der Abfassung der fünf Bände umfassenden Verteidigungsschrift hat er einen wesentlichen Anteil gehabt (...) Wesentlich hat er auch dazu beigetragen, daß der Vater
die psychische Belastung dieses Prozesses, der immerhin mit
der Androhung der Todesstrafe begonnen hatte, ausgehalten hat
und für sich in einen fruchtbaren Klärungsprozeß verwandeln
konnte.»
Über den Tod des Vaters hinaus – Ernst von Weizsäcker starb
elf Monate nach seiner vorzeitigen Entlassung aus dem Kriegsver-

brechergefängnis Landsberg am Lech im Sommer 1951 – vertei-
digten die Söhne sein Verhalten im Dritten Reich. «Das Anliegen,
das ihn im Amt hielt, war, den Krieg zu verhindern», unterstrich
Carl Friedrich immer wieder: «Ich wurde nach dem Krieg Zeuge des entsetzlichen Mißverständnisses einer Anklage für die Mit-
schuld an dem, was zu verhindern dem Vater nicht gelungen war.
Sich selbst durfte er im Alter fragen, ob er auch sein Leben und
seine Familie hätte opfern sollen. Anklagen durften ihn die anderen nicht.»

Auch Richard von Weizsäcker nahm seinen Vater energisch in
Schutz. Zum Beispiel im Dezember 1974, als der CSU-Vorsitzen-
de Franz Josef Strauß am Vorabend einer Jagd im verschneiten
Hunsrück vor den vom damaligen rheinland-pfälzischen Ministerpräsidenten Helmut Kohl geladenen Gästen in angetrunke-
nem Zustand den Vater einen Nazi hieß. «Ob Herr Strauß nicht
wisse», konterte schneidend der damalige CDU-Bundestagsabge-
ordnete nach einem Bericht des Bonner Journalisten Walter Hen-
kels über den Zwischenfall im Hotel «Waldfrieden», «daß der Vater die Engländer vor Kriegsausbruch vor den aggressiven
Absichten Hitlers gewarnt habe, bereits 1950 durch Hochkom-
missar McCloy aus der Haft entlassen worden sei und daß
Churchill im britischen Unterhaus den Prozeß gegen Vater Weizsäcker wörtlich als ‹tödlichen Irrtum der amerikanischen Anklage›
bezeichnet habe?» Richard von Weizsäckers Beziehungen zu
Franz Josef Strauß blieben von da an jahrelang ausgesprochen
kühl.

II

Der Tübinger Theologe hatte einst lapidar geraten: «Heirate keine Schauspielerin und keine Katholikin!» 1769 war der Begründer der Öhringer Linie, der fürstliche Mundkoch Gottlieb Jacob
Weidsäcker, mit der Tochter seines Lehrherrn und Vorgesetzten
vor den Traualtar getreten. Sein Sohn Christian, ein mittelloser
Seelsorger, hatte sich mit der Tochter eines hohenlohischen
Hofrats vermählt, wodurch die Familie auf der gesellschaftlichen

Im Sommer 1947 wurde Richard von Weizsäcker Assistent der Verteidigung im sogenannten Wilhelmstraßenprozeß. Sein Vater, Ernst von Weizsäcker (rechts), 1938 bis 1943 Staatssekretär des Auswärtigen Amtes, wurde wegen seiner billigenden Mitwirkung bei der Deportation französischer Juden nach Auschwitz im Sinne der Anklage schuldig gesprochen und am Ende zu fünf Jahren Freiheitsstrafe verurteilt. Carl Friedrich bezeichnete den ganzen Prozeß später als ein «entsetzliches Mißverständnis».

Leiter nach oben stieg. Und so sollte es bleiben. In die Familie eines namhaften Esslinger Stadt- und Garnisonspfarrers heiratete der nachmalige Gottesgelehrte in Tübingen ein, als er noch Dorfgeistlicher war, und auch sein Stammhalter, der spätere württembergische Ministerpräsident, befolgte die familiäre Regel; als bürgerlicher Justizassessor in Calw ehelichte er die Älteste eines adligen Reichsrichters aus Leipzig. Ernst von Weizsäcker endlich war 1911, zur Zeit der Trauung mit Marianne von Graevenitz, der Tochter des württembergischen Generalmajors und Militärbeauftragten in der Reichshauptstadt Berlin, nur Kapitänleutnant und trug noch keinen Adelstitel, wenn auch sein Vater in Stuttgart die Regierung leitete.

Am 30. Juni 1934 sollte der gerade 22 Jahre alte Assistent am Leipziger Universitätsinstitut für theoretische Physik, Carl Friedrich von Weizsäcker, durch Vermittlung seines Vaters, der damals deutscher Gesandter in Bern war, eine Schweizer Journalistin treffen, um ihr seine Eindrücke über den kurz zuvor absolvierten Freiwilligen Arbeitsdienst zu schildern. Die Zusammenkunft kam nicht zustande, denn an diesem Tag liquidierte Adolf Hitler die SA-Führung um den lästig gewordenen Ernst Röhm, und die Pressekorrespondentin mußte in Berlin recherchieren. Drei Wochen später klappte es, und aus der Begegnung entwickelte sich eine Romanze. Die Journalistin war die sechsundzwanzigjährige Tochter des Schweizer Oberstkorpskommandanten Ulrich Wille, eines der vier höchsten Offiziere des eidgenössischen Heeres, dem das Landgut Mariafeld am Zürichsee gehörte; die Familie hatte angesehene protestantische Vorfahren, und Tochter Gundalena hatte als Historikerin promoviert. Ende März 1937 fand in der Schweiz die Hochzeit statt. Die Heiratsrichtlinie der Weizsäckers führte wieder einmal zu einer glücklichen Ehe. «Ich weiß nicht», so Carl Friedrich von Weizsäcker später, «wie ich die Spannungen eines Lebens im Zeichen der Politik von damals bis heute ohne sie ausgehalten hätte.»

Sein Bruder hatte nicht weniger Glück. Nach dem Studienabschluß hatte der dreißigjährige Richard für ein Monatsgehalt von 175 DM gerade seine erste Stelle angetreten, in der Rechtsabteilung der Gelsenkirchner Consolidation Bergbau AG, als er Anfang November 1950 am Lagerfeuer einer Hubertusjagd im Ruhrgebiet eine achtzehn Jahre alte blonde, selbstbewußt auftretende Unterprimanerin aus Essen-Bredeney kennenlernte. Es war Marianne von Kretschmann, die älteste Tochter des Direktors des einflußreichen Benzolverbandes und seiner Frau Asta aus der Bankiersdynastie von Waldthausen. Der «guten Partie» machte der Referendar in den folgenden Monaten eifrig den Hof, und die junge Dame fand den zwölf Jahre älteren Verehrer «einfach toll». Daran änderten auch ihr Umzug mit den Eltern nach Hamburg und der Besuch einer Höheren Handelsschule nichts. Am 8. Oktober 1953 heirateten Richard von Weizsäcker und Marianne von Kretschmann standesamtlich und zwei Tage danach kirchlich. Richard und Marianne, die wie Carl Friedrich und Gundalena drei Söhne und eine Tochter haben, bilden ein gut aufeinander eingespieltes Gespann, auch wenn Marianne – zumindest bis 1981, als ihr Mann Regierender Bürgermeister von Berlin wurde – Repräsentationspflichten eigentlich scheute und sich lieber mit Kunst befaßte. Mit ihrem Mann diskutiert sie allerdings rege über politische Fragen; «das ist für uns beide wichtig», sagt Marianne von Weizsäcker.

Den Brüdern Weizsäcker sind Pflichtgefühl und Toleranz, Ehrgeiz und ein gelegentlicher Anflug von Hochmut zu eigen. Kumpelhaftigkeit, Geschwätz und Wichtigtuerei lehnt der eine wie der andere ab. In ihren Freundschaften suchen sie vor allem das geistige Gespräch, sie legen in ihrer Umgebung Wert auf intellektuelles Niveau und Manieren. Auch diese Kriterien haben ihre Wurzeln in der Familientradition und im Elternhaus.

Eine große Ausnahme bildet, in Anbetracht der überwiegend nationalistischen Einstellung der Vorfahren, die einhellige Meinung der Brüder über die jüngere deutsche Geschichte und über das Problem der historischen Schuld. Die Erfahrungen des Zweiten Weltkriegs und insbesondere der Wilhelmstraßenprozeß haben tiefe Spuren hinterlassen und eine ebenso komplexe wie differenzierte Sichtweise der von Deutschen begangenen Verbrechen begründet. Richard von Weizsäcker gehörte 1948 in Nürnberg zu den ersten Deutschen, die die Beweise für die Ausrottung von Millionen Menschen durch das NS-Regime studieren konnten.

«Gegenüber seinen offenen Augen konnten alle Verdrängungs-
akrobaten nicht bestehen», konstatierte Chefankläger Kempner.

Am 20. Juli 1974, dem 30. Jahrestag des Stauffenberg-Attentats
auf Hitler, rief Carl Friedrich von Weizsäcker bei einer Rede im
Hof des ehemaligen Oberkommandos des Heeres in Berlin dazu
auf, einer «Art Heilschlaf (...) eine Beichte folgen» zu lassen: «Es
wäre gesund für uns, wenn es keine Schande wäre, zu bekennen,
daß wir Hitler gefolgt sind, daß wir, jeder vielleicht in anderem
Grade und einer anderen Phase, Glieder eines nationalsozialistischen Volkes waren. Wenn der Schuldkomplex von uns fiele,
könnte vielleicht aus der bisher unterdrückten Tiefe die verspäte-
te Trauer über uns kommen.» Elf Jahre später bezeichnete Richard von Weizsäcker in seiner berühmten Rede zum vierzigsten
Jahrestag des Kriegsendes in Europa den 8. Mai 1945 als «Tag der
Befreiung (...) von dem menschenverachtenden System der nationalsozialistischen Gewaltherrschaft». Nicht im Frühjahr 1945,
sondern am Beginn der NS-Despotie, am 30. Januar 1933, sei die
Ursache für Flucht und Vertreibung zu suchen. Ein Schrei der
Empörung ging in den Wochen nach dieser Rede durch das Lager der unbelehrbar Nationalen, aber der Bundespräsident blieb
dabei: «Wir alle, ob schuldig oder nicht, ob alt oder jung, müssen
die Vergangenheit annehmen. Wir alle sind von ihren Folgen betroffen und für sie in Haftung genommen (...) Wer aber vor der
Vergangenheit die Augen verschließt, wird blind für die Gegenwart. Wer sich der Unmenschlichkeit nicht erinnern will, wird
anfällig für neue Ansteckungsgefahren.»

Wie groß die Gemeinsamkeiten zwischen den Brüdern auch sind,
der Altersunterschied von acht Jahren spielte zeitlebens eine wichtige Rolle. Nicht nur was ihr Verhältnis untereinander betrifft,
sondern auch in bezug auf die einzelnen Lebensphasen. So ist Carl
Friedrich von Weizsäckers früheste Erinnerung – er wurde am
28. Juni 1912 in Kiel geboren – ein dumpfes Empfinden von
Krieg. Es sind Bilder und Worte, die er als Dreijähriger nicht verstand, die ihn aber zutiefst beschäftigten: die Mutter in Rot-
kreuzschwesterntracht, Männer an Krücken mit nur einem Bein
oder mit einem dicken Kopfverband, aufgeschnappte Ausdrücke

Familie Weizsäcker auf der Solitüde, 1920 (von links): der Vater, Schwester
Adelheid, die Mutter mit Richard, Heinrich und Carl Friedrich.

wie Offensive, Front, Verluste. Deutlicher wird die Erinnerung
mit dem 6. November 1918, an dem er als Erstkläßler in Rüstringen bei Wilhelmshaven mit seinem Freund Joachim Schulz
(«Aki») auf dem Heimweg von der Schule vor einer Kaserne einen Menschenauflauf beobachtete und überall rote Fahnen weh-
ten. «Du, der Aki hat gesagt, das bedeutet Frieden», berichtete er
zu Hause seiner verstörten Mutter. «Ja», seufzte sie in Sorge um
die Zukunft der Familie, «ja, das bedeutet Frieden.» So erwachte
politisches Denken. Bissige Glossen des Großvaters, des demissio-
nierten württembergischen Ministerpräsidenten, über das parla-
mentarische System trugen zur ersten Bewußtwerdung bei.

Nicht um Krieg und Politik, sondern um das eigene Elternhaus kreisen die frühesten Eindrücke Richard von Weizsäckers. Er wurde am 15. April 1920, siebzehn Monate nach dem Waffenstillstand und der Revolution, in der Mansarde eines Seitenflügels des Stuttgarter Schlosses geboren, wo seine Familie in der früheren Dienstwohnung des Großvaters mütterlicherseits, des Generalmajors von Graevenitz, eine Bleibe gefunden hatte. Von 1922 bis 1924 lebten die Weizsäckers in Basel, wo der bei der Kriegsmarine abgemusterte Vater nach einer Umschulung als deutscher Konsul amtierte. Die musischen Aktivitäten der Mama wußte Richard nicht recht zu schätzen: «Der einzige, der fand, es solle nicht so viel vorgelesen, sondern auch gespielt werden, war ich. Ich wollte schon mal beim Fußballspielen zugucken. Die anderen fühlten sich wahrscheinlich in ihren ruhigen geistigen Beschäftigungen durch mich gestört.» Während er mit der vier Jahre älteren Schwester Adelheid hervorragend auskam und sich dem im Sommer 1917 zur Welt gekommenen Bruder Heinrich innig anschloß, gründete das Verhältnis zum Erstgeborenen vor allem auf Bewunderung.

Carl Friedrich, der den ersten Vornamen entsprechend der Familientradition von 1853 und den zweiten nach seinem Großvater mütterlicherseits erhalten hatte, kümmerte sich nicht sonderlich um die Geschwister. Zum einen fühlte er sich ihnen gegenüber grundsätzlich im Nachteil, «denn die Kleinen dürfen prügeln, und man darf nicht zurückprügeln». Zum anderen entwickelte er sich zu einem etwas ängstlichen Einzelgänger und Träumer, der viel las und lieber mit Erwachsenen als mit Kindern redete. Die Eltern hielten ihren Ältesten für «etwas vom Boden abgehoben». Bei einem Strategiespiel, das er mit elf Jahren in Basel erfand und bei dem es auf einer fiktiven Weltkarte um die Außenpolitik sowie die Kriege eines Phantasielandes «Piklön» ging, machte allerdings nicht nur die Mehrzahl der Klassenkameraden, sondern gelegentlich auch der Vater mit. Selbst aus den häufigen Schulwechseln – von Rüstringen nach Stuttgart, Den Haag, Basel, Kopenhagen und Berlin –, die durch die Versetzungen des Vaters nötig wurden, gewann Carl Friedrich von Weizsäcker prinzipielle Einsichten: Er lernte bereits in jungen Jahren «die Relativität der politischen Urteile der Menschen kennen», in der deutschen Auslandsschule in Kopenhagen zum Beispiel anhand der konträren Darstellungen des Krieges von 1864 um das Herzogtum Schleswig in den dänischen Lehrbüchern und von seiten deutscher Pädagogen.

Auf derselben Altersstufe galt Richard von Weizsäcker in der Familie – er trägt den Vornamen eines im Krieg gefallenen Onkels – als «irdisch wach», als Kind mit Charme und Witz. Wie schon als Hosenmatz war er «höchst lebendig» und zuweilen eigenwillig. «Er war der lebhafteste von uns allen, machte sich sichtbar und hörbar, hatte viele Wünsche, wir fanden manchmal, er hätte zu viele Wünsche», bemerkte Carl Friedrich im Rückblick auf die Kindheit seines jüngsten Bruders. Wenn dessen flinke Rede ihm zu sehr auf die Nerven ging, prophezeite er dem schmächtigen Kind: «Du wirst sicher Parlamentsredner!» – nach den spitzen Bemerkungen des Großvaters über die Demokratie eine gehörige Schmähung. Richard umgekehrt zollte dem geistigen Höhenflug des Älteren noch immer uneingeschränkten Respekt: «Er war weiter, viel weiter als ich mit zwölf Jahren.»

Angeregt durch Schriften des seinerzeit populären Naturkundlers Wilhelm Bölsche und durch die Lektüre der Monatszeitschrift «Kosmos», hatte Carl Friedrich von Weizsäcker schon mit acht Jahren begonnen, sich intensiv mit Astronomie zu beschäftigen. Am Abend des 1. August 1924, während der Sommerferien mit den Eltern im Berner Jura, fiel eine erste Entscheidung für sein künftiges Leben. Während die Erwachsenen den Schweizer Nationalfeiertag begingen, stahl sich der Zwölfjährige mit einer Himmelskarte aus der Pension. «In der unaussprechlichen Herrlichkeit des Sternhimmels war irgendwo Gott gegenwärtig», beschrieb Weizsäcker Jahre danach seine damaligen Empfindungen. «Zugleich aber wußte ich, daß die Sterne Gaskugeln sind, aus Atomen bestehend, die den Gesetzen der Physik genügen. Die Spannung zwischen diesen beiden Wahrheiten kann nicht unauflöslich sein. Wie aber kann man sie lösen? Wäre es möglich, auch in den Gesetzen der Physik einen Abglanz Gottes zu finden?» Seitdem wollte er Astronom werden.

Zwei Jahre später lernte Carl Friedrich in Kopenhagen, wo sein Vater Gesandtschaftsrat war, den fünfundzwanzigjährigen theoretischen Physiker Werner Heisenberg aus Leipzig kennen, den Entdecker der Quantenmechanik, der ihn «im Handumdrehen» für sein Fachgebiet begeisterte. In Berlin traf der Diplomatensohn bald darauf, im April 1927, seinen neuen Bekannten, der auf der Durchreise war. Bei der Taxifahrt von Bahnhof zu Bahnhof erfuhr der Vierzehnjährige als einer der ersten von Heisenbergs revolutionärer Entdeckung, der Unschärferelation, mit der die Quantentheorie nach einem Vierteljahrhundert zu einem erfolgreichen Abschluß gebracht wurde.

Ein Jahr später, um Ostern 1928, entdeckte Carl Friedrich beim Hören der Matthäuspassion von Bach, daß die schlichte Frömmigkeit ihm fremd geworden war. Zwar blieb er «stets und nicht unwillig Mitglied der Lutherischen Kirche», den Ausschließlichkeitsanspruch des Christentums lehnte er jedoch ab. Das Tor für die Begegnung mit anderen Religionen war geöffnet.

Richard hingegen nahm das Religiöse nicht so tiefgründig wie sein Bruder, er wurzelte unbeirrt im Protestantismus. Er brachte erfreuliche Zeugnisse nach Hause, lernte Geige und Trompete spielen – «Geige nie gut und das Blasinstrument noch schlechter» – und neigte im übrigen weiter zu Streichen. Von 1933 bis 1937 war der Vater Gesandter in der Schweiz, und Sohn Richard gab in der Berner Residenz bei Abwesenheit der Eltern feuchtfröhliche Feste für Klassenkameraden, die aus den Vorräten des Hausherrn «gute Weine und teure Zigarren probierten». Das Abitur legte er 1937 mit nicht einmal 17 Jahren am Berliner Bismarck-Gymnasium ab, mit guten Noten in Geschichte und den Sprachen, wogegen er in Mathematik und Physik «bei durchschnittlichen Zensuren von dem ausgezeichneten Ruf meines Bruders Carl Friedrich lebte», der an der gleichen Schule Ende der zwanziger Jahre examiniert worden war. Während dieser anschließend sofort mit dem Physikstudium begonnen hatte, verbrachte der «Benjamin» mit gesparten Auslandsbezügen seines Vaters je ein Semester in Oxford und Grenoble, um seine Fremdsprachenkenntnisse aufzupolieren. In England kam das Tennis, in den französischen Alpen der Wintersport nicht zu kurz. Mit der Juristerei hatte es Zeit.

III

Die Bildung des politischen Bewußtseins der Brüder klaffte in diesen Jahren besonders weit auseinander, nicht nur wegen des Altersunterschieds. Carl Friedrich von Weizsäcker bewegte nach dem Trauma der frühen Kriegseindrücke die Sorge um Frieden. Schon 1923, am Baseler Gymnasium am Münsterplatz, beteuerte er in einem Aufsatz, daß er keinesfalls, wie einst der Papa, Offizier werden könne, weil er nie von Berufs wegen töten wolle. Die Argumente des Vaters, der seit 1927 Abrüstungsexperte des Auswärtigen Amtes war, überzeugten den Sohn, daß bei der Friedenssicherung die Vertrauensbildung Vorrang vor der Demobilisation haben müsse, da Waffen kaum beseitigt würden, solange Argwohn herrsche. Im Winter 1928/29 schließlich hatte der Oberprimaner während einer langweiligen Geschichtsstunde einen Tagtraum, der sich anderthalb Jahrzehnte später furchtbar erfüllte: Er sah «unendliche Heerzüge von Völkern und Fürsten, von deren Hoffnungen und Leiden wir nichts mehr wissen. Und dann sah ich den Schnee draußen auf Trümmer fallen.»

Auch Bruder Richard hatte schon 1930 auf dem Schulhof des Bismarck-Gymnasiums mit Klassenkameraden über Politik diskutiert. Fast ein Drittel war jüdischer Herkunft, und die meisten von ihnen reagierten verstört auf den Triumph des Nationalsozialismus bei der Reichstagswahl im September. Richard suchte zusammen mit seinem Bruder Heinrich Orientierung im «Großdeutschen Jugendbund». Außerdem erhoffte er sich hier eine Kräftigung besonderer Art: Bei Balgereien fühlte er sich «immer als zu jung, zuwenig verteidigungsfähig», das wollte er ändern. Doch auch im Jugendbund bekam er erst einmal Prügel. Die nationalkonservative Organisation um den ehemaligen Vizeadmiral Adolf von Trotha, einen Bekannten des Vaters aus der Marine, gehörte zur Bündischen Jugend, die 1933 von der Hitlerjugend vereinnahmt wurde. Während Richard von Weizsäcker damals innerlich auf Distanz ging – die Jungvolkgruppe mit den zehn- bis vierzehnjährigen Söhnen des deutschen Gesandtschaftspersonals in Bern leitete er mit wenig Eifer –, war sein Bruder Carl Friedrich vom Nationalsozialismus zunächst begeistert.

Noch beim Anblick eines großen Fackelzuges der Leipziger Sturmabteilungen am Abend der Machtübernahme war er darüber konsterniert gewesen, daß «all diese netten jungen Leute diesem Scharlatan nachlaufen». Im Mai 1933 – er hatte gerade seine Dissertation beendet – glaubte er indes, daß der Nationalsozialismus den Deutschen ein neues Selbstbewußtsein gebe. Eventuell befinde sich Hitler doch mit der von ihm so oft beschworenen Vorsehung im Bunde: «Hinter (...) den Ekstasen des Führers meinte ich eine noch unenthüllte Möglichkeit eines höheren Inhalts zu spüren.» Carl Friedrich von Weizsäcker war damals in den Bannkreis des Dichters Stefan George geraten und glaubte, Parallelen zu erkennen – eine Vermutung, die er später als seinen «wohl größten politischen Irrtum» bezeichnete. Jüdische Freunde und der vorsichtige Vater hielten ihn 1933 davon ab, der NSDAP beizutreten.

Vier Jahre darauf meinte er in Berlin, «man müßte sich auf den Potsdamer Platz stellen und schreien: ‹Was hier geschieht, ist Verbrechen!›» Durch seine Schweizer Ehefrau hatte er den Geopolitiker Albrecht Haushofer kennengelernt, an dem der Wandel eines Zeitgenossen vom Gefolgsmann zum Gegner des NS-Regimes exemplarisch zu beobachten war. Mit Unterstützung seines Vaters, der Anfang April 1938 Staatssekretär im Auswärtigen Amt geworden war, verhalf er Otto Hahns jüdischer Mitarbeiterin Lise Meitner zur Emigration, und gleich nach den Ausschreitungen der «Reichskristallnacht» bot er den Eltern eines ausgewanderten Schulfreundes Beistand an.

Nach dem Physikstudium in Berlin und Leipzig war Carl Friedrich von Weizsäcker, «kein Experimentator und ein schwacher Mathematiker», an verschiedenen Instituten in Kopenhagen, Leipzig und Berlin mit Untersuchungen über die Struktur der Atomkerne, über Gestirne und die Zeit beschäftigt gewesen. Er hatte sich habilitiert, eine Formel zur Berechnung der Nuklearkraft aufgestellt und Theorien über die Energieerzeugung der Fixsterne veröffentlicht, durch die er berühmt wurde. Daneben galt von Weizsäckers Interesse der Philosophie, insbesondere Platon. Bei der Lektüre der Platonschen Dialoge, aber auch durch Kolloquien bei dem von ihm tief verehrten dänischen Physik-

Die vier Geschwister Weizsäcker mit der Mutter 1927 in Berlin: Heinrich, Richard, Adelheid, Carl Friedrich. Heinrich fiel am 2. September 1939, einen Tag nach Kriegsbeginn.

Nobelpreisträger Niels Bohr und durch Gespräche mit Martin Heidegger war ihm die «unglaubliche Kraft des Fragens» als Methode des Forschens bewußt geworden. Einige Tage vor Weihnachten 1938 teilte nun Otto Hahn in Berlin dem Kollegen telefonisch mit, ihm sei im Labor die Umwandlung von Radium in Barium gelungen, die erste Kernspaltung. Zwei Monate später erfuhr von Weizsäcker, daß der französische Nobelpreisträger Frédéric Joliot bei der Zertrümmerung von Urankernen eine Kettenreaktion beobachtet habe. Von Weizsäcker erschrak: Ihm war blitzartig klar, daß fortan eine Waffe von gigantischer Sprengkraft möglich war. Eine halbe Nacht lang erörterte er mit einem Jugendfreund, dem Altphilologen Georg Picht, die Folgen beider Entdeckungen. Die Menschheit werde die neue Situation nur überleben, so die Schlußfolgerung der beiden, «wenn sie die Institution des Krieges zu überwinden vermag». In der Tat, von Weizsäcker interessierte sich von Anfang an weniger für die physikalisch-technischen Aspekte der Sache: «Mein Interesse war rein politisch. Es war der träumerische Wunsch, wenn ich einer der wenigen Menschen bin, die verstehen, wie man eine Bombe macht, dann werden die obersten Autoritäten mit mir reden müssen, einschließlich Adolf Hitlers. Ob ich nicht den Hitler rumkriege, eine vernünftige Politik zu machen.»

Bruder Richard fand zu solchen Analysen weder Zeit noch Gelegenheit. Nach dem Semester in Grenoble wollte er möglichst rasch den sechsmonatigen Arbeitsdienst sowie die zweijährige Wehrpflicht ableisten und damit die letzte Voraussetzung für das Studium erfüllen. Er schuftete am Werbellinsee bei Berlin und ließ sich dann zu dem bereits erwähnten Potsdamer Infanterieregiment 9 einziehen. Dabei half ihm mit Rat und Tat Bruder Heinrich, der als Berufsoffizier im I.R. 9 diente. Fünf Monate nach Beendigung der Rekrutenzeit, am 1. September 1939, begann mit Hitlers Überfall auf Polen der Zweite Weltkrieg. Einen Tag später wurde Heinrich beim Werfen einer Handgranate durch einen Halsschuß getötet; Richard hielt die Totenwache.

Zu Heinrich hatte sich Richard von Weizsäcker immer hingezogen gefühlt. «Ich habe ihn wohl als Bruder sehr geliebt», erinnert er sich. Der drei Jahre Ältere ging auf Richard stets ein. Die beiden musizierten nicht nur miteinander, sie blieben auch von 1931 bis 1933, als der Vater in Oslo war, zum weiteren Besuch des Bismarck-Gymnasiums gemeinsam bei einer Bekannten der Eltern in Berlin zurück. Später unternahmen sie eine Bildungsreise nach Apulien. Heinrich, ein Bewunderer des Stauferkaisers Friedrich II., wollte ursprünglich Geschichte studieren, wurde dann aber, wie einst sein Vater, Berufssoldat. 1939 fiel er als erster Offizier des Infanterieregiments 9.

Richard von Weizsäcker blieb während des ganzen Krieges bei dieser Einheit. Nach dem Feldzug in Polen und sechs Monaten Stellungskrieg im Westen nahm er an einem Reserveoffizierlehrgang teil; beim Überfall auf die Sowjetunion war er Fähnrich. Am Dnjepr verwundet, gehörte er im folgenden Winter vor Moskau zu den wenigen Überlebenden seines Truppenteils. Als junger Leutnant tat er dann Dienst in der Aufklärungsabteilung des Oberkommandos der Wehrmacht, wurde im Norden der Ostfront eingesetzt und brachte es im Rang eines Hauptmanns zum Regimentsadjutanten. In Ostpreußen erneut verwundet, befand sich von Weizsäcker bei Kriegsende auf Genesungsurlaub in Lindau, wo seine Großmutter einen Bauernhof besaß.

Carl Friedrich erlebte den Zweiten Weltkrieg aus völlig anderer Perspektive. Wie den meisten Forschern im «Uranverein» des Heereswaffenamtes war ihm Mitte 1941 klar, daß der Bau einer Atombombe die deutschen Möglichkeiten überstieg. Der Plan, Hitler mit Hilfe der modernen Physik zum Einlenken zu bewegen, blieb Utopie. Um aber Befürchtungen der USA vor einer deutschen Atombombe zu zerstreuen und eventuelle amerikanische Forschungen an einer Kernwaffe aufzuhalten, wollten Heisenberg und von Weizsäcker den Kollegen jenseits des Atlantiks durch Niels Bohr einen beschwichtigenden Wink geben. Der berühmte Spaziergang in Kopenhagen endete mit einem Fiasko. Während Heisenberg glaubte, angesichts der damaligen deutschen Kriegserfolge an die internationale Gemeinschaft der Physiker appellieren zu können, vermutete Bohr, man wolle ihn in Hitlers Rüstungsmaschinerie einspannen, und lehnte empört jede Vermittlung ab.

Er habe den Nationalsozialismus «nicht bewältigt, sondern

überlebt», räumte Carl Friedrich von Weizsäcker später ein und beklagte in einem Gedicht die «furchtbare Klugheit, die mir riet Geduld». 1942 übernahm er einen Lehrstuhl in Straßburg. Bei Kriegsende von einem alliierten Spezialkommando im Württembergischen verhaftet, hörte von Weizsäcker am Abend des 6. August 1945 zusammen mit neun anderen internierten deutschen Topwissenschaftlern auf einem Landsitz in der Nähe von Cambridge die Nachricht vom Abwurf einer amerikanischen Atombombe über Japan. Und wieder war es vor allem die politische, die weltgeschichtliche Dimension, die von Weizsäcker sofort durchschaute. Laut Abhörprotokoll sagte er, während die anderen noch damit beschäftigt waren, sich den Erfolg der Amerikaner und damit das eigene Scheitern zu erklären: «Die Geschichte wird festhalten, daß die Amerikaner und die Engländer eine Bombe bauten und daß zur selben Zeit die Deutschen unter dem Hitler-Regime eine funktionsfähige Maschine (d. h. einen Reaktor) herstellten. Mit anderen Worten, die friedliche Entwicklung der Uranmaschine fand in Deutschland unter dem Hitler-Regime statt, während die Amerikaner und die Engländer diese gräßliche Kriegswaffe entwickelten.» Auch das Vertrauen in die Physik hatte durch Hiroshima keineswegs Schaden genommen, im Gegenteil: «Unser Stand ist ein Faktor der Weltpolitik geworden und teilt damit die Verantwortung für Krieg und Frieden.» Seinem Bruder schickte er damals aus England ein Sonett nach Lindau. Es endete:

Was hindert uns, daß wir's noch einmal wagen,
Deutschland zu bauen! Auf, ich bin bereit!

IV

Nach Jahren, in denen sie sich nur selten gesehen hatten, trafen Carl Friedrich und Richard von Weizsäcker Anfang 1946 in Göttingen zusammen, wo Heisenberg, Max von Laue und andere das spätere Max-Planck-Institut für Physik aufbauten. Der Ältere fand, daß der Jüngere «im schrecklichen Schnellkochverfahren des Krieges» ein gereifter Mann geworden sei. Er nahm den Fünfundzwanzigjährigen, der Jura zu studieren begann, sowie dessen Freund Axel von dem Bussche in der Wohnung auf, die ihm die britischen Besatzungsbehörden zur Verfügung stellten. Gemeinsam vertilgten sie Care-Pakete aus Amerika, besuchten Opernaufführungen und diskutierten nächtelang. Während Carl Friedrich sich zunächst mit Astrophysik und, nach dem Plazet der Westalliierten, mit Kernforschung befaßte, büffelte Richard bei Ludwig Raiser, Hans Welzel und Rudolf Smend Zivil-, Straf- und Staatsrecht. Daneben hörte er historische, theologische und – beim Bruder – naturwissenschaftliche Vorlesungen. «Die materiellen Bedingungen waren bescheiden, aber es war eine erfüllte Zeit», erinnert sich Richard von Weizsäcker. Hinzu kam «die vielleicht größte und intensivste Lehrzeit, die ich überhaupt erlebt habe»: die Beschäftigung mit Untaten während des NS-Regimes bei der Verteidigung seines Vaters in Nürnberg. Nach Göttingen zurückgekehrt, legte er 1950 das Referendarexamen ab. Mit dreißig erfolgte der Eintritt ins Berufsleben.

In der Gelsenkirchener Consolidation Bergbau AG und dann im Stammhaus der Mannesmann AG in Düsseldorf förderten ihn zwei Bekannte aus der Zeit der Nürnberger Kriegsverbrecherprozesse, der Justitiar Günter Geißeler und der Generalbevollmächtigte Wolfgang Pohle, die Alfried Krupp von Bohlen und Halbach respektive Friedrich Flick verteidigt hatten. Seit 1953 CDU-Bundestagsabgeordneter, übertrug Pohle dem alerten Juristen ab und zu die Abfassung von Reden. 1958 wechselte Richard von Weizsäcker, der mit einer Abhandlung über die Folgen einer fehlerhaften Vereinsgründung den Doktorgrad erworben hatte, als Gesellschafter zur Waldthausen-Bank und trat 1962 schließlich durch Vermittlung Robert Boehringers, eines jahrzehntelangen Freundes der Eltern, in die Geschäftsleitung der Chemie- und Pharmafirma Boehringer in Ingelheim ein.

Anders als sein Bruder behielt Carl Friedrich von Weizsäcker immer «das Ganze» im Auge. Er bekannte sich zur Bundesrepublik und rügte führende Männer der Ära Adenauer wegen ihres Mangels an politischer Ehrlichkeit. Als Verteidigungsminister Strauß für die Bundeswehr eine supranationale Atomrüstung forderte und der Bundeskanzler Kernwaffen als «Weiterentwicklung der Artillerie» bagatellisierte, kam auf Weizsäckers Betreiben im April 1957 das «Manifest der Göttinger Achtzehn» zustande, das größtes Aufsehen erregte. «Für ein kleines Land wie die Bundesrepublik glauben wir, daß es sich heute noch am besten schützt und den Weltfrieden noch am ehesten fördert, wenn es ausdrücklich und freiwillig auf den Besitz von Atomwaffen jeder Art verzichtet. Jedenfalls wäre keiner der Unterzeichneten bereit, sich an der Herstellung, der Erprobung und dem Einsatz von Atomwaffen in irgendeiner Weise zu beteiligen.» Andererseits riet Weizsäcker im Jahr darauf nach Gesprächen in den USA, der Westen dürfe keine Abrüstungsillusionen hegen, sondern müsse eine abgestufte Abschreckung praktizieren und lernen, «mit der Bombe zu leben».

Auch Richard von Weizsäcker faßte Mitte der sechziger Jahre den «Dienst am Ganzen» ins Auge. Noch während er bei Boehringer tätig war, bat ihn einer der Begründer des Deutschen Evangelischen Kirchentags, in die Leitung dieser alle zwei Jahre stattfindenden Großveranstaltung protestantischer Laien einzutreten. 1964 wurde der Jurist für sechs Jahre Präsident des Kirchentages. Unter seiner Regie veränderte sich die Glaubenskundgebung in ein Forum, das christliche Modelle zur Bewältigung aktueller Probleme diskutiert. «Das Evangelium gewährt uns die Hoffnung auf die Zukunft», lautete Weizsäckers Credo. «Aber wir erfassen die lebendige Kraft dieser Hoffnung nur im vollen Einsatz für unsere gegenwärtigen Aufgaben.» Vor allem auf dem Kirchentag 1967 in Hannover unterstützte ihn dabei sein Bruder; auch setzten sich beide immer aufs neue für die Ökumene ein.

Für Carl Friedrich von Weizsäcker erfüllte sich mit 45 Jahren ein Traum: An der Universität Hamburg erhielt er einen Lehrstuhl für Philosophie, der, so Heisenberg über den Freund, «von Anfang an» sein eigentliches Interesse gegolten hatte. Er sei «ein am politischen Geschehen nicht unbeteiligter Professor der Philosophie, der als Physiker ausgebildet ist», sagte Weizsäcker um diese Zeit von sich selbst. Die dreizehn Jahre in Hamburg, in denen er über Kant und Platon las, vor allem aber nach einer einheitlichen Theorie der Natur zu suchen begann, nannte er die glücklichsten seines Lebens.

Carl Friedrich und Richard von Weizsäcker in den achtziger Jahren. «Zwischen Geschwistern gibt es immer gewisse Polarisierungen», so Carl Friedrich von Weizsäcker, das trage «zum Reichtum der Beziehung bei».

Als Krönung seines Schaffens sah Carl Friedrich von Weizsäcker jedoch eine Synthese der Philosophie mit der Politik und Physik an. Wohl darauf spekulierend, hierfür die geeigneten Begriffe entwickeln zu können, übernahm er 1970 in Starnberg die Leitung des neuen Max-Planck-Instituts zur Erforschung der Lebensbedingungen der wissenschaftlich-technischen Welt. Die dort vorgelegten Analysen drängender Themen, von der Friedenserhaltung über die Ökologie bis zur Entwicklungshilfe, blieben indes allzuoft nur Theorie. Nach einem Jahrzehnt wurde das Institut geschlossen, sein Leiter ging in Pension. Während dieser Zeit wie auch später richteten sich Carl Friedrich von Weizsäckers

Botschaften vor allem an die politische Linke, ohne daß er ihr Kritik erspart hätte. Er beriet Bundeskanzler Willy Brandt, blieb jedoch parteilos und behielt stets das Ganze im Blick.

Die politische Laufbahn schlug mit 45 Jahren der Bruder ein. Zwar war er nach langen Gesprächen mit seinem Gönner Wolfgang Pohle bereits 1953 Mitglied der Christlich-Demokratischen Union geworden, die ihm von allen Parteien «am wenigsten fremd» erschien. Solange er jedoch in der Wirtschaft tätig war, hatte er sich parteipolitisch nicht engagiert. Erst Helmut Kohl, zu jener Zeit CDU-Fraktionsvorsitzender im Mainzer Landtag, sorgte auf der Suche nach neuen Köpfen dafür, daß der renommierte Protestant die Politik 1965 zu seinem Lebensinhalt machte und sich um ein Bundestagsmandat bewarb. Kurz vor der Wahl zog Weizsäcker die Kandidatur allerdings zurück, da Boehringer ihn nicht ziehen lassen wollte. Im Jahr darauf wurde er dann doch Mitglied des CDU-Vorstandes und von 1969 bis 1981 Bundestagsabgeordneter. Weizsäckers Ansehen innerhalb der Partei war groß, eine Hausmacht allerdings besaß er nie. Er hielt sich Flügelkämpfen fern und ging gern eigene Wege. Im Bonner Parlament trug er Mitte Mai 1972 durch zwei eindrucksvolle Reden zur Ostpolitik der Regierung Brandt dazu bei, daß die Mehrheit der CDU / CSU-Fraktion bei der Abstimmung über die Verträge mit der UdSSR und Polen sich der Stimme enthielt, so daß beide Abkommen in Kraft treten konnten.

Drei Wochen zuvor, als die konservative Opposition beim gleichen Thema den Versuch unternommen hatte, Brandt durch ein konstruktives Mißtrauensvotum zu stürzen, war es zu einer Eintrübung des Verhältnisses zwischen den Brüdern Weizsäcker gekommen. Den Eintritt des Jüngeren in eine Partei hatte der Philosoph, seit dem Tod des Vaters respektierter Familiensenior, als Variante des «Dienstes am Ganzen» angesehen, «weil diesen Schritt die heutige Form politischer Tätigkeit nahelegt». Daß der Bruder aber das Gruppeninteresse der CDU / CSU höher stellte als die nationale Aussöhnung mit Russen und Polen, befremdete den Älteren. «Zwischen Geschwistern gibt es immer gewisse Polarisierungen», meinte Carl Friedrich lakonisch, «das trägt zum Reichtum der Beziehung bei.»

«Vom Merker zum Macher» wurde Richard von Weizsäcker im Mai 1981, als er, zwei Jahre nach einem vergeblichen ersten Anlauf, Regierender Bürgermeister von Berlin wurde. «König Silberlocke» – so die Berliner – erreichte es, daß sich die von Gewalttaten aufgeladene Atmosphäre der Stadt entspannte und die Attraktivität Westberlins zunahm. 1984 schon verließ Richard von Weizsäcker die Stadt an der Spree und zog in die Villa Hammerschmidt.

Als Bundespräsident repräsentierte Richard von Weizsäcker die deutsche Republik nach außen auf glanzvolle Weise und verwirklichte im Innern die Ankündigung aus seiner Antrittsrede: «Es kommt meinem Amt zu, Fragen zu stellen und die Arbeit für Antworten auf sie zu ermutigen, nicht aber Rezepte anzubieten.» Sein Ziel war es, in Grundansichten Übereinstimmung zu schaffen, die deutsche Identität zu wahren und über den Tag hinaus Orientierung zu bieten. Dabei strebte er nach Überparteilichkeit, scheute jedoch mißbilligende Reaktionen nicht, wenn er zum Beispiel den viel zu großen Einfluß der Parteien kritisierte oder sein Begnadigungsrecht auch auf RAF-Terroristen anwandte. Als im November 1989 die Mauer fiel, warnte der Bundespräsident vor einem «Zusammenwuchern» der beiden Teile Deutschlands zu einem Bundesstaat und forderte energisch «einen großen Lastenausgleich im Zuge der Wiedervereinigung».

Die Konstanten der familiären Herkunft und die Variablen der Veranlagung wie auch der äußeren Verhältnisse haben Carl Friedrich und Richard von Weizsäcker zu Persönlichkeiten geformt, die, jede auf ihre Art, im «Dienst am Ganzen» standen. Ihre Charaktere und ihre Lebenswege waren zwar verschieden: ein brillanter Analytiker voller Visionen hier, ein intuitiver Gestalter, der besonnen abwägt, dort. Im höheren Sinne aber haben sie letzten Endes ein und dieselbe Sache verfolgt. Über viele Jahre sahen sie ihre Pflicht darin, auf die Menschen und die Verhältnisse in der Bundesrepublik einzuwirken. Auf diese Weise sind Carl Friedrich und Richard von Weizsäcker in bewegter Zeit gleichermaßen zu geistig-moralischen Instanzen geworden, zum «Gewissen der Nation».

Die Autoren
und ihre Beiträge

Christa Dericum, Studium der Geschichte, Soziologie und Kunstgeschichte in Heidelberg – unter anderem bei Alfred Weber – und in Michigan, USA, seit 1968 freie Schriftstellerin. Publikationen u. a. *Maximilian I.* (1979), *Florian Geyer und der deutsche Bauernkrieg* (1980); in Vorbereitung: *Das Pestjahr 1348* und *Geschichtsschreiber als politische Subjekte;* zahlreiche Aufsätze zur Demokratiegeschichte und zum Anarchismus. 1979 publizierte sie aus dem Nachlaß Alfred Webers *Haben wir Deutschen seit 1945 versagt?*

Martin Geck, ordentlicher Professor für Musikwissenschaft an der Universität Dortmund. 1993 veröffentlichte er das Standardwerk *Von Beethoven bis Mahler. Die Musik des deutschen Idealismus.* Als international renommierter Bachforscher hat er zahlreiche Bücher und Zeitschriftenartikel über Johann Sebastian Bach geschrieben, so auch die unlängst erschienene rororo-Bildmonographie.

Horst Günther, geboren 1945, lehrt Philosophie an der Freien Universität Berlin und arbeitet regelmäßig an der *Maison des Sciences de l'Homme* Paris. Er ist Autor zahlreicher Aufsätze zur Geschichtsphilosophie, Ästhetik und Politischen Philosophie der frühen Neuzeit; zuletzt erschienen von ihm: *Versuche, europäisch zu denken* (Frankfurt 1990), *Montaigne* (Frankfurt 1992) und *Zeit der Geschichte. Welterfahrung und Zeitkategorien in der Geschichtsphilosophie* (Frankfurt 1993).

Zu den **WARBURGS:** Vor Erscheinen der angekündigten Neuausgabe einer größeren Sammlung sind Aby Warburg, *Ausgewählte Schriften und Würdigungen,* hg. v. Dieter Wuttke, Baden-Baden ²1980, der einzig greifbare Text; daneben gibt es in einer Neuausgabe den Kreuzlinger Vortrag über die amerikanische Reise: Aby Warburg, *Schlangenritual. Ein Reisebericht,* hg. v. Ulrich Raulff, Berlin 1988. Die einzige Biographie Aby Warburgs schrieb Ernst H. Gombrich, *Aby Warburg. Eine intellektuelle Biographie,* Frankfurt 1981, Hamburg ²1992. Die weitverzweigte Familiengeschichte mit reichem Material aus Nachlässen und Privatarchiven schrieb Ron Chernow, *The Warburgs. The Twentieth-Century Odyssey of a Remarkable Jewish Family,* New York 1993 (dt. Ausgabe in Vorbereitung, Berlin 1994); exakt im einzelnen, ohne daß man Chernows Charakterisierungen und Urteilen gerade über Aby Warburg zustimmen könnte. Einen persönlichen Eindruck gibt Ingrid Warburg Spinelli, *Die Dringlichkeit des Mitleids und die Einsamkeit, nein zu* *sagen. Lebenserinnerungen*, Hamburg 1990. Neben den von Wuttke (s. o.) veröffentlichten Würdigungen sei Gertrud Bings Gedenkwort auf Fritz Saxl nicht vergessen: «A memoir», in: *Fritz Saxl 1890–1948*, hg. v. D. J. Gordon, London 1957, S. 1–46.

Ich danke dem Warburg Institute, London, und besonders Anne Marie Meyer und J. B. Trapp für Einblicke in Warburgs Handschriften, Claudia Naber für Transkriptionen der Aphorismen und Tagebücher, William S. Heckscher für «petites perceptions», die aus dem Herzen kommen, und meinen Brüdern für Lebenserfahrung.

Willi Jasper, geboren 1945, Studium an der FU Berlin (Germanistik, Politische Wissenschaft). Kritiker und Publizist, lebt in Köln und ist Stellvertreter Direktor des Salomon-Ludwig-Steinheim-Instituts für deutsch-jüdische Geschichte in Duisburg; zuletzt erschien von ihm eine Heinrich-Mann-Biographie «Der Bruder» (München 1992, Taschenbuchausgabe 1994)

Matthias Kroß, geboren 1953 in Osterode am Harz, nach dem Studium der Geschichte, Politikwissenschaften, Kunstgeschichte und Philosophie Ausbildung zum Gymnasiallehrer, seit 1986 Journalist und Publizist. 1993 erschien von ihm *Klarheit als Selbstzweck. Ludwig Wittgenstein über Philosophie, Religion, Ethik und Gewißheit.*

Zu **PAUL WITTGENSTEIN:** In *Die Schule für die Linke Hand*, 3 Bde., London 1957, hat der Pianist seine spieltechnischen Innovationen ausführlich beschrieben. Das Werk ist allerdings nur in wenigen deutschen Bibliotheken erhältlich. Eine umfassende Biographie und eine musikwissenschaftliche Würdigung Paul Wittgensteins steht in Deutschland noch aus. Die bisher detaillierteste Darstellung bietet E. Fred Flindell, «Paul Wittgenstein (1887–1961). Patron and Pianist», in: *The Music Review* 32 (1971), S. 107–127 (enthält auch eine fast vollständige Aufstellung der öffentlichen Konzerte Paul Wittgensteins sowie der von ihm in Auftrag gegebenen Kompositionen).

Das Werk **LUDWIG WITTGENSTEINS** liegt in der gebundenen Ausgabe der *Schriften* und, als Taschenbuch, in einer achtbändigen *Werkausgabe* des Suhrkamp Verlages / Frankfurt a. M. vor. Einige kleinere Arbeiten hat Joachim Schulte 1991 unter dem Titel *Vortrag über Ethik und andere Schriften* ebenfalls bei Suhrkamp herausgebracht. Von großer Bedeutung sind die von Wilhelm Baum zugänglich gemachten «Gmundner Tagebücher» als Ergänzung der in den Schriften Bd. 1 abgedruckten Tagebücher (*Ludwig Wittgenstein – Geheime Tagebücher 1914–1916*, Wien ³1992). Dokumente aus der Zeit 1920–1926 bringt Konrad Wünsche, *Der Volksschullehrer Ludwig Wittgenstein*, Frankfurt 1985. Der handschriftliche Nachlaß wird seit 1994 in der von Michael Nedo besorgten Edition *Ludwig Wittgenstein – Wiener Ausgabe* (Springer Verlag) der Forschung zugänglich gemacht.

Ein lebendiges Bild von Person und Werk vermitteln die Aufzeichnungen von Freunden und Kollegen, die Rush Rhees unter dem Titel *Ludwig Wittgenstein: Porträts und Gespräche*, Frankfurt 1987, herausgegeben hat. Aus der umfänglichen biographischen Literatur ragt der von Michael Nedo und Michele Ranchetti herausgegebene Band *Wittgenstein. Sein Leben in Bildern und Texten*, Frankfurt 1983, heraus. Ray Monk, *Wittgenstein. Das Handwerk des Genies*, Stuttgart ²1992, ist umfassend und dokumentarisch zuverlässig, in den Wertungen jedoch zuweilen verzerrend. – Als Einführung in das Werk Ludwig Wittgensteins empfehlen sich besonders: Joachim Schulte, *Wittgenstein. Eine Einführung*, Stuttgart 1989; Chris Bezzel, *Wittgenstein zur Einführung*, Hamburg 1988; Anthony Kenny, *Wittgenstein*, Frankfurt 1974.

Werner Ross, geboren 1912 in Uerdingen am Niederrhein, Studium der Romanistik bei Ernst Robert Curtius; nach längeren Italienaufenthalten 1964 bis 1972 Leiter der Goethe-Institute. Honorarprofessor für vergleichende Literaturwissenschaften und Literaturkritik an der Universität München, Literaturkritiker der «Frankfurter Allgemeinen Zeitung»; publizierte 1980 die Nietzsche-Biographie *Der ängstliche Adler* (neue Taschenbuchausgabe 1994); zuletzt erschienen *Lou Andreas Salomé* (1992), *Baudelaire und die Moderne* (1993), *Der wilde Nietzsche* (1994).

Zu den **Schlegels** bemerkt der Autor: «Ich bin kein Schlegel-Forscher, sondern – wie mein Lehrer Curtius – ein Schlegel-Faszinierter.» Besondere Anregungen verdankt der Essay Carola Sterns Biographie der Dorothea (*Ich möchte mir Flügel wünschen*, Reinbek 1990) und Bernard von Brentanos Band über August Wilhelm Schlegel (Frankfurt a. M. 1986) sowie der im Erscheinen begriffenen kritischen Ausgabe der Werke Friedrich Schlegels.

Hartmut Schmidt, geboren 1934 in Frankfurt / Oder, Germanistik- und Nordistikstudium in Greifswald, Mitarbeit am Abschluß und an der Neubearbeitung des Deutschen Wörterbuchs von Jacob und Wilhelm Grimm in der Berliner Akademie der Wissenschaften. Bis 1991 als Sprachhistoriker am Institut für deutsche Sprache und Literatur und am Zentralinstitut für Sprachwissenschaft der Akademie der Wissenschaften in Berlin, seither Mitarbeiter des Instituts für deutsche Sprache in Mannheim. Arbeiten auf dem Gebiet der historischen Lexikographie, der Sprach- und Wissenschaftsgeschichte, zahlreiche Veröffentlichungen über die Brüder Grimm und ihren Freundeskreis.

Über **Leben und Werk der Brüder Grimm** informiert knapp und genau Ludwig Denecke, *Jacob Grimm und sein Bruder Wilhelm*, Stuttgart 1971. Zahlreiche weiterführende Einzelstudien erschienen in *Brüder Grimm Gedenken 1963*, hg. von Ludwig Denecke und Ina-Maria Greverus, Marburg 1963; fortgeführt als *Brüder Grimm Gedenken*, hg. von Ludwig Denecke, Bd. 2–10, Marburg 1975–1993. Die reichhaltigste und am bequemsten zugängliche Materialsammlung zum Leben und Lebenswerk der Brüder bietet der mehrbändige Kasseler Ausstellungskatalog *200 Jahre Brüder Grimm*, hg. von Dieter Hennig, Bernhard Lauer u. a., Kassel 1985 / Marburg 1989. Die Berliner Akademiereden jetzt in: Jacob Grimm, *Reden in der Akademie,* ausgewählt und hg. von Werner Neumann und Hartmut Schmidt, Berlin 1984. Eine Übersicht über den Nachlaß im Besitz der Berliner Staatsbibliothek bietet Hans Daffis, *Inventar der Grimm-Schränke in der Preußischen Staatsbibliothek*, Leipzig 1923; im Anhang wichtige persönliche Texte aus der Jugendzeit. Für den Malerbruder ist zu vergleichen: Ludwig Emil Grimm, *Erinnerungen aus meinem Leben*, hg. und ergänzt von Adolf Stoll, Leipzig 1913; im Anhang wichtige Angaben über die Familie. Über Ferdinand Grimm ist einzusehen: Helmut Henne / Birgit Richter, *Der unbekannte Grimm. Ferdinand und seine Brüder*, Braunschweig 1988.

Aus folgenden Briefeditionen wurde zitiert: *Briefwechsel zwischen Jacob und Wilhelm Grimm aus der Jugendzeit*, hg. von Herman Grimm und Gustav Hinrichs, Weimar 1881; *Briefe der Brüder Grimm an Savigny*, aus dem Savignyschen Nachlaß hg. von Wilhelm Schoof in Verbindung mit Ingeborg Schnack, Berlin 1953; *Briefwechsel zwischen Jacob und Wilhelm Grimm, Dahlmann und Gervinus*, hg. von Eduard Ippel, Berlin 1885–86. Außerdem wurden benutzt die *Briefe von Alexander von Humboldt an Varnhagen von Ense*, hg. von Ludmilla Assing, Leipzig ³1860. Der Text von Alexander Wilhelm Zechmeisters Lustspiel *Einer muß heiraten* ist abgedruckt bei Gabriele Seitz, *Die Brüder Grimm*, München 1984. Aus den Originalen zitiert sind verschiedene Texte aus dem Archiv der Berlin-Brandenburgischen Akademie und aus dem Grimm-Nachlaß der Berliner Staatsbibliothek (SBPK), hier insbesondere die Tagebücher von Jacob und Wilhelm Grimm. Den für diese Bestände Verantwortlichen sei für die Möglichkeit der Benutzung herzlich gedankt.

Wolfgang Matthias Schwiedrzik, geboren 1940 in Freystadt / Schlesien, Studium der Germanistik, Geschichte und Kunstgeschichte in Kiel, Wien und Berlin; 1962 Mitbegründer der Schaubühne am Halleschen Ufer in Berlin, dort bis 1973 als Regisseur und Dramaturg tätig; danach Lektor, Verlagsleiter und Buchhändler. Seit 1979 freischaffender Publizist. Veröffentlichungen: *Literaturfrühling in China?* Gespräche mit chinesischen Schriftstellern, Köln 1980; *Brechts Trommeln in der Nacht*, Frankfurt 1990; *Träume der ersten Stunde. Die Gesellschaft Imshausen*, Berlin 1991.

Über **ADAM VON TROTT ZU SOLZ** sind in England zwei Biographien erschienen (Christopher Sykes und Giles MacDonogh) sowie verschiedene Briefeditionen; des weiteren gibt es eine amerikanische Biographie, in der die Jahre bis 1939 im Mittelpunkt stehen (Henry O. Malone, deutsch Berlin 1986). Die angelsächsischen Publikationen widmen sich gern der Frage, ob Adam von Trott ein «guter Deutscher» oder ein Kollaborateur gewesen sei, eine Frage, die zu teils heftigen öffentlichen Debatten geführt hat. Nicht zuletzt wegen dieser verengten Perspektive sind die an sich verdienstvollen Arbeiten kein Ersatz für die fehlende Auseinandersetzung mit Adam von Trott auf deutscher Seite.

Der vorliegende Beitrag basiert auf Recherchen des Autors im Bundesarchiv Koblenz, in den Familienarchiven Berlin und München und auf Gesprächen mit Zeitzeugen. Darüber hinaus konnte der Autor auf seinen 1991 erschienenen Band *Träume der ersten Stunde. Die Gesellschaft Imshausen* zurückgreifen, in dem er den vergeblichen Versuch prominenter Überlebender des Widerstands darstellt, Einfluß auf die politische Entwicklung in Nachkriegsdeutschland zu nehmen.

Ferdinand Seibt, 1927 geboren, ist emeritierter ordentlicher Professor der Ruhr-Universität Bochum, Vorsitzender des Münchner Collegium Carolinum und Ehrendoktor der Prager Karls-Universität. Seine Bücher gelten dem späteren Mittelalter und der Reformation, Revolutionen und Utopien, insbesondere der böhmischen Geschichte. 1987 legte er unter dem Titel *Glanz und Elend des Mittelalters. Eine endliche Geschichte* einen europäischen Überblick der mittelalterlichen Geschichte vor, drei Jahre später folgte eine Biographie Karls V.

LITERATURHINWEISE:
- Wilhelm Bauer u. a. (Hgg.), *Die Korrespondenz Ferdinands I.* Veröffentlichungen der Kommission für neuere Geschichte Österreichs. 4 Bde. Wien 1912–1977
- Karl Brandi, *Kaiser Karl V. Werden und Schicksal einer Persönlichkeit und eines Weltreichs.* 2 Bde. München ³1937
- Alfred Kohler, *Das Reich im Kampf um die Hegemonie in Europa.* Enzyklopädie deutscher Geschichte 6. München 1990
- Karl Lanz (Hg.), *Correspondenz des Kaisers Karl V.* 3 Bde. Leipzig 1844–1846
- Peter Rassow, *Karl V. Der letzte Kaiser des Mittelalters.* München 1957
- Peter Rassow, *Forschungen zur Reichsidee im 16. und 17. Jahrhundert.* Düsseldorf 1955
- Josef Strelka, *Der burgundische Renaissancehof Margarethes von Österreich.* Wien 1957
- Paula Sutter Fichtner, *Ferdinand I. of Austria. The Politics of Dynasticism in the Age of the Reformation.* New York 1982

Thomas Stamm-Kuhlmann, geboren 1953 in Solingen, 1980 Promotion in Neuerer Geschichte an der Rheinischen Friedrich-Wilhelms-Universität Bonn mit einer Dissertation zur Wissenschaftspolitik; 1987 Habilitation an der Christian-Albrechts-Universität Kiel. Seit 1992 außerplanmäßiger Professor an der Universität Kiel und Lehrstuhlvertreter an der Ludwig-Maximilians-Universität München. 1992 erschien *König in Preußens großer Zeit. Friedrich Wilhelm III., der Melancholiker auf dem Thron.* Weitere Forschungen gelten der politischen Geschichte sowie der Wissenschafts- und Geistesgeschichte um 1800.

Martin Wein, geboren 1925 in Beuthen / Oberschlesien, studierte Mathematik, Physik und Volkswirtschaft an den Universitäten Halle / Saale und Erlangen. Seit 1954 Redakteur und Autor verschiedener Zeitungen und Zeitschriften, zuletzt Chefredakteur der «Lübecker Nachrichten»; seit 1985 freier Publizist. Zu einem großen Erfolg wurde 1988 seine Familienbiographie *Die Weizsäckers* (Stuttgart ⁷1993). Zuletzt erschien von ihm die 1100 Jahre umspannende Chronik *Schicksalstage. Stationen der deutschen Geschichte* (Stuttgart ³1993).

LITERATURHINWEISE:
- Werner Filmer, Heribert Schwan, *Richard von Weizsäcker. Profile eines Mannes*. Düsseldorf–Wien 1984
- Thomas Görnitz, *Carl Friedrich von Weizsäcker. Ein Denker an der Schwelle zum neuen Jahrtausend*. Freiburg–Basel–Wien 1992
- Friedbert Pflüger, *Richard von Weizsäcker. Ein Portrait aus der Nähe*. Stuttgart 1990
- Ludwig J. Pongratz (Hg.), *Philosophie in Selbstdarstellungen. Band 2. Carl Friedrich von Weizsäcker*. Hamburg 1975
- Harald Steffahn, *Richard von Weizsäcker*. Reinbek bei Hamburg 1991
- Carl Friedrich Weizsäcker, *Bewußtseinswandel*. München–Wien 1988

Ralph Rainer Wuthenow, geboren 1928 in Rendsburg / Schleswig-Holstein, Studium in Heidelberg, 1956 Lektor in Bordeaux, anschließend in Okayama / Japan und Tokio, Habilitation in Göttingen, seit 1969 in Frankfurt tätig (neuere deutsche Philologie und vergleichende Literaturwissenschaft). Veröffentlichungen u. a. über Jean Paul, Georg Forster, Probleme der literarischen Übersetzung, zur europäischen Autobiographie im 18. Jahrhundert; zur europäischen Reiseliteratur im 18. Jahrhundert; *Muse, Maske, Meduse* (1978), *Im Buch die Bücher oder der Held als Leser* (1980), *Das Bild und der Spiegel* (1984), *Europäische Tagebücher* (1990); Übersetzungen aus dem Französischen und dem Japanischen (Chaumfort, Valéry, Bashow).

LITERATURHINWEISE:
- Wilhelm von Humboldt, *Werke in fünf Bänden*, hg. v. Andreas Flitner u. Klaus Giel. Stuttgart 1960 ff
- *Wilhelm und Caroline von Humboldt in ihren Briefen*, hg. v. Anna v. Sydow. Band 1–7. Berlin 1906 ff
- Albert Leitzmann, *Georg und Therese Forster und die Brüder Humboldt*. Bonn 1936
- ders., *Wilhelm von Humboldt. Charakteristik und Lebensbild*. Halle 1919
- Ernst Howald, *Wilhelm von Humboldt*. Zürich 1944
- Peter Berglar, *Wilhelm von Humboldt in Selbstzeugnissen und Bilddokumenten*. Reinbek bei Hamburg 1970
- Alexander von Humboldt, *Aus meinem Leben. Autobiographische Bekenntnisse*. Zusammengestellt u. erläutert von Kurt R. Biermann. München 1987
- *Alexander von Humboldt. Sein Leben in Selbstzeugnissen, Briefen und Berichten*, hg. v. Rudolf Borch. Berlin 1948
- *Briefe Alexanders von Humboldt an seinen Bruder Wilhelm* (1799–1829). Stuttgart 1880
- Hanno Beck, *Gespräche Alexander von Humboldts*. Berlin 1959
- ders., *Alexander von Humboldt*. Wiesbaden 1959 u. 1961
- Helmut de Terra, *Alexander von Humboldt und seine Zeit*. Wiesbaden 1956
- Adolf Meyer-Abich, *Alexander von Humboldt in Selbstzeugnissen und Bilddokumenten*. Reinbek bei Hamburg 1967

ABBILDUNGSNACHWEIS

Archive und private Leihgeber

Archiv für Kunst und Geschichte, Berlin: 100, 118, 123, 143, 179; Bildarchiv Preußischer Kulturbesitz, Berlin: 161, 194; Deutsche Presseagentur: 391; Horst Günther, Berlin: 255, 264/65, 285; Rowohlt Verlag, Reinbek: 137, 157, 231, 243, 251; Schiller-Nationalmuseum, Marbach am Neckar: 108, 109; Stiftung Weimarer Klassik: 105; Clarita von Trott zu Solz, Berlin: 335, 350, 364; Katharina von Trott zu Solz, München: 345; Wittgenstein-Archiv, Cambridge: 293, 299, 314, 322.

Publikationen

Friedrich Bennighoven, Helmut Börsch-Supan, Iselin Gundermann: *Friedrich der Große*, Berlin 1986: 61, 75, 87; Walter A. Berendsohn: *Thomas Mann und die Seinen. Portrait einer literarischen Familie*, Bern 1973: 207, 225; Karl Brandi: *Karl V.*, Frankfurt am Main 1985: 22; Hellmut Diwald: *Anspruch auf Mündigkeit* (Propyläen Geschichte Europas Bd. I), Frankfurt am Main/Berlin/Wien 1975: 17; Hartwig Dräger (Hg.): *Buddenbrook. Dichtung und Wirklichkeit. Bilddokumente*, Lübeck 1993: 201; Hans Conrad Fischer: *Johann Sebastian Bach. Sein Leben in Bildern und Dokumenten*, Neuhausen-Stuttgart o.J.: 47, 55; Hermann Gerstner: *Die Brüder Grimm*, Gerabronn/Crailsheim 1970: 173, 187; Björn R. Kommer: *Das Buddenbrookhaus. Wirklichkeit und Dichtung*, Lübeck 1983: 211; Theodor Schieder: *Friedrich der Große*, Frankfurt am Main/Berlin/Wien 1983: 67; Helmut R. Schulze/Bernhard Wördehoff: *Richard von Weizsäcker. Ein deutscher Präsident*, München 1987: 375, 379, 385; Barbara Schwendowius, Wolfgang Dömling (Hg.): *Johann Sebastian Bach. Zeit – Leben – Wirken*, Kassel/Basel/Tours/London 1976: 35, 39; Martin Wein: *Schicksalstage. Stationen der deutschen Geschichte*, Stuttgart 1993: 11, 27

Bildredaktion: Heinke Hager